„Entdecken Sie das neue Grammatiklernen! Los geht's!"

Langenscheidt

Grammatik Italienisch Bild für Bild

Die visuelle Grammatik für den leichten Einstieg

von Valerio Vial

Langenscheidt

Grammatik Italienisch Bild für Bild

Projektleitung: Nadine Widl
Texte: Valerio Vial
Redaktion: Nadine Widl
Lektorat: Friederike Ott
Kreative und technische Umsetzung: zweiband.media, Berlin
Corporate Design Umschlag: KW 43 BRANDDESIGN, Düsseldorf
Umschlaggestaltung: Mariela Schwerdt, Stuttgart
Bildmaterial Innenteil: Bildnachweis S. 302 bis S. 304

3. Auflage 2024

www.langenscheidt.com

Druck und Bindung: Multiprint Ltd., Kostinbrod

ISBN: 978-3-12-563485-5

Liebe Leserin, lieber Leser,

mit diesem Buch haben Sie sich für eine Grammatik entschieden, die wirklich anders ist!

Sie wurde speziell für visuelle Lerntypen konzipiert, aber auch alle anderen Lerner können von den Vorteilen dieser besonderen Lernmethode profitieren. Sicherlich kennen Sie den Spruch „Ein Bild sagt mehr als tausend Worte." – das gilt jetzt auch fürs Grammatiklernen!

Die schönen Fotos und zahlreichen Illustrationen in dieser Grammatik sind nicht nur hübsch anzusehen – sie helfen Ihnen auch dabei, komplexe Zusammenhänge besser zu verstehen und sich diese schneller einzuprägen. Durch die vielen alltagsnahen Beispielsätze – mit deutscher Übersetzung – werden die Grammatikregeln veranschaulicht und die zugehörigen Illustrationen bilden Eselsbrücken, die sich das Gehirn ganz einfach merken kann.

Auch das klare Farbsystem – jedes Thema hat seine eigene Farbe innerhalb des Kapitels – und die gut strukturierten Tabellen erleichtern das Einprägen. Und nicht zuletzt sorgt die moderne, frische Gestaltung dafür, dass man das Buch immer wieder gerne zur Hand nimmt. Denn auch positive Emotionen sind beim Lernen ganz wichtig:

**Wer mit Freude bei der Sache ist,
kommt schneller ans Ziel!**

Daher wünschen wir Ihnen nun viel Erfolg
und vor allem großen Spaß beim Sprachenlernen!

Ihre Langenscheidt-Redaktion

So funktioniert dieses Buch

Come usare questo libro

Dieses Buch hat 23 Kapitel und setzt sich aus 4 großen Themenblöcken zusammen: Beginnend bei den Wortarten führt es weiter über die Zeiten und die Verbformen hin zum Satzbau.

Jedes Kapitel beginnt mit einer Einstiegsseite, die im Überblick alle Kapitelthemen aufführt. Diese Seite dient der Orientierung und hilft Ihnen dabei, schnell das Thema zu finden, das Sie lernen oder nachschlagen möchten.

Jedes Grammatikthema hat innerhalb des Kapitels seine eigene Farbe: Markierungen und Hervorhebungen unterstützen das Lernen und sorgen gleichzeitig dafür, dass man das farbenfrohe Buch gerne zur Hand nimmt. Das Auge lernt schließlich mit!

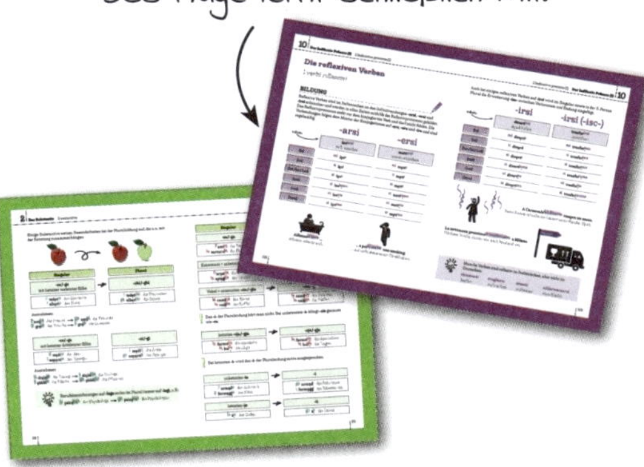

Unabhängig von der Themenfarbe des Kapitels weisen zwei unterschiedliche Farben auf männliche und weibliche Formen hin.

Singular			
il	l'	l'	la
vor Konsonant	vor Vokal		vor Konsonant
il maestro der Grundschullehrer	l'alunno der Schüler	l'alunna die Schülerin	la maestra die Grundschullehrerin

Die Grammatikthemen sind meist nochmals in kurze und leicht überschaubare Abschnitte unterteilt.

Am Ende jedes Kapitels fassen die „Auf einen Blick"-Seiten das Wichtigste noch einmal kurz und knapp zusammen.

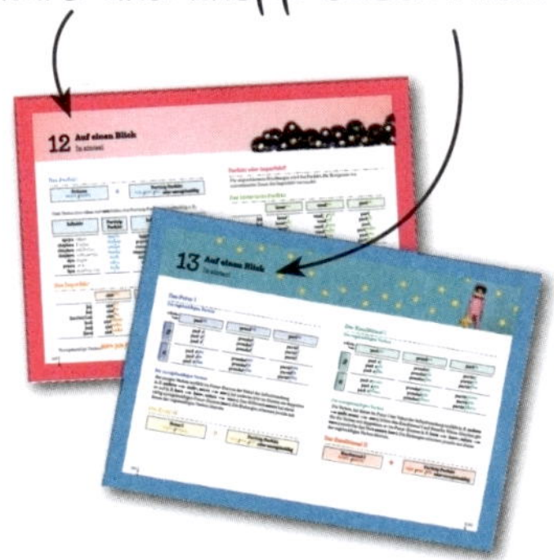

Dieses Symbol kennzeichnet Merksätze, die auf allerlei Wissenswertes hinweisen.

Der kleine Punkt unterhalb eines Buchstabens gibt an, welche Silbe betont wird.

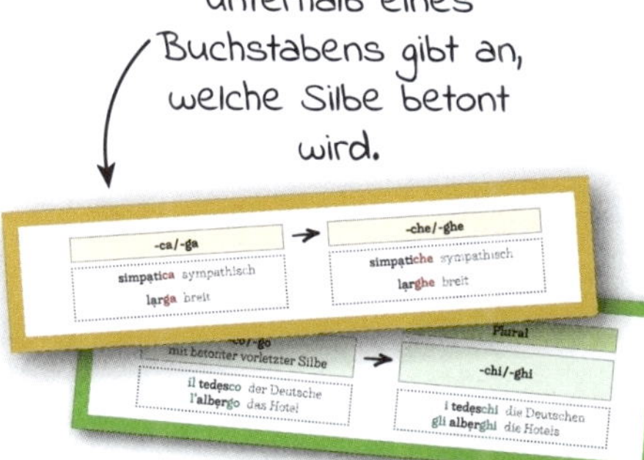

Dieses Symbol ruft „Achtung, aufgepasst!“: Es macht auf Ausnahmen und typische Fehlerquellen aufmerksam.

Übersichtliche Tabellen, Wortlisten und Infografiken erleichtern das Einprägen und Merken.

Im Anhang finden Sie zum schnellen Lernen und Nachschlagen hilfreiche Übersichten, z. B. zu den Verbkonjugationen.

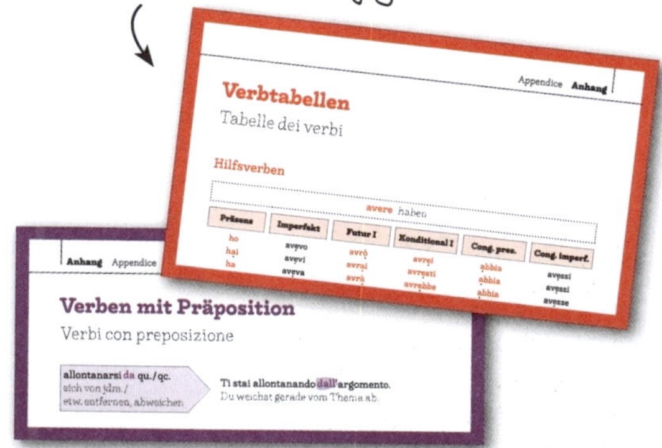

Die zahlreichen Bilder und Illustrationen lockern nicht nur auf, sondern dienen als Eselsbrücken und leisten damit eine wichtige Hilfestellung beim Verstehen der Grammatik.

So macht lernen Spaß!

1

L'articolo **Der Artikel**

Der bestimmte Artikel

L'articolo determinativo

BILDUNG

Im Italienischen ist der bestimmte Artikel entweder männlich oder weiblich. Die Form des Artikels ist vom Genus und vom Anfangsbuchstaben des darauffolgenden Substantivs abhängig. Je nachdem, ob ein Substantiv mit Konsonant oder mit Vokal beginnt, ergeben sich folgende Formen:

Singular			
il	l'	l'	la
vor Konsonant	vor Vokal		vor Konsonant
il **m**aestro der Grundschullehrer	l'**a**lunno der Schüler	l'**a**lunna die Schülerin	la **m**aestra die Grundschullehrerin

Plural			
i	gli	le	le
vor Konsonant	vor Vokal		vor Konsonant
i **m**aestri die Grundschullehrer	gli **a**lunni die Schüler	le **a**lunne die Schülerinnen	le **m**aestre die Grundschullehrerinnen

Bei bestimmten Buchstaben bzw. Buchstabenkombinationen am Anfang eines männlichen Substantivs wird jedoch der Artikel **lo** im Singular und der Artikel **gli** im Plural verwendet:

GEBRAUCH

Anders als im Deutschen verwendet man im Italienischen den bestimmten Artikel u. a. ...

... bei allgemeinen Aussagen

I frutti di mare non mi piacciono per niente.
Meeresfrüchte mag ich gar nicht.

... vor Titeln und **signor/-a** (außer in der direkten Anrede)

Il signor Marchi lavora come medico.
Herr Marchi arbeitet als Arzt.

... vor Bezeichnungen körperlicher Merkmale

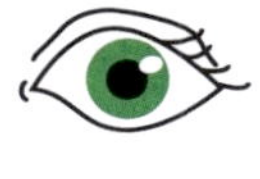

Cinzia ha i capelli rossi e gli occhi verdi.
Cinzia hat rote Haare und grüne Augen.

... vor Wochentagen, um regelmäßige Handlungen auszudrücken

Il lunedì il museo è chiuso.
Montags ist das Museum geschlossen.

... bei der Angabe der Uhrzeit

Sono le quattro.
Es ist 4 Uhr.

... bei der Angabe einer Prozentzahl

Il quarantacinque per cento delle coppie italiane ha solo un figlio.
45 Prozent der italienischen Paare haben nur ein Kind.

... vor Kontinenten, Ländern, Regionen und einigen Inseln

La Francia è più grande dell'Italia.
Frankreich ist größer als Italien.

Verschmelzung von Präpositionen mit dem bestimmten Artikel

Der bestimmte Artikel verschmilzt mit einigen Präpositionen zu einem Wort, ähnlich wie im Deutschen (z. B. an + dem ⟶ am):

+	il	lo	l'/l'	la	i	gli	le
a	al	allo	all'	alla	ai	agli	alle
di	del	dello	dell'	della	dei	degli	delle
da	dal	dallo	dall'	dalla	dai	dagli	dalle
in	nel	nello	nell'	nella	nei	negli	nelle
su	sul	sullo	sull'	sulla	sui	sugli	sulle

Vado **dal** dentista.
Ich gehe zum Zahnarzt.

Siamo arrivati **al** mare.
Wir sind am Meer angekommen.

Der unbestimmte Artikel

L'articolo indeterminativo

BILDUNG

Die Form des unbestimmten Artikels ist vom Genus und vom Anfangsbuchstaben des darauffolgenden Substantivs abhängig. Je nachdem, ob ein Substantiv mit Konsonant oder mit Vokal beginnt, ergeben sich die unten stehenden Fälle. Wie im Deutschen hat der unbestimmte Artikel keine eigene Pluralform (z. B. ein Buch → Bücher).

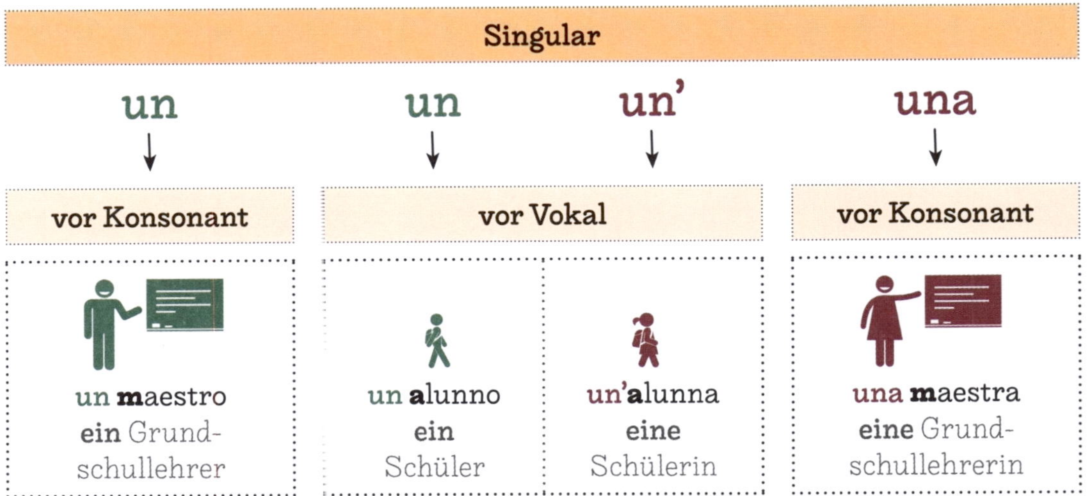

Bei bestimmten Buchstaben bzw. Buchstabenkombinationen am Anfang eines männlichen Substantivs wird jedoch der Artikel **uno** verwendet:

Der Teilungsartikel

L’articolo partitivo

BILDUNG

Der Teilungsartikel bezeichnet eine unbestimmte Menge und wird meist nicht oder mit „ein paar“ bzw. „einige“ übersetzt. Er kann auch als Pluralform für den unbestimmten Artikel fungieren. Der Teilungsartikel entsteht durch die Verschmelzung von **di** mit den Formen des bestimmten Artikels:

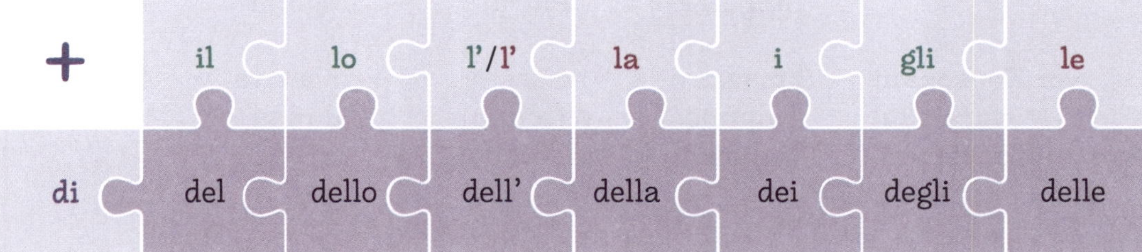

Volete anche voi **dei** dolciumi?
Mögt ihr auch (ein paar) Süßigkeiten?

Ho comprato **delle** riviste.
Ich habe (einige) Zeitschriften gekauft.

shutterstock_96396536_563485_4C.tif

1 Auf einen Blick

In sintesi

Der bestimmte Artikel

	männlich		weiblich	
	Singular	Plural	Singular	Plural
vor Konsonant	il maestro	i maestri	la maestra	le maestre
vor Vokal	l'alunno	gli alunni	l'alunna	le alunne
vor s + Konsonant, z, gn, ps, x, y	lo studente	gli studenti		

Verschmelzung von Präpositionen mit dem bestimmten Artikel:

+	il	lo	l'/l'	la	i	gli	le
a	al	allo	all'	alla	ai	agli	alle
di	del	dello	dell'	della	dei	degli	delle
da	dal	dallo	dall'	dalla	dai	dagli	dalle
in	nel	nello	nell'	nella	nei	negli	nelle
su	sul	sullo	sull'	sulla	sui	sugli	sulle

Der unbestimmte Artikel

	männlich	weiblich
vor Konsonant	un maestro	una maestra
vor Vokal	un alunno	un'alunna
vor s + Konsonant, z, gn, ps, x, y	uno studente	

Der Teilungsartikel

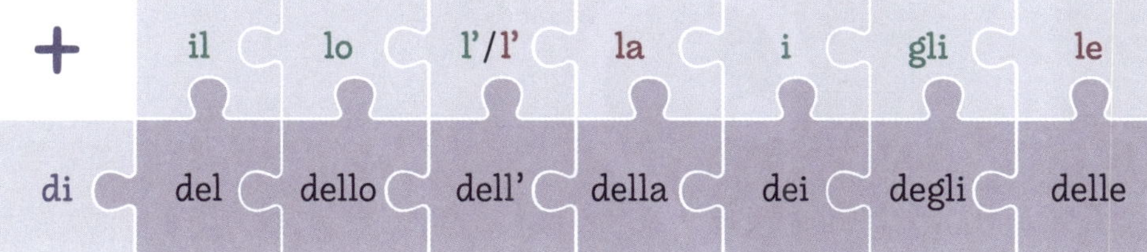

Il sostantivo **Das Substantiv**

Il genere **Das Genus**

Il plurale **Der Plural**

In sintesi **Auf einen Blick**

Das Genus

Il genere

BILDUNG

Im Italienischen gibt es nur männliche und weibliche Substantive, ein Neutrum existiert nicht. Das Genus kann man in vielen Fällen an der Endung erkennen. Substantive, die auf **-o** enden, sind in der Regel männlich, Substantive auf **-a** sind meist weiblich.

il ragazzo
der junge Mann

lo zio der Onkel
l'impiegato der Angestellte
il giorno der Tag
l'indirizzo die Adresse

la ragazza
die junge Frau

la zia die Tante
l'impiegata die Angestellte
la sera der Abend
l'uscita der Ausgang

Es gibt jedoch einige wenige weibliche Substantive, die auf **-o** enden, und einige männliche Substantive, die auf **-a** enden, u. a.:

- **la mano** die Hand
- **la radio** das Radio
- **la foto** das Foto
- **la metro** die U-Bahn
- **la moto** das Motorrad

- **il problema** das Problem
- **il tema** das Thema
- **il programma** das Programm
- **il clima** das Klima
- **il cinema** das Kino

Manche dieser Substantive auf **-o** sind eigentlich Abkürzungen von Substantiven auf **-a**:

la foto = **la fotografia**
la metro = **la metropolitana**
la moto = **la motocicletta**

Substantive auf **-e** können sowohl männlich als auch weiblich sein. Das Genus muss man immer dazulernen.

Substantive auf **-ista** oder auf **-ante** bzw. **-ente** können sowohl männlich als auch weiblich sein, je nach natürlichem Geschlecht. Das Genus erkennt man in diesen Fällen nur am Artikel.

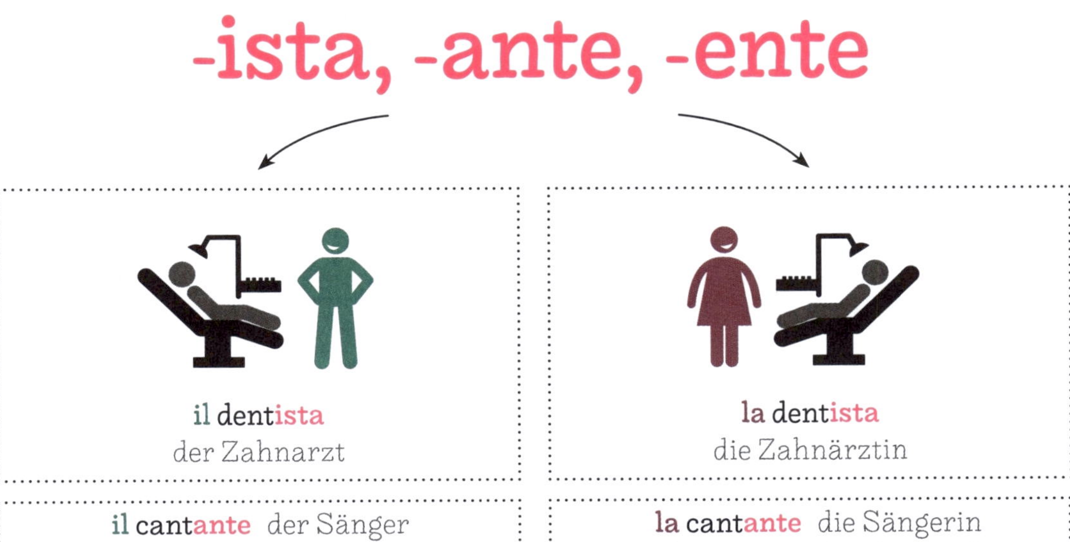

Beim natürlichen Geschlecht kann man oft die weibliche Form von der männlichen ableiten:

-o → -a

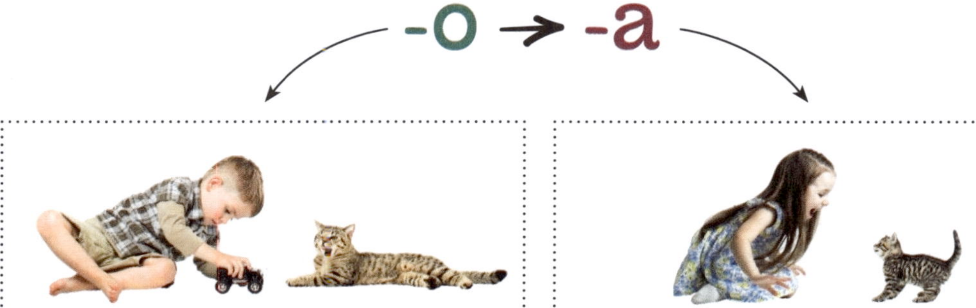

il bambino das Kleinkind
il gatto der Kater

la bambina das Kleinkind
la gatta die Katze

Einige Substantive haben jedoch unterschiedliche Wortstämme in der männlichen und der weiblichen Form:

il marito der Ehemann
il padre der Vater

la moglie die Ehefrau
la madre die Mutter

Auch Tiernamen können eine eigene weibliche Form haben:

il gallo der Hahn
il cane der Hund

la gallina die Henne
la cagna die Hündin

Bei den Berufsbezeichnungen wird die weibliche Form – neben **-o ⟶ -a** – auch wie folgt abgeleitet:

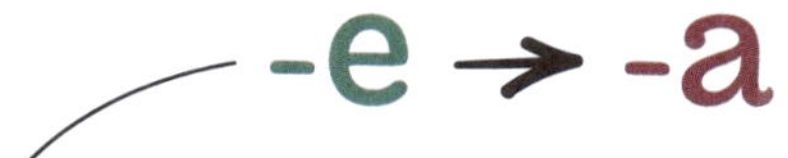

il cameriere der Kellner	**la cameriera** die Kellnerin
il parrucchiere der Friseur	**la parrucchiera** die Friseurin

il professore der Lehrer	**la professoressa** die Lehrerin
lo studente der Student	**la studentessa** die Studentin

-tore ⟶ -trice

l'attore der Schauspieler	**l'attrice** die Schauspielerin
lo scrittore der Schriftsteller	**la scrittrice** die Schriftstellerin

Der Plural

Il plurale

BILDUNG

Männliche Substantive auf **-o** bilden den Plural auf **-i**, weibliche Substantive auf **-a** enden im Plural auf **-e**. Bei Substantiven auf **-e** lautet die Pluralendung stets **-i**.

Singular	Plural
il pomodoro die Tomate	i pomodori die Tomaten

Singular	Plural
la mela der Apfel	le mele die Äpfel

Singular	Plural
il limone die Zitrone la noce die Walnuss	i limoni die Zitronen le noci die Walnüsse

Weibliche Substantive auf **-o** bleiben im Plural gleich:

la radio → **le radio** | **la foto** → **le foto**
das Radio → die Radios | das Foto → die Fotos

Männliche Substantive auf **-a** enden im Plural auf **-i**:

il problema → **i problemi** | **il tema** → **i temi**
das Problem → die Probleme | das Thema → die Themen

Ausnahmen: **la mano** die Hand → **le mani** die Hände
il cinema das Kino → **i cinema** die Kinos

Besonderheiten bei der Pluralbildung

Manche Substantive haben identische Formen für Singular und Plural, u. a.:

- Substantive, die auf einen Konsonanten enden (meist Fremdwörter):

Singular	Plural
il bar das Café **l'autobus** der Bus	**i bar** die Cafés **gli autobus** die Busse

- Substantive, die auf einen Vokal mit Akzent enden:

Singular	Plural
il menù das Menü **la città** die Stadt	**i menù** die Menüs **le città** die Städte

- einsilbige Substantive:

Singular	Plural
il re der König **la gru** der Kran	**i re** die Könige **le gru** die Kräne

Es gibt auch einige unregelmäßige Pluralformen wie zum Beispiel:

l'uomo der Mann / der Mensch → **gli uomini** die Männer / die Menschen

Dazu haben einige Substantive, die im Singular männlich sind, eine weibliche Form im Plural. Diese Pluralformen enden unregelmäßig auf **-a**:

l'uovo das Ei → **le uova** die Eier
un paio di scarpe ein Paar Schuhe → **due paia di scarpe** zwei Paar Schuhe

Einige Substantive weisen Besonderheiten bei der Pluralbildung auf, die u. a. mit der Betonung zusammenhängen:

Singular		Plural
-co/-go mit betonter vorletzter Silbe	→	**-chi/-ghi**
il tedẹsco der Deutsche **l'albẹrgo** das Hotel		**i tedẹschi** die Deutschen **gli albẹrghi** die Hotels

Ausnahmen:

l'amịco der Freund → **gli amịci** die Freunde
il grẹco der Grieche → **i grẹci** die Griechen

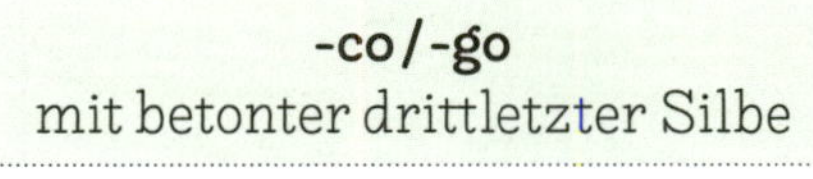

-co/-go mit betonter drittletzter Silbe		**-ci/-gi**
il mẹdico der Arzt **l'aspạrago** der Spargel		**i mẹdici** die Ärzte **gli aspạragi** die Spargel

Ausnahmen:

il diạlogo der Dialog → **i diạloghi** die Dialoge
l'ọbbligo die Pflicht → **gli ọbblighi** die Pflichten

Berufsbezeichnungen auf **-logo** enden im Plural immer auf **-logi**, z. B.:
lo psicọlogo der Psychologe → **gli psicọlogi** die Psychologen

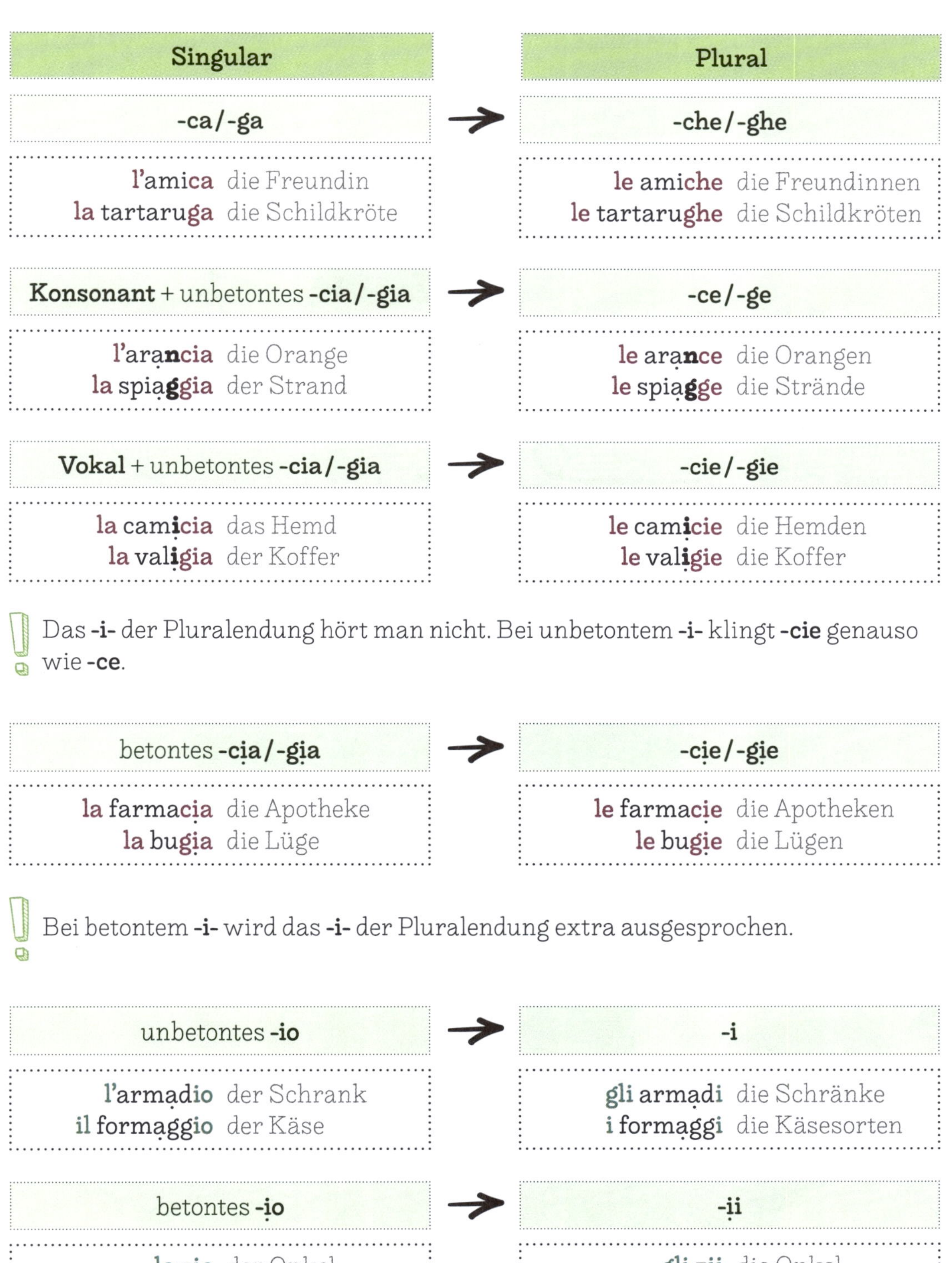

Singular		Plural
-ca/-ga	→	**-che/-ghe**
l'amica die Freundin **la tartaruga** die Schildkröte		**le amiche** die Freundinnen **le tartarughe** die Schildkröten
Konsonant + unbetontes **-cia/-gia**	→	**-ce/-ge**
l'arancia die Orange **la spiaggia** der Strand		**le arance** die Orangen **le spiagge** die Strände
Vokal + unbetontes **-cia/-gia**	→	**-cie/-gie**
la camicia das Hemd **la valigia** der Koffer		**le camicie** die Hemden **le valigie** die Koffer

Das **-i-** der Pluralendung hört man nicht. Bei unbetontem **-i-** klingt **-cie** genauso wie **-ce**.

Singular		Plural
betontes **-cia/-gia**	→	**-cie/-gie**
la farmacia die Apotheke **la bugia** die Lüge		**le farmacie** die Apotheken **le bugie** die Lügen

Bei betontem **-i-** wird das **-i-** der Pluralendung extra ausgesprochen.

Singular		Plural
unbetontes **-io**	→	**-i**
l'armadio der Schrank **il formaggio** der Käse		**gli armadi** die Schränke **i formaggi** die Käsesorten
betontes **-io**	→	**-ii**
lo zio der Onkel		**gli zii** die Onkel

Die Substantive für einige Körperteile sind männlich im Singular und weiblich im Plural. Die Pluralformen enden meist auf **-a**:

GEBRAUCH

Einige männliche Substantive haben im Plural auch eine kollektive Bedeutung, z. B.:

il figlio der Sohn → i figli die Söhne; die Kinder
il fratello der Bruder → i fratelli die Brüder; die Geschwister
lo zio der Onkel → gli zii die Onkel; Tante und Onkel
il nonno der Opa → i nonni die Opas; Oma und Opa

Einige Substantive gibt es im Italienischen nur im Singular, im Deutschen dagegen stehen sie meist im Plural:

- la gente die Leute
- la roba die Sachen, das Zeug
- l'uva die Trauben

Umgekehrt stehen andere Substantive im Italienischen immer im Plural, im Deutschen jedoch nicht:

- i dintorni die Umgebung
- i soldi das Geld
- le forbici die Schere
- gli occhiali die Brille
- i pantaloni die Hose

2 Auf einen Blick
In sintesi

Das Genus

-o	-a
il ragazzo	la ragazza

-e	
il latte	la chiave

-ista	
il dentista	la dentista

-ante / -ente	
il cantante il parente	la cantante la parente

Der Plural

Singular	Plural
-o	-i
il pomodoro	i pomodori
-a	-e
la mela	le mele
-e	-i
il limone la noce	i limoni le noci

Besonderheiten bei der Pluralbildung

Konsonant	**unverändert**
il bar	i bar
Vokal mit Akzent	**unverändert**
la città	le città
-co / -go mit betonter vorletzter Silbe	**-chi / -ghi**
il tedesco	i tedeschi
-co / -go mit betonter drittletzter Silbe	**-ci / -gi**
il medico	i medici
-ca / -ga	**-che / -ghe**
l'amica	le amiche
Konsonant + unbetontes **-cia / -gia**	**-ce / -ge**
l'ara**n**cia	le ara**n**ce
Vokal + unbetontes **-cia / -gia**	**-cie / -gie**
la cam**i**cia	le cam**i**cie
betontes **-cia / -gia**	**-cie / -gie**
la farmacia	le farmacie
unbetontes **-io**	**-i**
il formaggio	i formaggi

L’aggettivo **Das Adjektiv**

Das Genus

Il genere

BILDUNG

Adjektive werden verwendet, um Personen, Sachen und Begriffe näher zu beschreiben. Sie richten sich in Genus und Numerus nach ihrem Bezugswort. Im Italienischen gibt es Adjektive auf **-o / -a**, die zwischen einer männlichen und einer weiblichen Form unterscheiden, und Adjektive auf **-e**, die nur eine Form für männlich und weiblich haben.

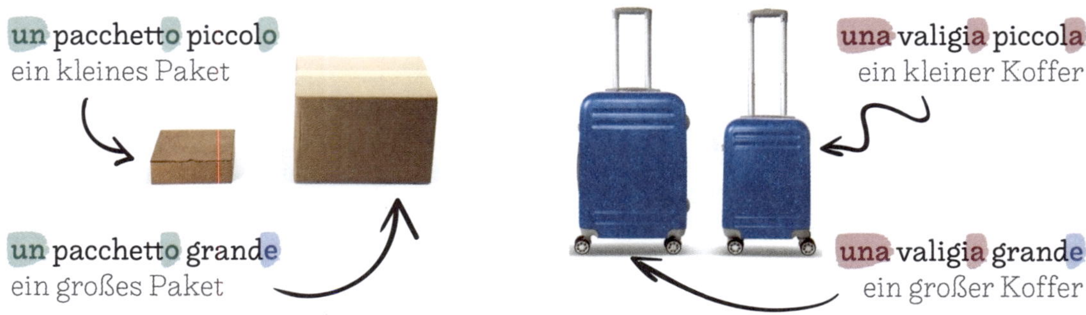

Daneben gibt es einige unveränderliche Adjektive. Dabei handelt es sich hauptsächlich um ...

... die Farbadjektive

- **blu** blau
- **viola** violett
- **rosa** rosa
- **beige** beige

i pantaloni **blu**
die blaue Hose

la giacca **blu**
die blaue Jacke

... zusammengesetzte Farbbezeichnungen

- **verde chiaro** hellgrün
- **verde scuro** dunkelgrün

la gonna **rosso scuro**
der dunkelrote Rock

i pantaloni **grigio chiaro**
die hellgraue Hose

Der Plural

Il plurale

BILDUNG

Adjektive auf **-o**/**-a** enden im Plural auf **-i**/**-e**:

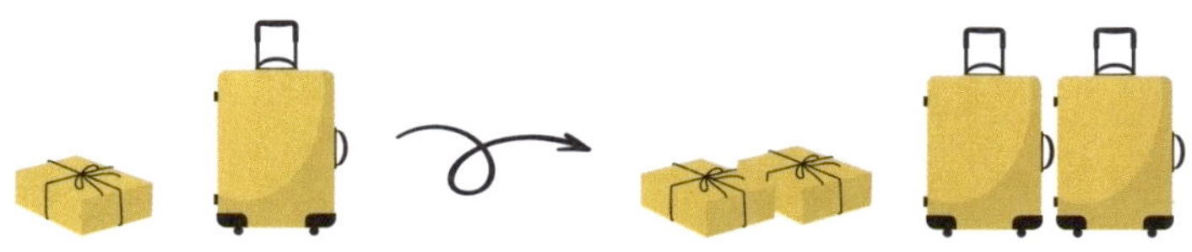

Singular	Plural
il pacchetto piccolo das kleine Paket	i pacchetti piccoli die kleinen Pakete
la valigia piccola der kleine Koffer	le valigie piccole die kleinen Koffer

Adjektive auf **-e** enden im Plural auf **-i** sowohl in der männlichen als auch in der weiblichen Form:

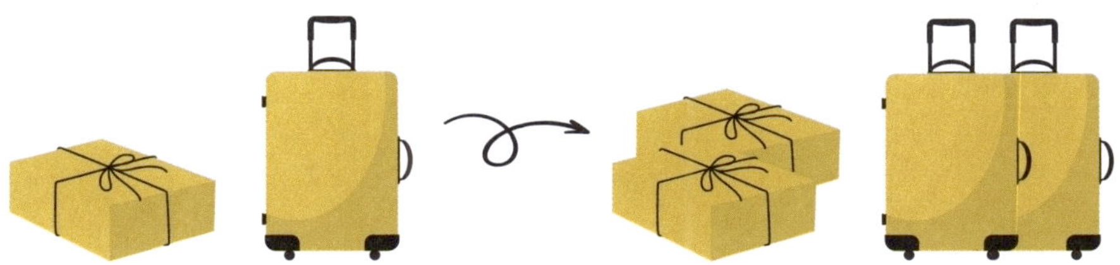

Singular	Plural
il pacchetto grande das große Paket	i pacchetti grandi die großen Pakete
la valigia grande der große Koffer	le valigie grandi die großen Koffer

Bei den männlichen und weiblichen Substantiven auf **-e** + Adjektiv verhält sich die Pluralbildung wie folgt:

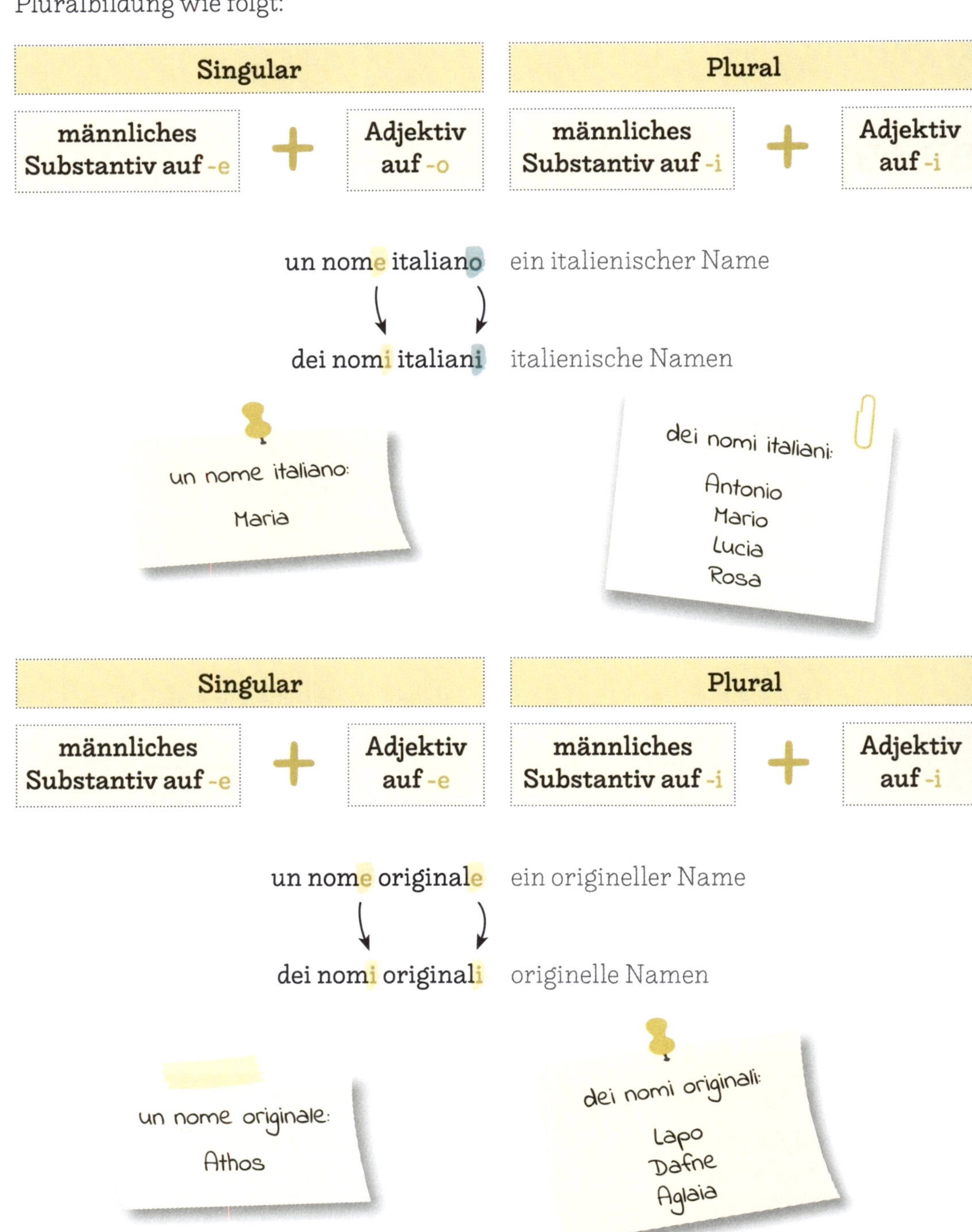

Singular
Plural
weibliches Substantiv auf -e
+
Adjektiv auf -a
weibliches Substantiv auf -i
+
Adjektiv auf -e
una frase sbagliata
ein fehlerhafter Satz
delle frasi sbagliate
fehlerhafte Sätze
una frase sbagliata:
Luca è ha 22 anni.
delle frasi sbagliate:
Come ti chiamo i?
Marco abita in a Roma.
Singular
Plural
weibliches Substantiv auf -e
+
Adjektiv auf -e
weibliches Substantiv auf -i
+
Adjektiv auf -i
una frase breve
ein kurzer Satz
delle frasi brevi
kurze Sätze
una frase breve:
Come stai?
delle frasi brevi:
Tutto bene!
E tu?
A presto!

Die Adjektive folgen in der Pluralbildung weitgehend denselben Regeln, die für die Substantive gelten.

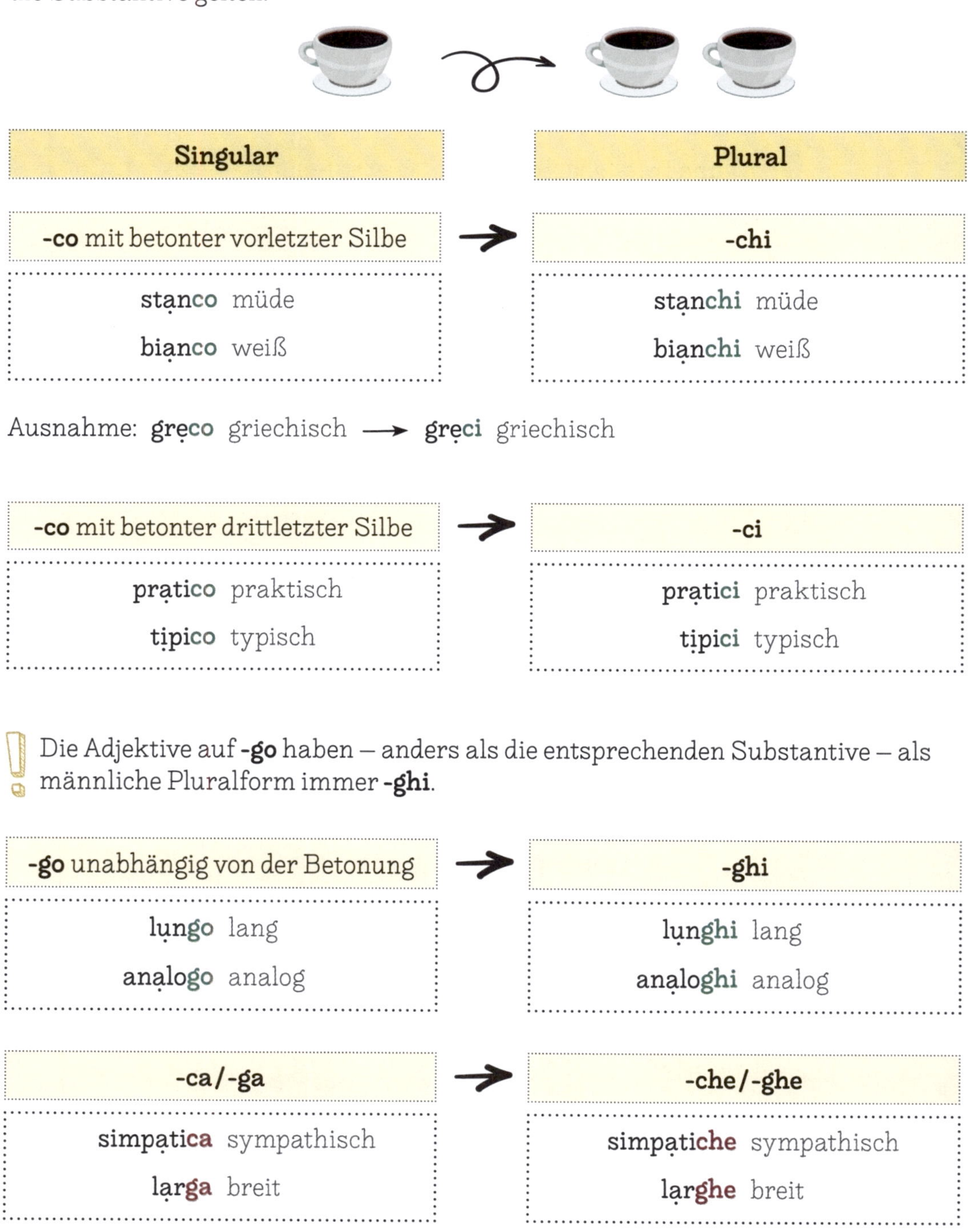

Singular		Plural
-co mit betonter vorletzter Silbe	→	**-chi**
stanco müde		**stanchi** müde
bianco weiß		**bianchi** weiß

Ausnahme: **greco** griechisch → **greci** griechisch

Singular		Plural
-co mit betonter drittletzter Silbe	→	**-ci**
pratico praktisch		**pratici** praktisch
tipico typisch		**tipici** typisch

! Die Adjektive auf **-go** haben – anders als die entsprechenden Substantive – als männliche Pluralform immer **-ghi**.

Singular		Plural
-go unabhängig von der Betonung	→	**-ghi**
lungo lang		**lunghi** lang
analogo analog		**analoghi** analog

Singular		Plural
-ca/-ga	→	**-che/-ghe**
simpatica sympathisch		**simpatiche** sympathisch
larga breit		**larghe** breit

Die Angleichung des Adjektivs

La concordanza dell'aggettivo

GEBRAUCH

Das Adjektiv richtet sich immer in Genus und Numerus nach dem dazugehörigen Substantiv. Dies gilt auch, wenn beide durch ein Verb miteinander verbunden werden:

Il vestito è molto carino. Das Kleid ist sehr hübsch.

La gonna è molto carina. Der Rock ist sehr hübsch.

I vestiti di Marina ti sembrano carini?
Sehen Marinas Kleider für dich hübsch aus?

Le gonne in vetrina sono davvero carine.
Die Röcke im Schaufenster sind wirklich hübsch.

Bezieht sich ein Adjektiv auf mehrere Substantive mit dem gleichen Genus, so steht es im Plural im selben Genus:

La giacca e la camicia sono abbastanza comode.
Der Sakko und das Hemd sind ziemlich bequem.

Wenn sich ein Adjektiv auf mehrere Substantive mit unterschiedlichem Genus bezieht, wird die männliche Pluralform verwendet:

Marco e Grazia sono molto allegri.
Marco und Grazia sind (beide) sehr fröhlich.

Die Stellung des Adjektivs

La posizione dell'aggettivo

GEBRAUCH

Adjektive können vor oder nach dem Substantiv stehen, die meisten stehen jedoch danach und haben unterscheidenden Charakter.

Nach dem Substantiv stehen u. a. ...

... Nationalitäten

un piatto **italiano** ein italienisches Gericht

... Farben

il pullover **blu** der blaue Pullover

... Formen

il tavolo **ovale** der ovale Tisch

... mehrere Adjektive

un medico **giovane** e **inesperto** ein junger und unerfahrener Arzt

... Adjektive in Kombination mit einem Adverb

un libro **molto utile** ein sehr nützliches Buch

Vor dem Substantiv stehen in der Regel ...

... Possessivbegleiter

il mio ragazzo
mein Freund

... Indefinita

molta gente
viele Leute

... Demonstrativbegleiter

questa bottiglia
diese Flasche

... Ordnungszahlen

il primo bacio
der erste Kuss

Einige Adjektive verändern je nach Stellung ihre Bedeutung: Stehen sie nach dem Substantiv, behalten sie ihre Grundbedeutung bei; stehen sie davor, haben sie eine übertragene Bedeutung.

un caro amico
ein teurer (= lieber) Freund

un vino caro
ein teurer Wein

Ähnlich verhalten sich folgende Adjektive:

certo	una cosa **certa**	eine sichere Sache
	una **certa** cosa	eine gewisse Sache
grande	un libro **grande**	ein großes Buch
	un **grande** libro	ein großartiges Buch
povero	una donna **povera**	eine arme (= mittellose) Frau
	una **povera** donna	eine arme (= bemitleidenswerte) Frau
solo	una persona **sola**	eine einsame Person
	una **sola** persona	eine einzige Person
vecchio	un amico **vecchio**	ein (den Jahren nach) alter Freund
	un **vecchio** amico	ein alter (= langjähriger) Freund

Die Adjektive buono und bello

Die Adjektive **buono** gut und **bello** schön verändern ihre Form je nach Stellung. Stehen sie nach dem Substantiv bzw. allein, bleibt die Grundform erhalten:

L'arrosto è buono. Der Braten ist gut.

Questo quadro è bello. Dieses Gemälde ist schön.

Stehen sie jedoch vor dem Substantiv, passen sie sich – ähnlich wie die Artikel – in ihren Endungen an den Anfangsbuchstaben des Substantivs an.

Vor einem männlichen Substantiv im Singular verhält sich **buono** wie der unbestimmte Artikel:

	männlich
vor Konsonant	**un buon ristorante** ein gutes Restaurant
vor Vokal	**un buon amico** ein guter Freund
vor s + Konsonant, z, gn, ps, x, y	**un buono spumante** ein guter Sekt

un → buon

un buon ristorante

Auch die weibliche Form kann im Singular vor Vokal zu **buon'** apostrophiert werden:

una buona / buon'**i**dea eine gute Idee

Vor einem männlichen Substantiv verhält sich **bello** wie der bestimmte Artikel:

	männlich	
	Singular	**Plural**
vor Konsonant	un bel **p**osto ein schöner Ort	dei bei **p**osti schöne Orte
vor Vokal	un bell'**u**omo ein schöner Mann	dei begli **u**omini schöne Männer
vor s + Konsonant, z, gn, ps, x, y	un bello **sp**ecchio ein schöner Spiegel	dei begli **sp**ecchi schöne Spiegel

il → bel

un bel posto

Auch die weibliche Form kann im Singular vor Vokal zu **bell'** apostrophiert werden:

una bella / bell'**a**mica eine schöne Freundin

3 Auf einen Blick
In sintesi

Das Genus

-o	-a
un pacchetto piccolo	una valigia piccola

-e	
un pacchetto grande	una valigia grande

Der Plural

-o/-a	-i/-e
il pacchetto piccolo la valigia piccola	i pacchetti piccoli le valigie piccole
-e	**-i**
il pacchetto grande la valigia grande	i pacchetti grandi le valigie grandi

Die Angleichung des Adjektivs

Il vestito è molto carino.

La gonna è molto carina.

Die Stellung des Adjektivs

un piatto **italiano** — il pullover **blu** — il tavolo **ovale**

un medico **giovane** e **inesperto** — un libro **molto utile**

il **mio** ragazzo — **questa** bottiglia — **molta** gente — il **primo** bacio

un **vecchio** amico

un amico **vecchio**

	männlich
vor Konsonant	un buon **r**istorante
vor Vokal	un buon **a**mico
vor s + Konsonant, z, gn, ps, x, y	un buono **sp**umante

un → buon

männlich	Singular	Plural
vor Konsonant	un bel **p**osto	dei bei **p**osti
vor Vokal	un bell'**u**omo	dei begli **u**omini
vor s + Konsonant, z, gn, ps, x, y	un bello **sp**ecchio	dei begli **sp**ecchi

il → bel

4

L'avverbio **Das Adverb**

Che cos'è un avverbio? **Was ist ein Adverb?**

Aggettivo o avverbio? **Adjektiv oder Adverb?**

In sintesi **Auf einen Blick**

Was ist ein Adverb?

Che cos'è un avverbio?

GEBRAUCH

Das Adverb bestimmt ein Verb, ein Adjektiv, ein anderes Adverb oder einen ganzen Satz näher. Es ist wie im Deutschen unveränderlich.

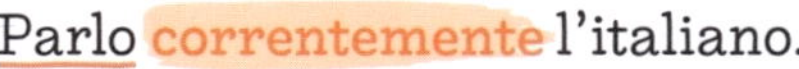

Parlo correntemente l'italiano.
Ich spreche fließend Italienisch.

Sto leggendo un romanzo molto avvincente.
Ich lese gerade einen sehr spannenden Roman.

Oggi ci siamo svegliati abbastanza presto.
Heute sind wir ziemlich früh aufgewacht.

BILDUNG

Im Italienischen werden die meisten Adverbien vom jeweiligen Adjektiv abgeleitet. Sie werden gebildet, indem an die weibliche Form Singular des Adjektivs die Endung **-mente** angehängt wird:

Adjektiv		weibliche Form		Adverb
tranquillo	ruhig	tranquilla	→	tranquillamente
strano	seltsam	strana	→	stranamente
sicuro	sicher	sicura	→	sicuramente

Sicuramente non riusciranno a prendere il treno.
Sie werden es sicherlich nicht schaffen, den Zug zu nehmen.

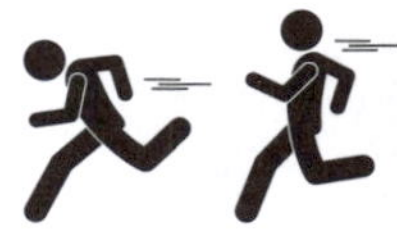

Dies gilt auch für Adjektive auf **-e**:

Adjektiv	**weibliche Form**		**Adverb**
felice glücklich	felice	→	felicemente
veloce schnell	veloce	→	velocemente
corrente fließend	corrente	→	correntemente

Bei den Adjektiven auf **-le** und **-re** entfällt jedoch der Endvokal **-e** vor **-mente**:

Adjektiv	**weibliche Form**		**Adverb**
normale normal	normale	→	normalmente
gentile höflich	gentile	→	gentilmente
regolare regelmäßig	regolare	→	regolarmente

! Einige Adjektive bilden das Adverb unregelmäßig:

buono gut → **bene**
cattivo schlecht → **male**

Oggi ci sentiamo **bene**!
Heute fühlen wir uns gut!

Eigenständige Formen

Einige Adverbien haben eine eigenständige Form. Dazu gehören u. a.:

Io mi siedo qui, tu sieditì là.
Ich setze mich hierhin, du setzt dich dahin.

Lokaladverbien (Ort)	
qui/qua hier(her)	**dietro** hinten
lì/là dort(hin)	**sopra** oben
vicino nahe/ in der Nähe	**sotto** unten
lontano weit entfernt	**fuori** draußen
davanti vorne	**dentro** drinnen

Temporaladverbien (Zeit)	
ora/adesso nun, jetzt	**presto** früh
subito gleich	**tardi** spät
oggi heute	**sempre** immer
ieri gestern	**prima** früher
domani morgen	**dopo** später

Arrivo subito! Ich bin gleich da!

Adverbiale Ausdrücke setzen sich aus mehreren Wörtern zusammen und haben die gleiche Funktion wie Adverbien. Dazu zählen z. B.:

di solito für gewöhnlich
di sicuro sicher
in generale im Allgemeinen
all'improvviso plötzlich
senza dubbio zweifellos
in particolare insbesondere

Einige Adverbien der Menge (z. B. **molto** viel, **tanto** viel, **troppo** zu viel, **parecchio** ziemlich (viel), **poco** wenig usw.) entsprechen der männlichen Form Singular der jeweiligen Adjektive. Während die Adjektive an das dazugehörige Substantiv angeglichen werden, bleibt das Adverb jedoch unverändert:

Adverbien der Menge	
molto sehr, viel	**piuttosto** ziemlich
tanto sehr, viel	**parecchio** ziemlich (viel)
troppo zu (viel)	**poco** wenig
abbastanza ziemlich (viel)	**niente** nichts

Carletto è molto triste.
Carletto ist sehr traurig.

Modaladverbien (Art und Weise)	
forse vielleicht	**quasi** fast
insieme zusammen	**così** so
volentieri gern	

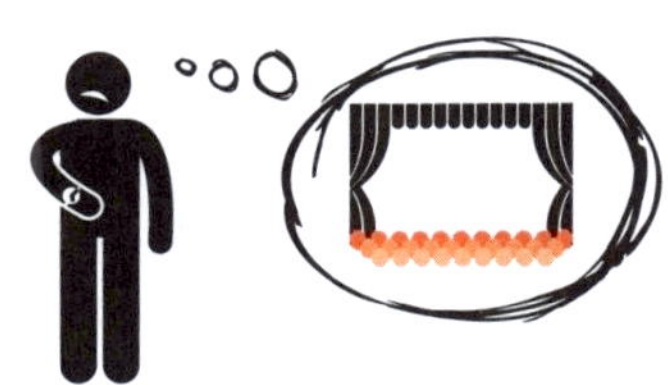

Volevamo andare al cinema insieme ...
Wir wollten zusammen ins Kino gehen ...

! In einigen festen Wendungen wird ein Adjektiv anstelle eines Adverbs verwendet, z. B.:

parlare **piano/forte** leise/laut sprechen
andare **piano/forte** langsam/schnell gehen/fahren

Parla forte, non ti sento!
Sprich laut, ich höre dich nicht!

SATZSTELLUNG

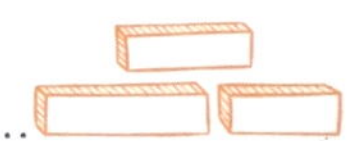

Adverbien stehen in der Regel vor dem Adjektiv bzw. Adverb, auf das sie sich beziehen:

L'esame non è particolarmente difficile.
Die Prüfung ist nicht besonders schwierig.

Ci vogliamo abbastanza bene.
Wir haben uns ziemlich gern.

Adverbien stehen meist nach dem Verb, auf das sie sich beziehen – das gilt auch bei zusammengesetzten Zeiten:

Marco suona bene la chitarra.
Marco spielt gut Gitarre.

Ci siamo innamorati perdutamente.
Wir haben uns leidenschaftlich verliebt.

! Folgende Adverbien stehen bei zusammengesetzten Zeiten zwischen Hilfsverb und Partizip:

già schon **ancora** noch **mai** nie **quasi** fast **sempre** immer

Non ho ancora imparato a ballare.
Ich habe noch nicht tanzen gelernt.

Adjektiv oder Adverb?

Aggettivo o avverbio?

GEBRAUCH

Das **Adjektiv** beschreibt Personen oder Dinge:

Das Adjektiv bestimmt das Substantiv näher.

Il sugo è buono.
Die Soße ist gut.

Das **Adverb** beschreibt Tätigkeiten:

Das Adverb bestimmt das Verb näher.

Federica cucina ottimamente.
Federica kocht hervorragend.

Adjektiv und Adverb haben – anders als im Deutschen – in der Regel nicht die gleiche Form. Außerdem wird das Adjektiv an das jeweilige Substantiv angeglichen.

Lucia a scuola è sempre **attenta**. In der Schule ist Lucia immer aufmerksam.
Lucia ascolta sempre **attentamente**. Lucia hört immer aufmerksam zu.

Das Adverb dient schließlich auch dazu, ein Adjektiv, ein anderes Adverb oder ganze Sätze näher zu bestimmen.

Anna è molto brava a cantare.
Anna ist sehr gut im Singen.

Anna sa cantare molto bene.
Anna kann sehr gut singen.

4 Auf einen Blick
In sintesi

Was ist ein Adverb?

Das Adverb bestimmt ein Verb, ein Adjektiv, ein anderes Adverb oder einen ganzen Satz näher. Es ist wie im Deutschen unveränderlich.

Parlo **correntemente** l'italiano.

Oggi ci siamo svegliati **abbastanza** presto.

Adverbien stehen meist vor dem Adjektiv bzw. Adverb, auf das sie sich beziehen:

L'esame non è **particolarmente** difficile.

Adverbien stehen meist nach dem Verb, auf das sie sich beziehen:

Marco suona **bene** la chitarra.

Im Italienischen werden die meisten Adverbien vom jeweiligen Adjektiv abgeleitet:

Adjektiv		weibliche Form		Adverb
tranquillo	ruhig	tranquilla	→	tranquillamente
veloce	schnell	veloce	→	velocemente
normale	normal	normal~~e~~	→	normalmente

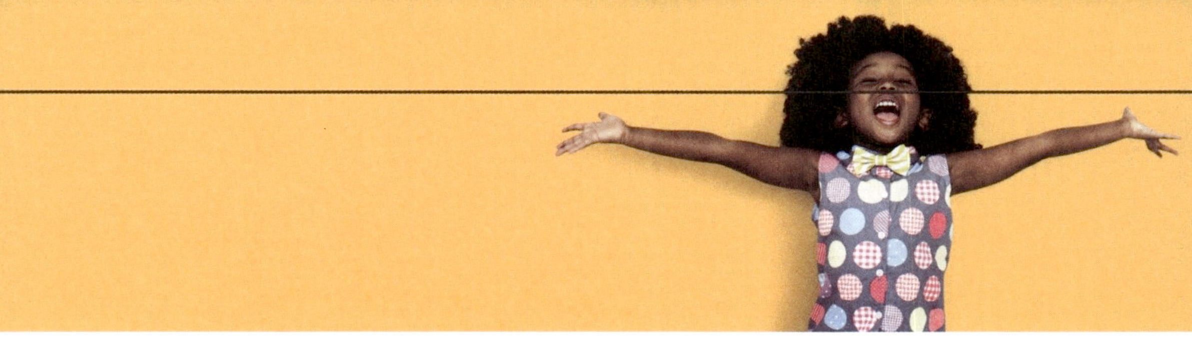

Viele Adverbien haben eine eigenständige Form. Dazu gehören u. a.:

Modaladverbien
(Art und Weise)

forse · insieme · volentieri · quasi · così ...

Lokaladverbien
(Ort)

qui/qua · lì/là · vicino · lontano · davanti · dietro · sopra · sotto · fuori · dentro ...

Adverbiale Ausdrücke

di solito · all'improvviso · senza dubbio · di sicuro ...

Temporaladverbien
(Zeit)

ora/adesso · subito · oggi · ieri · domani · presto · tardi · sempre · prima · dopo ...

Adverbien der Menge

molto · tanto · troppo · abbastanza · piuttosto · parecchio · poco · niente ...

Adjektiv oder Adverb?

Das **Adjektiv** beschreibt Personen oder Dinge:	Das **Adverb** beschreibt Tätigkeiten:
Il sugo è buono.	Federica cucina ottimamente.

Adjektiv und Adverb haben – anders als im Deutschen – in der Regel nicht die gleiche Form. Außerdem wird das Adjektiv an das jeweilige Substantiv angeglichen.

5 La comparazione **Der Vergleich**

Il comparativo **Der Komparativ**

Il superlativo **Der Superlativ**

In sintesi **Auf einen Blick**

Der Komparativ

Il comparativo

GEBRAUCH

Überlegenheit: più di/che

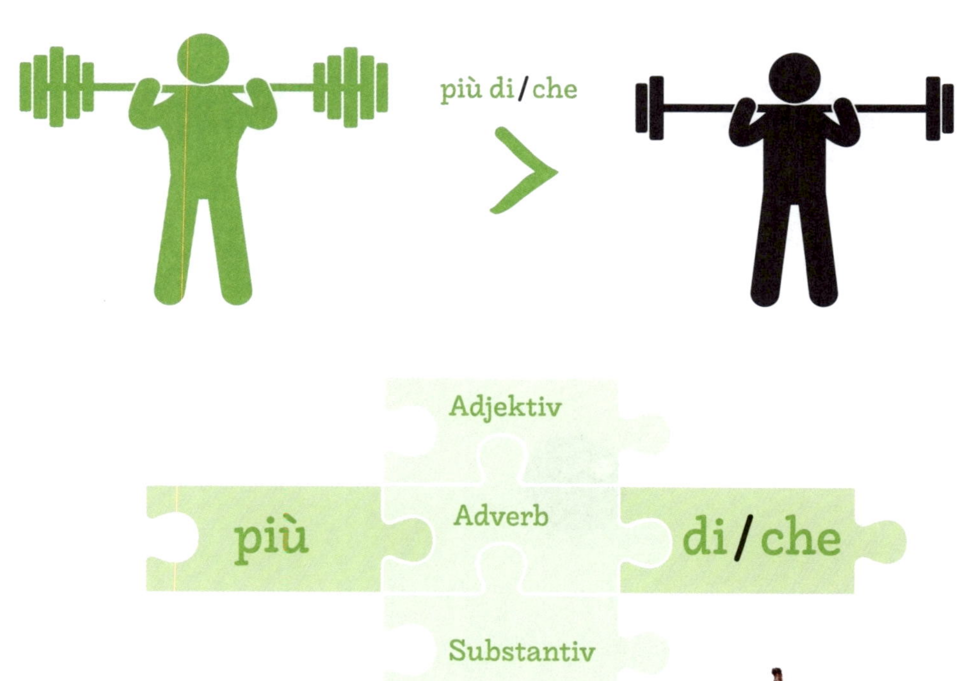

Lui è più **forte** di lei. Er ist stärker als sie.

Lei è più **magra** di lui. Sie ist schlanker als er.

Lei corre più **velocemente** di lui. Sie läuft schneller als er.

Lui ha più **fame** di lei. Er hat mehr Hunger als sie.

Unterlegenheit: meno di / che

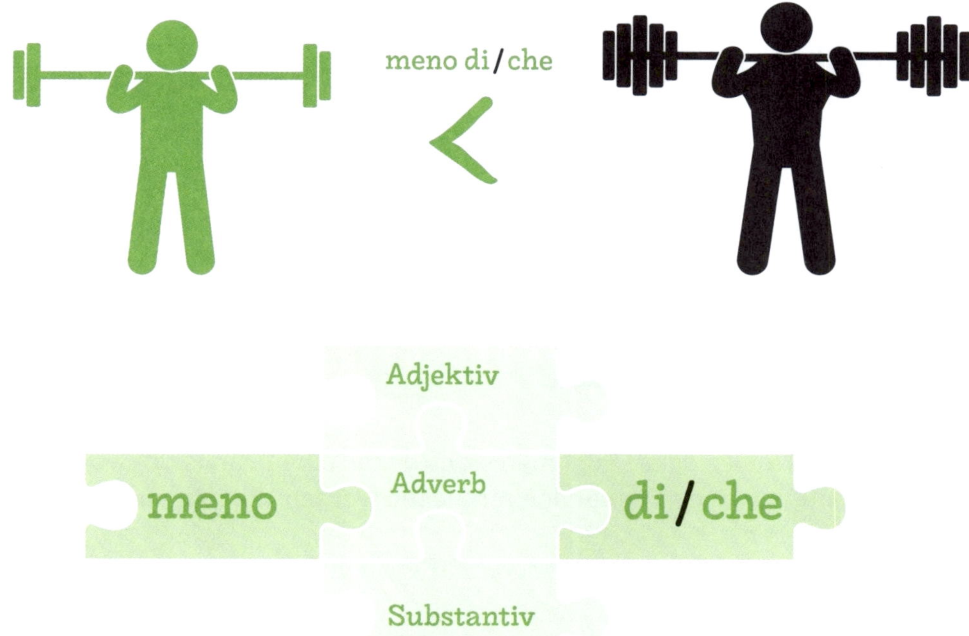

Lui è meno **paziente** di lei.
Er ist nicht so geduldig wie sie.
(Wörtlich: Er ist weniger geduldig als sie.)

Lei è meno **coraggiosa** di lui.
Sie ist nicht so mutig wie er.
(Wörtlich: Sie ist weniger mutig als er.)

Lei ruggisce meno **frequentemente** di lui.
Sie brüllt nicht so häufig wie er.
(Wörtlich: Sie brüllt weniger häufig als er.)

Die Wiedergabe von als

Das Vergleichsobjekt wird im Italienischen mit **di** bzw. **che** angeschlossen.

- **Di** wird verwendet, wenn es vor Nomen oder Pronomen steht, denen keine Präposition und kein Adverb vorangeht:

Lui è più intelligente di lei.
Er ist intelligenter als sie.

Pluto è più intelligente di Cocca.
Pluto ist intelligenter als Cocca.

Cocca

Pluto

- **Che** wird verwendet,
  - wenn es vor Nomen oder Pronomen steht, denen eine Präposition vorangeht
  - wenn zwei Adjektive miteinander verglichen werden, die sich auf dasselbe Nomen beziehen
  - wenn Verben, Adverbien und mengenmäßig auch Substantive miteinander verglichen werden:

In Italia fa più caldo che in Germania.
In Italien ist es wärmer als in Deutschland.

Marco è più furbo che intelligente.
Marco ist eher schlau als intelligent.

Meglio uscire che stare tutto il giorno sul divano.
Besser hinausgehen als den ganzen Tag auf dem Sofa zu verbringen.

Leggo più romanzi che saggi.
Ich lese mehr Romane als Sachbücher.

Gleichheit: (così) come

(così) come

	Adjektiv / Adverb	
(così)		come

	Substantiv	
tanto/-a		quanto/-a
tanti/-e		quanti/-e

Lui è (così) **alto** come lei.
Er ist so groß wie sie.

Lui cammina (così) **lentamente** come lei.
Er geht so langsam wie sie.

Lui ha tanti **amici** quanti (ne ha) lei. Er hat so viele Freunde wie sie.

Statt **(così) ... come** kann man auch **(tanto) ... quanto** sagen:

La mia macchina è (tanto) **cara** quanto la tua.
Mein Auto ist (genau)so teuer wie deins.

Unregelmäßige Komparativformen

Einige Adjektive haben neben ihren regelmäßigen auch unregelmäßige Komparativformen. Letztere haben oft eine übertragene Bedeutung, während die regelmäßigen Formen in der Grundbedeutung verwendet werden:

Adjektiv	Komparativ	
buono gut	**più buono / migliore** besser	di / che
cattivo schlecht	**più cattivo / peggiore** schlechter	di / che
grande groß, alt	**più grande / maggiore** größer, älter	di / che
piccolo klein, jung	**più piccolo / minore** kleiner, jünger	di / che

Auch einige Adverbien bilden den Komparativ unregelmäßig:

Adjektiv	Komparativ
bene gut	**meglio** besser
male schlecht	**peggio** schlechter
molto viel, sehr	**più** mehr
poco wenig	**meno** weniger

Oggi sto meglio di ieri!
Heute geht es mir besser als gestern!

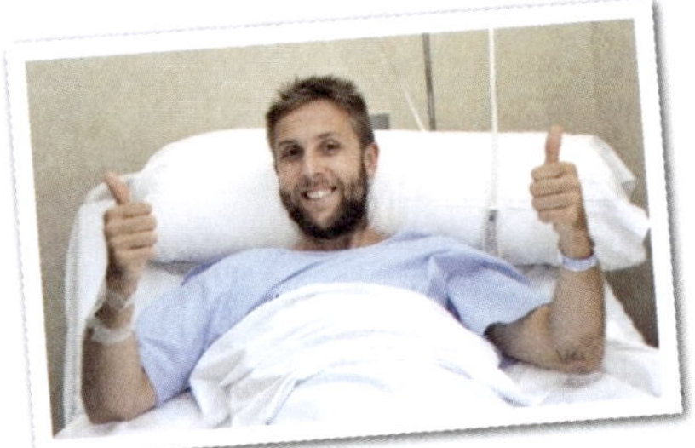

Der Superlativ

Il superlativo

GEBRAUCH

Der relative Superlativ

Der relative Superlativ drückt den höchsten bzw. niedrigsten Grad einer Eigenschaft im Vergleich zu den anderen Elementen einer Gruppe aus. Der relative Superlativ der Adjektive wird wie folgt gebildet:

Riccardo è il meno **elegante** del gruppo.
Riccardo ist der am wenigsten elegante in der Gruppe.

Luciana ha il **vestito** più **vistoso** di tutti.
Luciana hat das auffälligste Kleidungsstück von allen an.

Der relative Superlativ der Adverbien wird wie folgt gebildet:

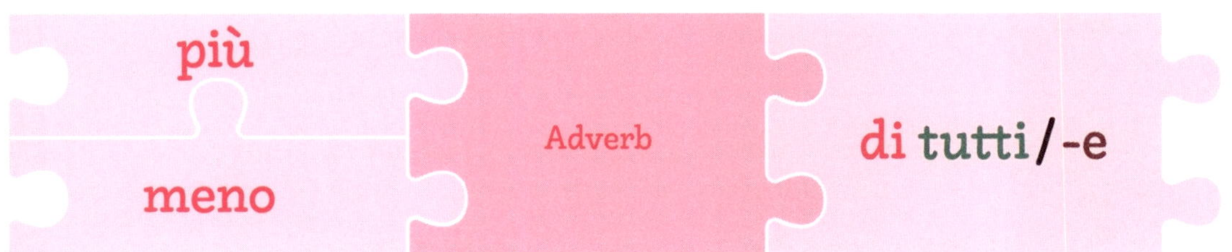

Giorgio corre più **velocemente** di tutti.
Giorgio läuft am schnellsten von allen.

Der absolute Superlativ

Der absolute Superlativ drückt aus, dass eine Eigenschaft in einem sehr hohen Grad vorhanden ist – ohne einen Vergleich zu ziehen. Er wird mit der Endung **-issimo** gebildet, die an den Stamm des Adjektivs ohne Endvokal angehängt wird.

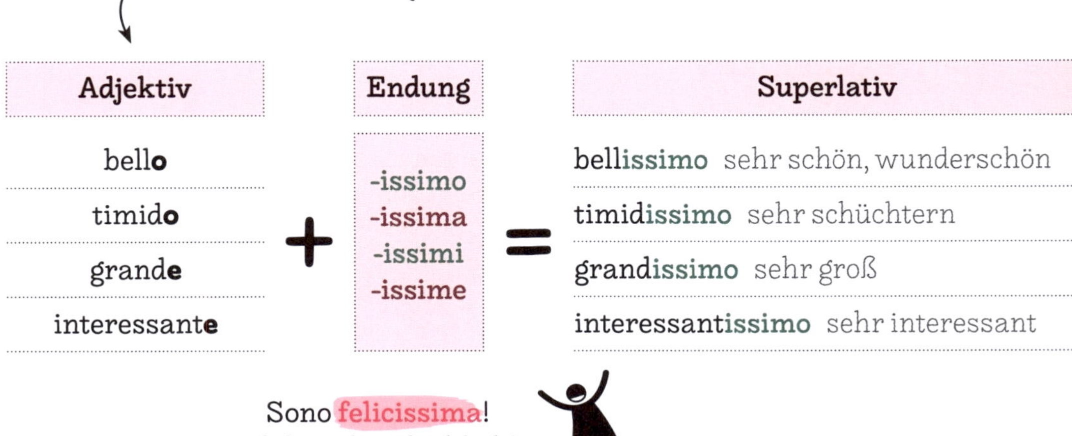

Adjektiv		Endung		Superlativ
bell**o**	+	-issimo -issima -issimi -issime	=	bell**issimo** sehr schön, wunderschön
timid**o**				timid**issimo** sehr schüchtern
grand**e**				grand**issimo** sehr groß
interessant**e**				interessant**issimo** sehr interessant

Sono **felicissima**!
Ich bin überglücklich!

Bei Adverbien auf **-mente** wird der absolute Superlativ durch die Endung **-issimamente**, bei den sonstigen Adverbien durch **-issimo** gebildet.

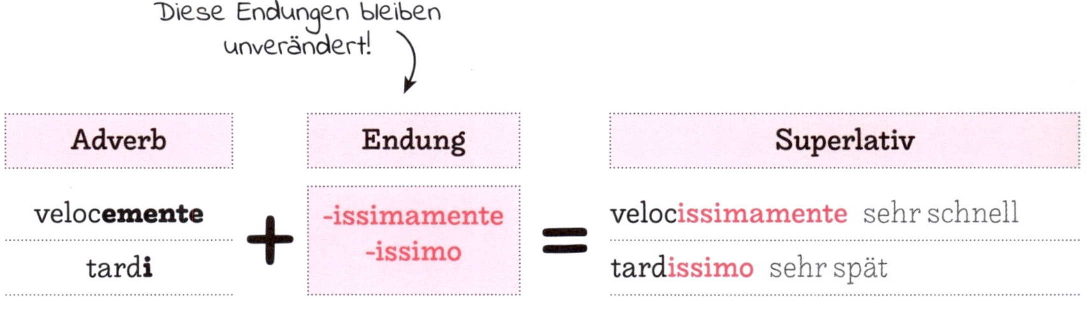

Adverb		Endung		Superlativ
veloc**emente**	+	-issimamente -issimo	=	veloc**issimamente** sehr schnell
tard**i**				tard**issimo** sehr spät

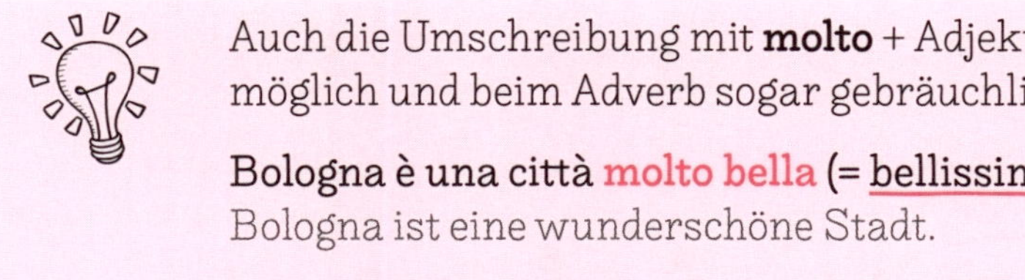

Auch die Umschreibung mit **molto** + Adjektiv bzw. Adverb ist möglich und beim Adverb sogar gebräuchlicher:

Bologna è una città **molto bella** (= bellissima).
Bologna ist eine wunderschöne Stadt.

Anna è partita **molto tardi** (= tardissimo).
Anna ist sehr spät losgefahren.

Unregelmäßige Superlativformen

Einige Adjektive haben neben ihren regelmäßigen auch unregelmäßige Superlativformen. Letztere haben oft eine übertragene Bedeutung, während die regelmäßigen Formen in der Grundbedeutung verwendet werden:

Adjektiv	relativer Superlativ	absoluter Superlativ
buono gut	il più buono / il migliore	buonissimo / ottimo
cattivo schlecht	il più cattivo / il peggiore	cattivissimo / pessimo
grande groß	il più grande / il maggiore	grandissimo / massimo
piccolo klein	il più piccolo / il minore	piccolissimo / minimo

Questo piatto è ottimo!
Dieses Gericht ist ausgezeichnet!

Il cibo qui è pessimo!
Das Essen hier ist sehr schlecht!

La differenza è minima!
Der Unterschied ist minimal!

5 Auf einen Blick
In sintesi

Der Komparativ

Überlegenheit: più di / che; Unterlegenheit: meno di / che

Lui è più **forte** di lei.

Lui è meno **paziente** di lei.

di → vor Nomen/Pronomen, denen keine Präposition/kein Adverb vorangeht;

che → vor Präpositionen; beim Vergleich von zwei Adjektiven, Adverbien, Verben oder beim mengenmäßigen Vergleich von Substantiven.

Gleichheit: (così) come

Lui è (così) alto come lei.

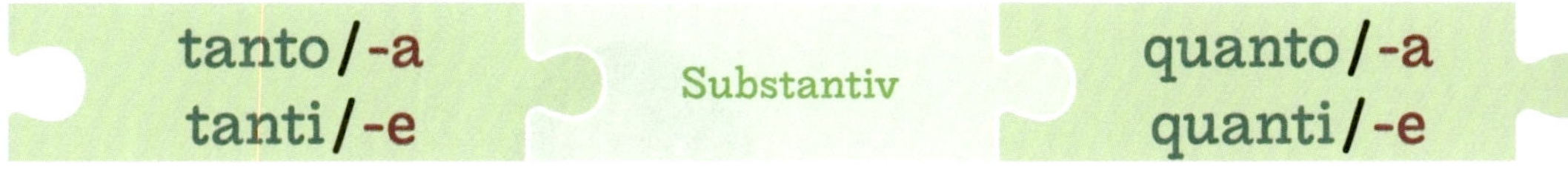

Lui ha tanti **amici** quanti (ne ha) lei.

Der Superlativ

Der relative Superlativ

Riccardo è il meno elegante del gruppo.

Giorgio corre più velocemente di tutti.

Der absolute Superlativ

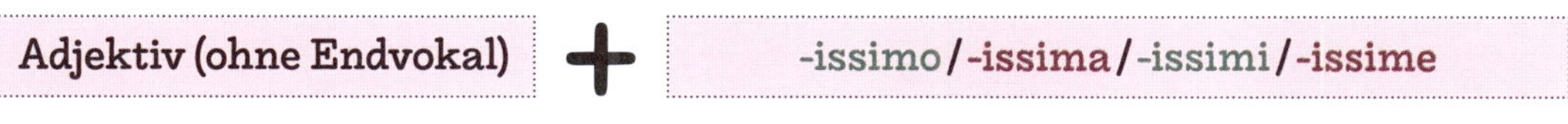

Sono felicissima!

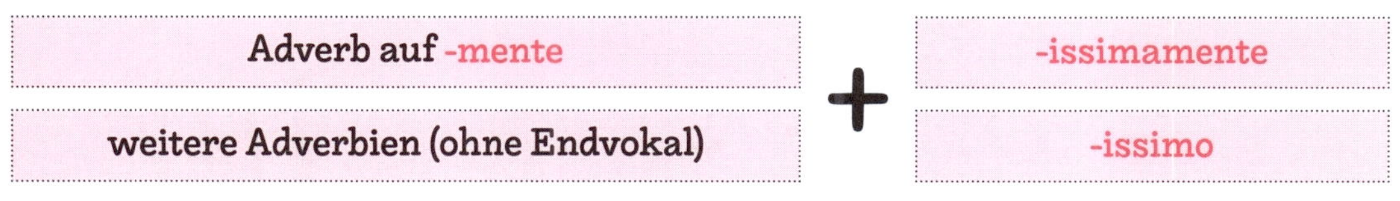

Anna è partita tardissimo.

Il pronome personale (I) — Das Personalpronomen (I)

Il pronome soggetto — **Das Subjektpronomen**

Il pronome oggetto diretto — **Das direkte Objektpronomen**

Il pronome oggetto indiretto — **Das indirekte Objektpronomen**

In sintesi — **Auf einen Blick**

Das Subjektpronomen

Il pronome soggetto

Subjektpronomen sind Personalpronomen, die ein bereits bekanntes oder vorher genanntes Subjekt ersetzen. Meist erklärt sich auch aus dem Kontext, worauf sich ein Subjektpronomen bezieht.

BILDUNG

	Subjektpronomen Wer? Was?			
Singular	**io**	ich	Plural	**noi**	wir
	tu	du		**voi**	ihr/Sie
	lui/lei/Lei	er/sie/Sie		**loro**	sie

È stato lui! Er war's!

Sono io! Ich bin's!

GEBRAUCH

Im Satz werden die Subjektpronomen oft weggelassen, weil die Person aus der Endung des Verbs meistens eindeutig hervorgeht. Man verwendet die Subjektpronomen nur, wenn sie betont oder hervorgehoben werden sollen (z. B. bei einer Gegenüberstellung).

Hier steht kein Personalpronomen, weil die handelnde Person aus der Endung des Verbs eindeutig hervorgeht.

Prendo una camomilla ...
Ich nehme einen Kamillentee ...

Zur Gegenüberstellung werden hier die Personalpronomen verwendet.

Io prendo una birra. E tu?
Ich nehme ein Bier. Und du?

Io prendo uno spumante!
Ich nehme einen Sekt!

Als Höflichkeitsform im Singular wird **Lei** verwendet. Im Plural lautet die Höflichkeitsform **voi** bzw. **loro** (auch großgeschrieben: **Voi** bzw. **Loro**). **Loro** wird jedoch als sehr formell empfunden und im täglichen Gebrauch weitgehend durch **voi** ersetzt.

Volete qualcos'altro?
Möchten Sie / Möchtet ihr noch etwas?

Das direkte Objektpronomen

Il pronome oggetto diretto

Das direkte Objektpronomen ersetzt ein direktes Objekt (Substantiv oder Namen), das auf die Frage „Wen" oder „Was?" antwortet. Im Deutschen entspricht es dem Akkusativ (Wen-Fall). In der 3. Person Singular und Plural unterscheidet man zwischen männlich und weiblich. Im Normalfall werden folgende – unbetonte – Formen verwendet.

BILDUNG

direktes Objektpronomen (unbetonte Formen)
Wen? Was?

Singular	**mi** mich	**Plural**	**ci** uns
	ti dich		**vi** euch / Sie
	lo / la / La ihn / sie / Sie		**li / le** sie

Ti amo.
Ich liebe dich.

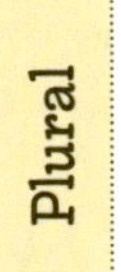

Lo kann auch „es" bedeuten.

Lo so.
Ich weiß es.

Das indirekte Objektpronomen

Il pronome oggetto indiretto

Das indirekte Objektpronomen ersetzt ein indirektes Objekt (Substantiv oder Namen), das die Frage „Wem?" beantworten würde. Im Deutschen entspricht es dem Dativ (Wem-Fall). Im Normalfall werden folgende – unbetonte – Formen verwendet.

BILDUNG

indirektes Objektpronomen (unbetonte Formen) Wem?					
Singular	**mi**	mir	**Plural**	**ci**	uns
	ti	dir		**vi**	euch/Ihnen
	gli/le/Le	ihm/ihr/Ihnen		**gli**	ihnen

Achten Sie auf die unterschiedliche Bedeutung des indirekten Objektpronomens **gli**:

Stasera gli presento la mia ragazza.

gli = a lui
Heute Abend stelle ich **ihm** meine Freundin vor.

gli = a loro
Heute Abend stelle ich **ihnen** meine Freundin vor.

6 Auf einen Blick
In sintesi

Das Subjektpronomen

Subjektpronomen sind Personalpronomen, die ein bereits bekanntes oder vorher genanntes Subjekt ersetzen. Im Satz werden die Subjektpronomen oft weggelassen, weil die Person aus der Endung des Verbs meistens eindeutig hervorgeht. Man verwendet die Subjektpronomen nur, wenn sie betont oder hervorgehoben werden sollen (z. B. bei einer Gegenüberstellung).

Subjektpronomen Wer? Was?			
Singular	io	Plural	noi
	tu		voi
	lui/lei/Lei		loro

io

tu

noi

lui

voi

Lei

lei

loro

Das direkte Objektpronomen

Das direkte Objektpronomen ersetzt ein direktes Objekt (Substantiv oder Namen), das auf die Frage „Wen" oder „Was?" antwortet. Im Deutschen entspricht es dem Akkusativ (Wen-Fall). In der 3. Person Singular und Plural unterscheidet man zwischen männlich und weiblich. Im Normalfall werden folgende – unbetonte – Formen verwendet.

direktes Objektpronomen (unbetonte Formen) Wen? Was?			
Singular	mi	Plural	ci
	ti		vi
	lo/la/La		li/le

Das indirekte Objektpronomen

Das indirekte Objektpronomen ersetzt ein indirektes Objekt (Substantiv oder Namen), das die Frage „Wem?" beantworten würde. Im Deutschen entspricht es dem Dativ (Wem-Fall). Im Normalfall werden folgende – unbetonte – Formen verwendet.

indirektes Objektpronomen (unbetonte Formen) Wem?			
Singular	mi	Plural	ci
	ti		vi
	gli/le/Le		gli

7 Il pronome personale (II) | Das Personalpronomen (II)

Die Stellung des Pronomens

La posizione del pronome

SATZSTELLUNG

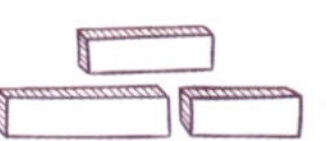

Das unbetonte direkte oder indirekte Objektpronomen steht – anders als im Deutschen – vor dem konjugierten Verb.

Ti amo.
Ich liebe dich.

Bei zusammengesetzten Zeiten steht das unbetonte Pronomen vor dem Hilfsverb, das Verneinungswort **non** steht vor dem Pronomen. Vor dem Hilfsverb **avere** wird das direkte Objektpronomen **lo / la / La** meist apostrophiert.

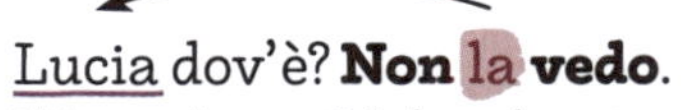

Lucia dov'è? **Non la vedo.**
Wo ist Lucia? Ich sehe sie nicht.

E Marco? Non **l'hai** (= lo + **hai**) **visto**?
Und Marco? Hast du ihn nicht gesehen?

Bei zusammengesetzten Verbformen mit **avere** wird die Partizipendung an das direkte Objektpronomen angeglichen (-o / -a / -i / -e):

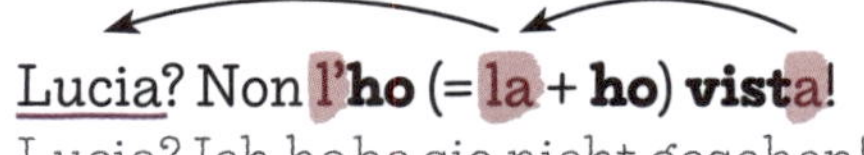

Lucia? Non **l'ho** (= la + **ho**) **vista**!
Lucia? Ich habe sie nicht gesehen!

Hier steht kein direktes Objektpronomen, deshalb wird das Partizip nicht angeglichen.

Ho visto i suoi colleghi.
Ich habe ihre Kollegen gesehen.

Hier steht ein direktes Objektpronomen, deshalb wird das Partizip angeglichen.

I suoi colleghi? Li ho visti!
Ihre Kollegen? Die habe ich gesehen!

Unbetonte Personalpronomen werden direkt angehängt an ...

... den Imperativ

Aspettami!
Warte auf mich!

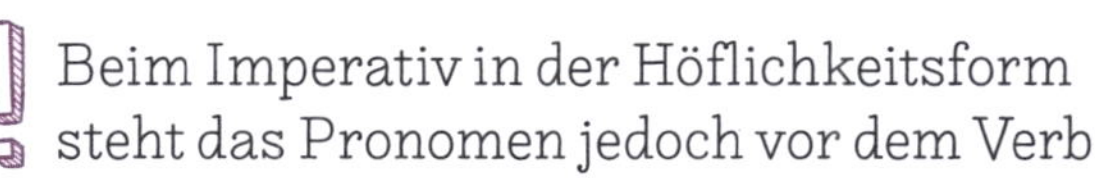

! Beim Imperativ in der Höflichkeitsform steht das Pronomen jedoch vor dem Verb!

Mi scusi!
Entschuldigen Sie mich!

... das Gerund

Chiudendolo bene, l'acqua non esce.
Wenn man ihn gut zudreht, läuft kein Wasser raus.

... den Infinitiv ohne den Endvokal -e

Hier entfällt der Endvokal des Infinitivs.

Sono contenta di **rivedervi**.
Ich bin froh, euch wiederzusehen.

Bei Modalverben kann das Pronomen vor dem konjugierten Verb stehen oder an den Infinitiv angehängt werden:

Ti **devo** parlare. = Devo **parlarti**.
Ich muss mit dir reden.

Das betonte Pronomen

Il pronome tonico

Neben den unbetonten Formen gibt es im Italienischen auch betonte Formen der Objektpronomen, die bei besonderer Betonung Anwendung finden. Die betonten Formen der direkten Objektpronomen entsprechen – bis auf die 1. und 2. Person Singular – den Formen der Subjektpronomen.

BILDUNG

direktes Objektpronomen (betonte Formen) Wen? Was?			
Singular	! **me** mich	Plural	**noi** uns
	! **te** dich		**voi** euch / Sie
	lui / **lei** / **Lei** ihn / sie / Sie		**loro** sie

Amo te, non lei!
Ich liebe dich, nicht sie!

! Die betonten Formen werden außerdem nach Adverbien oder Präpositionen verwendet.

Ho sempre desiderato una donna come te!
Eine Frau wie dich habe ich mir immer gewünscht!

Auch die indirekten Objektpronomen haben betonte Formen. Man bildet sie durch die Präposition **a** und die betonten Formen der direkten Objektpronomen.

indirektes Objektpronomen (betonte Formen) Wem?			
Singular		**Plural**	
a me	mir	a noi	uns
a te	dir	a voi	euch/Ihnen
a lui/a lei/a Lei	ihm/ihr/Ihnen	a loro	ihnen

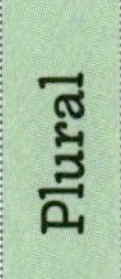

A me piace il gelato. E a te?
Mir schmeckt das Eis. Und dir?

SATZSTELLUNG

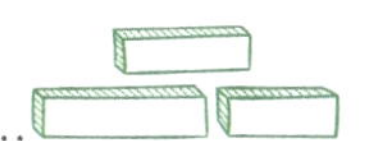

Das betonte direkte oder indirekte Objektpronomen steht meist nach dem konjugierten Verb oder am Satzende. Das betonte indirekte Objektpronomen kann auch am Satzanfang stehen.

A voi non va bene proprio niente.
Euch passt aber auch gar nichts.

Perché pungono solo me e non te?
Warum stechen sie nur mich und dich nicht?

Das Reflexivpronomen

Il pronome riflessivo

Das Reflexivpronomen wird wie im Deutschen in Verbindung mit reflexiven Verben (z. B. **lavarsi** sich waschen) benutzt. In der Regel steht es vor dem konjugierten Verb.

BILDUNG

Reflexivpronomen			
Singular	**mi** mich/mir	**Plural**	**ci** uns
	ti dich/dir		**vi** euch/sich
	si sich		**si** sich

Si rilassa in piscina.
Sie entspannt sich im Swimmingpool.

Die Form **sé** in der 3. Person Singular und Plural entspricht dem deutschen „sich“ und wird hauptsächlich nach Präpositionen verwendet:

Pensa solo a sé stesso.
Er denkt nur an sich selbst.

Die kombinierten Pronomen

I pronomi combinati

Treffen in einem Satz zwei Objektpronomen aufeinander, so geht im Italienischen immer das indirekte Pronomen (Dativ) dem direkten (Akkusativ) voraus:

BILDUNG

+	lo	la	li	le
mi	me lo	me la	me li	me le
ti	te lo	te la	te li	te le
gli/le/Le	glielo/Glielo	gliela/Gliela	glieli/Glieli	gliele/Gliele
ci	ce lo	ce la	ce li	ce le
vi	ve lo	ve la	ve li	ve le
gli	glielo	gliela	glieli	gliele

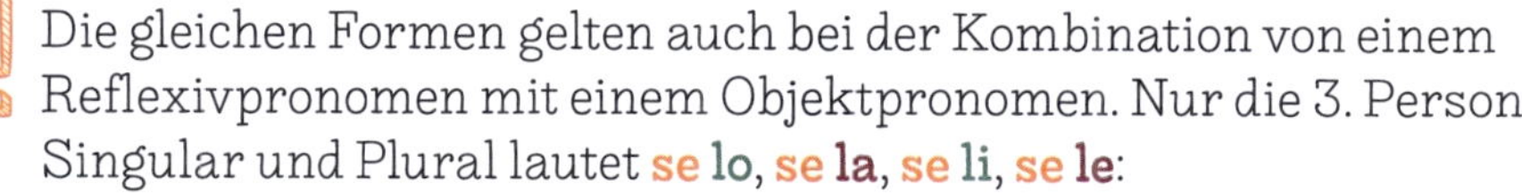

Die gleichen Formen gelten auch bei der Kombination von einem Reflexivpronomen mit einem Objektpronomen. Nur die 3. Person Singular und Plural lautet se lo, se la, se li, se le:

Non se lo ricorda mai. Er kann sich nie daran erinnern.

SATZSTELLUNG

Die kombinierten Objektpronomen stehen direkt vor dem Verb.

Mi presti **la tua macchina**? Leihst du mir dein Auto?

Certo, te la presto volentieri. Sicher, ich leihe es dir gerne.

Auch die kombinierten Pronomen können an den Infinitiv ohne Endvokal, den Imperativ (außer in der Höflichkeitsform) und das Gerund angehängt werden:

Non dirmelo! = Non me lo dire! Sag es mir nicht!

7 Auf einen Blick
In sintesi

Die Stellung des Pronomens

- Das unbetonte direkte oder indirekte Objektpronomen steht vor dem konjugierten Verb.
- Bei zusammengesetzten Zeiten steht das unbetonte Pronomen vor dem Hilfsverb, das Verneinungswort **non** steht vor dem Pronomen. Vor dem Hilfsverb **avere** wird das direkte Objektpronomen **lo**/**la**/**La** meist apostrophiert.

Das betonte Pronomen

direktes Objektpronomen (betonte Formen) Wen? Was?			
Singular	me	Plural	noi
	te		voi
	lui/lei/Lei		loro

indirektes Objektpronomen (betonte Formen) Wem?			
Singular	a me	Plural	a noi
	a te		a voi
	a lui/a lei/a Lei		a loro

Das Reflexivpronomen

Reflexivpronomen			
Singular	mi	Plural	ci
	ti		vi
	si		si

Die kombinierten Pronomen

+	lo	la	li	le
mi	me lo	me la	me li	me le
ti	te lo	te la	te li	te le
gli/le/Le	glielo/Glielo	gliela/Gliela	glieli/Glieli	gliele/Gliele
ci	ce lo	ce la	ce li	ce le
vi	ve lo	ve la	ve li	ve le
gli	glielo	gliela	glieli	gliele

8

Altri pronomi (I) **Weitere Pronomen (I)**

Il pronome dimostrativo **Das Demonstrativpronomen**

Il pronome indefinito **Das Indefinitpronomen**

La particella pronominale **Die Pronominalpartikel**

In sintesi **Auf einen Blick**

questo
quello
qualcosa
qualcuno
tutto
ogni
niente
nessuno

Das Demonstrativpronomen

Il pronome dimostrativo

Im Italienischen unterscheidet man zwischen dem Demonstrativbegleiter, der einem Substantiv vorausgeht, und dem Demonstrativpronomen, das ein Substantiv ersetzt. Während **questo** dieser in beiden Fällen dieselben Formen annimmt, verändert **quello** jener seine Form, je nachdem, ob es sich um einen Begleiter oder um ein Pronomen handelt.

BILDUNG

	questo als Demonstrativbegleiter und -pronomen		
	männlich	**weiblich**	**Lage**
Sg.	**questo** dieser (hier)	**questa** diese (hier)	in der Nähe des Sprechenden
Pl.	**questi** diese (hier)	**queste** diese (hier)	

	quello als Demonstrativpronomen		
	männlich	**weiblich**	**Lage**
Sg.	**quello** der (dort)/jener	**quella** die (dort)/jene	entfernt vom Sprechenden
Pl.	**quelli** die (dort)/jene	**quelle** die (dort)/jene	

Queste scarpe non mi piacciono.
Diese Schuhe gefallen mir nicht.

Voglio quelle!
Ich will die (dort)!

Als Demonstrativbegleiter passt sich **quello** wie der bestimmte Artikel an den Anfangsbuchstaben des Substantivs an:

	quello als Demonstrativbegleiter	
	Singular	**Plural**
	männlich	
vor Konsonant	**quel** der (dort)/jener	**quei** die (dort)/jene
vor Vokal	**quell'** der (dort)/jener	**quegli** die (dort)/jene
vor s + Konsonant, z, gn, ps, x, y	**quello** der (dort)/jener	**quegli** die (dort)/jene
	weiblich	
vor Konsonant	**quella** die (dort)/jene	**quelle** die (dort)/jene
vor Vokal	**quell'** die (dort)/jene	**quelle** die (dort)/jene

Als Demonstrativbegleiter kann auch **questo**/-a vor Vokal apostrophiert werden:

quest'**uomo** dieser Mann
quest'**estate** diesen Sommer

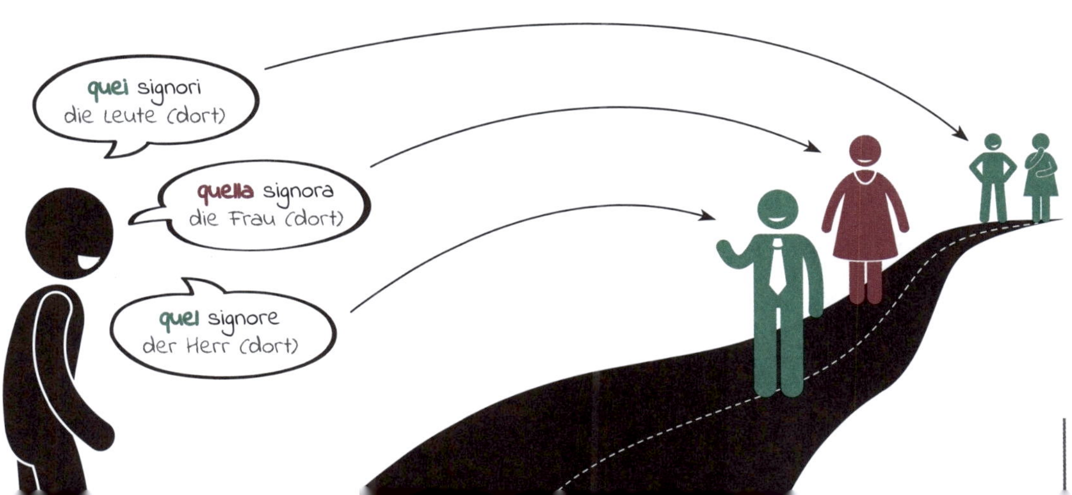

Das Indefinitpronomen

Il pronome indefinito

Im Italienischen unterscheidet man zwischen dem Indefinitbegleiter und dem Indefinitpronomen. Das Indefinitpronomen ersetzt Personen oder Sachen, die nicht näher bestimmt werden können oder sollen. Der Indefinitbegleiter ergänzt ein nachfolgendes Substantiv.

BILDUNG

Indefinitpronomen

- **uno/-a** (irgend)jemand, eine(r)
- **qualcuno/-a** (irgend)jemand, -eine(r)
- **qualcosa** (irgend)etwas
- **ognuno/-a** jede(r)
- **chiunque** jede(r)
- **niente, nulla** nichts

Indefinitbegleiter

- **alcuno/-a** jegliche(r)/kein(e)(r)
- **qualche** irgendein(e)(r), einige
- **ogni** jede(r), alle
- **qualsiasi, qualunque** jede(r) (beliebige)

Indefinitbegleiter oder -pronomen

- **alcuni/-e** einige
- **altro/-a/-i/-e** ein(e) andere(r), andere
- **tutto/-a/-i/-e** jede(r), ganz, alle(s)
- **nessuno/-a** niemand, kein(e)(r)
- **poco/-a/-i/-e** wenig(e)
- **molto/-a/-i/-e** viel(e)
- **tanto/-a/-i/-e** viel(e)
- **parecchio/-a/-i/-e** ziemlich viel(e)
- **troppo/-a/-i/-e** zu viel(e)

GEBRAUCH

Ogni und tutto

Ogni steht immer mit Bezugswort (meist im Singular) und ist unveränderlich. Stattdessen kann man auch **tutti/-e** verwenden, das bei adjektivischem Gebrauch in der Regel vom bestimmten Artikel gefolgt wird. Im Singular bedeutet **tutto/-a** mit bestimmtem Artikel „ganz“.

ogni giorno = tutti i giorni
jeden Tag = alle Tage

ogni **due** giorni alle zwei Tage

tutto il giorno
den ganzen Tag

Als Pronomen steht **tutto/-a/-i/-e** allein und bedeutet „alle(s)“.
So **tutto**. Ich weiß alles.

Zwischen **tutti/-e** und einer Zahl steht das Bindewort **e**:
con **tutte e due le mani** mit beiden Händen.

Qualche und alcuni

Alcuni/**-e** wird mit oder ohne Bezugswort verwendet. **Qualche** ist unveränderlich und verlangt immer ein Bezugswort im Singular.

Prendo qualche fragola. = Prendo alcune fragole.
Ich nehme einige Erdbeeren.

Ne prendo alcune.
Ich nehme einige davon.

Qualsiasi / qualunque, chiunque, altro, uno und ognuno

Qualsiasi und **qualunque** stehen immer mit Bezugswort (meist im Singular) und sind unveränderlich. Nur als Pronomen werden **uno**/**-a**, **ognuno**/**-a** und das unveränderliche **chiunque** gebraucht. **Altro**/**-a** wird sowohl als Adjektiv wie auch als Pronomen verwendet.

Chiunque può prendersi un cioccolatino.
Jede(r) kann sich eine Praline holen.

Va bene questo o ne vuoi un altro?
Passt diese hier oder willst du eine andere?

A ognuno il suo.
Jedem das Seine.

Qualunque / Qualsiasi cioccolatino va bene.
Jede Praline passt.

Me li ha dati uno che conosco.
Einer, den ich kenne, hat sie mir gegeben.

Altro/**-a** kann auch „ein weiterer, noch ein" bedeuten:

Vuole un'altra birra? Wollen Sie noch ein Bier?
Desidera altro? Wünschen Sie noch etwas?

Qualcosa / qualcuno und niente / nessuno

Qualcosa und **qualcuno**/-a werden nur als Pronomen verwendet. **Niente** ist gleichbedeutend mit **nulla**. Beide sind unveränderlich und werden nur pronominal verwendet. **Nessuno**/-a gibt es nur im Singular und kann sowohl als Pronomen wie auch als Adjektiv verwendet werden.

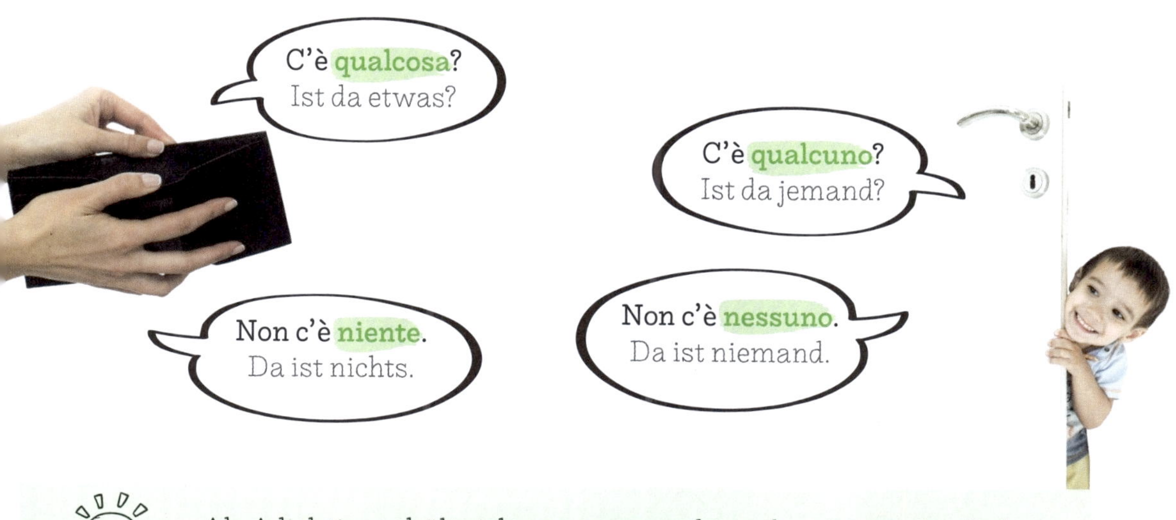

Als Adjektiv verhält sich **nessuno** wie der unbestimmte Artikel:
un **problema** ⟶ Nessun **problema**! Kein Problem!

Mengenangaben

Poco/-a/-i/-e, **parecchio**/-a/-i/-e, **molto**/-a/-i/-e, **tanto**/-a/-i/-e und **troppo**/-a/-i/-e werden entweder mit oder ohne Bezugswort verwendet.

poco vino
wenig Wein

parecchio vino
ziemlich viel Wein

molto/tanto vino
viel Wein

troppo vino
zu viel Wein

Die Pronominalpartikel

La particella pronominale

Die Pronominalpartikeln **ci** und **ne** ersetzen präpositionale Ausdrücke. Sie stehen in der Regel vor dem Verb. Die Pronominalpartikel **ci** ersetzt ...

... eine Ortsangabe und bedeutet „dort, dorthin“

Sei già stato in Italia? – Sì, ci sono già stato due volte.
Bist du schon in Italien gewesen?
– Ja, ich bin dort schon zweimal gewesen.

Sei andato dal dentista? – No, ci vado domani.
Bist du zum Zahnarzt gegangen? – Nein, ich gehe morgen dorthin.

... einen präpositionalen Ausdruck mit a in der Bedeutung von „daran, darum, darauf“ usw.

pensare **a** qualcosa

Bisogna fare la spesa? Ci penso io.
Muss man einkaufen gehen? Darum kümmere ich mich.

credere **a** qualcosa

Marco si è sposato?! Non ci credo!
Marco hat geheiratet? Das („daran“) glaube ich nicht!

Folgende Verben haben in Kombination mit **ci** eine besondere Bedeutung:

entrare	betreten	+	**ci**	=	**entrarci**	damit zu tun haben,
essere	sein	+	**ci**	=	**esserci**	vorhanden/da sein,
volere	wollen	+	**ci**	=	**volerci**	nötig sein, brauchen.

Che c'entro io? Was habe ich damit zu tun?
C'è ancora del latte? Ist noch Milch da?
Ci vogliono due ore. Man braucht zwei Stunden.

Die Pronominalpartikel **ne** steht ...

... bei Mengenangaben in der Bedeutung von „davon“ (im Deutschen wird es meist nicht übersetzt). In den zusammengesetzten Zeiten muss das Partizip an das durch **ne** ersetzte Wort angeglichen werden

Quante mele hai comprato? – Ne ho comprate **tre**. / Ne ho comprata **una**.
Wie viele Äpfel hast du gekauft? – Ich habe drei [davon] gekauft. / Ich habe einen [davon] gekauft.

... für einen präpositionalen Ausdruck mit **di** und bedeutet „dazu, damit“ usw.

Cosa dici di questa idea? – Ne sono molto contento.
Was sagst du zu dieser Idee? – Ich bin damit sehr zufrieden.

... als Ortsangabe für einen Ausdruck mit der Präposition **da** mit der Bedeutung „von dort“

Sei stato a Roma? – Ne sono appena tornato.
Warst du in Rom? – Ich bin gerade von dort zurückgekehrt.

Die Pronominalpartikeln **ci** und **ne** werden an den Infinitiv ohne Endvokal, den Imperativ (außer in der Höflichkeitsform) und das Gerund angehängt. Auch eine Kombination mit indirekten Objektpronomen ist möglich:

Me ne dai uno? Gibst du mir eins [davon]?

8 Auf einen Blick
In sintesi

Das Demonstrativpronomen

questo als Demonstrativbegleiter und -pronomen

	männlich	weiblich	Lage
Sg.	questo	questa	in der Nähe des Sprechenden
Pl.	questi	queste	

quello als Demonstrativpronomen

	männlich	weiblich	Lage
Sg.	quello	quella	entfernt vom Sprechenden
Pl.	quelli	quelle	

quello als Demonstrativbegleiter

		Singular	Plural
vor Konsonant vor Vokal vor s + Konsonant, z, gn, ps, x, y	männlich	quel ragazzo quell'uomo quello studente	quei ragazzi quegli uomini quegli studenti
vor Konsonant vor Vokal	weiblich	quella ragazza quell'amica	quelle ragazze quelle amiche

Das Indefinitpronomen

Indefinitpronomen

- uno/-a
- qualcuno/-a
- qualcosa
- ognuno/-a
- chiunque
- niente, nulla

Indefinitbegleiter

- alcuno/-a
- qualche
- ogni
- qualsiasi, qualunque

Indefinitbegleiter oder -pronomen

- alcuni/-e
- altro/-a/-i/-e
- tutto/-a/-i/-e
- nessuno/-a
- poco/-a/-i/-e
- molto/-a/-i/-e
- tanto/-a/-i/-e
- parecchio/-a/-i/-e
- troppo/-a/-i/-e

Die Pronominalpartikel

Sei già stato in Italia? – Sì, ci sono già stato due volte.

Marco si è sposato?! Non ci credo!

Quante mele hai comprato? – Ne ho comprate **tre**. / Ne ho comprata **una**.

Altri pronomi (II) **Weitere Pronomen (II)**

Il pronome possessivo	**Das Possessivpronomen**
Il pronome relativo	**Das Relativpronomen**
Il pronome interrogativo	**Das Interrogativpronomen**
In sintesi	**Auf einen Blick**

amore mio

Das Possessivpronomen

Il pronome possessivo

Man unterscheidet im Italienischen zwischen dem Possessivbegleiter, der vor einem Substantiv steht, und dem Possessivpronomen, das ein Substantiv ersetzt.

BILDUNG

		Possessivbegleiter und -pronomen			
		männlich Sg.	**weiblich Sg.**	**männlich Pl.**	**weiblich Pl.**
Singular		**il mio** mein	**la mia** meine	**i miei** meine	**le mie** meine
		il tuo dein	**la tua** deine	**i tuoi** deine	**le tue** deine
		il suo/il Suo sein/ihr/Ihr	**la sua/la Sua** seine/ihre/Ihre	**i suoi/i Suoi** seine/ihre/Ihre	**le sue/le Sue** seine/ihre/Ihre
Plural		**il nostro** unser	**la nostra** unsere	**i nostri** unsere	**le nostre** unsere
		il vostro euer/Ihr	**la vostra** eure/Ihre	**i vostri** eure/Ihre	**le vostre** eure/Ihre
		il loro ihr	**la loro** ihre	**i loro** ihre	**le loro** ihre

In der Höflichkeitsform wird zwischen einer Person oder mehreren unterschieden: **Suo/-a** bei einer Person bzw. **vostro/-a** (ggf. auch großgeschrieben: **Vostro/-a**) bei mehreren Personen. Als Höflichkeitsform wird **loro** immer seltener und nur in einem sehr formellen Rahmen verwendet.

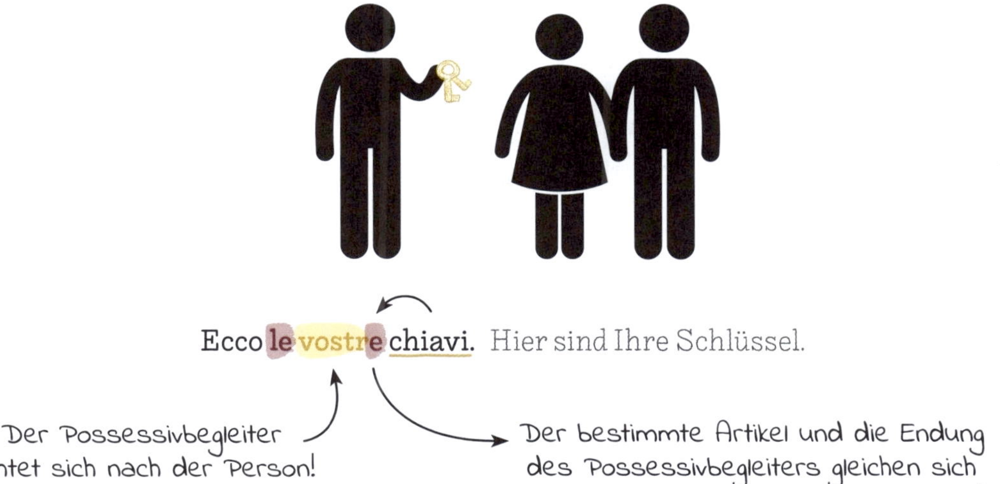

Im Italienischen gibt es nur eine Form für „sein“, „ihr“ und „Ihr“ (im Singular). Die Formen von **suo** richten sich also nur nach Genus und Numerus des Bezugswortes.

I Suoi documenti, per favore.
Ihre Papiere, bitte.

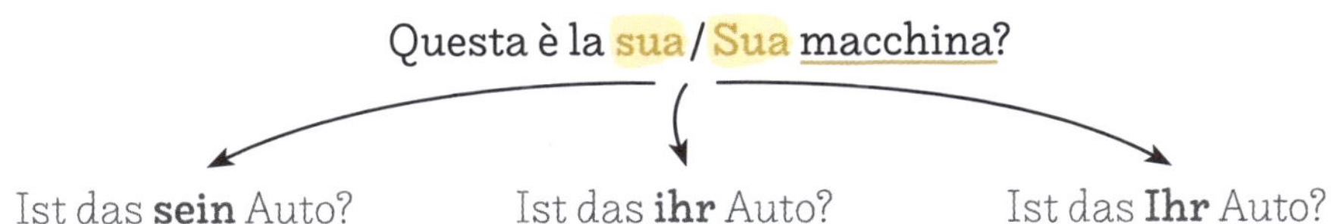

Vor dem Possessivbegleiter fehlt der bestimmte Artikel u.a. bei Verwandtschaftsbezeichnungen im Singular: **mio padre** mein Vater, **mia sorella** meine Schwester. Im Plural und auch im Singular bei **loro** steht jedoch immer der Artikel: **le mie sorelle** meine Schwestern, **la loro madre** ihre Mutter.

Possessivpronomen stehen ohne Substantiv. Sie richten sich jedoch weiterhin nach ihrem Bezugswort.

E questi regali? Ma sono i nostri!
Und diese Geschenke? Das sind doch unsere!

Das Relativpronomen

Il pronome relativo

GEBRAUCH

Das Relativpronomen leitet einen Nebensatz ein, der nähere Informationen zum Bezugswort des Pronomens enthält. Das Relativpronomen **che** ist unveränderlich; es kann als Subjekt oder als Objekt im Relativsatz verwendet werden:

Hier ist „l'autore" bzw. „che" Subjekt des Nebensatzes.

Quello è l'autore che ha vinto il premio.
(L'autore ha vinto il premio.)
Das ist der Autor, der den Preis gewonnen hat.

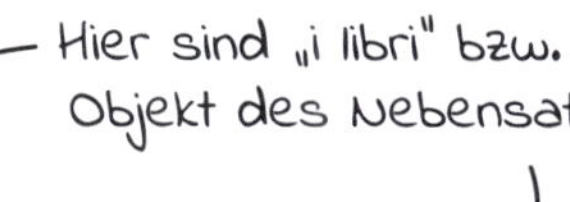

I libri che lui ha scritto mi piacciono.
(Lui ha scritto i libri.)
Die Bücher, die er geschrieben hat, gefallen mir.

Wird ein Relativsatz mit einer Präposition eingeleitet, verwendet man das unveränderliche Relativpronomen **cui**:

Ecco lo scrittore di cui tutti parlano. (Tutti parlano dello scrittore.)
Das ist der Schriftsteller, von dem alle reden.

Das Verb „parlare" verlangt hier die Präposition „di", daher wird das Relativpronomen „cui" verwendet.

Besonderheiten bei den Relativpronomen

Wird **cui** mit Artikel gebraucht, hat es die Bedeutung „dessen, deren". Es steht dann zwischen Artikel und Substantiv:

Lo scrittore, il cui libro mi è piaciuto moltissimo, ha vinto un premio. (Il libro dello scrittore ...)
Der Schriftsteller, dessen Buch mir sehr gefallen hat, hat einen Preis gewonnen.

Das Relativpronomen „cui" verbindet hier die zwei Substantive „scrittore" und „libro".

Das Relativpronomen **quale** steht immer mit dem bestimmten Artikel. Es passt sich in Numerus und Genus an sein Bezugswort an: **il quale**, **la quale**, **i quali**, **le quali**. Vor allem in der Schriftsprache ersetzt es **che** bzw. eine Präposition mit **cui** (bei einigen Präpositionen werden dann die Kombinationsformen mit dem Artikel verwendet).

Ecco il libro del quale (= di cui) ti ho parlato. (Ti ho parlato del libro.)
Hier ist das Buch, von dem ich dir erzählt habe.

Das Verb „parlare" verlangt hier die Präposition „di", daher wird „del (di + il) quale" verwendet.

Das Relativpronomen „was" wird durch **il che** wiedergegeben.

Ho sentito del suo successo, il che mi ha fatto molto piacere. (Sentire del suo successo mi ha fatto molto piacere.)
Ich habe von seinem Erfolg gehört, was mich sehr gefreut hat.

Hier bezieht sich das Relativpronomen auf einen ganzen Satz.

Das Interrogativpronomen

Il pronome interrogativo

GEBRAUCH

Chi

Chi wer, wen ist unveränderlich und wird nur für Personen verwendet. Es steht auch mit Präpositionen (z. B. **di chi** über wen, **a chi** wem), aber immer ohne Bezugswort.

Chi viene?
Wer kommt?

Chi chiami?
Wen rufst du an?

Di chi parlano?
Über wen reden sie?

Che cosa, cosa und che

Che cosa, **cosa** (vor Vokal oder **h** oft zu **cos'** verkürzt) und **che** bedeuten „was" und fragen allgemein nach Sachen. Sie sind unveränderlich. In dieser Bedeutung wird **che** vorwiegend in der Umgangssprache verwendet.

In der Bedeutung „welche/-r/-s“ wird **che** immer von einem Substantiv begleitet. Es ist ebenfalls unveränderlich.

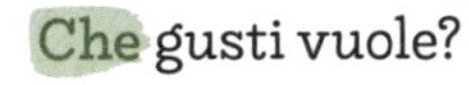

Che gusti vuole?
Welche Sorten (wörtlich: welche Geschmäcke) dürfen es sein?

Quale

Quale welche/-r/-s bezieht sich auf Personen und Dinge und kann als Adjektiv oder auch als Pronomen verwendet werden. Es wird im Numerus angeglichen: **quale**, **quali**.

Quale (vestito) mi metto?
Welches (Kleid) soll ich anziehen?

Perché

Mit dem Interrogativpronomen **perché** warum fragt man nach dem Grund.

Perché non venite?
Warum kommt ihr nicht?

In der gesprochenen Sprache wird anstelle von **perché** oft auch **come mai** verwendet:

Come mai non vieni anche tu? Warum kommst nicht auch du?

Come

Mit dem Interrogativpronomen **come** wie fragt man nach der Art und Weise.

Come stai?
Wie geht es dir?

Dove

Mit dem Interrogativpronomen **dove** wo(hin) fragt man nach einem Ort. Es wird häufig mit Präpositionen kombiniert.

Dove vai?
Wohin gehst du?

Di dove sei?/Da dove vieni?
Woher kommst du?

Quando

Mit dem Interrogativpronomen **quando** wann fragt man nach einem Zeitpunkt. Es wird häufig mit Präpositionen kombiniert.

Da quando abitate qui?
Seit wann wohnt ihr hier?

Quanto

Mit dem Interrogativpronomen **quanto/-a/-i/-e** wie viel fragt man nach einer Menge. Es wird an das Bezugswort angeglichen.

9 Auf einen Blick
In sintesi

Das Possessivpronomen

	Possessivbegleiter und -pronomen			
	männlich Sg.	weiblich Sg.	männlich Pl.	weiblich Pl.
Singular	il mio il tuo il suo / il Suo	la mia la tua la sua / la Sua	i miei i tuoi i suoi / i Suoi	le mie le tue le sue / le Sue
Plural	il nostro il vostro il loro	la nostra la vostra la loro	i nostri i vostri i loro	le nostre le vostre le loro

Das Relativpronomen

con cui

di cui

da cui...

soggetto

del quale

cui **che**

oggetto

con il quale

dal quale

il che

il cui

Das Interrogativpronomen

- chi
- che cosa, cosa, che
- che
- quale/-i
- perché
- come
- dove
- quando
- quanto/-a/-i/-e

L'indicativo presente (I) **Der Indikativ Präsens (I)**

Che cos'è l'indicativo presente? **Was ist der Indikativ Präsens?**

I verbi regolari **Die regelmäßigen Verben**

I verbi riflessivi **Die reflexiven Verben**

In sintesi **Auf einen Blick**

Was ist der Indikativ Präsens?

Che cos'è l'indicativo presente?

GEBRAUCH

Der Indikativ ist der Modus der Wirklichkeit. Im Indikativ wird eine Handlung – sei es im Präsens, in der Vergangenheit oder in der Zukunft – als real dargestellt.

Der Indikativ Präsens wird verwendet ...

... für Tatsachen

Il Colosseo **è** a Roma.
Das Kolosseum ist in Rom.

... für die unmittelbare Gegenwart

... für die nahe Zukunft

Domani **andiamo** a visitarlo.
Morgen gehen wir es besichtigen.

... für gewohnheitsmäßige Handlungen

Il Colosseo **apre** tutti i giorni alle 8:30.
Das Kolosseum öffnet jeden Tag um 8:30 Uhr.

Die regelmäßigen Verben

I verbi regolari

BILDUNG

Die italienischen Verben werden nach ihrer Infinitivendung in drei Gruppen unterteilt:

1. Verben auf **-are** → **parlare** sprechen, **lavorare** arbeiten, **abitare** wohnen
2. Verben auf **-ere** → **prendere** nehmen, **vivere** leben, **scrivere** schreiben
3. Verben auf **-ire** → **dormire** schlafen, **aprire** öffnen, **capire** verstehen

Verben auf -are

sprechen

(io)	parlo	(noi)	parliamo
(tu)	parli	(voi)	parlate
(lui/lei/Lei)	parla	(loro)	parlano

Mi scusi, parla l'italiano?
Entschuldigen Sie, sprechen Sie Italienisch?

Mi dispiace, ma parlo solo il marziano.
Es tut mir leid, aber ich spreche nur Marsianisch.

Verben auf -ere

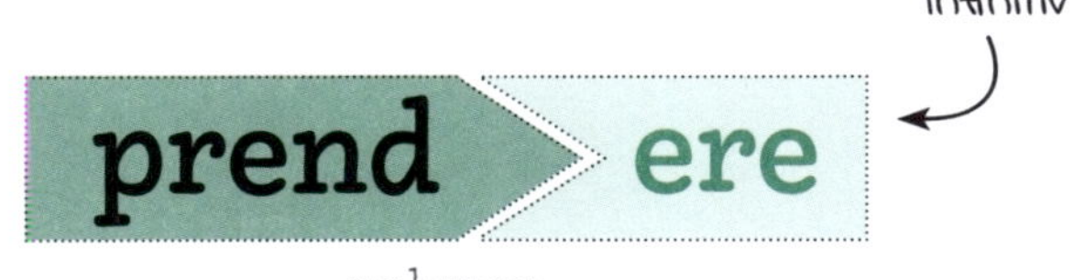

nehmen

(io)	prendo	(noi)	prendiamo
(tu)	prendi	(voi)	prendete
(lui/lei/Lei)	prende	(loro)	prendono

Cosa prendi?
Was nimmst du?

Io prendo uno spritz, e tu?
Ich nehme einen Spritz. Und du?

Verben auf -ire ohne -isc-

schlafen

(io)	dormo	(noi)	dormiamo
(tu)	dormi	(voi)	dormite
(lui/lei/Lei)	dorme	(loro)	dormono

Di notte non dormo, penso a te.
Nachts schlafe ich nicht, ich denke an dich.

Di giorno non lavoro: dormo.
Tagsüber arbeite ich nicht: Ich schlafe.

Verben auf -ire mit -isc-

Bei einigen Verben auf **-ire** wird im Singular sowie in der 3. Person Plural die Erweiterung **-isc-** zwischen Verbstamm und Endung eingefügt.

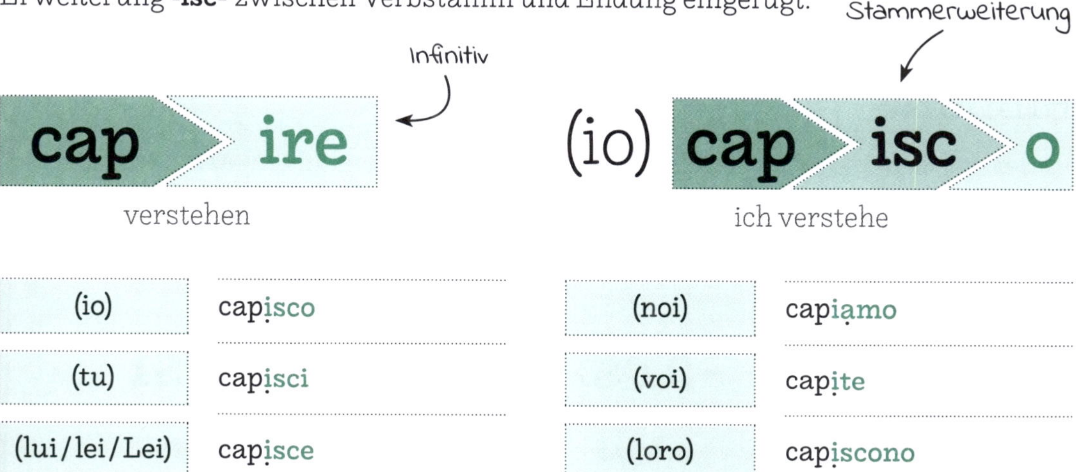

(io)	capisco	(noi)	capiamo
(tu)	capisci	(voi)	capite
(lui/lei/Lei)	capisce	(loro)	capiscono

Zu den Verben auf **-ire** mit Stammerweiterung **-isc-** gehören u. a.: **finire** (be)enden, **preferire** vorziehen, **pulire** putzen, **spedire** schicken, **costruire** bauen, **sparire** verschwinden, **sostituire** ersetzen, **ferire** verletzen.

Oggi **finisco** di lavorare tardi.
Heute höre ich spät auf zu arbeiten.

Piero **pulisce** la cucina una volta al mese.
Piero putzt die Küche einmal im Monat.

Achten Sie darauf, dass in der 3. Person Plural des Indikativs Präsens die Endung nicht betont wird. Der betonte Vokal in der 3. Person Plural ist derselbe wie in der 1. Person Singular:

(io) parlo → (loro) parlano, (io) prendo → (loro) prendono, (io) dormo → (loro) dormono, (io) capisco → (loro) capiscono.

Die reflexiven Verben

I verbi riflessivi

BILDUNG

Reflexive Verben sind im Italienischen an den Infinitivendungen **-arsi**, **-ersi** und **-irsi** erkennbar und werden in allen Zeiten mithilfe der Reflexivpronomen gebildet. Das Reflexivpronomen steht vor dem konjugierten Verb und darf nicht fehlen. Die Verbendungen folgen dem Muster der Konjugationen auf **-are**, **-ere** und **-ire** und sind regelmäßig.

	-arsi	-ersi
Infinitiv	**lavarsi** sich waschen	**mettersi** etwas anziehen
(io)	mi lavo	mi metto
(tu)	ti lavi	ti metti
(lui/lei/Lei)	si lava	si mette
(noi)	ci laviamo	ci mettiamo
(voi)	vi lavate	vi mettete
(loro)	si lavano	si mettono

Alfonso **si lava** ...
Alfonso wäscht sich ...

... e poi **si mette** uno smoking.
... und zieht dann einen Smoking an.

Auch bei einigen reflexiven Verben auf **-irsi** wird im Singular sowie in der 3. Person Plural die Erweiterung **-isc-** zwischen Verbstamm und Endung eingefügt.

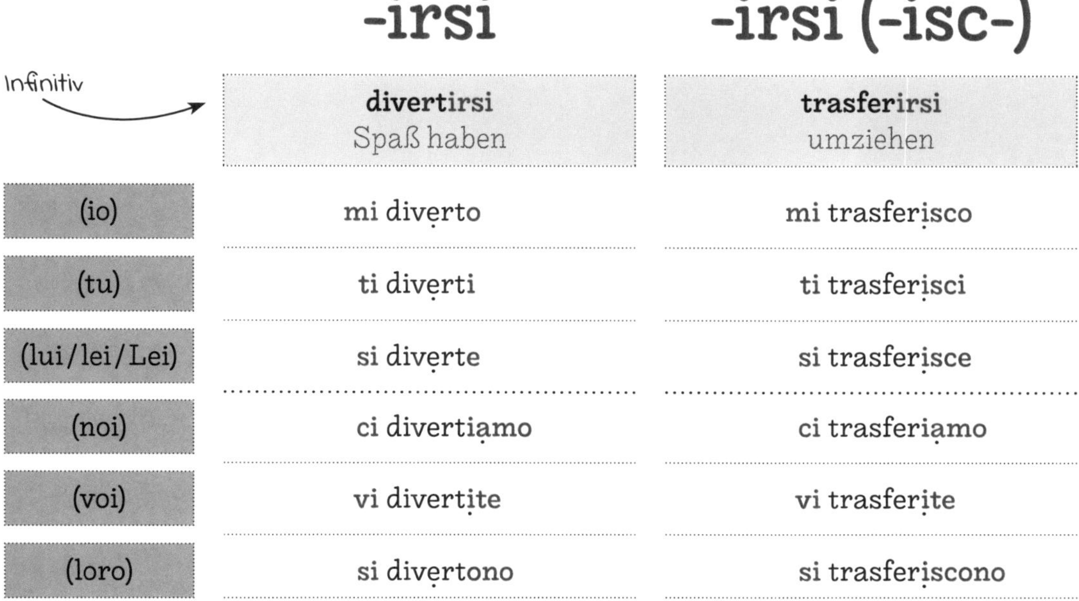

	-irsi	-irsi (-isc-)
Infinitiv	**divertirsi** Spaß haben	**trasferirsi** umziehen
(io)	mi diverto	mi trasferisco
(tu)	ti diverti	ti trasferisci
(lui/lei/Lei)	si diverte	si trasferisce
(noi)	ci divertiamo	ci trasferiamo
(voi)	vi divertite	vi trasferite
(loro)	si divertono	si trasferiscono

A Carnevale **mi diverto** sempre un sacco.
Beim Karneval habe ich immer einen Haufen Spaß.

La settimana prossima **ci trasferiamo** a Milano.
Nächste Woche ziehen wir nach Mailand um.

Manche Verben sind reflexiv im Italienischen, aber nicht im Deutschen:

chiamarsi	**svegliarsi**	**alzarsi**	**addormentarsi**
heißen	aufwachen	aufstehen	einschlafen

10 Auf einen Blick
In sintesi

Was ist der Indikativ Präsens?

Der Indikativ ist der Modus der Wirklichkeit. Mit dem Indikativ Präsens werden Tatsachen in der Gegenwart oder Pläne für die nahe Zukunft geschildert.

Die regelmäßigen Verben

1. Verben auf -are → **parlare** sprechen, **lavorare** arbeiten, **abitare** wohnen
2. Verben auf -ere → **prendere** nehmen, **vivere** leben, **scrivere** schreiben
3. Verben auf -ire → **dormire** schlafen, **aprire** öffnen, **capire** verstehen

Infinitiv	**parlare**	**prendere**
(io)	parlo	prendo
(tu)	parli	prendi
(lui/lei/Lei)	parla	prende
(noi)	parliamo	prendiamo
(voi)	parlate	prendete
(loro)	parlano	prendono

Infinitiv	**dormire**	**capire (-isc-)**
(io)	dormo	capisco
(tu)	dormi	capisci
(lui/lei/Lei)	dorme	capisce
(noi)	dormiamo	capiamo
(voi)	dormite	capite
(loro)	dormono	capiscono

Der betonte Vokal in der 3. Person Plural ist derselbe wie in der 1. Person Singular:

(io) parlo ⟶ (loro) parlano, (io) prendo ⟶ (loro) prendono,
(io) dormo ⟶ (loro) dormono, (io) capisco ⟶ (loro) capiscono.

Die reflexiven Verben

Reflexive Verben werden mithilfe der Reflexivpronomen gebildet. Das Reflexivpronomen steht vor dem konjugierten Verb. Die Endungen sind regelmäßig.

Infinitiv ⟶	**lavarsi**	**mettersi**
(io)	mi lavo	mi metto
(tu)	ti lavi	ti metti
(lui/lei/Lei)	si lava	si mette
(noi)	ci laviamo	ci mettiamo
(voi)	vi lavate	vi mettete
(loro)	si lavano	si mettono

Infinitiv ⟶	**divertirsi**	**trasferirsi**
(io)	mi diverto	mi trasferisco
(tu)	ti diverti	ti trasferisci
(lui/lei/Lei)	si diverte	si trasferisce
(noi)	ci divertiamo	ci trasferiamo
(voi)	vi divertite	vi trasferite
(loro)	si divertono	si trasferiscono

11

L'indicativo presente (II) | Der Indikativ Präsens (II)

Die regelmäßigen Verben – Besonderheiten

I verbi regolari – particolarità

BILDUNG

Einige regelmäßige Verben weisen Besonderheiten bei der Konjugation auf.

Verben auf -care und -gare

Um die Aussprache zu erhalten, muss in der 2. Person Singular und in der 1. Person Plural des Indikativs Präsens ein **-h-** eingefügt werden:

Infinitiv	**cercare** suchen	**pagare** (be)zahlen
(io)	cerco	pago
(tu)	cerchi	paghi
(lui/lei/Lei)	cerca	paga
(noi)	cerchiamo	paghiamo
(voi)	cercate	pagate
(loro)	cercano	pagano

Verben auf -ciare und -giare

Es entfällt ein **-i-** vor der Endung, wenn diese mit **-i-** beginnt:

cominciare anfangen: (tu) cominci, (noi) cominciamo
mangiare essen: (tu) mangi, (noi) mangiamo

Das gilt auch für weitere Verben auf **-iare** mit unbetontem **-i-**:

studiare lernen: (tu) studi, noi studiamo.

Die unregelmäßigen Verben

I verbi irregolari

BILDUNG

Einige Verben bilden den Indikativ Präsens unregelmäßig, z. B. **avere** und **essere**.

Infinitiv	**avere** haben	**essere** sein
(io)	ho	sono
(tu)	hai	sei
(lui/lei/Lei)	ha	è
(noi)	abbiamo	siamo
(voi)	avete	siete
(loro)	hanno	sono

Die Verben **avere** und **essere** werden ähnlich wie ihre deutschen Entsprechungen verwendet:

Il signor Ferri è molto ricco.
Herr Ferri ist sehr reich.

Il signor Ferri ha molti soldi.
Herr Ferri hat viel Geld.

Es gibt jedoch auch Ausnahmen:

Il signor Ferri ha cinquantaquattro anni.
Herr Ferri ist vierundfünfzig Jahre alt.

Weitere wichtige Verben sind im Indikativ Präsens unregelmäßig. Dazu zählen:

Infinitiv	**andare** gehen, fahren	**bere** trinken	**dare** geben
(io)	**vado**	**bevo**	do
(tu)	**vai**	**bevi**	**dai**
(lui/lei/Lei)	**va**	**beve**	**dà**
(noi)	andiamo	**beviamo**	diamo
(voi)	andate	**bevete**	date
(loro)	**vanno**	**bevono**	**danno**

Infinitiv	**dire** sagen	**fare** machen, tun	**rimanere** bleiben
(io)	**dico**	**faccio**	**rimango**
(tu)	**dici**	**fai**	rimani
(lui/lei/Lei)	**dice**	fa	rimane
(noi)	**diciamo**	**facciamo**	rimaniamo
(voi)	dite	fate	rimanete
(loro)	**dicono**	**fanno**	**rimangono**

Cosa **fai** stasera?
– **Vado** in discoteca a ballare.
Was machst du heute Abend?
– Ich gehe in die Disco zum Tanzen.

Bei einigen Verben – z. B. **rimanere** oder **scegliere** – sind nur die 1. Person Singular und die 3. Person Plural unregelmäßig.

Infinitiv	**sapere** wissen	**scegliere** (aus)wählen	**stare** stehen, sich befinden
(io)	so	scelgo	sto
(tu)	sai	scegli	stai
(lui/lei/Lei)	sa	sceglie	sta
(noi)	sappiamo	scegliamo	stiamo
(voi)	sapete	scegliete	state
(loro)	sanno	scelgono	stanno

Infinitiv	**tenere** (be)halten	**uscire** ausgehen	**venire** kommen
(io)	tengo	esco	vengo
(tu)	tieni	esci	vieni
(lui/lei/Lei)	tiene	esce	viene
(noi)	teniamo	usciamo	veniamo
(voi)	tenete	uscite	venite
(loro)	tengono	escono	vengono

Vieni a giocare a calcio?
– No, non **esco**: non **sto** molto bene.
Kommst du Fußball spielen?
– Nein, ich gehe nicht raus: mir geht es nicht so gut.

Die Modalverben

I verbi modali

Die Modalverben **dovere** müssen, sollen, **potere** können, dürfen und **volere** wollen stehen vor einem Infinitiv. Sie drücken aus, ob eine Handlung notwendig, möglich oder gewollt ist.

BILDUNG

Infinitiv	**dovere** müssen, sollen	**potere** können, dürfen	**volere** wollen
(io)	devo	posso	voglio
(tu)	devi	puoi	vuoi
(lui/lei/Lei)	deve	può	vuole
(noi)	dobbiamo	possiamo	vogliamo
(voi)	dovete	potete	volete
(loro)	devono	possono	vogliono

Qui non si **può** fumare.
Hier darf man nicht rauchen.

Sabato **devo** lavorare.
Am Samstag muss ich arbeiten.

Voglio andare al mare!
Ich will ans Meer fahren!

GEBRAUCH

Potere und sapere

Beachten Sie den Unterschied zwischen **potere** können, die Möglichkeit haben und **sapere** können, die Fähigkeit haben.

Giancarlo non può suonare il piano.
Giancarlo kann nicht Klavier spielen.

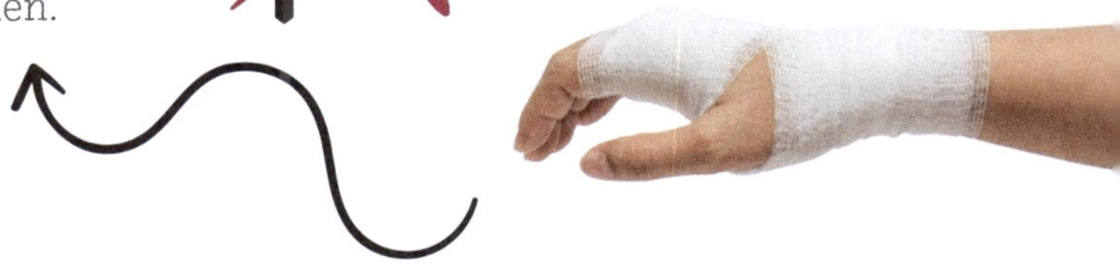

Giancarlo non sa suonare il piano.
Giancarlo kann nicht Klavier spielen.

Das Verb **sapere** bedeutet auch „wissen":

Giancarlo non sa suonare il piano. – Lo so!
Giancarlo kann nicht Klavier spielen. – Ich weiß es!

11 Auf einen Blick

In sintesi

Die regelmäßigen Verben – Besonderheiten

Bei Verben auf **-care** und **-gare** wird in der 2. Person Singular und in der 1. Person Plural des Indikativs Präsens ein **-h-** eingefügt:

(tu) cerchi, (noi) cerchiamo, (tu) paghi, (noi) paghiamo.

Bei Verben auf **-ciare** und **-giare** entfällt ein **-i-** vor der Endung, wenn diese mit **-i-** beginnt:

(tu) cominci, (noi) cominciamo, (tu) mangi, (noi) mangiamo.

Die unregelmäßigen Verben

Infinitiv	**avere**	**essere**
(io)	ho	sono
(tu)	hai	sei
(lui/lei/Lei)	ha	è
(noi)	abbiamo	siamo
(voi)	avete	siete
(loro)	hanno	sono

Infinitiv	**andare**	**bere**	**dare**
(io)	vado	bevo	do
(tu)	vai	bevi	dai
(lui/lei/Lei)	va	beve	dà
(noi)	andiamo	beviamo	diamo
(voi)	andate	bevete	date
(loro)	vanno	bevono	danno

Infinitiv	dire	fare	sapere
(io)	dico	faccio	so
(tu)	dici	fai	sai
(lui / lei / Lei)	dice	fa	sa
(noi)	diciamo	facciamo	sappiamo
(voi)	dite	fate	sapete
(loro)	dicono	fanno	sanno

Infinitiv	stare	uscire	venire
(io)	sto	esco	vengo
(tu)	stai	esci	vieni
(lui / lei / Lei)	sta	esce	viene
(noi)	stiamo	usciamo	veniamo
(voi)	state	uscite	venite
(loro)	stanno	escono	vengono

Die Modalverben

Infinitiv	dovere	potere	volere
(io)	devo	posso	voglio
(tu)	devi	puoi	vuoi
(lui / lei / Lei)	deve	può	vuole
(noi)	dobbiamo	possiamo	vogliamo
(voi)	dovete	potete	volete
(loro)	devono	possono	vogliono

12

I tempi del passato Die Vergangenheitszeiten

Jazz
Music

Das Perfekt

Il passato prossimo

BILDUNG

Das Perfekt setzt sich aus dem Präsens von **essere** bzw. **avere** und dem Partizip Perfekt zusammen. Das Partizip Perfekt wird regelmäßig gebildet, indem anstelle der Infinitivendungen **-are**, **-ere**, **-ire** die Partizipendungen **-ato**, **-uto**, **-ito** angehängt werden. Beim Perfekt mit **essere** wird die Endung des Partizips in Numerus und Genus an das Subjekt angeglichen.

lavorare arbeiten	**andare** gehen, fahren		**Partizip Perfekt**
ho lavorato	sono andato/-a	+	lavorare
hai lavorato	sei andato/-a		lavorato
ha lavorato	è andato/-a		avere
abbiamo lavorato	siamo andati/-e		avuto
avete lavorato	siete andati/-e		capire
hanno lavorato	sono andati/-e		capito

Ho comprato una bicicletta nuova.
Ich habe ein neues Fahrrad gekauft.

Sono andata a scuola in bicicletta.
Ich bin mit dem Fahrrad zur Schule gefahren.

Die Hilfsverben **avere** und **essere** werden ähnlich verwendet wie „haben" und „sein" im Deutschen. Es gibt jedoch auch Abweichungen. So bilden im Unterschied zum Deutschen das Perfekt mit **essere** beispielsweise ...

... die reflexiven Verben

Non **ti** sei **lavata** le mani?
Hast du dir die Hände nicht gewaschen?

... die Verben **durare** dauern, **bastare** genügen, **costare** kosten, **piacere** gefallen

Il film è **durato** quasi tre ore ...
Der Film hat fast drei Stunden gedauert ...

I soldi ti sono **bastati**?
Hat dir das Geld gereicht?

Quanto è **costato** il libro?
Wie viel hat das Buch gekostet?

La Sicilia vi è **piaciuta**?
Hat euch Sizilien gefallen?

Im Unterschied zum Deutschen bilden das Perfekt mit **avere** zum Beispiel ...

die Verben der Bewegung, welche die Bewegungsart bezeichnen, wie z. B. **passeggiare** spazieren gehen, **nuotare** schwimmen, **sciare** Ski fahren, **camminare** zu Fuß gehen, wandern

I nonni in vacanza hanno **passeggiato** a lungo.
Die Großeltern sind im Urlaub lange spazieren gegangen.

Domenica abbiamo **sciato** tutto il giorno.
Am Sonntag sind wir den ganzen Tag Ski gefahren.

Die Verben **cominciare** anfangen, beginnen und **finire** (be)enden können die zusammengesetzten Zeiten mit **essere** oder **avere** bilden. Tritt zum Verb ein direktes Objekt oder eine Infinitivergänzung, wird **avere** als Hilfsverb gebraucht, andernfalls verwendet man **essere**:

Ho **cominciato** (a leggere) un bel libro.
Ich habe ein schönes Buch (zu lesen) begonnen.

Sbrigati, la partita è già **cominciata**!
Beeil dich, das Spiel hat schon begonnen!

Beim Perfekt von Modalverben wird das Hilfsverb des jeweiligen Infinitivs übernommen. Steht das Modalverb jedoch vor einem mit **essere** konjugierten Verb, kann sowohl **avere** als auch **essere** gebraucht werden:

Ieri sera ho lavorato fino a tardi.
Gestern Abend habe ich bis spät gearbeitet.

Ieri sera ho dovuto lavorare fino a tardi.
Gestern Abend musste ich bis spät arbeiten.

Non sono venuto alla tua festa.
Ich bin nicht zu deiner Party gekommen.

Non sono / ho potuto venire alla tua festa.
Ich habe nicht zu deiner Party kommen können.

Steht das Modalverb bei einem reflexiven Verb, kommt es bei der Auswahl des Hilfsverbs auf die Wortstellung an. Man verwendet **essere**, wenn das Reflexivpronomen vor dem Hilfsverb steht, man verwendet **avere**, wenn das Reflexivpronomen an den Infinitiv angehängt wird:

Mi sono dovuto **sbrigare**. = Ho dovuto **sbrigarmi**.
Ich habe mich beeilen müssen.

Unregelmäßiges Partizip Perfekt

Zahlreiche Verben (vor allem auf **-ere**) bilden das Partizip Perfekt unregelmäßig, z. B.:

Infinitiv		Partizip Perfekt	Infinitiv		Partizip Perfekt
aprire	öffnen	aperto	**leggere**	lesen	letto
chiedere	fragen	chiesto	**prendere**	nehmen	preso
chiudere	schließen	chiuso	**rimanere**	bleiben	rimasto
decidere	entscheiden	deciso	**rispondere**	antworten	risposto
dire	sagen	detto	**scrivere**	schreiben	scritto
essere	sein	stato	**vedere**	sehen	visto
fare	machen, tun	fatto	**venire**	kommen	venuto

GEBRAUCH

Das Perfekt wird hauptsächlich verwendet ...

... zum Ausdruck einer einmaligen, abgeschlossenen Handlung

Mi sono alzata alle sette.
Ich bin um sieben Uhr aufgestanden.

... zum Ausdruck mehrerer abgeschlossener Handlungen, die aufeinanderfolgen

Mi sono alzata alle sette, ho fatto la doccia e sono uscita alle otto.
Ich bin um sieben aufgestanden, habe geduscht und bin um acht (aus dem Haus) gegangen.

Das Imperfekt

L'imperfetto

BILDUNG

Das Imperfekt wird gebildet, indem die Infinitivendungen **-are**, **-ere**, **-ire** durch die jeweiligen Imperfektendungen ersetzt werden. Die drei Konjugationen unterscheiden sich nur in dem für sie typischen Vokal **-a-**, **-e-** bzw. **-i-**.

Verben auf -are

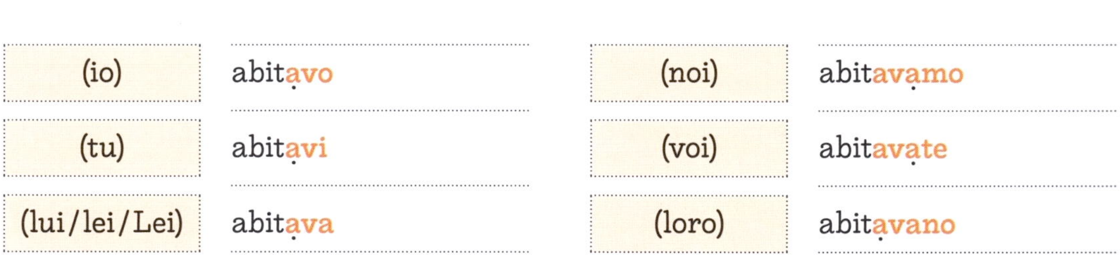

(io)	abitavo	(noi)	abitavamo
(tu)	abitavi	(voi)	abitavate
(lui/lei/Lei)	abitava	(loro)	abitavano

Da bambino abitavo in campagna.
Als Kind wohnte ich auf dem Land.

Die Betonung liegt auf der vorletzten Silbe, z. B. (io) abit**a**vo, (noi) abitav**a**mo, (voi) abitav**a**te. Einzige Ausnahme ist die 3. Person Plural, bei der die drittletzte Silbe betont wird: (loro) parl**a**vano. Gleiches gilt für die Verben auf **-ere** und **-ire**.

Verben auf -ere

leben

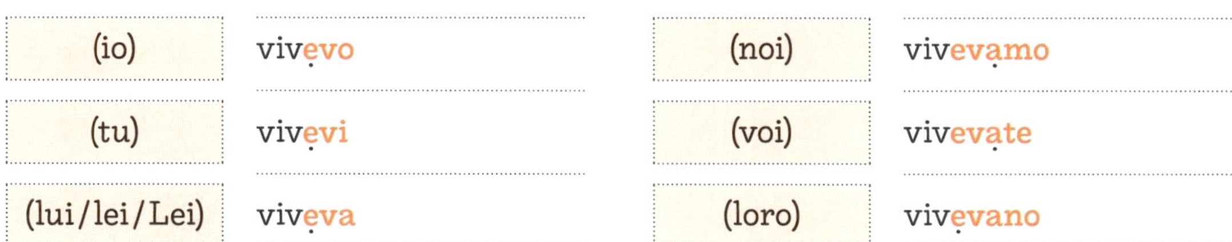

(io)	vivevo	(noi)	vivevamo
(tu)	vivevi	(voi)	vivevate
(lui/lei/Lei)	viveva	(loro)	vivevano

Vivevamo insieme a molti animali.
Wir lebten mit vielen Tieren zusammen.

Verben auf -ire

ausgehen/hinausgehen

(io)	uscivo	(noi)	uscivamo
(tu)	uscivi	(voi)	uscivate
(lui/lei/Lei)	usciva	(loro)	uscivano

La domenica **uscivo** a giocare con i miei amici.
Sonntags ging ich hinaus, um mit meinen Freunden zu spielen.

! Das Hilfsverb **essere** sein bildet das Imperfekt unregelmäßig: **ero, eri, era, eravamo, eravate, erano**. Bei einigen wenigen Verben ändert sich der Verbstamm – die Endungen sind jedoch regelmäßig:

bere trinken: bevevo, bevevi, beveva ...
dire sagen: dicevo, dicevi, diceva ...
fare machen, tun: facevo, facevi, faceva ...

GEBRAUCH

Das Imperfekt stimmt nicht mit dem deutschen Präteritum überein.
Es wird verwendet ...

... für Beschreibungen und Schilderungen

Aveva i capelli lunghi.
Sie hatte lange Haare.

La mia camera era molto bella.
Mein Zimmer war sehr schön.

... für körperliche oder seelische Zustände

Non ti ho più chiamato, perché ero stanco.
Ich habe dich nicht mehr angerufen, weil ich müde war.

... für gewohnheitsmäßige Handlungen in der Vergangenheit

Usciva sempre la sera.
Er ging abends immer aus.

Das Imperfekt kann man auch als höfliche Umschreibung anstelle des Konditionals I verwenden:

Volevo sapere se ...
Ich wollte / möchte gerne wissen, ob ...

In der Umgangssprache wird in einem auf die Vergangenheit bezogenen Bedingungssatz oft das Imperfekt verwendet:

Se lo sapevo (= l'avessi saputo), non venivo (= sarei venuto).
Wenn ich das gewusst hätte, wäre ich nicht gekommen.

Perfekt oder Imperfekt?

Passato prossimo o imperfetto?

- Für Ereignisse von unbestimmter Dauer wird das **Imperfekt** verwendet:

Ieri avevo mal di denti.
Gestern hatte ich Zahnschmerzen.

- Für abgeschlossene Handlungen wird das **Perfekt** verwendet:

Ieri ho avuto mal di denti.
Gestern habe ich Zahnschmerzen gehabt (= und jetzt sind sie weg).

- Für zwei gleichzeitige Handlungen wird das **Imperfekt** verwendet:

Mentre parlava, pensavo ad altre cose.
Während er sprach, dachte ich an andere Dinge.

- Für eine Handlung, die noch andauert, während eine andere einsetzt, werden **Imperfekt und Perfekt** verwendet:

Mentre guardavamo la TV, è suonato il telefono.
Während wir fernsahen, klingelte das Telefon.

Die Verben **conoscere** und **sapere** haben im Perfekt eine andere Bedeutung als im Imperfekt:

Lo conoscevo già.
Ich kannte ihn schon.

L'ho conosciuto qualche giorno fa.
Ich habe ihn vor einigen Tagen kennengelernt.

Non lo sapevi?
Wusstest du das nicht?

L'ho saputo solo ieri.
Ich habe es erst gestern erfahren.

Das historische Perfekt

Il passato remoto

BILDUNG

Die Formen des historischen Perfekts werden mit dem Verbstamm und den entsprechenden Personalendungen gebildet. Die drei Konjugationen unterscheiden sich nur in dem für sie typischen Vokal **-a-** (Ausnahme: 3. Pers. Sing.!), **-e-** bzw. **-i-**.

Verben auf -are

arbeiten

(io)	lavorai	(noi)	lavorammo
(tu)	lavorasti	(voi)	lavoraste
(lui/lei)	lavorò	(loro)	lavorarono

Mio bisnonno da giovane lavorò come artigiano.
Mein Urgroßvater arbeitete in jungen Jahren als Handwerker.

Auch im historischen Perfekt liegt die Betonung der 3. Person Plural auf der drittletzten Silbe: (loro) lavor**a**rono.

Verben auf -ere

Bei den Verben auf **-ere** können auch die Endungen **-etti** (1. Person Singular), **-ette** (3. Person Singular) und **-ettero** (3. Person Plural) vorkommen.

verkaufen

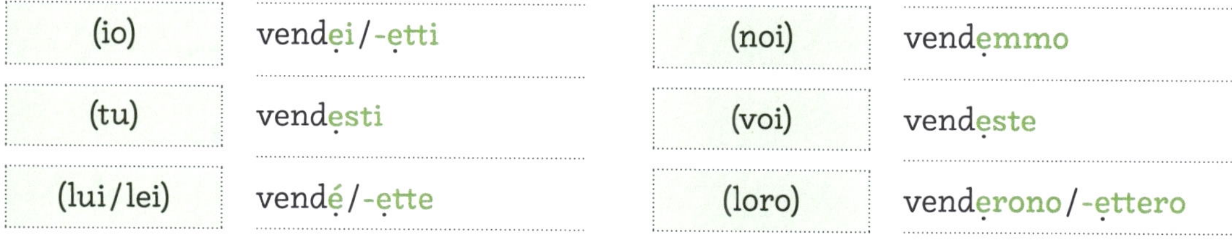

(io)	vendei / -etti	(noi)	vendemmo
(tu)	vendesti	(voi)	vendeste
(lui/lei)	vendé / -ette	(loro)	venderono / -ettero

Nel 1911 vendé / vendette la sua bottega.
1911 verkaufte er seinen Laden.

Verben auf -ire

abfahren, -reisen

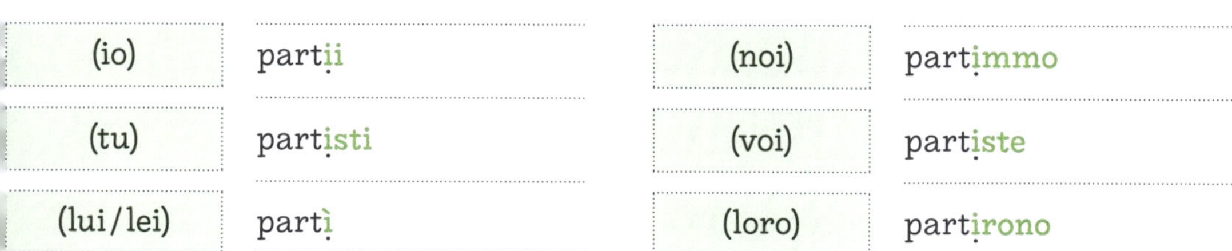

(io)	partii	(noi)	partimmo
(tu)	partisti	(voi)	partiste
(lui/lei)	partì	(loro)	partirono

Poi partì per l'Argentina.
Dann reiste er nach Argentinien ab.

Bei den Hilfsverben wird das historische Perfekt unregelmäßig gebildet: **essere** hat gänzlich, **avere** nur in der 1. und 3. Person Singular sowie der 3. Person Plural unregelmäßige Formen.

Infinitiv	**essere** sein	**avere** haben
(io)	fụi	ẹbbi
(tu)	fọsti	avẹsti
(lui/lei)	fu	ẹbbe
(noi)	fụmmo	avẹmmo
(voi)	fọste	avẹste
(loro)	fụrono	ẹbbero

Zahlreiche Verben, meistens jene auf **-ere**, bilden das historische Perfekt unregelmäßig. Wie bei **avere** sind nur die 1. und 3. Person Singular sowie die 3. Person Plural unregelmäßig. Dabei ändert sich nur der Verbstamm, während die Endungen **-i**, **-e** und **-ero** gleich bleiben, z. B.

chiedere fragen: (io) chiesi, (lui/lei) chiese, (loro) chiesero
dire sagen: (io) dissi, (lui/lei) disse, (loro) dissero
volere wollen: (io) volli, (lui/lei) volle, (loro) vollero

GEBRAUCH

Das historische Perfekt wird hauptsächlich in der Schriftsprache anstelle des Perfekts zum Ausdruck eines historischen bzw. ganz in der Vergangenheit liegenden Ereignisses verwendet. Im Gegensatz zum Perfekt hat es in der Regel keinen Bezug zur Gegenwart:

Nacque nel 1930.
Er wurde 1930 geboren (d. h. er lebt nicht mehr).

È nato nel 1930.
Er wurde 1930 geboren (d. h. er lebt noch).

Das Plusquamperfekt

Il trapassato prossimo

BILDUNG

Das Plusquamperfekt wird mit dem Imperfekt von **avere** bzw. **essere** und dem Partizip Perfekt gebildet. Bei der Verwendung von **essere** muss die Endung des Partizips angeglichen werden.

lavorare arbeiten
avẹvo lavorạto
avẹvi lavorạto
avẹva lavorạto
avevạmo lavorạto
avevạte lavorạto
avẹvano lavorạto

andare gehen, fahren
ẹro andạto/-a
ẹri andạto/-a
ẹra andạto/-a
eravạmo andạti/-e
eravạte andạti/-e
ẹrano andạti/-e

GEBRAUCH

Das Plusquamperfekt wird verwendet, um Vorzeitigkeit in der Vergangenheit auszudrücken: Die Handlung im Plusquamperfekt war vor einem anderen zurückliegenden Vorgang bereits abgeschlossen.

Quando sono arrivato, lo spettacolo era appena finito.
Als ich ankam, war die Vorstellung gerade beendet.

12 Auf einen Blick
In sintesi

Das Perfekt

Präsens avere / essere		Partizip Perfekt -ato / -uto / -ito **oder unregelmäßig**

Viele Verben (vor allem auf **-ere**) bilden das Partizip Perfekt unregelmäßig, z. B.:

Infinitiv		Partizip Perfekt	Infinitiv		Partizip Perfekt
aprire	öffnen	aperto	leggere	lesen	letto
chiedere	fragen	chiesto	prendere	nehmen	preso
chiudere	schließen	chiuso	rimanere	bleiben	rimasto
decidere	entscheiden	deciso	rispondere	antworten	risposto
dire	sagen	detto	scrivere	schreiben	scritto
essere	sein	stato	vedere	sehen	visto
fare	machen, tun	fatto	venire	kommen	venuto

Das Imperfekt

	abitare	vivere	uscire
(io)	abitavo	vivevo	uscivo
(tu)	abitavi	vivevi	uscivi
(lui / lei / Lei)	abitava	viveva	usciva
(noi)	abitavamo	vivevamo	uscivamo
(voi)	abitavate	vivevate	uscivate
(loro)	abitavano	vivevano	uscivano

Unregelmäßige Verben: essere, bere, dire, fare.

Perfekt oder Imperfekt?

Für abgeschlossene Handlungen wird das Perfekt, für Ereignisse von unbestimmter Dauer das Imperfekt verwendet.

Das historische Perfekt

	lavorare	**vendere**	**partire**
(io)	lavorai	vendei / -etti	partii
(tu)	lavorasti	vendesti	partisti
(lui / lei)	lavorò	vendé / -ette	partì
(noi)	lavorammo	vendemmo	partimmo
(voi)	lavoraste	vendeste	partiste
(loro)	lavorarono	venderono / -ettero	partirono

Zahlreiche Verben, meistens jene auf **-ere**, bilden das historische Perfekt unregelmäßig. Nur die 1. und 3. Person Singular sowie die 3. Person Plural sind unregelmäßig. Dabei ändert sich nur der Verbstamm, während die Endungen **-i**, **-e** und **-ero** gleich bleiben, z. B.:

chiedere fragen: (io) chiesi, (lui / lei) chiese, (loro) chiesero
dire sagen: (io) dissi, (lui / lei) disse, (loro) dissero
volere wollen: (io) volli, (lui / lei) volle, (loro) vollero

Das historische Perfekt wird hauptsächlich in der Schriftsprache anstelle des Perfekts für weit in der Vergangenheit liegende Ereignisse verwendet.

Das Plusquamperfekt

Imperfekt avere / essere		**Partizip Perfekt** -ato / -uto / -ito **oder unregelmäßig**

13

Il futuro e il condizionale **Das Futur und der Konditional**

Das Futur I

Il futuro semplice

BILDUNG

Die regelmäßigen Verben

Zur Bildung des Futur I werden an den Infinitiv ohne den Endvokal **-e** die Futurendungen, die für alle drei Verbgruppen gleich sind, angehängt. Bei den Verben auf **-are** wird das **-a-** der Infinitivendung zu **-e-**.

Infinitiv	**parlare** sprechen	**prendere** nehmen	**partire** abfahren, -reisen
Singular	parlerò	prenderò	partirò
	parlerai	prenderai	partirai
	parlerà	prenderà	partirà
Plural	parleremo	prenderemo	partiremo
	parlerete	prenderete	partirete
	parleranno	prenderanno	partiranno

Folgende Verben auf **-are** behalten jedoch den ursprünglichen Vokal **-a-** bei:

dare geben: **darò, darai, darà** ...,
stare stehen: **starò, starai, starà** ...,
fare machen, tun: **farò, farai, farà** ...

Da grande farò il pilota.
Wenn ich groß bin, werde ich Pilot [werden].

Bei den Verben auf **-care** und **-gare** wird in allen Personen ein **-h-** zum Erhalt der Aussprache dazwischengeschoben:

cercare suchen: **cercherò, cercherai, cercherà** ...
pagare (be)zahlen: **pagherò, pagherai, pagherà** ...

Die unregelmäßigen Verben

Auch im Futur I gibt es unregelmäßige Formen, wobei die Endungen mit denen der regelmäßigen Verben übereinstimmen.

- Bei einigen Verben entfällt der Vokal der Infinitivendung:

Infinitiv	Futur-Stamm	Futurformen
andare gehen	andr-	andrò, andrai, andrà ...
avere haben	avr-	avrò, avrai, avrà ...
dovere müssen	dovr-	dovrò, dovrai, dovrà ...
potere können	potr-	potrò, potrai, potrà ...
sapere wissen	sapr-	saprò, saprai, saprà ...
vedere sehen	vedr-	vedrò, vedrai, vedrà ...
vivere leben	vivr-	vivrò, vivrai, vivrà ...

- Eine andere Gruppe von Verben hat im Futur I als Merkmal ein doppeltes **-r-**:

Infinitiv	Futur-Stamm	Futurformen
bere trinken	berr-	berrò, berrai, berrà ...
rimanere bleiben	rimarr-	rimarrò, rimarrai, rimarrà ...
tenere behalten	terr-	terrò, terrai, terrà ...
venire kommen	verr-	verrò, verrai, verrà ...
volere wollen	vorr-	vorrò, vorrai, vorrà ...

- Das Verb **essere** hat einen völlig unregelmäßigen Futur-Stamm:

(io)	sarọ̀	(noi)	sarẹmo
(tu)	sarại	(voi)	sarẹte
(lui/lei/Lei)	sarạ̀	(loro)	sarạnno

GEBRAUCH

Das Futur I wird verwendet ...

... um eine Handlung oder einen Zustand in der Zukunft auszudrücken

Il prossimo anno cambierò lavoro.
Nächstes Jahr werde ich den Beruf wechseln.

Bei sicheren Ereignissen – inbesondere in der nahen Zukunft – wird das Futur I wie im Deutschen oft durch das Präsens ersetzt:

Domani partiamo per le vacanze.
Morgen fahren wir in den Urlaub.

... um eine Vermutung in Bezug auf die Gegenwart auszudrücken

Saranno le dieci.
Es wird (wohl) 10 Uhr sein.

Zum Ausdruck einer unmittelbar bevorstehenden Zukunft wird die Wendung **stare per + Infinitiv** gebraucht:

Sto per finire.
Ich bin gleich fertig.

Sandra sta per uscire.
Sandra ist im Begriff auszugehen / will gerade ausgehen.

Das Futur II

Il futuro anteriore

BILDUNG

Das Futur II wird mit dem Futur I der Hilfsverben **avere** bzw. **essere** und dem Partizip Perfekt gebildet. Wird das Futur I mit **essere** gebildet, muss die Endung des Partizips angeglichen werden.

lavorare arbeiten	**andare** gehen, fahren
avrò lavorato	sarò andato/-a
avrai lavorato	sarai andato/-a
avrà lavorato	sarà andato/-a
avremo lavorato	saremo andati/-e
avrete lavorato	sarete andati/-e
avranno lavorato	saranno andati/-e

Tra un'ora avrò finito di lavare i piatti.
In einer Stunde werde ich das Geschirr gespült haben.

GEBRAUCH

Das Futur II wird verwendet ...

... zum Ausdruck einer zukünftigen Handlung, die vor einer anderen geschehen wird

Quando **avrò finito** di studiare,
farò un viaggio intorno al mondo.
Wenn ich mit dem Studium fertig sein werde,
werde ich eine Weltreise machen.

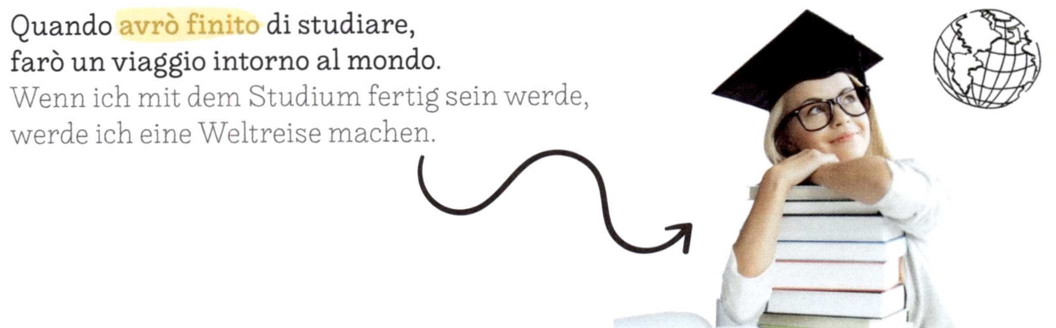

... zum Ausdruck einer zukünftigen Handlung, die vor einem bestimmten Zeitpunkt in der Zukunft abgeschlossen sein wird

Tra un paio d'anni **avrò** sicuramente **trovato** l'uomo dei miei sogni.
In ein paar Jahren werde ich sicherlich meinen Traummann gefunden haben.

... bei einer Vermutung in Bezug auf die Vergangenheit

Ieri notte **avrà dormito** poco ...
Er wird gestern Nacht wenig geschlafen haben ...

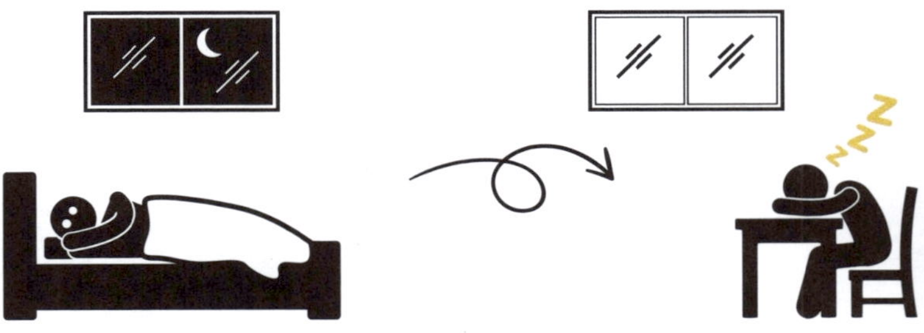

Der Konditional I

Il condizionale presente

BILDUNG

Die regelmäßigen Verben

Der Konditional I wird wie das Futur I gebildet: An den Infinitiv ohne den Endvokal **-e** werden die Endungen, die für alle Konjugationen gleich sind, angehängt. Bei den Verben auf **-are** wird das **-a-** der Infinitivendung zu **-e-**.

Infinitiv	**parlare** sprechen	**prendere** nehmen	**partire** abfahren, -reisen
Singular	parlerei	prenderei	partirei
	parleresti	prenderesti	partiresti
	parlerebbe	prenderebbe	partirebbe
Plural	parleremmo	prenderemmo	partiremmo
	parlereste	prendereste	partireste
	parlerebbero	prenderebbero	partirebbero

Folgende Verben auf **-are** behalten jedoch den ursprünglichen Vokal **-a-** bei:

dare geben: **darei, daresti, darebbe** ...,
stare stehen: **starei, staresti, starebbe** ...,
fare machen, tun: **farei, faresti, farebbe** ...

Cosa **fareste** voi al mio posto?
Was würdet ihr an meiner Stelle tun?

Bei den Verben auf **-care** und **-gare** wird in allen Personen ein **-h-** zum Erhalt der Aussprache dazwischengeschoben:

cercare suchen: cercherei, cercheresti, cercherebbe ...
pagare (be)zahlen: pagherei, pagheresti, pagherebbe ...

Die unregelmäßigen Verben

- Die Verben, bei denen im Futur I der Vokal der Infinitivendung entfällt, bilden den Konditional I auf dieselbe Weise:

Infinitiv	Futur-Stamm	Konditionalformen
andare gehen	andr-	andrei, andresti, andrebbe ...
avere haben	avr-	avrei, avresti, avrebbe ...
dovere müssen	dovr-	dovrei, dovresti, dovrebbe ...
potere können	potr-	potrei, potresti, potrebbe ...
sapere wissen	sapr-	saprei, sapresti, saprebbe ...
vedere sehen	vedr-	vedrei, vedresti, vedrebbe ...
vivere leben	vivr-	vivrei, vivresti, vivrebbe ...

- Eine andere Gruppe von Verben hat im Konditional I als Merkmal ein doppeltes **-r-**:

Infinitiv	Futur-Stamm	Konditionalformen
bere trinken	berr-	berrei, berresti, berrebbe ...
rimanere bleiben	rimarr-	rimarrei, rimarresti, rimarrebbe ...
tenere behalten	terr-	terrei, terresti, terrebbe ...
venire kommen	verr-	verrei, verresti, verrebbe ...
volere wollen	vorr-	vorrei, vorresti, vorrebbe ...

- Auch dem Hilfsverb **essere** liegt im Konditional I der unregelmäßige Futur-Stamm zugrunde:

(io)	sarẹi	(noi)	sarẹmmo
(tu)	sarẹsti	(voi)	sarẹste
(lui/lei/Lei)	sarẹbbe	(loro)	sarẹbbero

GEBRAUCH

Den Konditional I, der im Deutschen meist mit dem Konjunktiv II der Gegenwart übersetzt wird, verwendet man ...

... um eine höfliche Bitte auszudrücken

Mi potrebbe portare un cappuccino?
Könnten Sie mir einen Cappuccino bringen?

... um einen Wunsch auszudrücken

Mi piacerebbe tanto conoscere Marco.
Ich würde so gern Marco kennenlernen.

... um Vorschläge zu machen oder Ratschläge zu erteilen

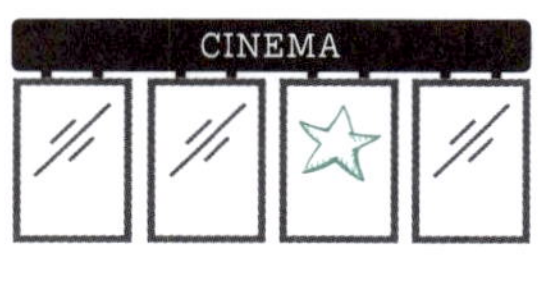

Potremmo andare al cinema.
Wir könnten ins Kino gehen.

... um eine irreale Handlung der Gegenwart auszudrücken

Mi comprerei una macchina nuova, ma mi mancano i soldi.
Ich würde mir ein neues Auto kaufen, aber mir fehlt das Geld.

... um eine irreale Handlung in Verbindung mit einem Bedingungssatz auszudrücken

Se vincessi un milione, smetterei di lavorare.
Wenn ich eine Million gewinnen würde,
würde ich aufhören zu arbeiten.

Im durch **se** eingeleiteten Nebensatz steht kein Konditional, sondern ein Congiuntivo imperfetto!

Der Konditional II

Il condizionale passato

BILDUNG

Den Konditional II bildet man mit dem Konditional I der Hilfsverben **avere** bzw. **essere** und dem Partizip Perfekt. Wird er mit **essere** gebildet, muss die Endung des Partizips angeglichen werden.

lavorare arbeiten	**andare** gehen, fahren
avrei lavorato	sarei andato/-a
avresti lavorato	saresti andato/-a
avrebbe lavorato	sarebbe andato/-a
avremmo lavorato	saremmo andati/-e
avreste lavorato	sareste andati/-e
avrebbero lavorato	sarebbero andati/-e

Avrei dovuto pensarci prima!
Ich hätte früher daran denken sollen!

GEBRAUCH

Der Konditional II wird ähnlich wie der Konditional I verwendet, wobei der Unterschied in der Zeitstufe liegt. Im Deutschen wird er meist mit dem Konjunktiv II der Vergangenheit wiedergegeben.

Der Konditional II wird verwendet ...

... um einen unerfüllten Wunsch in der Vergangenheit auszudrücken

Avrei voluto diventare medico.
Ich wäre gern Arzt geworden.

... um eine Handlung auszudrücken, die in der Vergangenheit hätte stattfinden können

Avremmo potuto evitare l'incidente ...
Wir hätten den Unfall vermeiden können ...

... um eine irreale Handlung der Vergangenheit in Verbindung mit einem Bedingungssatz auszudrücken

Sarei tornata a casa prima, se non avessi dovuto lavorare fino a tardi.
Ich wäre früher nach Hause gekommen, wenn ich nicht bis spät hätte arbeiten müssen.

! Im durch **se** eingeleiteten Nebensatz steht kein Konditional, sondern ein Congiuntivo trapassato!

... um Nachzeitigkeit in der Vergangenheit auszudrücken

Sapevo che mi **avrebbe chiamato**.
Ich wusste, dass sie mich anrufen würde.

13 Auf einen Blick
In sintesi

Das Futur I

Die regelmäßigen Verben

Infinitiv	parlare	prendere	partire
Sg.	parlerò parlerai parlerà	prenderò prenderai prenderà	partirò partirai partirà
Pl.	parleremo parlerete parleranno	prenderemo prenderete prenderanno	partiremo partirete partiranno

Die unregelmäßigen Verben

Bei einigen Verben entfällt im Futur-Stamm der Vokal der Infinitivendung (z. B. **andare** → **andr-**, **avere** → **avr-**), bei anderen tritt im Stamm ein doppeltes **-r-** auf (z. B. **bere** → **berr-**, **volere** → **vorr-**). Das Hilfsverb **essere** hat einen völlig unregelmäßigen Futur-Stamm (**sar-**). Die Endungen stimmen jeweils mit denen der regelmäßigen Verben überein.

Das Futur II

Futur I avere / essere	+	Partizip Perfekt -ato / -uto / -ito oder unregelmäßig

Der Konditional I

Die regelmäßigen Verben

Infinitiv	parlare	prendere	partire
Sg.	parlerẹi parlerẹsti parlerẹbbe	prenderẹi prenderẹsti prenderẹbbe	partirẹi partirẹsti partirẹbbe
Pl.	parlerẹmmo parlerẹste parlerẹbbero	prenderẹmmo prenderẹste prenderẹbbero	partirẹmmo partirẹste partirẹbbero

Die unregelmäßigen Verben

Die Verben, bei denen im Futur I der Vokal der Infinitivendung entfällt (z. B. **andare** → **andr**, **avere** → **avr-**), bilden den Konditional I auf dieselbe Weise. Gleiches gilt für die Verben mit doppeltem **-r-** im Futur-Stamm (z. B. **bere** → **berr-**, **volere** → **vorr-**) sowie für das Verb **essere** (**sar-**). Die Endungen stimmen jeweils mit denen der regelmäßigen Verben überein.

Der Konditional II

Konditional I avere / essere	+	Partizip Perfekt -ato / -uto / -ito oder unregelmäßig

14

Il congiuntivo (I) Der Congiuntivo (I)

Was ist der Congiuntivo presente?

Che cos'è il congiuntivo presente?

GEBRAUCH

Während der Indikativ der Modus der Wirklichkeit ist, stellt der Konjunktiv den Modus des Zweifels, der Möglichkeit, des Wunsches, der Subjektivität und der Unsicherheit dar. Der Congiuntivo im Italienischen entspricht nicht dem deutschen Konjunktiv.

Ein Congiuntivo presente drückt aus, dass die Handlung des Nebensatzes gleichzeitig mit oder nach der des Hauptsatzes (die im Präsens ist) stattfindet.

Indikativ

Il treno è in ritardo.
Der Zug hat Verspätung.

binario 9

Konjunktiv

Credo ...
Ich glaube, ...

Temo ...
Ich befürchte, ...

Hauptsatz im Indikativ

È probabile ...
Es ist wahrscheinlich, ...

binario 9

... che il treno sia in ritardo.
... dass der Zug Verspätung hat.

Nebensatz im Congiuntivo

Congiuntivo in Nebensätzen

Der Congiuntivo wird meist in Nebensätzen verwendet, die mit **che** dass eingeleitet werden.

Der Congiuntivo steht beispielsweise ...

... nach Verben des Glaubens und Meinens

z.B.
- **pensare** denken
- **credere** glauben
- **supporre** annehmen
- **sembrare** scheinen
- **parere** scheinen

Mi sembra che piova.
Es scheint mir, dass es regnet.

... nach Verben der Gefühlsäußerung und der Hoffnung

z.B.
- **temere** (be)fürchten
- **avere paura** Angst haben
- **essere contenti** froh sein
- **essere felici** glücklich sein
- **sperare** hoffen
- **dispiacere** leidtun

Sono contento che tua madre stia meglio.
Ich bin froh, dass es deiner Mutter besser geht.

... nach Verben des Zweifelns und der Unsicherheit

z.B.
- **non essere sicuri / certi** nicht sicher sein
- **dubitare** (be)zweifeln
- **non sapere** nicht wissen

Dubito che tu mi capisca.
Ich bezweifle, dass du mich verstehst.

Haben Haupt- und Nebensatz das gleiche Subjekt, ersetzt man den konjunktivischen Nebensatz durch eine Infinitivkonstruktion:
Spero che lui parta presto. ≠ Spero di partire presto.
Ich hoffe, dass **er** bald abreist. ≠ **Ich** hoffe, **ich** reise bald ab.

... nach Verben des Wollens und Wünschens

z. B.
- **volere** wollen
- **desiderare** wünschen
- **preferire** vorziehen
- **esigere** verlangen

Vuoi che ti **aiuti**?
Willst du, dass ich dir helfe?

... nach unpersönlichen Ausdrücken

z. B.
- **occorre / bisogna** man muss
- **è necessario** es ist nötig
- **è (im)possibile** es ist (un)möglich
- **è (im)probabile** es ist (un)wahrscheinlich
- **è importante** es ist wichtig
- **è bene / giusto** es ist gut / richtig

È possibile che lei non **venga**.
Möglicherweise kommt sie nicht.

Der Congiuntivo wird außerdem verwendet ...

... nach bestimmten Konjunktionen

z. B.
- **prima che** bevor
- **senza che** ohne dass
- **sebbene / nonostante** obwohl
- **affinché / perché** damit
- **nel caso che** im Falle, dass
- **a meno che** es sei denn

Voglio darti ancora un bacio prima che tu **parta**.
Ich will dir noch einen Kuss geben, bevor du abreist.

... in Relativsätzen, die einen Wunsch oder eine Forderung ausdrücken

Cerco una ragazza alla pari che sappia parlare l'italiano.
Ich suche ein Au-Pair-Mädchen, das Italienisch sprechen kann.

... in Nebensätzen nach einem Superlativ

È il libro più bello che io abbia mai letto.
Das ist das schönste Buch, das ich je gelesen habe.

... in durch den Ausdruck **di quanto** (als) eingeleiteten Vergleichssätzen nach einem Komparativ

La situazione è più grave di quanto Lei possa immaginare!
Die Lage sieht schlechter aus, als Sie sich vorstellen können!

... in Nebensätzen nach einigen Indefinitpronomen oder -begleitern

z. B.
- **chiunque** wer auch immer
- **comunque** wie auch immer
- **ovunque** wo(hin) auch immer

Mi segue ovunque (io) vada.
Er folgt mir, wo auch immer ich hingehe.

Congiuntivo in Hauptsätzen

Relativ selten wird der Congiuntivo im Hauptsatz verwendet, z. B.

- in zweifelnden Fragen, die durch **che** eingeleitet werden:

Che cos'ha Marco? Che sia malato?
Was hat Marco? Ist er wohl krank?

- in Aufforderungen oder Wünschen an Dritte:

Lo ripeta davanti a me se ne ha il coraggio!
Er soll es vor mir wiederholen, wenn er den Mut dazu hat!

Die regelmäßigen Verben

I verbi regolari

BILDUNG

Die Singularformen des Congiuntivo presente unterscheiden sich innerhalb einer Konjugation nicht. Deswegen werden zur Verdeutlichung im Singular oft die Subjektpronomen verwendet, ohne dass eine besondere Betonung vorliegt.
Die Verben auf **-ere** und **-ire** haben identische Endungen. Die Endungen der 1. und 2. Person Plural sind in allen Konjugationen gleich.

Infinitiv	**chiamare** (an)rufen	**spendere** ausgeben	**aprire** öffnen
(io)	chiami	spenda	apra
(tu)	chiami	spenda	apra
(lui/lei/Lei)	chiami	spenda	apra
(noi)	chiamiamo	spendiamo	apriamo
(voi)	chiamiate	spendiate	apriate
(loro)	chiamino	spendano	aprano

Alle Verben auf **-ire**, die im Indikativ Präsens mithilfe der Stammerweiterung **-isc-** konjugiert werden, weisen diese Besonderheit auch im Congiuntivo auf, z. B. **capire** verstehen.

(io)	capisca	(noi)	capiamo
(tu)	capisca	(voi)	capiate
(lui/lei/Lei)	capisca	(loro)	capiscano

Die unregelmäßigen Verben

I verbi irregolari

BILDUNG

Infinitiv	**avere** haben	**essere** sein
(io)	abbia	sia
(tu)	abbia	sia
(lui/lei/Lei)	abbia	sia
(noi)	abbiamo	siamo
(voi)	abbiate	siate
(loro)	abbiano	siano

Weitere unregelmäßige Verben bilden den Congiuntivo presente mit demselben Stamm der 1. Person Singular des Indikativ Präsens, z. B. **io vado** → **io vada**.

Infinitiv	**andare** gehen, fahren	**bere** trinken	**dare** geben
(io)	vada	beva	dia
(tu)	vada	beva	dia
(lui/lei/Lei)	vada	beva	dia
(noi)	andiamo	beviamo	diamo
(voi)	andiate	beviate	diate
(loro)	vadano	bevano	diano

Das Verb **dovere** kann im Congiuntivo unterschiedlich konjugiert werden. Außerdem ändert sich der Stamm der 1. und 2. Person Plural.

Infinitiv	**dire** sagen	**dovere** müssen, sollen	**fare** machen, tun
(io)	dica	debba/deva	faccia
(tu)	dica	debba/deva	faccia
(lui/lei/Lei)	dica	debba/deva	faccia
(noi)	diciamo	dobbiamo	facciamo
(voi)	diciate	dobbiate	facciate
(loro)	dicano	debbano/devano	facciano

Infinitiv	**potere** können, dürfen	**rimanere** bleiben	**sapere** wissen
(io)	possa	rimanga	sappia
(tu)	possa	rimanga	sappia
(lui/lei/Lei)	possa	rimanga	sappia
(noi)	possiamo	rimaniamo	sappiamo
(voi)	possiate	rimaniate	sappiate
(loro)	possano	rimangano	sappiano

Bisogna che Lei faccia un po' più di sport!
Es ist nötig, dass Sie etwas mehr Sport treiben!

Infinitiv →	**scegliere** (aus)wählen	**stare** stehen, sich befinden	**tenere** (be)halten
(io)	scẹlga	stịa	tẹnga
(tu)	scẹlga	stịa	tẹnga
(lui/lei/Lei)	scẹlga	stịa	tẹnga
(noi)	scegliạmo	stiạmo	teniạmo
(voi)	scegliạte	stiạte	teniạte
(loro)	scẹlgano	stịano	tẹngano

Infinitiv →	**uscire** ausgehen	**venire** kommen	**volere** wollen
(io)	ẹsca	vẹnga	vọglia
(tu)	ẹsca	vẹnga	vọglia
(lui/lei/Lei)	ẹsca	vẹnga	vọglia
(noi)	usciạmo	veniạmo	vogliạmo
(voi)	usciạte	veniạte	vogliạte
(loro)	ẹscano	vẹngano	vọgliano

Spero che tu **venga** a cena da me stasera.
Ich hoffe, dass du heute Abend zu mir zum Abendessen kommst.

14 Auf einen Blick
In sintesi

Was ist der Congiuntivo presente?

Während der Indikativ der Modus der Wirklichkeit ist, stellt der Konjunktiv den Modus des Zweifels, der Möglichkeit, des Wunsches, der Subjektivität und der Unsicherheit dar.

Der Congiuntivo wird vorwiegend in Nebensätzen verwendet, die mit **che** dass eingeleitet werden, u. a. ...

- nach Verben des Glaubens und Meinens
- nach Verben der Gefühlsäußerung und der Hoffnung
- nach Verben des Zweifelns und der Unsicherheit
- nach Verben des Wollens und Wünschens
- nach unpersönlichen Ausdrücken

Der Congiuntivo folgt auch auf bestimmte Konjunktionen, z. B.

prima che
affinché / perché
senza che
nel caso che
sebbene / nonostante
a meno che

Der Congiuntivo steht auch ...

- in Relativsätzen, die einen Wunsch oder eine Forderung ausdrücken
- in Nebensätzen nach einem Superlativ
- in Vergleichssätzen nach einem Komparativ
- in Nebensätzen nach einigen Indefinitpronomen oder -begleitern

Relativ selten wird der Congiuntivo im Hauptsatz verwendet, z. B.

- in zweifelnden Fragen, die durch **che** eingeleitet werden
- in Aufforderungen oder Wünschen an Dritte

Die regelmäßigen Verben

Die Verben auf **-ere** und **-ire** haben identische Endungen. Die Endungen der 1. und 2. Person Plural sind in allen Konjugationen gleich.

Alle Verben auf **-ire**, die im Indikativ Präsens mithilfe der Stammerweiterung **-isc-** konjugiert werden, weisen diese Besonderheit auch im Konjunktiv auf.

Infinitiv	**chiamare**	**spendere**	**aprire**
(io)	chiami	spenda	apra
(tu)	chiami	spenda	apra
(lui/lei/Lei)	chiami	spenda	apra
(noi)	chiamiamo	spendiamo	apriamo
(voi)	chiamiate	spendiate	apriate
(loro)	chiamino	spendano	aprano

Die unregelmäßigen Verben

avere	**essere**	**andare**
abbia, abbia, abbia, abbiamo, abbiate, abbiano	sia, sia, sia, siamo, siate, siano	vada, vada, vada, andiamo, andiate, vadano

dare	**fare**	**venire**
dia, dia, dia, diamo, diate, diano	faccia, faccia, faccia, facciamo, facciate, facciano	venga, venga, venga, veniamo, veniate, vengano

15

Il congiuntivo (II) **Der Congiuntivo (II)**

Il congiuntivo passato **Der Congiuntivo passato**

Il congiuntivo imperfetto **Der Congiuntivo imperfetto**

Il congiuntivo trapassato **Der Congiuntivo trapassato**

La concordanza dei tempi al congiuntivo **Die Zeitenfolge im Congiuntivo**

In sintesi **Auf einen Blick**

Der Congiuntivo passato

Il congiuntivo passato

BILDUNG

Der Congiuntivo passato wird mit dem Congiuntivo presente von **avere** bzw. **essere** und dem Partizip Perfekt gebildet. Bei der Verwendung mit **essere** muss die Endung des Partizips angeglichen werden.

lavorare arbeiten	**andare** gehen, fahren
abbia lavorato	sia andato/-a
abbia lavorato	sia andato/-a
abbia lavorato	sia andato/-a
abbiamo lavorato	siamo andati/-e
abbiate lavorato	siate andati/-e
abbiano lavorato	siano andati/-e

GEBRAUCH

Der Congiuntivo passato wird verwendet, wenn der Hauptsatz einen Congiuntivo verlangt und in der Gegenwart steht. Dabei drückt der Congiuntivo passato aus, dass die Handlung im Nebensatz abgeschlossen ist.

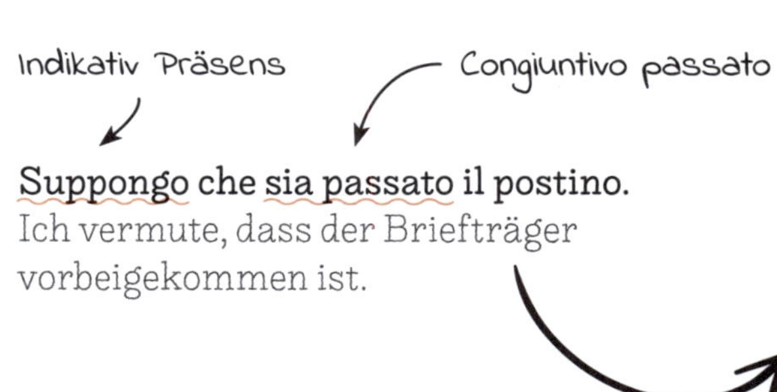

Suppongo che sia passato il postino.
Ich vermute, dass der Briefträger vorbeigekommen ist.

Der Congiuntivo imperfetto

Il congiuntivo imperfetto

BILDUNG

Die regelmäßigen Verben

Im Congiuntivo imperfetto haben alle drei Konjugationen dieselben Endungen. Sie unterscheiden sich nur im auslautenden Vokal ihres Stammes.

Infinitiv	**abitare** wohnen	**chiudere** schließen	**preferire** bevorzugen
(io)	abitassi	chiudessi	preferissi
(tu)	abitassi	chiudessi	preferissi
(lui/lei/Lei)	abitasse	chiudesse	preferisse
(noi)	abitassimo	chiudessimo	preferissimo
(voi)	abitaste	chiudeste	preferiste
(loro)	abitassero	chiudessero	preferissero

Indikativ Imperfekt — Congiuntivo imperfetto

Non pensavo che mi scoprissero.
Ich dachte nicht, dass sie mich entdecken würden.

Die unregelmäßigen Verben

Neben dem Hilfsverb **essere** gibt es nur wenige unregelmäßige Verben im Congiuntivo imperfetto. Bei den Verben **stare** und **dare** wird der Vokal **-a-** in allen Personen zu **-e-**.

Infinitiv	**essere** sein	**dare** geben	**stare** stehen
(io)	fossi	dessi	stessi
(tu)	fossi	dessi	stessi
(lui/lei/Lei)	fosse	desse	stesse
(noi)	fossimo	dessimo	stessimo
(voi)	foste	deste	steste
(loro)	fossero	dessero	stessero

Die Verben **bere**, **dire** und **fare** bilden den Congiuntivo imperfetto wie den Indikativ Imperfekt mit den Verbstämmen **bev-**, **dic-** und **fac-**.

Infinitiv	**bere** trinken	**dire** sagen	**fare** machen, tun
(io)	bevessi	dicessi	facessi
(tu)	bevessi	dicessi	facessi
(lui/lei/Lei)	bevesse	dicesse	facesse
(noi)	bevessimo	dicessimo	facessimo
(voi)	beveste	diceste	faceste
(loro)	bevessero	dicessero	facessero

GEBRAUCH

Der Congiuntivo imperfetto wird verwendet, wenn der Hauptsatz einen Congiuntivo verlangt und in der Vergangenheit (z. B. Perfekt oder Imperfekt) steht. Der Congiuntivo imperfetto drückt aus, dass die Handlung des Nebensatzes zur gleichen Zeit oder nach der Handlung des Hauptsatzes erfolgt.

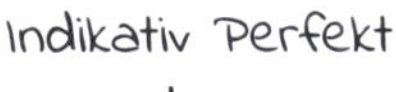

Congiuntivo imperfetto

Per un momento ho sperato che non mi riconoscesse ...
Für einen Moment habe ich gehofft, dass sie mich nicht wiedererkennen würde ...

Indikativ Imperfekt

Congiuntivo imperfetto

Hm, non credevo che fossero così buoni!
Hm, ich dachte nicht, dass sie so gut schmecken würden!

Außerdem kommt der Congiuntivo imperfetto zum Beispiel vor ...

... in Ausrufen, die Wünsche in Bezug auf die Gegenwart ausdrücken

Se almeno il portatile funzionasse!
Wenn wenigstens der Laptop funktionieren würde!

... bei Wünschen, wenn das Verb im Hauptsatz im Konditional I steht

Vorrei che tu fossi qui.
Ich wollte, du wärest hier.

... in irrealen Bedingungssätzen

Se potessi, partirei subito per le vacanze.
Wenn ich könnte, würde ich sofort in den Urlaub fahren.

... bei hypothetischen Vergleichen nach **come se** (als ob)

Trattano il loro cane Fido come se fosse un re.
Sie behandeln ihren Hund Fido, als ob er ein König wäre.

... in Vergleichssätzen nach einem Komparativ, wenn sie sich auf die Vergangenheit beziehen

Ho speso più di quanto immaginassi.
Ich habe mehr ausgegeben, als ich dachte.

Der Congiuntivo trapassato

Il congiuntivo trapassato

BILDUNG

Der Congiuntivo trapassato wird mit dem Congiuntivo imperfetto von **avere** bzw. **essere** und dem Partizip Perfekt gebildet. Letzteres wird beim Hilfsverb **essere** angeglichen.

lavorare arbeiten	**andare** gehen, fahren
avessi lavorato	fossi andato/-a
avessi lavorato	fossi andato/-a
avesse lavorato	fosse andato/-a
avessimo lavorato	fossimo andati/-e
aveste lavorato	foste andati/-e
avessero lavorato	fossero andati/-e

GEBRAUCH

Der Congiuntivo trapassato wird verwendet, wenn der Hauptsatz einen Congiuntivo verlangt und in der Vergangenheit steht. Er drückt aus, dass die Handlung im Nebensatz bereits abgeschlossen war. Der Congiuntivo trapassato steht auch in einem auf die Vergangenheit bezogenen irrealen Bedingungssatz.

Indikativ Imperfekt

Credevi che mi fossi dimenticato?
Dachtest du, ich hätte es vergessen?

Die Zeitenfolge im Congiuntivo

La concordanza dei tempi al congiuntivo

GEBRAUCH

Bei der Wahl der richtigen Zeitform im Congiuntivo ist darauf zu achten, ob der Hauptsatz im Präsens oder in der Vergangenheit (meistens Imperfekt oder Perfekt) steht und ob der Nebensatz – im Verhältnis zum Hauptsatz – Vor-, Gleich- oder Nachzeitigkeit ausdrücken soll.

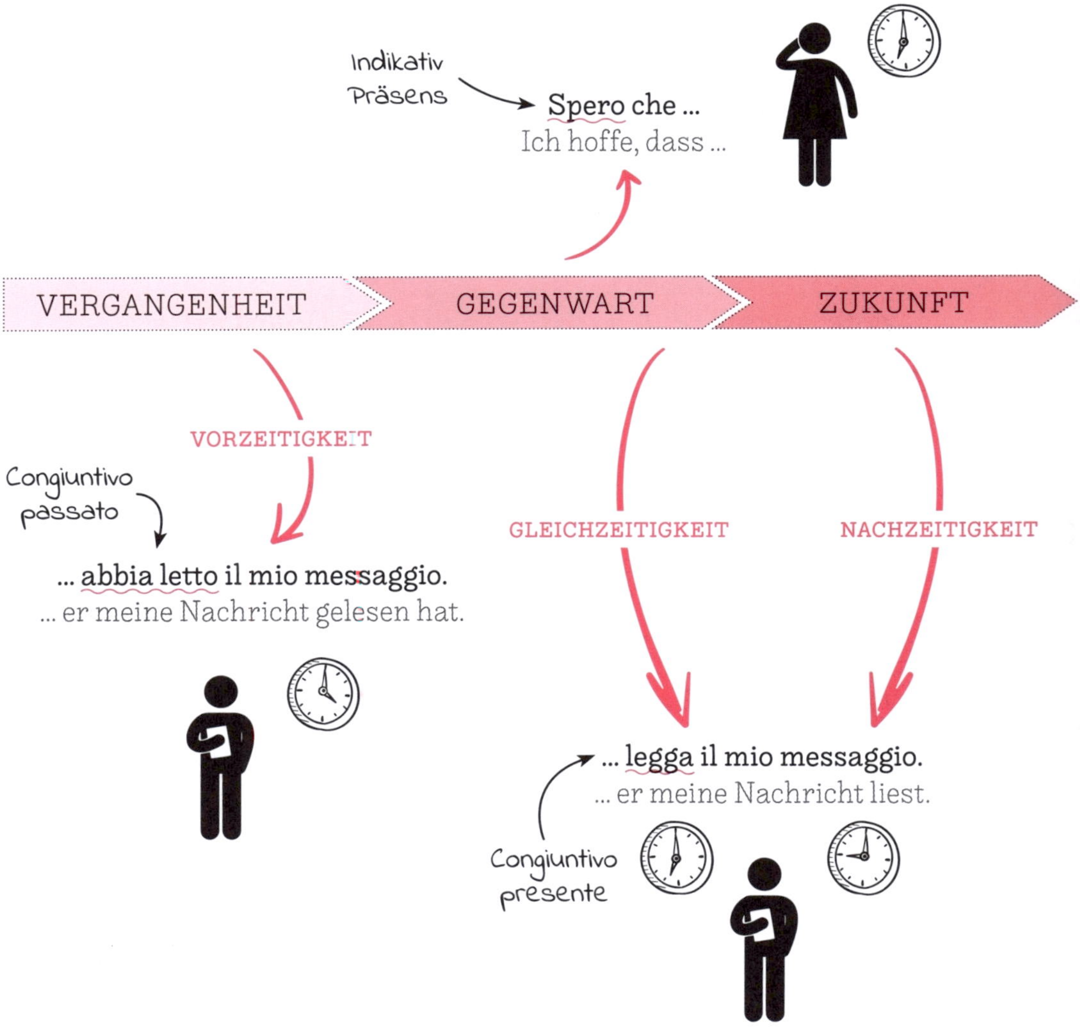

Indikativ Präsens → **Spero che ...**
Ich hoffe, dass ...

VERGANGENHEIT | GEGENWART | ZUKUNFT

VORZEITIGKEIT

Congiuntivo passato → **... abbia letto il mio messaggio.**
... er meine Nachricht gelesen hat.

GLEICHZEITIGKEIT | NACHZEITIGKEIT

Congiuntivo presente → **... legga il mio messaggio.**
... er meine Nachricht liest.

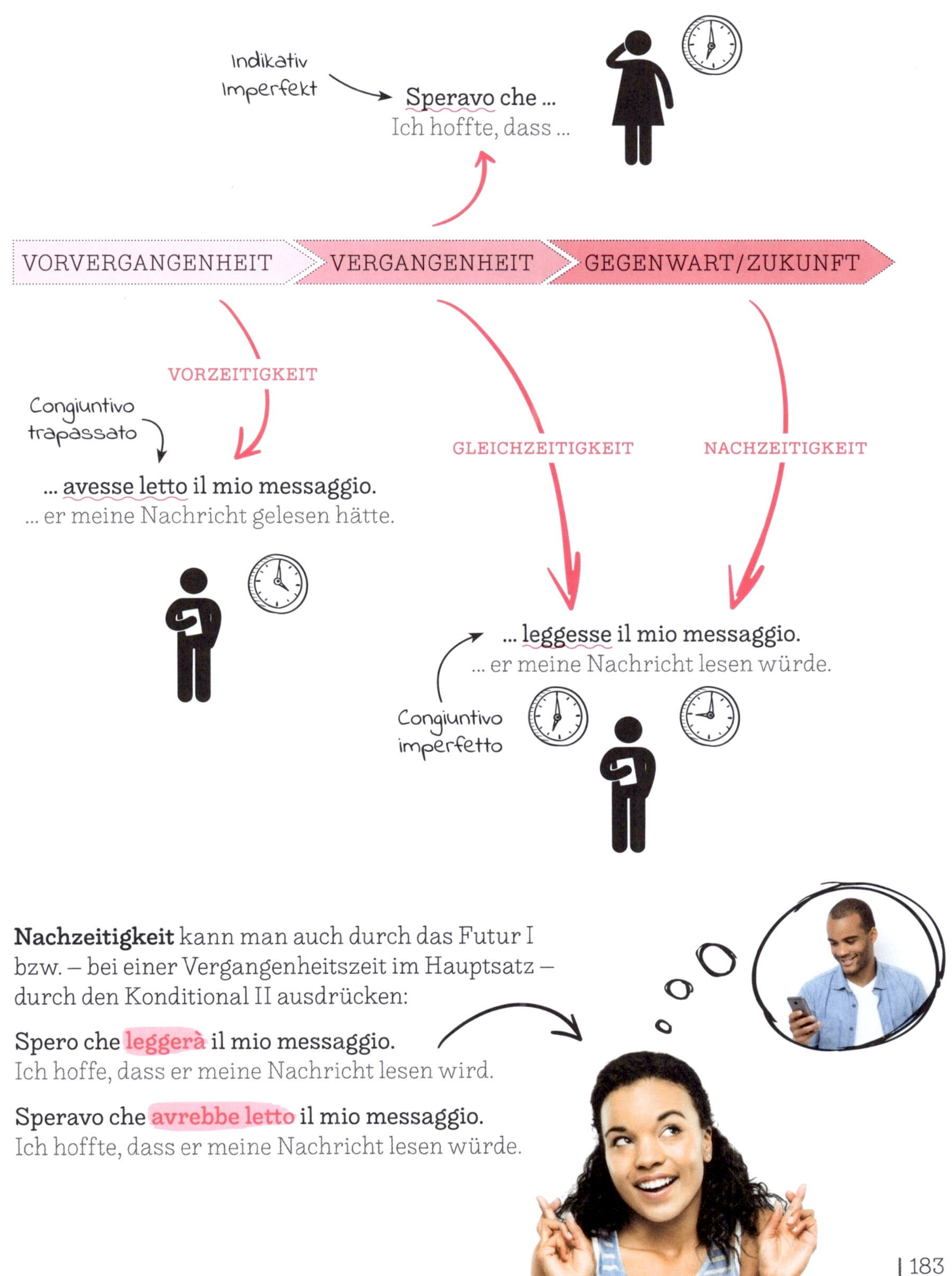

Nachzeitigkeit kann man auch durch das Futur I bzw. – bei einer Vergangenheitszeit im Hauptsatz – durch den Konditional II ausdrücken:

Spero che leggerà il mio messaggio.
Ich hoffe, dass er meine Nachricht lesen wird.

Speravo che avrebbe letto il mio messaggio.
Ich hoffte, dass er meine Nachricht lesen würde.

15 Auf einen Blick
In sintesi

Der Congiuntivo passato

Congiuntivo presente		Partizip Perfekt
avere / essere		-ato / -uto / -ito oder unregelmäßig

Der Congiuntivo imperfetto

Die regelmäßigen Verben

Infinitiv →	abitare	chiudere	preferire
(io)	abitassi	chiudessi	preferissi
(tu)	abitassi	chiudessi	preferissi
(lui / lei / Lei)	abitasse	chiudesse	preferisse
(noi)	abitassimo	chiudessimo	preferissimo
(voi)	abitaste	chiudeste	preferiste
(loro)	abitassero	chiudessero	preferissero

Die unregelmäßigen Verben

essere	dare	stare
fossi, fossi fosse, fossimo foste, fossero	dessi, dessi, desse, dessimo, deste, dessero	stessi, stessi, stesse, stessimo, steste, stessero

bere	dire	fare
bevessi, bevessi, bevesse, bevessimo, beveste, bevessero	dicessi, dicessi, dicesse, dicessimo, diceste, dicessero	facessi, facessi, facesse, facessimo, faceste, facessero

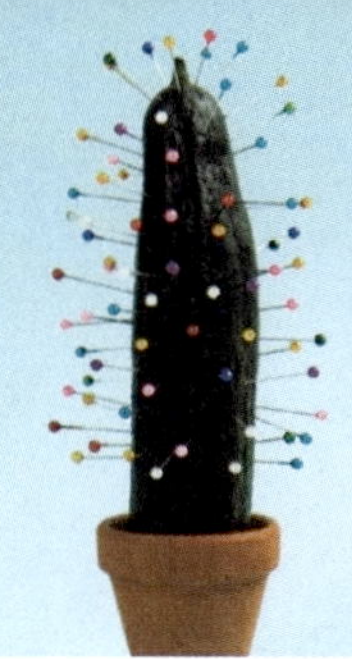

Der Congiuntivo trapassato

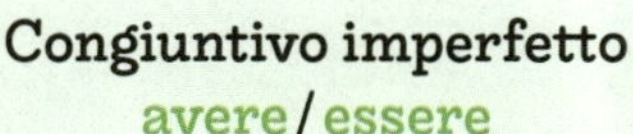

Congiuntivo imperfetto
avere / essere

Partizip Perfekt
-ato / -uto / -ito **oder unregelmäßig**

Die Zeitenfolge im Congiuntivo

Bei der Wahl der richtigen Zeitform im Congiuntivo ist darauf zu achten, ob der Hauptsatz im Präsens oder in der Vergangenheit (insbesondere Imperfekt oder Perfekt) steht und ob der Nebensatz – im Verhältnis zum Hauptsatz – Vor-, Gleich- oder Nachzeitigkeit ausdrücken soll.

16

L'imperativo Der Imperativ

L'imperativo affermativo **Der bejahte Imperativ**

L'imperativo negativo **Der verneinte Imperativ**

L'imperativo con i pronomi **Der Imperativ mit Pronomen**

In sintesi **Auf einen Blick**

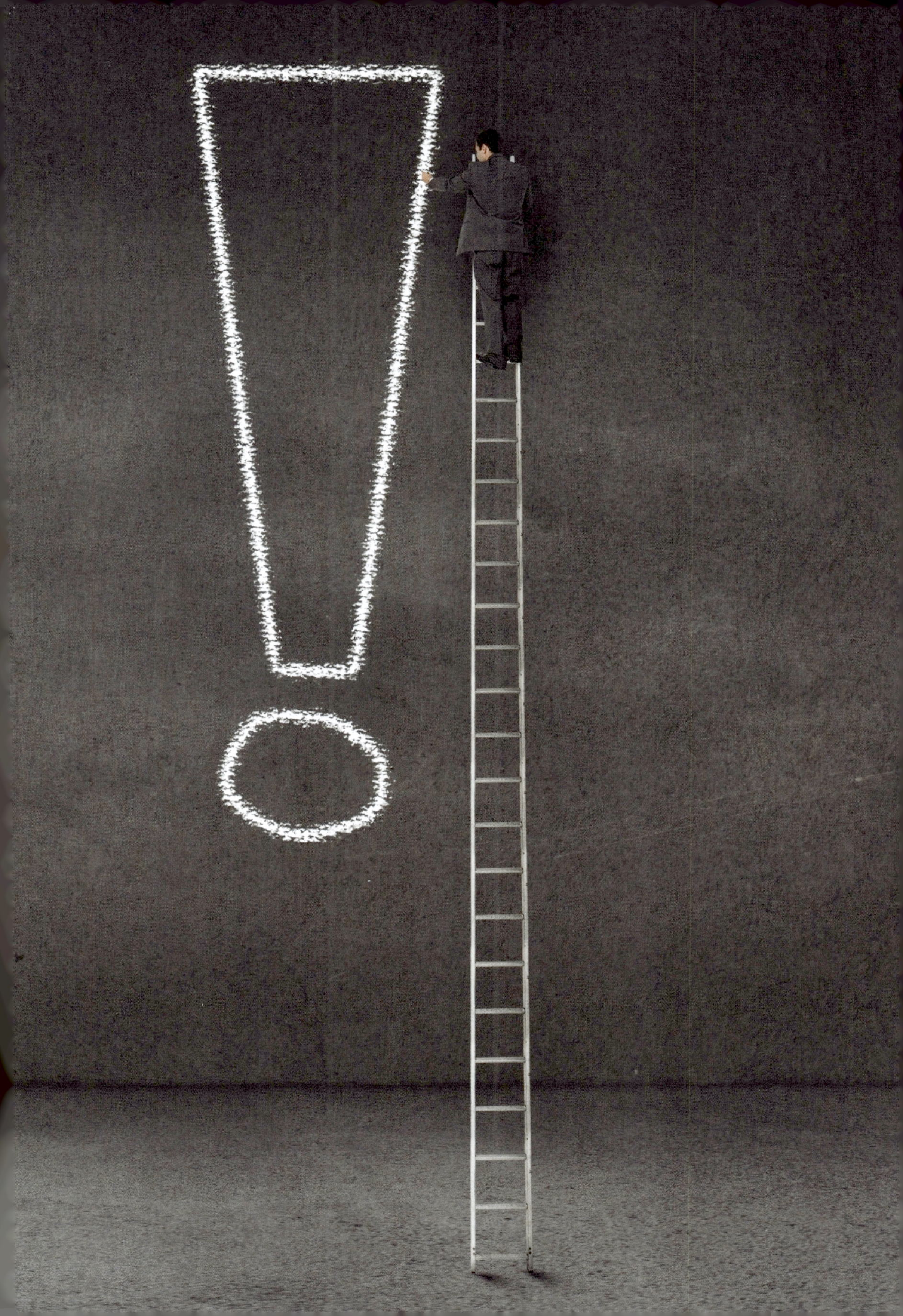

Der bejahte Imperativ

L'imperativo affermativo

BILDUNG

Die regelmäßigen Verben

Der Imperativ (Befehlsform) entspricht in der 2. Person Singular und im Plural dem Indikativ Präsens in diesen Personen – mit Ausnahme der Verben auf **-are** in der 2. Person Singular.

Infinitiv	**ascoltare** zuhören	**rispondere** antworten	**dormire** schlafen
(tu)	**Ascolta!** Hör zu!	**Rispondi!** Antworte!	**Dormi!** Schlaf!
(Lei)	**Ascolti!** Hören Sie zu!	**Risponda!** Antworten Sie!	**Dorma!** Schlafen Sie!
(noi)	**Ascoltiamo!** Hören wir zu!	**Rispondiamo!** Antworten wir!	**Dormiamo!** Schlafen wir!
(voi)	**Ascoltate!** Hört zu! / Hören Sie zu!	**Rispondete!** Antwortet! / Antworten Sie!	**Dormite!** Schlaft! / Schlafen Sie!

Alle Verben auf **-ire**, die im Indikativ Präsens mithilfe der Stammerweiterung **-isc-** konjugiert werden, weisen diese Besonderheit auch im Imperativ auf, z. B. **pulire** putzen:

Pulisci! Putze!
Pulisca! Putzen Sie!
Puliamo! Putzen wir!
Pulite! Putzt! / Putzen Sie!

Die unregelmäßigen Verben

Alle Verben, die im Indikativ Präsens unregelmäßig sind, sind es auch im Imperativ. Das betrifft insbesondere die 2. und die 3. Person Singular. Zudem haben einige Verben in der 2. Person Singular eine verkürzte Form, die vor allem in der mündlichen Sprache verwendet wird:

Infinitiv	tu	Lei
andare gehen	Vai!/Va'!	Vada!
avere haben	Abbi!	Abbia!
bere trinken	Bevi!	Beva!
dare geben	Dai!/Da'!	Dia!
dire sagen	Di'!	Dica!
essere sein	Sii!	Sia!
fare machen, tun	Fai!/Fa'!	Faccia!
stare stehen	Stai!/Sta'!	Stia!
uscire ausgehen	Esci!	Esca!
venire kommen	Vieni!	Venga!

Die Verben **avere** und **essere** haben eine unregelmäßige Form auch in der 2. Person Plural:

Abbiate pazienza! Habt Geduld! / Haben Sie Geduld!
Siate coraggiosi! Seid mutig! / Seien Sie mutig!

Der verneinte Imperativ

L'imperativo negativo

BILDUNG

Die Verneinung des Imperativs in der 2. Person Singular wird mit **non** + Infinitiv Präsens ausgedrückt. Bei allen anderen Personen wird die normale Imperativform durch **non** verneint:

Infinitiv	**ascoltare** zuhören	**rispondere** antworten	**dormire** schlafen
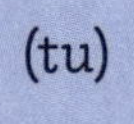 (tu)	**Non** ascoltare! Hör nicht zu!	**Non** rispondere! Antworte nicht!	**Non** dormire! Schlaf nicht!
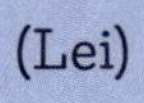 (Lei)	**Non** ascolti! Hören Sie nicht zu!	**Non** risponda! Antworten Sie nicht!	**Non** dorma! Schlafen Sie nicht!
(noi)	**Non** ascoltiamo! Hören wir nicht zu!	**Non** rispondiamo! Antworten wir nicht!	**Non** dormiamo! Schlafen wir nicht!
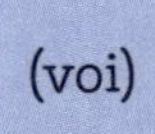 (voi)	**Non** ascoltate! Hört nicht zu! / Hören Sie nicht zu!	**Non** rispondete! Antwortet nicht! / Antworten Sie nicht!	**Non** dormite! Schlaft nicht! / Schlafen Sie nicht!

Non dormite!
Schlaft nicht!

GEBRAUCH

Mit dem Imperativ richten Sie eine Aufforderung an eine oder mehrere Personen, etwas Bestimmtes zu tun. Auch Wünsche und Bitten können durch den Imperativ ausgedrückt werden.

Mangia più verdure!
Iss mehr Gemüse!

Non mangiare troppi dolci!
Iss nicht zu viele Süßigkeiten!

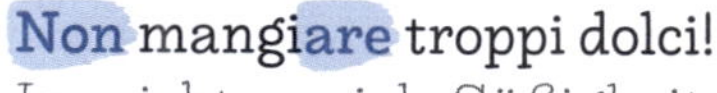

Su, cominciamo!
Los, fangen wir an!

Non cominciamo subito!
Fangen wir nicht sofort an!

Porti uno spumante, per favore!
Bringen Sie bitte einen Sekt!

Non porti uno spumante!
Bringen Sie keinen Sekt!

Der Imperativ mit Pronomen

L'imperativo con i pronomi

BILDUNG

Bejahter Imperativ

Personal- oder Reflexivpronomen werden direkt an den bejahten Imperativ angehängt, mit Ausnahme der Höflichkeitsform im Singular.

Prendilo!
Hol es!

Prendetelo!
Holt es!

Le prenda!
Nehmen Sie sie!

! Bei den verkürzten Imperativformen in der 2. Person Singular wird der Anfangsbuchstabe des Pronomens verdoppelt (außer beim Pronomen **gli**).

Dammi una mano!
Geh mir zur Hand!

Dille la verità!
Sag ihr die Wahrheit!

Fagli un favore!
Tu ihm einen Gefallen!

Vacci a prendere il giornale!
Geh für uns bitte die Zeitung holen!

Stammi bene!
Mach's gut!

Verneinter Imperativ

Beim verneinten Imperativ können Personal- oder Reflexivpronomen entweder vor dem Imperativ stehen oder an diesen angehängt werden. Nur in der 3. Person Singular stehen die Personalpronomen immer zwischen **non** und dem Imperativ.

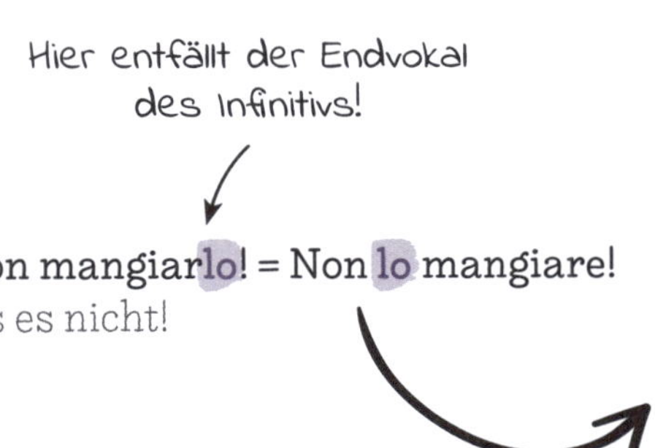

Non mangiarlo! = Non lo mangiare!
Iss es nicht!

Non muovetevi! = Non vi muovete!
Bewegt euch nicht!

Non si preoccupi!
Machen Sie sich keine Sorgen!

16 Auf einen Blick
In sintesi

Der bejahte Imperativ

Mit dem Imperativ richten Sie eine Aufforderung an eine oder mehrere Personen, etwas Bestimmtes zu tun. Auch Wünsche und Bitten können durch den Imperativ ausgedrückt werden.

Die regelmäßigen Verben

Infinitiv	ascoltare	rispondere	dormire
(tu)	Ascolta!	Rispondi!	Dormi!
(Lei)	Ascolti!	Risponda!	Dorma!
(noi)	Ascoltiamo!	Rispondiamo!	Dormiamo!
(voi)	Ascoltate!	Rispondete!	Dormite!

Die unregelmäßigen Verben

Infinitiv	tu	Lei
andare gehen	Vai!/Va'!	Vada!
avere haben	Abbi!	Abbia!
bere trinken	Bevi!	Beva!
dare geben	Dai!/Da'!	Dia!
dire sagen	Di'!	Dica!
essere sein	Sii!	Sia!
fare machen, tun	Fai!/Fa'!	Faccia!
stare stehen	Stai!/Sta'!	Stia!
uscire ausgehen	Esci!	Esca!
venire kommen	Vieni!	Venga!

Avere und **essere** haben eine unregelmäßige Form auch in der 2. Person Plural:

Abbiate pazienza! Siate coraggiosi!

Der verneinte Imperativ

Infinitiv	ascoltare	rispondere	dormire
(tu)	Non ascoltare!	Non rispondere!	Non dormire!
(Lei)	Non ascolti!	Non risponda!	Non dorma!
(noi)	Non ascoltiamo!	Non rispondiamo!	Non dormiamo!
(voi)	Non ascoltate!	Non rispondete!	Non dormite!

Der Imperativ mit Pronomen

	bejahter Imperativ	verneinter Imperativ
(tu)	Prendilo!	Non prenderlo! = Non lo prendere!
(noi)	Prendiamolo!	Non prendiamolo! = Non lo prendiamo!
(voi)	Prendetelo!	Non prendetelo! = Non lo prendete!
(Lei)	Lo prenda!	Non lo prenda!

Bei den verkürzten Imperativformen in der 2. Person Singular wird der Anfangsbuchstabe des Pronomens verdoppelt (außer beim Pronomen **gli**).

Il gerundio **Das Gerund**

Che cos'è il gerundio?	**Was ist das Gerund?**
"Stare" + gerundio	**„Stare" + Gerund**
In sintesi	**Auf einen Blick**

Was ist das Gerund?

Che cos'è il gerundio?

Das Gerund ist eine besondere Verbform, die dazu dient, Sätze zu verkürzen und – zusammen mit dem Verb **stare** – die Verlaufsform zu bilden. Es kommt in zwei Zeitformen vor: das Gerund der Gegenwart und das Gerund der Vergangenheit. Beide sind unveränderlich.

BILDUNG

Das Gerund der Gegenwart bildet man, indem die Infinitivendungen **-are**, **-ere** und **-ire** durch die Endungen **-ando** bzw. **-endo** ersetzt werden:

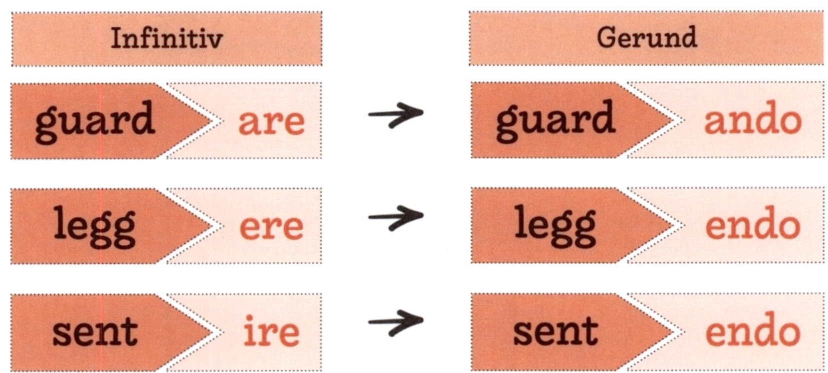

Die Verben **bere** trinken, **dire** sagen und **fare** machen, tun bilden das Gerund unregelmäßig:

bere → bevendo
dire → dicendo
fare → facendo

Das Gerund der Vergangenheit wird mit dem Gerund der Gegenwart von **avere** oder **essere** und dem Partizip Perfekt des Verbs gebildet. Bei dem mit **essendo** gebildeten Gerund wird das Partizip angeglichen:

lavorare → avendo lavorato
arrivare → essendo arrivato/-a/-i/-e

GEBRAUCH

Das Gerund der Gegenwart bezeichnet eine Handlung, die zur gleichen Zeit wie die Haupthandlung stattfindet. Das Subjekt der beiden Handlungen ist in der Regel identisch. Das Gerund kann somit einen Nebensatz ersetzen, der ...

... die Art und Weise beschreibt

Paola si rilassa **ascoltando** musica.
Paola entspannt sich, indem sie Musik hört.

... den Grund angibt

Essendo molto impegnato, Mario ha poco tempo per pulire la casa.
Da Mario viel beschäftigt ist, hat er wenig Zeit, um das Haus zu putzen.

... das zeitliche Verhältnis bezeichnet

Uscendo dalla stazione, ho incontrato Gianna.
Als ich aus dem Bahnhof kam, habe ich Gianna getroffen.

... eine Bedingung angibt

Lavorando meno, non saresti sempre così stanco.
Wenn du weniger arbeiten würdest, wärest du nicht immer so müde.

... in Verbindung mit pur(e) (obwohl) eine Einschränkung bezeichnet

Pur avendo soldi a sufficienza, non hanno voluto comprarsi la casa.
Obwohl sie genügend Geld haben, haben sie sich nicht das Haus kaufen wollen.

! Unbetonte Personalpronomen, Reflexivpronomen sowie die Pronominalpartikeln **ci** und **ne** werden direkt an das Gerund angehängt:

Ha ricominciato a sfogliare il giornale, pur avendolo già letto.
Er hat wieder angefangen, in der Zeitung zu blättern, obwohl er sie schon gelesen hatte.

Das Gerund der Vergangenheit drückt eine vorausgehende Handlung aus; es ersetzt wie das Gerund der Gegenwart einen Nebensatz, der meistens den Grund oder das Zeitverhältnis angibt:

Essendo arrivata in ritardo, ho perso l'inizio del film.
Da ich zu spät gekommen war, habe ich den Anfang des Films verpasst.

„Stare" + Gerund

"Stare" + gerundio

In Kombination mit **stare** drückt das Gerund eine gerade stattfindende Handlung aus. Das Verb **stare** kann man dabei nur in den einfachen Zeitformen konjugieren, z. B. Indikativ Präsens, Imperfekt, Futur I, Konditional I usw.

BILDUNG

	Indikativ Präsens stare		Gerund
(io)	sto	+	parlạndo
(tu)	stại		leggẹndo
(lui/lei/Lei)	sta		dormẹndo
(noi)	stiạmo		
(voi)	stạte		
(loro)	stạnno		

Mara sta giocando a tennis.
Mara spielt gerade Tennis.

Ieri a quest'ora Mara stava giocando a tennis.
Gestern um diese Uhrzeit spielte Mara gerade Tennis.

17 Auf einen Blick
In sintesi

Was ist das Gerund?

Gerund der Gegenwart

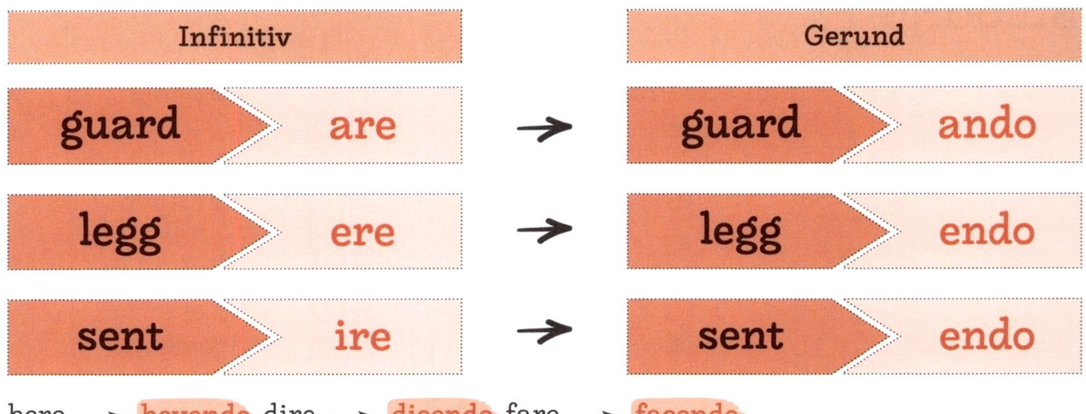

bere → bevendo, dire → dicendo, fare → facendo

Gerund der Vergangenheit

lavorare → avendo lavorato, arrivare → essendo arrivato/-a/-i/-e

Das Gerund ersetzt einen Nebensatz, der ...

... die Art und Weise beschreibt	Paola si rilassa ascoltando musica.
... den Grund angibt	Essendo molto impegnato, Mario ha poco tempo per pulire la casa.
... das zeitliche Verhältnis bezeichnet	Uscendo dalla stazione, ho incontrato Gianna.
... eine Bedingung angibt	Lavorando meno, non saresti sempre così stanco.
... in Verbindung mit pur(e) (obwohl) eine Einschränkung bezeichnet	Pur avendo soldi a sufficienza, non hanno voluto comprarsi la casa.

„Stare“ + Gerund

	Indikativ Präsens stare		Gerund
(io)	sto	+	parlando
(tu)	stai		leggendo
(lui/lei/Lei)	sta		dormendo
(noi)	stiamo		
(voi)	state		
(loro)	stanno		

Mara **sta giocando** a tennis.

… sta giocando …

GEGENWART

Das Verb **stare** kann auch in anderen einfachen Zeitformen konjugiert werden, z. B. **stava giocando**, **starà giocando**, **starebbe giocando** usw.

mangiando
leggendo
bevendo
avendo
finendo
pensando
ballando
dicendo
facendo

18

Costruzioni verbali particolari **Besondere Verbkonstruktionen**

Il passivo **Das Passiv**

La forma impersonale "si" **Die unpersönliche Form „si“**

Il verbo impersonale **Das unpersönliche Verb**

In sintesi **Auf einen Blick**

Das Passiv

Il passivo

BILDUNG

Wie im Deutschen können auch im Italienischen nur transitive Verben – d. h. Verben mit einem direkten Objekt – das Passiv bilden. Das direkte Objekt im Aktivsatz wird dann zum Subjekt des Passivsatzes. Das Passiv wird durch **essere / venire** + Partizip Perfekt gebildet. Dabei wird das Partizip in Numerus und Genus an das Subjekt angeglichen. Die handelnde Person bzw. die Handlungsursache (das Subjekt des Aktivsatzes) wird mit **da** angeschlossen:

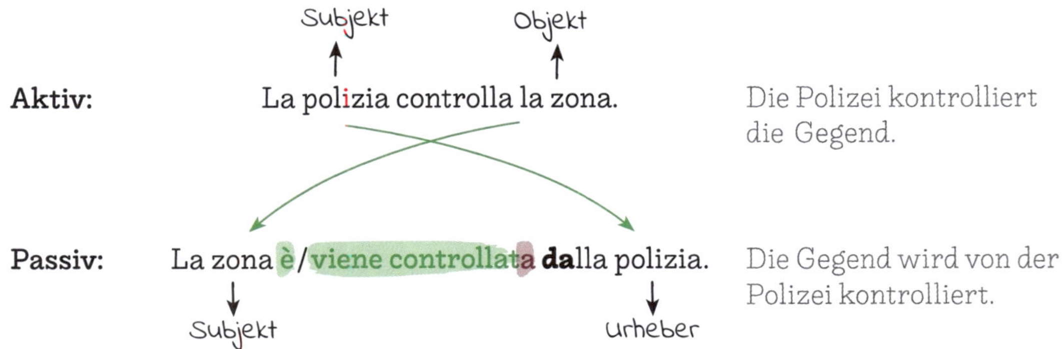

Wenn das Passiv durch **venire** gebildet wird, steht eher der Handlungsvorgang im Vordergrund:

La macchina viene **riparata** proprio in questo momento.
Das Auto wird gerade in diesem Moment repariert.

In den zusammengesetzten Zeiten (z. B. dem Perfekt) gebraucht man jedoch stets **essere**:

Il pubblico ha applaudito gli attori. — Das Publikum hat den Schauspielern applaudiert.

↓

Gli attori sono stati **applauditi** dal pubblico. — Die Schauspieler sind vom Publikum applaudiert worden.

Die Modalverben **potere** können und **dovere** müssen / sollen werden wie im Deutschen mit der Aktivform des Modalverbs + Infinitiv Perfekt konstruiert:

La lettera deve essere scritta subito.
Der Brief muss sofort geschrieben werden.

Um die Notwendigkeit einer Handlung zu betonen, kann man im Italienischen auch **andare** + Partizip Perfekt verwenden. Dabei wird **andare** nur in den einfachen (und nicht in den zusammengesetzten) Zeiten konjugiert. Das Partizip wird in Numerus und Genus an das Subjekt angeglichen.

La lettera va scritta subito.
Der Brief muss sofort geschrieben werden.

Die unpersönliche Form „si“

La forma impersonale “si”

BILDUNG

Das deutsche „man“ wird im Italienischen oft mithilfe einer **si**-Konstruktion wiedergegeben. Vor einem Objekt im Singular steht das Verb in der 3. Person Singular, vor einem Objekt im Plural steht das Verb in der 3. Person Plural:

Verb in der 3. Person Singular

In Italia si mangia molta pasta. ← Objekt im Singular
In Italien isst man viele Nudeln.

Verb in der 3. Person Plural — Objekt im Plural

In Italia si mangiano tanti tipi diversi di pasta.
In Italien isst man viele verschiedene Nudelsorten.

Bei einem intransitiven Verb (d. h. ohne direktes Objekt) oder wenn das direkte Objekt fehlt, steht das Verb in der 3. Person Singular:

mangia bene.
isst man gut.

Bei reflexiven Verben wird statt nur **si** die Konstruktion **ci si** + konjugiertes Verb verwendet:

Con gli amici ci si incontra spesso in pizzeria.
Mit den Freunden trifft man sich oft in der Pizzeria.

Bei den zusammengesetzten Zeiten wird immer das Hilfsverb **essere** verwendet – auch bei den Verben, die normalerweise das Hilfsverb **avere** haben. Wenn kein direktes Objekt auf das Verb folgt, bleibt das Partizip Perfekt unverändert.

Das Verb „mangiare" verlangt in der Regel das Hilfsverb „avere".

Qui abbiamo **mangiato** proprio bene.
Hier haben wir wirklich gut gegessen.

Mit der si-Form wird jedoch das Hilfsverb „essere" verwendet.

Qui si è **mangiato** proprio bene. Hier hat man wirklich gut gegessen.

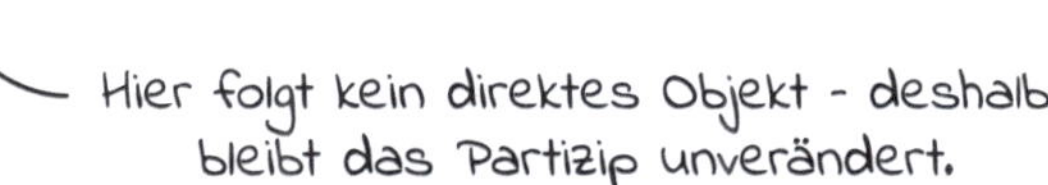

Folgt auf das Verb ein direktes Objekt, passt sich das Partizip Perfekt in Numerus und Genus an das Objekt an:

Partizip und Hilfsverb werden angeglichen, weil ...

Si sono **mangiate** delle ottime tagliatelle. ... ein direktes Objekt folgt.
Man hat ausgezeichnete Tagliatelle gegessen.

Bei den Verben, die auch sonst **essere** verlangen, steht das Partizip im Maskulinum Plural, während das Hilfsverb im Singular bleibt. Das gilt auch für reflexive Verben.

Ieri si è **andati** al ristorante.
Gestern ist man ins Restaurant gegangen.

Prima ci si era **incontrati** per un aperitivo al bar.
Zuvor hatte man sich für einen Aperitif an der Bar getroffen.

Das unpersönliche Verb

Il verbo impersonale

GEBRAUCH

Unpersönliche Verben lassen sich keinem Subjekt zuordnen und entsprechen im Deutschen häufig einem Ausdruck mit „es" oder „man". Sie werden meistens in der 3. Person Singular verwendet, z. B. **bisogna / occorre** man muss, **serve** es ist nötig, **basta** es genügt, **conviene** es lohnt sich, **pare / sembra** es scheint, **succede / capita** es geschieht.

E adesso cosa bisogna fare?
Und was muss man jetzt tun?

Basta consegnare il modulo in segreteria.
Es genügt, das Formular beim Sekretariat abzugeben.

Forse conviene prendere un taxi.
Vielleicht lohnt es sich, ein Taxi zu nehmen.

Auch die meisten unpersönlichen Verben bilden die zusammengesetzten Zeiten – und zwar mit **essere**:

Sarebbe bastato chiamare la polizia.
Es hätte gereicht, die Polizei zu rufen.

Die meisten unpersönlichen Verben können auch persönlich – d. h. in Verbindung mit einem Subjekt – gebraucht werden, z. B. **servire** brauchen, **bastare** (aus)reichen oder **succedere / capitare** passieren. In diesem Fall werden sie entsprechend konjugiert:

Mi servono dei pomodori.
Ich brauche Tomaten.

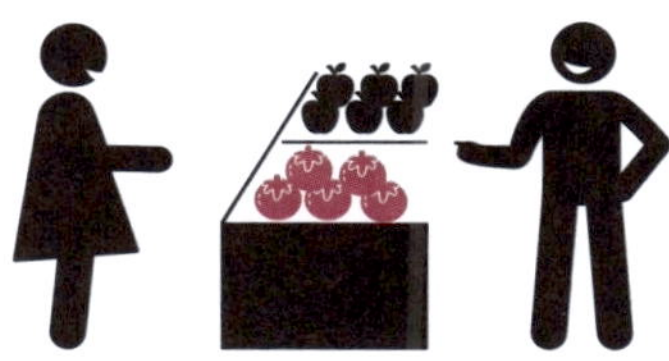

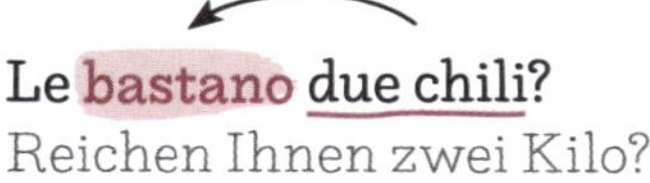

Le bastano due chili?
Reichen Ihnen zwei Kilo?

Unpersönliche Ausdrücke kann man auch mit dem Verb **essere** bilden, z. B. **è necessario** es ist nötig, **è facile / difficile** es ist leicht / schwierig, **è importante** es ist wichtig, **è bene / male** es ist gut / schlecht, **è meglio** es ist besser usw. Wenn ein Infinitiv darauf folgt, wird es ohne Präposition angeschlossen:

Non è facile guidare nel traffico di Roma.
Es ist nicht einfach, in Roms Verkehr zu fahren.

Auch Wetterphänomene werden durch unpersönliche Verben wiedergegeben, z. B. **piove** es regnet, **nevica** es schneit, **grandina** es hagelt. Die zusammengesetzten Zeiten können dabei sowohl mit **essere** als auch mit **avere** gebildet werden.

È / Ha piovuto.
Es hat geregnet.

18 Auf einen Blick
In sintesi

Das Passiv

Das Passiv wird durch **essere / venire** + Partizip Perfekt gebildet. Das Partizip wird in Numerus und Genus an das Subjekt angeglichen. Die handelnde Person bzw. die Handlungsursache (das Subjekt des Aktivsatzes) wird mit **da** angeschlossen:

Aktiv: La polizia controlla la zona.

Passiv: La zona è / viene controllata **da**lla polizia.

Wenn das Passiv durch **venire** gebildet wird, steht eher der Handlungsvorgang im Vordergrund:

La macchina viene **riparata** proprio in questo momento.

In den zusammengesetzten Zeiten (z. B. dem Perfekt) gebraucht man jedoch stets **essere**:

Gli attori sono stati **applauditi** dal pubblico.

Die unpersönliche Form „si“

Vor einem Objekt im Singular steht das Verb in der 3. Person Singular, vor einem Objekt im Plural steht das Verb in der 3. Person Plural. Wenn das direkte Objekt fehlt, steht das Verb in der 3. Person Singular:

In Italia si mangia molta pasta.

In Italia si mangiano tanti tipi diversi di pasta.

In Italia si mangia bene.

Bei den zusammengesetzten Zeiten wird immer das Hilfsverb **essere** verwendet – auch bei den Verben, die normalerweise das Hilfsverb **avere** haben:

Qui si è **mangiato** proprio bene.

Si sono **mangiate** delle ottime tagliatelle.

Ieri si è **andati** al ristorante.

Prima ci si era **incontrati** per un aperitivo al bar.

Das unpersönliche Verb

- **bisogna/occorre** man muss
- **serve** es ist nötig
- **basta** es genügt
- **conviene** es lohnt sich
- **pare/sembra** es scheint
- **succede/capita** es geschieht
- **è necessario** es ist nötig
- **è facile/difficile** es ist leicht/schwierig
- **è importante** es ist wichtig
- **è bene/male** es ist gut/schlecht
- **è meglio** es ist besser

- **piove** es regnet

- **nevica** es schneit

- **grandina** es hagelt

19

Le preposizioni **Die Präpositionen**

Was sind Präpositionen?

Che cosa sono le preposizioni?

GEBRAUCH

Präpositionen sind kleine Wörter, die Beziehungen unterschiedlicher Art – z. B. temporale oder lokale – zwischen Personen, Gegenständen oder Sachverhalten herstellen. Jede Präposition kann dabei vielfältig verwendet werden und hat deshalb auch mehrere Bedeutungen.

BILDUNG

Die meisten Präpositionen sind unveränderlich. Folgt auf die Präpositionen **a**, **di**, **da**, **in** und **su** ein bestimmter Artikel, verschmelzen jedoch Präposition und Artikel zu einem Wort, ähnlich wie im Deutschen (z. B. an + dem → am):

+	il	lo	l'/l'	la	i	gli	le
a	al	allo	all'	alla	ai	agli	alle
di	del	dello	dell'	della	dei	degli	delle
da	dal	dallo	dall'	dalla	dai	dagli	dalle
in	nel	nello	nell'	nella	nei	negli	nelle
su	sul	sullo	sull'	sulla	sui	sugli	sulle

Die wichtigsten Präpositionen

Le preposizioni più importanti

Die Präposition a

Ort und Richtung	**Non vado mai a casa prima delle 6.** Ich gehe nie vor 6 Uhr nach Hause.
Ort und Richtung mit Städten	**Sono in vacanza a Napoli.** Ich bin in Urlaub in Neapel.
Uhrzeit	**Ci incontriamo alle 3?** Treffen wir uns um 3 Uhr?
Alter	**Ho imparato a camminare a 2 anni.** Ich habe mit zwei Jahren gelernt zu laufen.
indirektes Objekt (Wem?)	**Devo mandare un messaggio a Filippo.** Ich muss Filippo eine Nachricht schicken.
Feiertage	**A Carnevale ogni scherzo vale.** Im Karneval herrscht Narrenfreiheit (wörtlich: gilt jeder Scherz).

Die Präposition **a** wird zur Orts- und Richtungsangabe u. a. mit folgenden Substantiven verwendet:

a casa zu/nach Hause
a letto im/ins Bett
al cinema im/ins Kino
al ristorante im/ins Restaurant
al bar im/ins Café
a scuola in der/die Schule
a teatro im/ins Theater
all'estero im/ins Ausland
al lavoro bei der/zur Arbeit
al mare am/ans Meer

Bei Ortspräpositionen unterscheidet man nicht zwischen Bewegung und Zustand:

Sono in vacanza a Napoli.
Ich bin in Urlaub in Neapel.

Vado in vacanza a Napoli.
Ich fahre in Urlaub nach Neapel.

Die Präposition con

Begleitung	**Sono andata al cinema con Mirko.** Ich bin mit Mirko ins Kino gegangen.
Art und Weise	**Manuela lavora con molta passione.** Manuela arbeitet mit viel Leidenschaft.
Verkehrsmittel (mit bestimmtem Artikel!)	**Vai al lavoro con il tram?** Fährst du mit der Straßenbahn zur Arbeit?
Mittel	**Ho smontato il portatile con il cacciavite.** Ich habe den Laptop mit dem Schraubenzieher auseinandergenommen.

Die Präposition da

Herkunft	**Veniamo dalla Sicilia.** Wir kommen aus Sizilien.
Ort und Richtung bei Personen	**Oggi pomeriggio vado dal dentista.** Heute Nachmittag gehe ich zum Zahnarzt.
Zeitdauer	**Il gatto dorme già da dieci ore.** Die Katze schläft schon seit zehn Stunden.
Zeitpunkt	**Da domani mi metto a studiare sul serio.** Ab morgen fange ich ernsthaft an zu lernen.
Zweck	**Mi sono comprata delle scarpe da corsa.** Ich habe mir Laufschuhe gekauft.

Die Präposition di

Herkunft mit **essere**	Sono tedesca, di Colonia. Ich bin Deutsche, aus Köln.
Besitz	Di chi è quella macchina? – Di Pino. Wem gehört das Auto da? – Es gehört Pino.
Genitiv	Conosci già gli amici di Ferdinando? Kennst du schon Ferdinandos Freunde?
Tagesabschnitte	Di giorno lavoro e di sera studio per l'università. Tagsüber arbeite ich und abends lerne ich für die Uni.
Material	Mio marito mi ha regalato un maglione di lana. Mein Mann hat mir einen Pulli aus Wolle geschenkt.
nähere Bestimmung	Sto frequentando un corso di disegno. Ich besuche gerade einen Zeichenkurs.
Altersangaben	Marianna ha un figlio di dieci anni. Marianna hat einen zehnjährigen Sohn.
Vergleiche	Pierluigi è più simpatico di Matteo. Pierluigi ist sympathischer als Matteo.
Mengenangaben	Vorrei due etti di mortadella. Ich hätte gern zweihundert Gramm Mortadella.

Die Präposition in

Ort und Richtung	**Andiamo in pizzeria sabato sera?** Gehen wir am Samstagabend in die Pizzeria?
Ort und Richtung mit Ländern	**Quest'anno vado al mare in Francia.** Dieses Jahr fahre ich nach Frankreich ans Meer.
Monate	**Il mio compleanno è in luglio.** Mein Geburtstag ist im Juli.
Jahreszeiten	**In inverno la piscina è chiusa.** Im Winter ist das Schwimmbad geschlossen.
Jahresangaben	**Quando è nato? – Nel 1973.** Wann sind Sie geboren? – Im Jahr 1973.
Zeitdauer	**In cinque minuti ho mangiato.** In fünf Minuten habe ich gegessen.
Verkehrsmittel (ohne Artikel!) 	**Andiamo in macchina o in treno?** Fahren wir mit dem Auto oder mit dem Zug?

Die Präposition **in** wird zur Orts- und Richtungsangabe u. a. mit folgenden Substantiven verwendet:

in montagna in den/die Berge(n)
in campagna auf dem/aufs Land
in palestra im/ins Fitnessstudio
in biblioteca in der/die Bibliothek
in centro in der/die Innenstadt
in farmacia in der/die Apotheke
in piazza auf dem/den Platz
in ufficio im/ins Büro

Die Präposition per

Zielort	**Il treno per Firenze parte dal binario 2.** Der Zug nach Florenz fährt von Gleis 2 ab.
Durchfahrt	**Dobbiamo proprio passare per il centro?** Müssen wir ausgerechnet durch die Innenstadt fahren?
Zeitdauer	**Sono rimasto all'aeroporto per tutta la notte.** Ich bin die ganze Nacht am Flughafen geblieben.
Grund	**La macchina non parte per un guasto al motore.** Wegen eines Motorschadens springt das Auto nicht an.
Zweck	**Questi sono gli attrezzi per la pulizia.** Das sind die Putzutensilien.
Art und Weise	**Ti spedisco il pacchetto per corriere espresso.** Ich schicke dir das Paket per Expresskurier.
Bestimmung	**Per chi sono questi regali?** Für wen sind diese Geschenke?

Die Präposition **per** dient auch dazu, ein Ziel in Verbindung mit einem Infinitiv anzugeben („um zu …“).

Per lavorare negli Stati Uniti devo imparare molto bene l'inglese.
Um in den Vereinigten Staaten zu arbeiten, muss ich sehr gut Englisch lernen.

Die Präposition su

Ort	**Hai dimenticato le chiavi sul tavolo in cucina.** Du hast die Schlüssel auf dem Küchentisch liegen lassen.
Ort und Richtung (bei Bergen, Flüssen, Meeren, Seen)	**Abbiamo passato una settimana sul Monte Baldo.** Wir haben eine Woche auf dem Monte Baldo verbracht.
Schätzung	**Era un uomo sui trent'anni.** Es war ein Mann um die dreißig.
Themen	**Hai visto il documentario sull'Illuminismo?** Hast du den Dokumentarfilm über die Aufklärung gesehen?
Medien	**Ho letto il Suo annuncio sul giornale di oggi.** Ich habe Ihre Anzeige in der Zeitung von heute gelesen.

Die Präposition tra/fra

Zeitpunkt in der Zukunft	**Tra/Fra un'ora ho un appuntamento dal barbiere.** In einer Stunde habe ich einen Termin beim Friseur.
Ort	**Il municipio è tra/fra l'edicola e la farmacia.** Das Rathaus ist zwischen dem Zeitungskiosk und der Apotheke.
Zeitraum	**Potremmo incontrarci tra/fra le sei e le sette.** Wir könnten uns zwischen sechs und sieben Uhr treffen.

Präpositionale Ausdrücke

Locuzioni preposizionali

GEBRAUCH

A

davanti a
vor

dietro (a)
hinter

dentro a
in(nerhalb)

di fronte a
gegenüber

fino a
bis (zu)

insieme a
zusammen mit

in mezzo a
mitten

vicino a
in der Nähe von

accanto a
neben

lontano da
weit von

fuori da
außerhalb (von)

invece di
statt

a causa di
wegen

prima di
vor (zeitlich)/bevor

19 Auf einen Blick
In sintesi

Was sind Präpositionen?

Präpositionen sind kleine Wörter, die Beziehungen unterschiedlicher Art – z. B. temporale oder lokale – zwischen Personen, Gegenständen oder Sachverhalten herstellen. Dabei kann jede Präposition vielfältig verwendet werden und hat deshalb auch mehrere Bedeutungen.

Die meisten Präpositionen sind unveränderlich. Folgt auf die Präpositionen **a**, **di**, **da**, **in** und **su** ein bestimmter Artikel, verschmelzen jedoch Präposition und Artikel zu einem Wort:

+	il	lo	l'/l'	la	i	gli	le
a	al	allo	all'	alla	ai	agli	alle
di	del	dello	dell'	della	dei	degli	delle
da	dal	dallo	dall'	dalla	dai	dagli	dalle
in	nel	nello	nell'	nella	nei	negli	nelle
su	sul	sullo	sull'	sulla	sui	sugli	sulle

Die wichtigsten Präpositionen

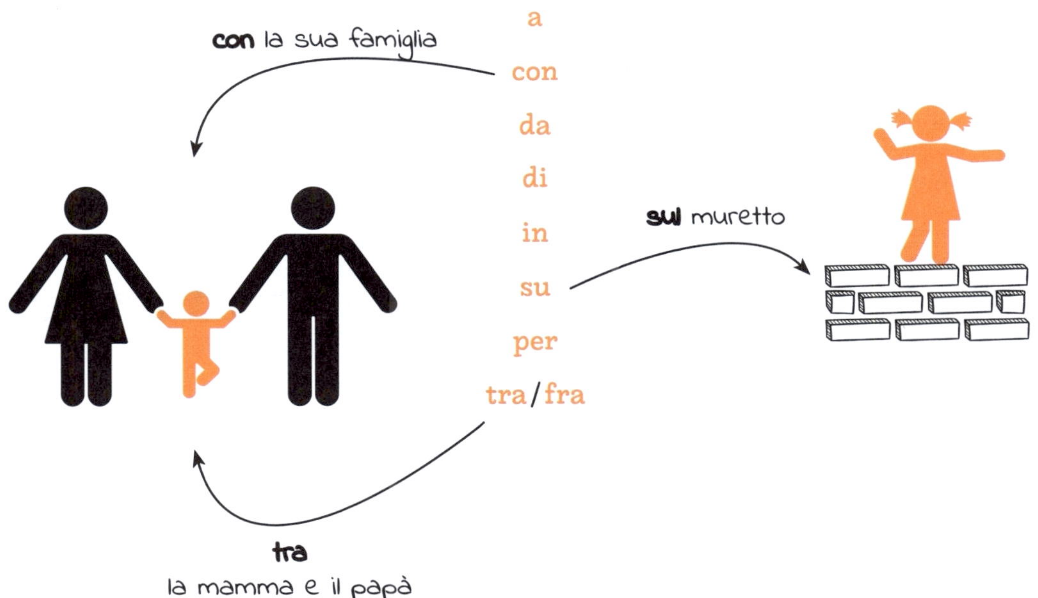

Präpositionale Ausdrücke

20

Le congiunzioni **Die Konjunktionen**

Le congiunzioni coordinative **Nebenordnende Konjunktionen**

Le congiunzioni subordinative **Unterordnende Konjunktionen**

In sintesi **Auf einen Blick**

Nebenordnende Konjunktionen

Le congiunzioni coordinative

GEBRAUCH

Wie im Deutschen unterscheidet man auch im Italienischen zwischen nebenordnenden Konjunktionen, die gleichrangige Sätze oder Satzteile miteinander verbinden, und unterordnenden Konjunktionen, die Nebensätze einleiten.

Folgende Konjunktionen verknüpfen gleichrangige Sätze oder Satzteile:

e und	**ma / però** aber, jedoch
o / oppure oder	**anche / pure** auch
quindi / allora folglich, also	**perciò** deshalb
tuttavia trotzdem	**o … o** entweder … oder
sia … sia / che sowohl … als auch	**né … né** weder … noch

Piove, perciò non esco.
Es regnet, deshalb gehe ich nicht raus.

Ho invitato anche Anna **e** Paolo.
Ich habe auch Anna und Paolo eingeladen.

Vor einem Wort, das mit **e** beginnt, wird häufig die Form **ed** anstelle der Konjunktion **e** verwendet. Das gilt auch für die Verbform **è** ist.

Domenica ho volato in mongolfiera ed è stata la mia prima volta.
Am Sonntag bin ich mit dem Heißluftballon geflogen und das war mein erstes Mal.

Non hanno voglia, **quindi** non vengono.
Sie haben keine Lust, also kommen sie nicht.

Anstelle der Konjunktionen **quindi / allora** kann man auch **dunque / così** folglich, also, und so verwenden.

Prima di partire avevo paura, così ho bevuto un po' per calmarmi.
Vor dem Abflug hatte ich Angst und so habe ich etwas getrunken, um mich zu beruhigen.

Die Ausdrücke **allora / dunque** also, nun dienen auch dazu, einen Satz einzuleiten.

Allora, ragazzi, dove eravamo rimasti?
Also, Leute, wo waren wir stehen geblieben?

Anna non viene e **neanche** Paolo.
Anna kommt nicht und Paolo auch nicht.

Die verneinte Form von **anche / pure** lautet **neanche / nemmeno / neppure** auch nicht. Als Verstärkung einer Verneinung können sie auch „nicht einmal" bedeuten.

Non mi sono bastati neanche due bicchierini di grappa ...
Nicht einmal zwei Gläschen Grappa haben ausgereicht ...

Unterordnende Konjunktionen

Le congiunzioni subordinative

GEBRAUCH

Folgende Konjunktionen leiten einen untergeordneten Satz ein und stellen einen logischen Zusammenhang zwischen Haupt- und Nebensatz her. Einige Konjunktionen verlangen den Indikativ, andere den Congiuntivo.

Die Konjunktion che

Die wichtigste unterordnende Konjunktion ist **che** dass. Sie wird sowohl mit dem Indikativ als auch mit dem **Congiuntivo** verwendet.

Hai sentito che Gianni ha avuto un incidente?
Hast du gehört, dass Gianni einen Unfall gehabt hat?

Speriamo che non si sia fatto niente!
Hoffen wir, dass er sich nichts getan hat!

Temporale Konjunktionen (= Zeit)

quando als, wenn	**da quando** seitdem
mentre während	**(non) appena** sobald
! **prima che** + Congiuntivo bevor	**dopo che** nachdem

Dopo che sei uscito, è arrivata una telefonata per te.
Nachdem du ausgegangen bist, kam ein Anruf für dich.

Avevano già finito di mangiare prima che io arrivassi.
Sie hatten schon fertig gegessen, bevor ich ankam.

Kausale Konjunktionen (= Grund)

perché weil	**siccome** da, weil
poiché da, weil	**visto che / dato che** da, weil

Non ti ho chiamato, perché avevo la febbre.
Ich habe dich nicht angerufen, weil ich Fieber hatte.

Die mit **siccome** eingeleiteten Sätze gehen immer dem Hauptsatz voraus:

Siccome avevo fame, ho ordinato una pizza.
Da ich Hunger hatte, habe ich eine Pizza bestellt.

Finale Konjunktionen (= Zweck)

affinché + Congiuntivo damit	**perché** + Congiuntivo damit

Ripeto, affinché / perché lo capiscano tutti.
Ich wiederhole, damit es alle verstehen.

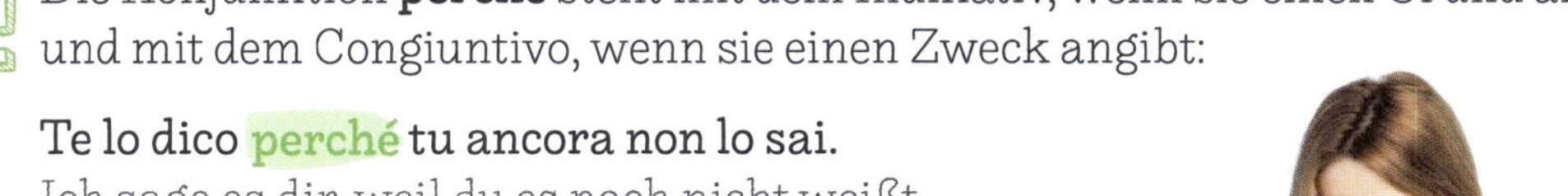

Die Konjunktion **perché** steht mit dem Indikativ, wenn sie einen Grund angibt, und mit dem Congiuntivo, wenn sie einen Zweck angibt:

Te lo dico perché tu ancora non lo sai.
Ich sage es dir, weil du es noch nicht weißt.

Te lo dico perché tu possa imparare.
Ich sage es dir, damit du (es) lernen kannst.

Konditionale Konjunktionen (= Bedingung)

se
wenn, falls

! **qualora** + Congiuntivo
wenn, falls

! **nel caso che** + Congiuntivo
falls

! **purché / a condizione che** + Congiuntivo
unter der Bedingung, dass

Userò l'ombrello, qualora dovesse piovere.
Ich werde den Regenschirm benutzen, falls es regnen sollte.

Nach **se** steht der Indikativ, wenn die Handlung real ist:

Se ho tempo, stiro un paio di camicie.
Wenn / Falls ich Zeit habe, bügle ich ein paar Hemden.

Nach **se** steht der **Congiuntivo**, wenn irreale Handlungen der Gegenwart (Congiuntivo imperfetto) bzw. der Vergangenheit (Congiuntivo trapassato) ausgedrückt werden:

Se avessi tempo, stirerei un paio di camicie.
Wenn ich Zeit hätte, würde ich ein paar Hemden bügeln.

Se avessi avuto tempo, avrei stirato un paio di camicie.
Wenn ich Zeit gehabt hätte, hätte ich ein paar Hemden gebügelt.

Konzessive Konjunktionen (= Einschränkung)

anche se auch wenn	! benché + Congiuntivo obwohl
! sebbene + Congiuntivo obwohl	! nonostante + Congiuntivo obwohl
! salvo che + Congiuntivo es sei denn, außer wenn	! a meno che + Congiuntivo es sei denn, außer wenn

Ho freddo, nonostante abbia acceso il riscaldamento.
Mir ist kalt, obwohl ich die Heizung angemacht habe.

Konsekutive Konjunktionen (= Folge)

così/talmente ... che so ... dass	cosicché sodass

La nebbia era così fitta che non si vedeva nulla.
Der Nebel war so dicht, dass man nichts sah.

20 Auf einen Blick
In sintesi

Nebenordnende Konjunktionen

Nebenordnende Konjunktionen verbinden gleichrangige Sätze oder Satzteile.

- e
- o / oppure
- quindi / allora
- tuttavia
- sia ... sia / che
- ma / però
- anche / pure
- perciò
- o ... o
- né ... né

e → ed Vor einem Wort, das mit **e** beginnt, wird häufig die Form ed anstelle der Konjunktion e verwendet.

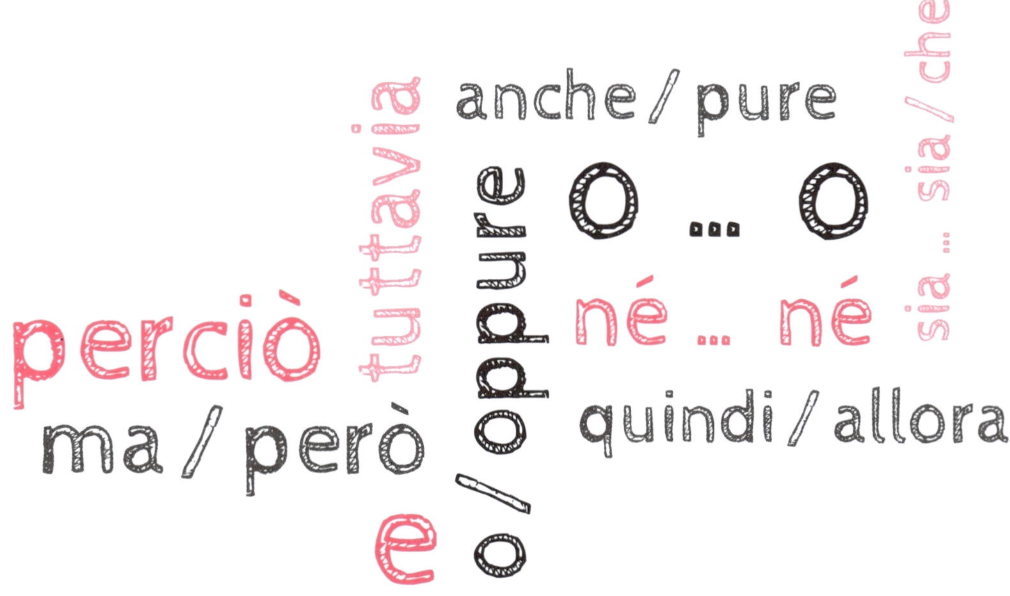

Unterordnende Konjunktionen

Unterordnende Konjunktionen verbinden Haupt- und Nebensätze. Die wichtigsten unterordnenden Konjunktionen sind:

Konjunktion „che"

Temporale Konjunktionen

- quando
- da quando
- mentre
- (non) appena
- prima che
- dopo che

Kausale Konjunktionen

- perché
- siccome
- poiché
- visto che
- dato che

Finale Konjunktionen

- affinché
- perché

Konditionale Konjunktionen

- se
- qualora
- nel caso che
- purché
- a condizione che

Konzessive Konjunktionen

- anche se
- benché
- sebbene
- nonostante
- salvo che
- a meno che

Konsekutive Konjunktionen

- così ... che
- talmente ... che
- cosicché

21

La frase **Der Satz**

Der Aussagesatz

La frase affermativa

BILDUNG

Die unbetonte Wortstellung im Aussagesatz lautet: Subjekt + Verb + ggf. Objekt. In Sätzen mit zwei Objekten steht das direkte Objekt meistens vor dem indirekten Objekt. Letzteres wird in der Regel durch die Präposition **a** eingeleitet.

Subjekt	Verb	direktes Objekt
Marco	ama	Luisa.

Marco liebt Luisa.

Subjekt	Verb	indirektes Objekt
Marco	telefona	a Luisa.

Marco ruft Luisa an.

Subjekt	Verb	direktes Objekt	indirektes Objekt
Luisa	dà	un bacio	a Marco.

Luisa gibt Marco einen Kuss.

SATZSTELLUNG

Ist das Objekt ein unbetontes Pronomen, so steht es in der Regel vor dem konjugierten Verb. Enthält der Satz zwei unbetonte Objektpronomen, wird das indirekte dem direkten vorangestellt.

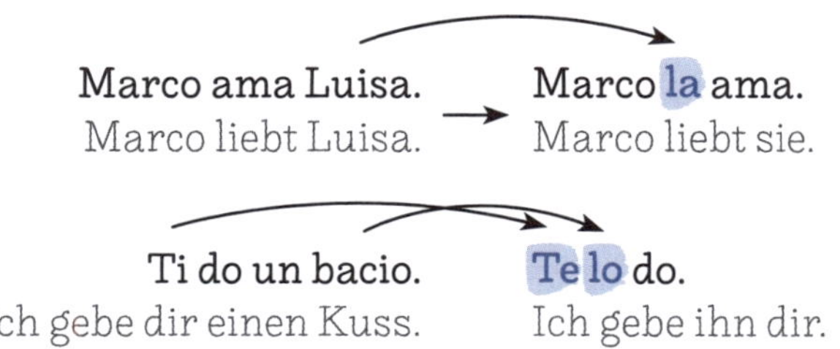

Marco ama Luisa. → Marco la ama.
Marco liebt Luisa. → Marco liebt sie.

Ti do un bacio. → Te lo do.
Ich gebe dir einen Kuss. → Ich gebe ihn dir.

Satzglieder können durch eine veränderte Wortstellung hervorgehoben werden.

- Das Subjekt wird durch Nachstellung betont:

Lo sportello apre fra un po'. → **Fra un po' apre lo sportello.**
Der Schalter öffnet in Kürze. → In Kürze öffnet der Schalter.

- Das Objekt wird betont, indem es an den Satzanfang gestellt wird. Es muss jedoch durch das dazugehörige Objektpronomen wieder aufgenommen werden:

Non mangio la verdura! → **La verdura non la mangio!**
Ich esse das Gemüse nicht! → Das Gemüse esse ich nicht!

Der verneinte Satz

La frase negativa

BILDUNG

Die einfache Verneinung

Die Verneinung wird im Italienischen mit **non** nicht ausgedrückt. Es steht vor dem Verb bzw. vor dem unbetonten Objektpronomen.

Il nonno non sta bene.
Dem Opa geht es nicht gut.

Non **lo** sapevo.
Ich wusste es nicht.

Auch das deutsche „kein" wird mit **non** wiedergegeben. Steht „kein" jedoch vor dem Subjekt, wird es meist durch das Indefinitpronomen **nessuno** ersetzt:

Non ho tempo.
Ich habe keine Zeit.

Nessun **momento** è migliore di questo per andarsene.
Kein Moment (= Subjekt) ist besser als dieser um wegzugehen.

Als negative Antwort auf eine Entscheidungsfrage steht **no** nein. Am Satzende hat **no** oft die Bedeutung „nicht".

Ne vuoi un po'? – No.
Möchtest du etwas davon? – Nein.

Perché no?
Warum nicht?

Die doppelte Verneinung

Einige Wörter verbinden sich mit **non** zu einer doppelten Verneinung.

• non ... mai	nie
• non ... più	nicht mehr
• non ... mica	doch nicht
• non ... ancora	noch nicht
• non ... nessuno	niemand
• non ... niente	nichts
• non ... nemmeno / neanche	nicht einmal, auch nicht

Non ti voglio più vedere!
Ich will dich nicht mehr sehen!

Non steht immer vor dem Verb, das zweite Verneinungselement in der Regel direkt danach bzw. nach dem Hilfsverb. **Nessuno** und **niente** stehen nach dem gesamten Verb.

Non **lavoro** mai.
Ich arbeite nie.

Non **ho** mai **lavorato**.
Ich habe nie gearbeitet.

Oggi non **ho fatto** niente.
Heute habe ich nichts getan.

Zur stärkeren Betonung können **mai**, **nemmeno / neanche**, **nessuno**, **niente** auch vor dem Verb stehen, **non** entfällt hierbei:

Non è venuta nemmeno lei. → Nemmeno lei è venuta.
Nicht einmal sie ist gekommen.

In Fragen kann **mai** auch ohne **non** im Sinne von „jemals“ gebraucht werden:

Sei mai stato in Italia?
Bist du jemals in Italien gewesen?

Der Fragesatz

La frase interrogativa

BILDUNG

Im Italienischen haben Fragesatz und Aussagesatz dieselbe Wortstellung. Sie unterscheiden sich in der geschriebenen Sprache durch ein Fragezeichen und in der gesprochenen Sprache durch die Intonation – bei Fragesätzen steigt sie zum Satzende hin an.

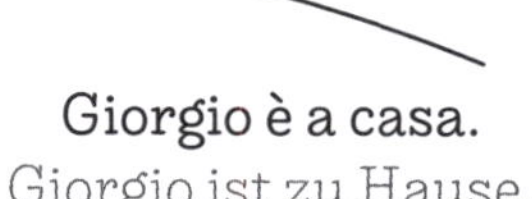

Giorgio è a casa.
Giorgio ist zu Hause.

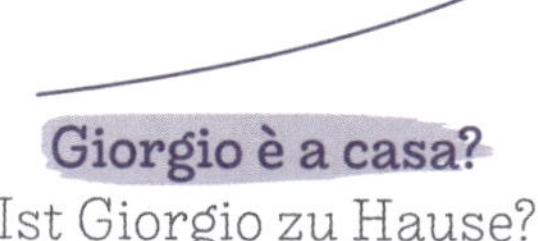

Giorgio è a casa?
Ist Giorgio zu Hause?

Der Fragesatz ohne Fragewort

Die übliche Wortstellung (Subjekt + Verb + ggf. Ergänzungen) bleibt in Fragesätzen ohne Fragewort erhalten. Solche Fragen werden mit **sì** oder **no** beantwortet.

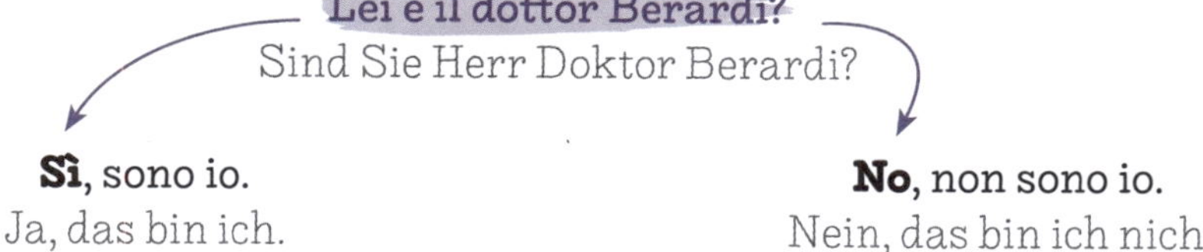

Lei è il dottor Berardi?
Sind Sie Herr Doktor Berardi?

Sì, sono io.
Ja, das bin ich.

No, non sono io.
Nein, das bin ich nicht.

Oft wird das Subjekt weggelassen, weil es bereits durch die Verbform bzw. den Kontext eindeutig ist:

Posso assaggiare?
Darf ich probieren?

Bei besonderer Betonung kann das Subjekt auch am Satzende stehen.

La mia mail ti è arrivata? → Ti è arrivata la mia mail?
Ist meine E-Mail bei dir angekommen?

Der Fragesatz mit Fragewort

Im Fragesatz mit Fragewort steht das Subjekt nach dem Verb.

Che cosa ha detto **l'insegnante**?
Was hat der Lehrer gesagt?

Im Fragesatz mit **perché** warum bleibt die übliche Wortstellung (Subjekt + Verb + ggf. Ergänzungen) oft erhalten:

Perché il tuo ragazzo lavora anche il fine settimana?
Warum arbeitet dein Freund auch am Wochenende?

Oft wird das Subjekt weggelassen, weil es bereits durch die Verbform bzw. den Kontext eindeutig ist.

Che cosa ne pensa?
Was denken Sie darüber?

21 Auf einen Blick
In sintesi

Der Aussagesatz

Subjekt	Verb	direktes Objekt	
Marco	ama	Luisa.	

Subjekt	Verb	indirektes Objekt	
Marco	telefona	a Luisa.	

Subjekt	Verb	direktes Objekt	indirektes Objekt
Luisa	dà	un bacio	a Marco.

Der verneinte Satz

Die einfache Verneinung

Die Verneinung wird im Italienischen mit **non** nicht ausgedrückt. Auch das deutsche „kein" wird meist mit **non** wiedergegeben.

Non lo sapevo.

Non ho tempo.

Als negative Antwort auf eine Entscheidungsfrage steht **no** nein. Am Satzende hat **no** oft die Bedeutung „nicht".

Ne vuoi un po'? – No.

Perché no?

Die doppelte Verneinung

Non steht immer vor dem Verb, das zweite Verneinungselement in der Regel direkt danach bzw. nach dem Hilfsverb. **Nessuno** und **niente** stehen nach dem gesamten Verb.

Non **lavoro** mai.
Non **ho** mai **lavorato**.
Oggi non **ho fatto** niente.

Der Fragesatz

Fragesatz und Aussagesatz haben dieselbe Wortstellung. Sie unterscheiden sich in der gesprochenen Sprache durch die Intonation – bei Fragesätzen steigt sie zum Satzende hin an.

Giorgio è a casa. Giorgio è a casa?

Der Fragesatz ohne Fragewort

Die übliche Wortstellung (Subjekt + Verb + ggf. Ergänzungen) bleibt in Fragesätzen ohne Fragewort erhalten. Solche Fragen werden mit **sì** oder **no** beantwortet.

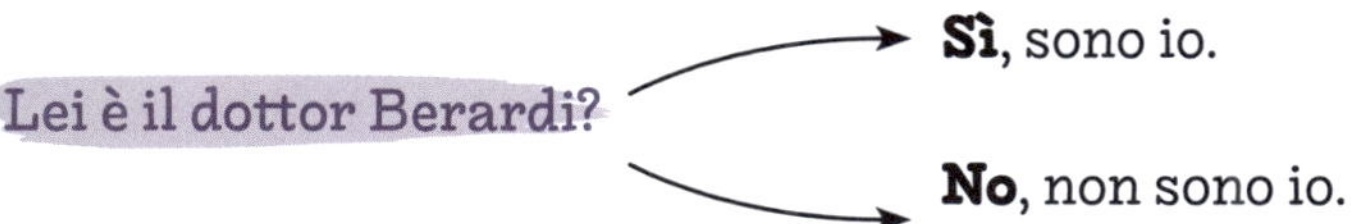

Lei è il dottor Berardi? → **Sì**, sono io. / **No**, non sono io.

Oft wird das Subjekt weggelassen, weil es bereits durch die Verbform bzw. den Kontext eindeutig ist.

Posso assaggiare?

Der Fragesatz mit Fragewort

Im Fragesatz mit Fragewort steht das Subjekt nach dem Verb.

Che cosa ha detto **l'insegnante**?

Bei **perché** warum bleibt die übliche Wortstellung jedoch meistens erhalten:

Perché il tuo ragazzo lavora anche il fine settimana?

Oft wird das Subjekt weggelassen, weil es bereits durch die Verbform bzw. den Kontext eindeutig ist.

Che cosa ne pensa?

22

Il discorso indiretto **Die indirekte Rede**

Was ist die indirekte Rede?

Che cos'è il discorso indiretto?

GEBRAUCH

Bei der indirekten Rede berichtet man über die Äußerungen anderer Personen, ohne sie wörtlich zu wiederholen. Im Italienischen wird sie von Verben wie **dire** sagen, **raccontare** erzählen, **affermare** behaupten etc. und der Konjunktion **che** dass eingeleitet. Sie steht in der Regel – anders als im Deutschen – im Indikativ.

Die indirekte Frage

Die indirekte Frage wird durch Verben wie **domandare** fragen, **chiedere** fragen oder **voler sapere** wissen wollen eingeleitet. Sie wird entweder mit der Konjunktion **se** ob oder mit einem Fragewort (z. B. **che cosa** was, **quando** wann etc.) angeschlossen.

Vor **che** steht kein Komma und **che** kann nicht weggelassen werden.

Die Änderung der Personen-, Orts- und Zeitangaben

Beim Übergang in die indirekte Rede werden Subjekt-, Objekt-, Reflexiv- und Possessivpronomen sowie Demonstrativa und Ortsangaben bei Bedarf angepasst, z. B.:

- Subjektpronomen: **io** → lui/lei, **noi** → loro
- Objektpronomen: **mi** → gli/le, **me** → lui/lei
- Reflexivpronomen: **mi** chiamo → si chiama
- Possessivpronomen: il **mio** gatto → il suo gatto
- Demonstrativa: **questo** → quello
- Ortsangaben: **qui/qua** → lì/là

Dice che si addormenta insieme al suo cane Barababù e al suo gatto Maramamao.
Sie sagt, dass sie zusammen mit ihrem Hund Barababù und ihrer Katze Maramamao einschläft.

Mi addormento insieme al **mio** cane Barababù e al **mio** gatto Maramamao.
Ich schlafe zusammen mit meinem Hund Barababù und meiner Katze Maramamao ein.

Die Zeitenfolge

La concordanza dei tempi

GEBRAUCH

Beim Übergang von der direkten in die indirekte Rede bestimmt das Verb im Hauptsatz, ob sich die Zeitformen im Nebensatz ändern müssen oder nicht. Steht im Hauptsatz ein Indikativ Präsens (z. B. **Dice** che ... Er / Sie sagt, dass ...) oder ein Indikativ Perfekt, das sich auf eine unmittelbare Vergangenheit bezieht (z. B. **Ha detto** che ... Er / Sie hat gesagt, dass ...), dann bleiben die Zeitformen erhalten.

Präsens ("Vengo ...") → **Präsens (... viene ...)**

Dice che viene da un pianeta molto lontano.
Er sagt, dass er von einem weit entfernten Planeten kommt.

Perfekt ("Ho fatto ...") → **Perfekt (... ha fatto ...)**

Dice che ha fatto un lungo viaggio.
Er sagt, dass er eine lange Reise gemacht hat.

Futur I ("Racconterò ...") → **Futur I** (... racconterà ...)

Dice che racconterà di noi ai suoi amici.
Er sagt, dass er seinen Freunden von uns erzählen wird.

Konditional I ("Vorrei ...") → **Konditional I** (... vorrebbe ...)

Dice che vorrebbe visitare anche la luna.
Er sagt, dass er auch den Mond besuchen möchte.

Ein Imperativ wird in der indirekten Rede meistens durch **di** + Infinitiv wiedergegeben. Beim Übergang von der direkten in die indirekte Rede wird **venire** in der Regel zu **andare**, weil sich die Perspektive ändert.

"**Prendete** un'astronave e **venite** a trovarmi su Marte!"	→	**Dice di prendere** un'astronave e **di andare** a trovarlo su Marte.
„Nehmt ein Raumschiff und kommt mich auf dem Mars besuchen!"	→	Er sagt, wir sollen ein Raumschiff nehmen und ihn auf dem Mars besuchen.

Steht im Hauptsatz eine Zeitform der Vergangenheit, dann verändern sich die Zeitformen wie folgt:

Präsens ("Vengo ...") → **Imperfekt (... veniva ...)**

Disse / Ha detto che
veniva da un pianeta molto lontano.
Er sagte, dass er von einem weit entfernten Planeten kam.

30 anni dopo ...
30 Jahre später ...

Perfekt ("Ho fatto ...") → **Plusquamperfekt (... aveva fatto ...)**

Disse / Ha detto che
aveva fatto un lungo viaggio.
Er sagte, dass er eine lange Reise gemacht hatte.

30 anni dopo ...
30 Jahre später ...

! Wie im Deutschen ändern sich Zeit- und Ortsangaben in der indirekten Rede, wenn die Redeeinleitung in der Vergangenheit steht:

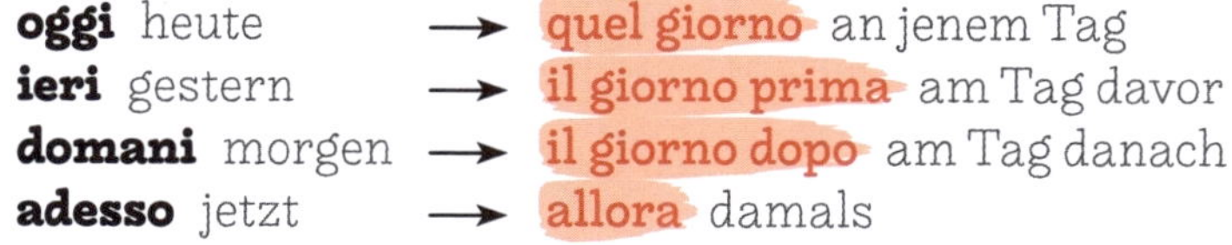

oggi heute → quel giorno an jenem Tag
ieri gestern → il giorno prima am Tag davor
domani morgen → il giorno dopo am Tag danach
adesso jetzt → allora damals

Futur I ("Racconterò ...") → Konditional II (... avrebbe raccontato ...)

Disse / Ha detto che avrebbe raccontato di noi ai suoi amici.
Er sagte, dass er seinen Freunden von uns erzählen würde.

30 anni dopo ...
30 Jahre später ...

Konditional I ("Vorrei ...") → Konditional II (... avrebbe voluto ...)

Disse / Ha detto che avrebbe voluto visitare anche la luna.
Er sagte, dass er auch den Mond besuchen wollen würde.

30 anni dopo ...
30 Jahre später ...

Beim Übergang von der direkten in die indirekte Rede bleiben Imperfekt, Plusquamperfekt und Konditional II unverändert:

"Avrei voluto venire sulla Terra anche prima." „Ich hätte auch früher auf die Erde kommen wollen."	→	**Disse / Ha detto che** avrebbe voluto venire sulla Terra anche prima. Er sagte, dass er auch früher auf die Erde hätte kommen wollen.

22 Auf einen Blick
In sintesi

Was ist die indirekte Rede?

Bei der indirekten Rede berichtet man über die Äußerungen anderer Personen, ohne sie wörtlich zu wiederholen. Im Italienischen wird sie von Verben wie **dire** sagen, **raccontare** erzählen, **affermare** behaupten etc. und der Konjunktion **che** dass eingeleitet. Sie steht in der Regel – anders als im Deutschen – im Indikativ.

"Sto meglio." ⟶ Dice **che** sta meglio.

Beim Übergang in die indirekte Rede werden Subjekt-, Objekt-, Reflexiv- und Possessivpronomen sowie Demonstrativa und Ortsangaben bei Bedarf angepasst, z. B.:

- Subjektpronomen: **io** ⟶ lui/lei, **noi** ⟶ loro
- Objektpronomen: **mi** ⟶ gli/le, **me** ⟶ lui/lei
- Reflexivpronomen: **mi** chiamo ⟶ si chiama
- Possessivpronomen: il **mio** gatto ⟶ il suo gatto
- Demonstrativa: **questo** ⟶ quello
- Ortsangaben: **qui**/**qua** ⟶ lì/là

Mi addormento insieme al **mio** cane Barababù e al **mio** gatto Maramamao.

Dice che si addormenta insieme al suo cane Barababù e al suo gatto Maramamao.

Die Zeitenfolge

Hauptsatz

Präsens
Perfekt (in Bezug auf eine unmittelbare Vergangenheit)

Zeitform des ursprünglichen Satzes bleibt erhalten!

Präsens ("**Vengo ...**") → Präsens (**... viene ...**)
Perfekt ("**Ho fatto ...**") → Perfekt (**... ha fatto ...**)
Futur I ("**Racconterò ...**") → Futur I (**... racconterà ...**)
Konditional I ("**Vorrei ...**") → Konditional I (**... vorrebbe ...**)

Hauptsatz

Perfekt
Imperfekt
Plusquamperfekt
Historisches Perfekt

Zeitform des ursprünglichen Satzes verändert sich!

Präsens ("**Vengo ...**") → Imperfekt (**... veniva ...**)
Perfekt ("**Ho fatto ...**") → Plusquamperfekt (**... aveva fatto ...**)
Futur I ("**Racconterò ...**") → Konditional II (**... avrebbe raccontato ...**)
Konditional I ("**Vorrei ...**") → Konditional II (**... avrebbe voluto ...**)

23

I numeri e le ore **Zahlen und Uhrzeiten**

Die Grundzahlen

I numeri cardinali

BILDUNG

Die Grundzahlen von 0 bis 19 lauten wie folgt:

0 zero	10 dieci
1 uno	11 undici
2 due	12 dodici
3 tre	13 tredici
4 quattro	14 quattordici
5 cinque	15 quindici
6 sei	16 sedici
7 sette	17 diciassette
8 otto	18 diciotto
9 nove	19 diciannove

Ho già letto **undici** libri per l'esame.
Ich habe schon elf Bücher für die Prüfung gelesen.

Antonio ha **diciannove** anni.
Antonio ist 19 Jahre alt.

Vor einem Substantiv ändert die Zahl **uno** ihre Form entsprechend den Regeln für den unbestimmten Artikel **un**:

Prendo **un** caffè e **una** fetta di dolce.
Ich nehme einen Kaffee und ein Stück Kuchen.

Ho guardato la finale con **un** amico e **un'**amica.
Ich habe das Finale mit einem Freund und einer Freundin angeschaut.

Zur Bildung der Zahlen von 21 bis 99 hängt man 1–9 an die Zehnerzahl an. Vor **-uno** und **-otto** entfällt jedoch der Endvokal des Zehners, z. B. **venti** + **uno** = **ventuno**, **trenta** + **otto** = **trentotto**.

20 venti	+	uno
30 trenta		due
40 quaranta		tre
50 cinquanta		quattro
60 sessanta		cinque
70 settanta		sei
80 ottanta		sette
90 novanta		otto
		nove

Mia nonna compie novantadue anni.
Meine Großmutter wird 92 Jahre alt.

Zusammengesetzte Zahlen, die auf **tre** enden, werden mit einem Akzent geschrieben, z. B. **quaranta** + **tre** = **quarantatré**.

Ab 100 aufwärts setzen sich die Zahlen wie folgt zusammen:

100 cento	200 duecento
101 centouno	300 trecento
108 centootto	400 quattrocento
110 centodieci	500 cinquecento
120 centoventi	600 seicento
135 centotrentacinque	700 settecento
150 centocinquanta	800 ottocento
199 centonovantanove	900 novecento

C'erano duecento persone alla mia festa.
Es waren zweihundert Personen auf meiner Party.

Die Zahl **mille** (1.000) hat eine unregelmäßige Pluralform: **mila**. Die Zahlen **milione** und **miliardo** haben die Pluralform **milioni** und **miliardi**.

1.000	mille
2.000	duemila
100.000	centomila
200.000	duecentomila
1.000.000	un milione
2.000.000	due milioni
1.000.000.000	un miliardo
3.000.000.000	tre miliardi

settecentoquarantotto euro

Das Wort „euro" bleibt unverändert!

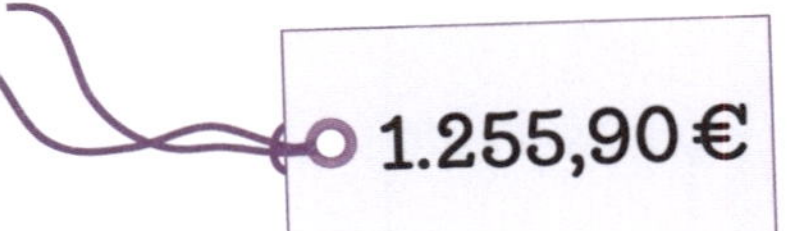

milleduecentocinquantacinque euro e novanta (centesimi)

Ein Substantiv wird durch die Präposition **di** an **milione** und **miliardo** angeschlossen. Wenn eine weitere Zahl dazwischen steht, entfällt jedoch **di**:

La Terra ha sette miliardi di abitanti.
Die Erde hat sieben Milliarden Einwohner.

Roma ha due milioni e ottocentomila abitanti.
Rom hat zwei Millionen und achthunderttausend Einwohner.

Die Ordnungszahlen

I numeri ordinali

BILDUNG

Die Ordnungszahlen bis 10 sind unregelmäßig und lauten wie folgt:

1°	**primo/-a**	1ª
2°	**secondo/-a**	2ª
3°	**terzo/-a**	3ª
4°	**quarto/-a**	4ª
5°	**quinto/-a**	5ª
6°	**sesto/-a**	6ª
7°	**settimo/-a**	7ª
8°	**ottavo/-a**	8ª
9°	**nono/-a**	9ª
10°	**decimo/-a**	10ª

Ab 11 werden die Ordnungszahlen durch Anhängen von **-esimo/-a** an die Grundzahl ohne Endvokal gebildet:

11° = **undici** + -esimo/-a = undicesimo/-a
20° = **venti** + -esimo/-a = ventesimo/-a
100° = **cento** + -esimo/-a = centesimo/-a

Endet die Grundzahl auf **-tré** oder **-sei**, dann bleibt der Endvokal erhalten.

23° = **ventitré** + -esimo/-a = ventitreesimo/-a
36° = **trentasei** + -esimo/-a = trentaseiesimo/-a

SATZSTELLUNG

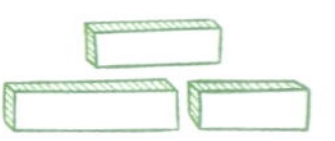

Ordnungszahlen verhalten sich wie Adjektive auf **-o**/**-a** und passen sich in Genus und Numerus dem Substantiv an, auf das sie sich beziehen. Sie haben auch eine regelmäßige Pluralform auf **-i**/**-e**. Anders als die meisten Adjektive stehen Ordnungszahlen jedoch in der Regel vor ihrem Bezugswort.

il terzo piano
der dritte Stock

il quarto piano
der vierte Stock

il primo incrocio
die erste Kreuzung

la seconda strada a destra
die zweite Straße rechts

Bei den Namen von Päpsten oder Königen werden die Ordnungszahlen nachgestellt:

Benedetto XVI (= sedicesimo) Benedikt XVI.
Vittorio Emanuele II (= secondo) Viktor Emanuel II.

Die Bruchzahlen

Le frazioni

BILDUNG

Eine Bruchzahl bildet man mit einer Grundzahl für den Zähler und einer Ordnungszahl für den Nenner. Die Grundzahl **uno** wird dabei zu **un** verkürzt. Ist der Zähler größer 1, steht die Ordnungszahl im Maskulinum Plural:

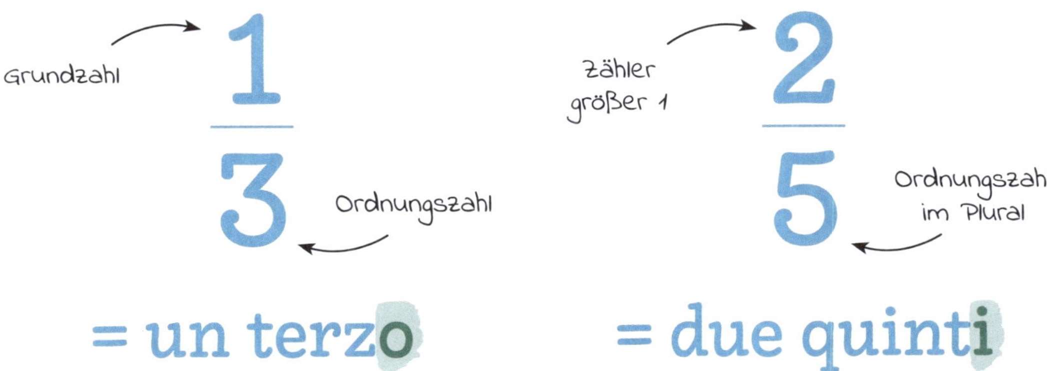

Für die Bruchzahl $\frac{1}{2}$ sagt man jedoch **un mezzo** ein halb oder – umgangssprachlich – **una metà** eine Hälfte.

$\frac{1}{3}$ **un terzo** ein Drittel $\frac{1}{4}$ **un quarto** ein Viertel $\frac{1}{5}$ **un quinto** ein Fünftel

Das Datum

La data

GEBRAUCH

Im Italienischen wird das Datum durch eine Grundzahl zusammen mit dem bestimmten Artikel **il** bzw. **l'** ausgedrückt. Nur beim ersten Tag des Monats verwendet man die Ordnungszahl.

Quanti ne abbiamo oggi?
Den Wievielten haben wir heute?

Oggi è il due aprile.
Heute ist der 2. April.

Oggi è il primo aprile.
Heute ist der 1. April.

Oggi è l'otto aprile.
Heute ist der 8. April.

Auch das Datum eines bestimmten Ereignisses wird auf dieselbe Art und Weise ausgedrückt:

Paola è nata il tre maggio.
Paola ist am 3. Mai geboren.

Oggi è il tre maggio, il compleanno di Paola.
Heute ist der 3. Mai, Paolas Geburtstag.

Jahreszahlen stehen immer nach dem bestimmten Artikel. Will man angeben, in welchem Jahr etwas geschehen ist, verwendet man die Präposition **in**. Diese verschmilzt dann mit dem bestimmten Artikel:

Il 2015 è stato un anno importante per noi.
2015 war ein wichtiges Jahr für uns.

Nel 2015 ci siamo sposati.
2015 haben wir geheiratet.

In Ziffern wird das Datum meist mit Binde- oder Schrägstrichen und nur selten mit Punkten (wie im Deutschen) geschrieben:

8-9-2018 **8/9/2018** **8 settembre 2018**

Die Uhrzeiten

Le ore

BILDUNG

Um nach der Uhrzeit zu fragen, gibt es zwei gleichwertige Möglichkeiten:

Che ora è? = Che ore sono? Wie spät ist es?

Bei **mezzogiorno** Mittag, **mezzanotte** Mitternacht und **l'una** ein Uhr steht das Verb im Singular. Bei **l'una** darf auch der bestimmte Artikel nicht fehlen!

È mezzogiorno e un quarto.
Es ist Viertel nach zwölf.

È mezzanotte e mezzo/-a.
È ist halb eins (nachts).

È l'una in punto.
Es ist Punkt ein Uhr.

Die Frage, um welche Uhrzeit etwas passiert, wird mit der Präposition **a** um formuliert. In der Antwort verschmilzt die Präposition **a** mit dem bestimmten Artikel. Um eine Zeitspanne anzugeben, verwendet man die Präpositionen **da ... a** von ... bis.

A che ora apre l'ufficio postale?
Um wie viel Uhr öffnet das Postamt?

Alle (a + le) otto.
Um acht Uhr.

Quando è aperto l'ufficio postale?
Wann ist das Postamt geöffnet?

Dalle (da + le) otto **alle (a + le)** venti.
Von acht bis zwanzig Uhr.

23 Auf einen Blick
In sintesi

Die Grundzahlen

0	zero	10	dieci	20	venti	30	trenta
1	uno	11	undici	21	ventuno	40	quaranta
2	due	12	dodici	22	ventidue	50	cinquanta
3	tre	13	tredici	23	ventitré	60	sessanta
4	quattro	14	quattordici	24	ventiquattro	70	settanta
5	cinque	15	quindici	25	venticinque	80	ottanta
6	sei	16	sedici	26	ventisei	90	novanta
7	sette	17	diciassette	27	ventisette	100	cento
8	otto	18	diciotto	28	ventotto	1000	mille
9	nove	19	diciannove	29	ventinove	10.000	diecimila

1.000.000	un milione	2.000.000	due milioni
1.000.000.000	un miliardo	3.000.000.000	tre miliardi

Die Ordnungszahlen

1°	primo/-a	1ª	6°	sesto/-a	6ª
2°	secondo/-a	2ª	7°	settimo/-a	7ª
3°	terzo/-a	3ª	8°	ottavo/-a	8ª
4°	quarto/-a	4ª	9°	nono/-a	9ª
5°	quinto/-a	5ª	10°	decimo/-a	10ª

11° = **undici** + -esimo/-a = undicesimo/-a
20° = **venti** + -esimo/-a = ventesimo/-a
23° = **ventitré** + -esimo/-a = ventitreesimo/-a
36° = **trentasei** + -esimo/-a = trentaseiesimo/-a

Die Bruchzahlen

$\frac{1}{2}$ un mezzo	$\frac{1}{3}$ un terzo	$\frac{1}{4}$ un quarto
$\frac{2}{3}$ due terzi	$\frac{3}{4}$ tre quarti	$\frac{5}{6}$ cinque sesti

Das Datum

Oggi è **il primo aprile**. Oggi è **il due aprile**. Oggi è **l'otto aprile**.

Paola è nata **il tre maggio**. Oggi è **il tre maggio**, il compleanno di Paola.

Il 2015 è stato un anno importante per noi. **Nel 2015** ci siamo sposati.

Die Uhrzeiten

Che ora è? = Che ore sono?

Appendice **Anhang**

Alfabeto e pronuncia **Alphabet und Aussprache**

Tabelle dei verbi **Verbtabellen**

Costruzioni con l'infinito **Infinitivkonstruktionen**

Verbi con preposizione **Verben mit Präposition**

Alphabet und Aussprache

Alfabeto e pronuncia

Alphabet

Das italienische Alphabet besteht aus folgenden Buchstaben (in Klammern ist die Aussprache angegeben):

a (a)	b (bi)	c (ci)
d (di)	e (e)	f (effe)
g (gi)	h (acca)	i (i)
l (elle)	m (emme)	n (enne)
o (o)	p (pi)	q (qu)
r (erre)	s (esse)	t (ti)
u (u)	v (vi/vu)	z (zeta)

Vorwiegend in Fremdwörtern kommen außerdem folgende Buchstaben vor:

j (i lunga)	k (cappa)	w (doppia vu)
x (ics)	y (ipsilon/ i greca)	

Aussprache

Einige Buchstaben werden anders ausgesprochen als ihre deutschen Entsprechungen. Bei manchen gibt es zudem verschiedene Aussprachevarianten. Schwierigkeiten bereiten hauptsächlich folgende Buchstaben- bzw. Buchstabenkombinationen:

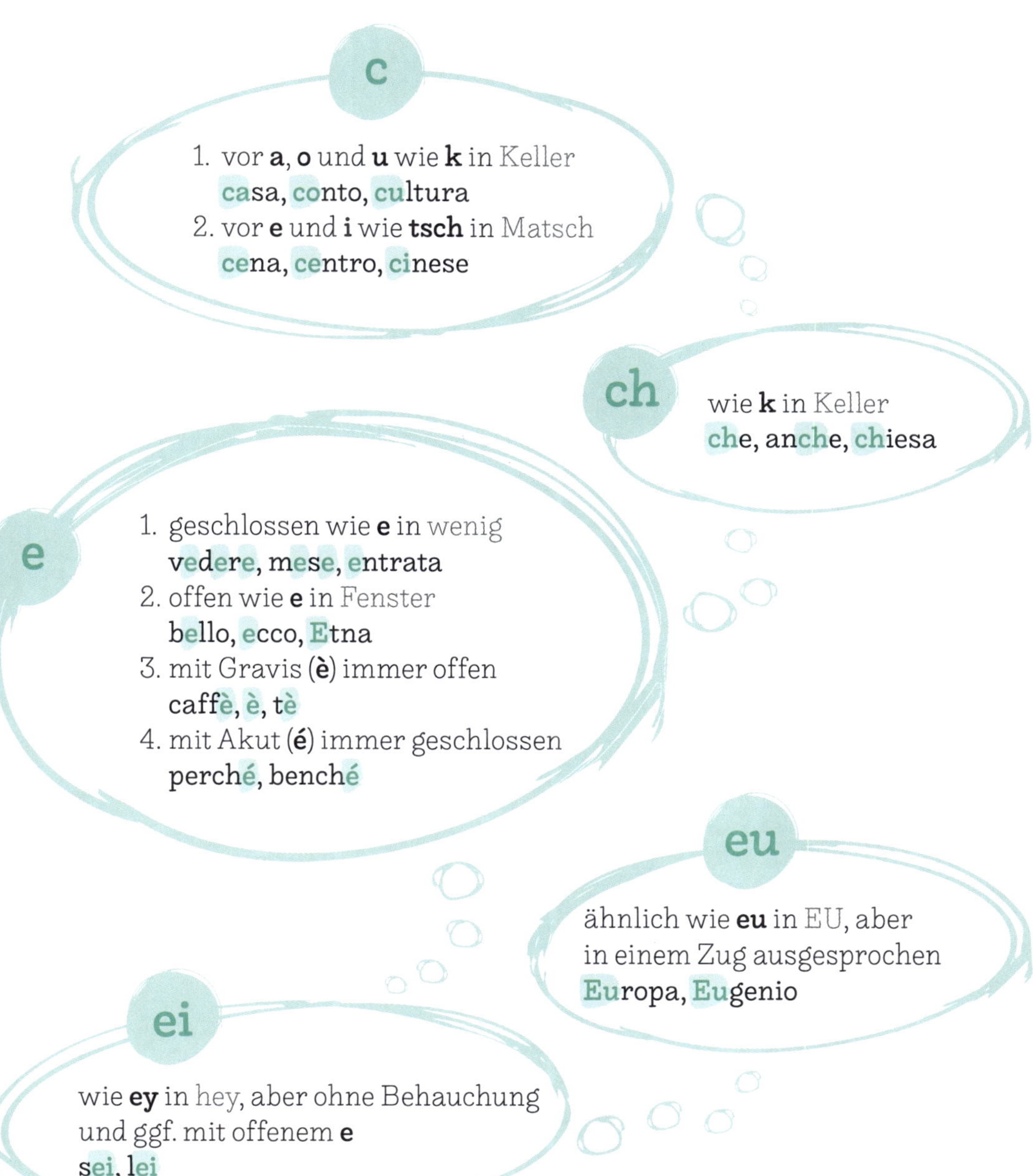

g

1. vor **a**, **o** und **u** wie **g** in gerne
   gatto, lago, auguri
2. vor **e** und **i** wie **dsch** in Dschungel
   gelato, giro, giallo

gl

1. vor **i + Vokal** ähnlich wie **ll** in brillant
   tagliatelle, figlio, aglio
2. vor anderen Vokalen wie **gl** in Globus
   globale, gladiatore

gh

wie **g** in gerne
spaghetti, ghiaccio

gn

ähnlich wie **nj** in Champagner
gnocchi, bagno, cognome

h

bleibt stumm
hanno, hotel, hostess

o

1. geschlossen wie **o** in Not
   come, dove, sole
2. offen wie **o** in offen
   no, cosa, otto
3. mit Gravis (**ò**) immer offen
   però, perciò, farò

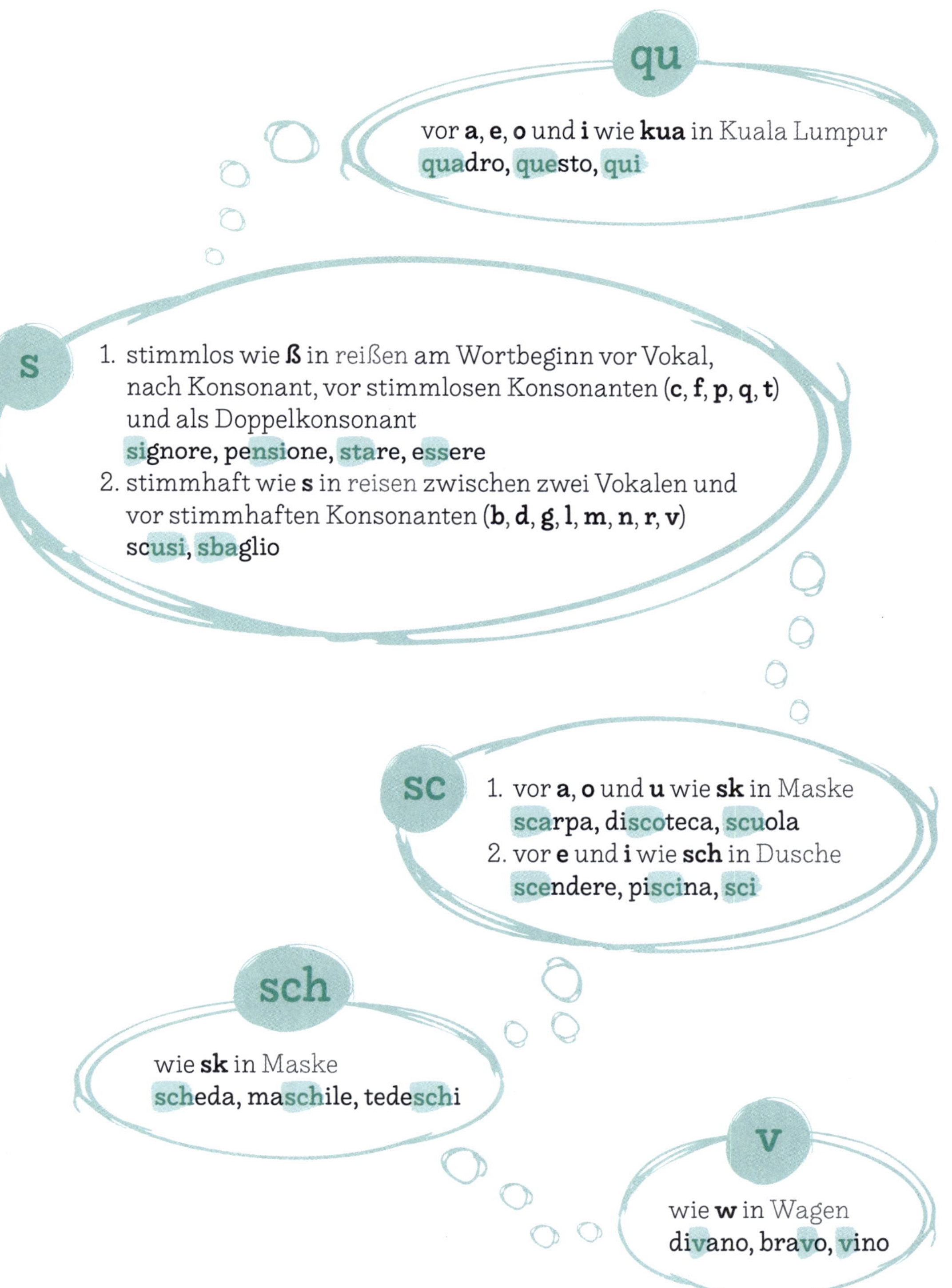
qu
vor **a**, **e**, **o** und **i** wie **kua** in Kuala Lumpur
quadro, questo, qui
s
1. stimmlos wie **ß** in reißen am Wortbeginn vor Vokal, nach Konsonant, vor stimmlosen Konsonanten (**c**, **f**, **p**, **q**, **t**) und als Doppelkonsonant
signore, pensione, stare, essere
2. stimmhaft wie **s** in reisen zwischen zwei Vokalen und vor stimmhaften Konsonanten (**b**, **d**, **g**, **l**, **m**, **n**, **r**, **v**)
scusi, sbaglio
sc
1. vor **a**, **o** und **u** wie **sk** in Maske
scarpa, discoteca, scuola
2. vor **e** und **i** wie **sch** in Dusche
scendere, piscina, sci
sch
wie **sk** in Maske
scheda, maschile, tedeschi
v
wie **w** in Wagen
divano, bravo, vino

Die Aussprache der Doppelkonsonanten

Bei Doppelkonsonanten wird der vorausgehende Vokal kürzer und der Doppelkonsonant länger gesprochen (ähnlich wie im deutschen Wort „Schiff"). Ein Einzelkonsonant folgt hingegen in der Regel auf einen langen Vokal (etwa wie im deutschen Wort „schief"). Achten Sie auf die unterschiedliche Aussprache dieser Wortpaare:

Einzelkonsonant		Doppelkonsonant	
caro	teuer, lieb	**carro**	Karre
casa	Haus	**cassa**	Kasse
nona	neunte	**nonna**	Oma
sera	Abend	**serra**	Treibhaus
pala	Schaufel	**palla**	Ball
tono	Ton	**tonno**	Thunfisch

Betonung

Die meisten italienischen Wörter werden auf der vorletzten Silbe betont:

amico, felice, gelato, lontano, mercato, saluto, stasera, veloce

Zahlreiche Wörter werden jedoch auf der drittletzten Silbe betont und einige (etwa konjugierte Verbformen) auf der viertletzten Silbe:

classico, facile, giovane, mobile, tavolo, catastrofe, metropoli, storico

Mehrsilbige Wörter, die auf der letzten Silbe betont werden, tragen in der Regel ein Akzentzeichen:

caffè, città, così, difficoltà, lunedì, menù, perché, università

Verbtabellen

Tabelle dei verbi

Hilfsverben

avere haben

Präsens	Imperfekt	Futur I	Konditional I	Cong. pres.	Cong. imperf.
ho	avevo	avrò	avrei	abbia	avessi
hai	avevi	avrai	avresti	abbia	avessi
ha	aveva	avrà	avrebbe	abbia	avesse
abbiamo	avevamo	avremo	avremmo	abbiamo	avessimo
avete	avevate	avrete	avreste	abbiate	aveste
hanno	avevano	avranno	avrebbero	abbiano	avessero

Perfekt: ho avuto
Gerund: avendo
Imperativ: abbi, abbia, abbiamo, abbiate

essere sein

Präsens	Imperfekt	Futur I	Konditional I	Cong. pres.	Cong. imperf.
sono	ero	sarò	sarei	sia	fossi
sei	eri	sarai	saresti	sia	fossi
è	era	sarà	sarebbe	sia	fosse
siamo	eravamo	saremo	saremmo	siamo	fossimo
siete	eravate	sarete	sareste	siate	foste
sono	erano	saranno	sarebbero	siano	fossero

Perfekt: sono stato/-a
Gerund: essendo
Imperativ: sii, sia, siamo, siate

Regelmäßige Verben

Verben auf -are

parlare sprechen

Präsens	Imperfekt	Futur I	Konditional I	Cong. pres.	Cong. imperf.
parlo	parlavo	parlerò	parlerei	parli	parlassi
parli	parlavi	parlerai	parleresti	parli	parlassi
parla	parlava	parlerà	parlerebbe	parli	parlasse
parliamo	parlavamo	parleremo	parleremmo	parliamo	parlassimo
parlate	parlavate	parlerete	parlereste	parliate	parlaste
parlano	parlavano	parleranno	parlerebbero	parlino	parlassero

Perfekt: ho parlato
Gerund: parlando
Imperativ: parla, parli, parliamo, parlate

Verben auf -ere

vendere verkaufen

Präsens	Imperfekt	Futur I	Konditional I	Cong. pres.	Cong. imperf.
vendo	vendevo	venderò	venderei	venda	vendessi
vendi	vendevi	venderai	venderesti	venda	vendessi
vende	vendeva	venderà	venderebbe	venda	vendesse
vendiamo	vendevamo	venderemo	venderemmo	vendiamo	vendessimo
vendete	vendevate	venderete	vendereste	vendiate	vendeste
vendono	vendevano	venderanno	venderebbero	vendano	vendessero

Perfekt: ho venduto
Gerund: vendendo
Imperativ: vendi, venda, vendiamo, vendete

Verben auf -ire ohne Stammerweiterung

sentire hören, fühlen

Präsens	Imperfekt	Futur I	Konditional I	Cong. pres.	Cong. imperf.
sento	sentivo	sentirò	sentirei	senta	sentissi
senti	sentivi	sentirai	sentiresti	senta	sentissi
sente	sentiva	sentirà	sentirebbe	senta	sentisse
sentiamo	sentivamo	sentiremo	sentiremmo	sentiamo	sentissimo
sentite	sentivate	sentirete	sentireste	sentiate	sentiste
sentono	sentivano	sentiranno	sentirebbero	sentano	sentissero

Perfekt: ho sentito
Gerund: sentendo
Imperativ: senti, senta, sentiamo, sentite

Verben auf -ire mit Stammerweiterung

pulire putzen

Präsens	Imperfekt	Futur I	Konditional I	Cong. pres.	Cong. imperf.
pulisco	pulivo	pulirò	pulirei	pulisca	pulissi
pulisci	pulivi	pulirai	puliresti	pulisca	pulissi
pulisce	puliva	pulirà	pulirebbe	pulisca	pulisse
puliamo	pulivamo	puliremo	puliremmo	puliamo	pulissimo
pulite	pulivate	pulirete	pulireste	puliate	puliste
puliscono	pulivano	puliranno	pulirebbero	puliscano	pulissero

Perfekt: ho pulito
Gerund: pulendo
Imperativ: pulisci, pulisca, puliamo, pulite

Verben auf -care

giocare spielen					
Präsens	**Imperfekt**	**Futur I**	**Konditional I**	**Cong. pres.**	**Cong. imperf.**
gioco	giocavo	giocherò	giocherei	giochi	giocassi
giochi	giocavi	giocherai	giocheresti	giochi	giocassi
gioca	giocava	giocherà	giocherebbe	giochi	giocasse
giochiamo	giocavamo	giocheremo	giocheremmo	giochiamo	giocassimo
giocate	giocavate	giocherete	giochereste	giochiate	giocaste
giocano	giocavano	giocheranno	giocherebbero	giochino	giocassero

Perfekt: ho giocato
Gerund: giocando
Imperativ: gioca, giochi, giochiamo, giocate

Verben auf -gare

pagare (be)zahlen					
Präsens	**Imperfekt**	**Futur I**	**Konditional I**	**Cong. pres.**	**Cong. imperf.**
pago	pagavo	pagherò	pagherei	paghi	pagassi
paghi	pagavi	pagherai	pagheresti	paghi	pagassi
paga	pagava	pagherà	pagherebbe	paghi	pagasse
paghiamo	pagavamo	pagheremo	pagheremmo	paghiamo	pagassimo
pagate	pagavate	pagherete	paghereste	paghiate	pagaste
pagano	pagavano	pagheranno	pagherebbero	paghino	pagassero

Perfekt: ho pagato
Gerund: pagando
Imperativ: paga, paghi, paghiamo, pagate

Unregelmäßige Verben

andare gehen, fahren

Präsens	Imperfekt	Futur I	Konditional I	Cong. pres.	Cong. imperf.
vado	andavo	andrò	andrei	vada	andassi
vai	andavi	andrai	andresti	vada	andassi
va	andava	andrà	andrebbe	vada	andasse
andiamo	andavamo	andremo	andremmo	andiamo	andassimo
andate	andavate	andrete	andreste	andiate	andaste
vanno	andavano	andranno	andrebbero	vadano	andassero

Perfekt: sono andato/-a
Gerund: andando
Imperativ: vai/va', vada, andiamo, andate

bere trinken

Präsens	Imperfekt	Futur I	Konditional I	Cong. pres.	Cong. imperf.
bevo	bevevo	berrò	berrei	beva	bevessi
bevi	bevevi	berrai	berresti	beva	bevessi
beve	beveva	berrà	berrebbe	beva	bevesse
beviamo	bevevamo	berremo	berremmo	beviamo	bevessimo
bevete	bevevate	berrete	berreste	beviate	beveste
bevono	bevevano	berranno	berrebbero	bevano	bevessero

Perfekt: ho bevuto
Gerund: bevendo
Imperativ: bevi, beva, beviamo, bevete

dare geben

Präsens	Imperfekt	Futur I	Konditional I	Cong. pres.	Cong. imperf.
do	davo	darò	darei	dia	dessi
dai	davi	darai	daresti	dia	dessi
dà	dava	darà	darebbe	dia	desse
diamo	davamo	daremo	daremmo	diamo	dessimo
date	davate	darete	dareste	diate	deste
danno	davano	daranno	darebbero	diano	dessero

Perfekt: ho dato
Gerund: dando
Imperativ: dai / da', dia, diamo, date

dire sagen

Präsens	Imperfekt	Futur I	Konditional I	Cong. pres.	Cong. imperf.
dico	dicevo	dirò	direi	dica	dicessi
dici	dicevi	dirai	diresti	dica	dicessi
dice	diceva	dirà	direbbe	dica	dicesse
diciamo	dicevamo	diremo	diremmo	diciamo	dicessimo
dite	dicevate	direte	direste	diciate	diceste
dicono	dicevano	diranno	direbbero	dicano	dicessero

Perfekt: ho detto
Gerund: dicendo
Imperativ: di', dica, diciamo, dite

dovere müssen, sollen

Präsens	Imperfekt	Futur I	Konditional I	Cong. pres.	Cong. imperf.
devo	dovevo	dovrò	dovrei	debba / deva	dovessi
devi	dovevi	dovrai	dovresti	debba / deva	dovessi
deve	doveva	dovrà	dovrebbe	debba / deva	dovesse
dobbiamo	dovevamo	dovremo	dovremmo	dobbiamo	dovessimo
dovete	dovevate	dovrete	dovreste	dobbiate	doveste
devono	dovevano	dovranno	dovrebbero	debbano / devano	dovessero

Perfekt: ho dovuto
Gerund: dovendo
Imperativ: –

fare machen, tun

Präsens	Imperfekt	Futur I	Konditional I	Cong. pres.	Cong. imperf.
faccio	facevo	farò	farei	faccia	facessi
fai	facevi	farai	faresti	faccia	facessi
fa	faceva	farà	farebbe	faccia	facesse
facciamo	facevamo	faremo	faremmo	facciamo	facessimo
fate	facevate	farete	fareste	facciate	faceste
fanno	facevano	faranno	farebbero	facciano	facessero

Perfekt: ho fatto
Gerund: facendo
Imperativ: fai / fa', faccia, facciamo, fate

potere dürfen, können

Präsens	Imperfekt	Futur I	Konditional I	Cong. pres.	Cong. imperf.
posso	potevo	potrò	potrei	possa	potessi
puoi	potevi	potrai	potresti	possa	potessi
può	poteva	potrà	potrebbe	possa	potesse
possiamo	potevamo	potremo	potremmo	possiamo	potessimo
potete	potevate	potrete	potreste	possiate	poteste
possono	potevano	potranno	potrebbero	possano	potessero

Perfekt: ho potuto
Gerund: potendo
Imperativ: –

rimanere bleiben

Präsens	Imperfekt	Futur I	Konditional I	Cong. pres.	Cong. imperf.
rimango	rimanevo	rimarrò	rimarrei	rimanga	rimanessi
rimani	rimanevi	rimarrai	rimarresti	rimanga	rimanessi
rimane	rimaneva	rimarrà	rimarrebbe	rimanga	rimanesse
rimaniamo	rimanevamo	rimarremo	rimarremmo	rimaniamo	rimanessimo
rimanete	rimanevate	rimarrete	rimarreste	rimaniate	rimaneste
rimangono	rimanevano	rimarranno	rimarrebbero	rimangano	rimanessero

Perfekt: sono rimasto/-a
Gerund: rimanendo
Imperativ: rimani, rimanga, rimaniamo, rimanete

salire einsteigen, hinaufgehen

Präsens	Imperfekt	Futur I	Konditional I	Cong. pres.	Cong. imperf.
sạlgo	salịvo	salirọ̀	salirẹi	sạlga	salịssi
sạli	salịvi	salirại	salirẹsti	sạlga	salịssi
sạle	salịva	salirạ̀	salirẹbbe	sạlga	salịsse
saliạmo	salivạmo	salirẹmo	salirẹmmo	saliạmo	salịssimo
salịte	salivạte	salirẹte	salirẹste	saliạte	salịste
sạlgono	salịvano	salirạnno	salirẹbbero	sạlgano	salịssero

Perfekt: sọno salịto/-a
Gerund: salẹndo
Imperativ: sạli, sạlga, saliạmo, salịte

sapere wissen

Präsens	Imperfekt	Futur I	Konditional I	Cong. pres.	Cong. imperf.
so	sapẹvo	saprọ̀	saprẹi	sạppia	sapẹssi
sại	sapẹvi	saprại	saprẹsti	sạppia	sapẹssi
sa	sapẹva	saprạ̀	saprẹbbe	sạppia	sapẹsse
sappiạmo	sapevạmo	saprẹmo	saprẹmmo	sappiạmo	sapẹssimo
sapẹte	sapevạte	saprẹte	saprẹste	sappiạte	sapẹste
sạnno	sapẹvano	saprạnno	saprẹbbero	sạppiano	sapẹssero

Perfekt: ho sapụto
Gerund: sapẹndo
Imperativ: sạppi, sạppia, sappiạmo, sappiạte

scegliere (aus)wählen

Präsens	Imperfekt	Futur I	Konditional I	Cong. pres.	Cong. imperf.
scelgo	sceglievo	sceglierò	sceglierei	scelga	scegliessi
scegli	sceglievi	sceglierai	sceglieresti	scelga	scegliessi
sceglie	sceglieva	sceglierà	sceglierebbe	scelga	scegliesse
scegliamo	sceglievamo	sceglieremo	sceglieremmo	scegliamo	scegliessimo
scegliete	sceglievate	sceglierete	scegliereste	scegliate	sceglieste
scelgono	sceglievano	sceglieranno	sceglierebbero	scelgano	scegliessero

Perfekt: ho scelto
Gerund: scegliendo
Imperativ: scegli, scelga, scegliamo, scegliete

spegnere ausschalten

Präsens	Imperfekt	Futur I	Konditional I	Cong. pres.	Cong. imperf.
spengo	spegnevo	spegnerò	spegnerei	spenga	spegnessi
spegni	spegnevi	spegnerai	spegneresti	spenga	spegnessi
spegne	spegneva	spegnerà	spegnerebbe	spenga	spegnesse
spegniamo	spegnevamo	spegneremo	spegneremmo	spegniamo	spegnessimo
spegnete	spegnevate	spegnerete	spegnereste	spegniate	spegneste
spengono	spegnevano	spegneranno	spegnerebbero	spengano	spegnessero

Perfekt: ho spento
Gerund: spegnendo
Imperativ: spegni, spenga, spegniamo, spegnete

stare sich befinden, stehen

Präsens	Imperfekt	Futur I	Konditional I	Cong. pres.	Cong. imperf.
sto	stavo	starò	starei	stia	stessi
stai	stavi	starai	staresti	stia	stessi
sta	stava	starà	starebbe	stia	stesse
stiamo	stavamo	staremo	staremmo	stiamo	stessimo
state	stavate	starete	stareste	stiate	steste
stanno	stavano	staranno	starebbero	stiano	stessero

Perfekt: sono stato/-a
Gerund: stando
Imperativ: stai/sta', stia, stiamo, state

tenere (be)halten

Präsens	Imperfekt	Futur I	Konditional I	Cong. pres.	Cong. imperf.
tengo	tenevo	terrò	terrei	tenga	tenessi
tieni	tenevi	terrai	terresti	tenga	tenessi
tiene	teneva	terrà	terrebbe	tenga	tenesse
teniamo	tenevamo	terremo	terremmo	teniamo	tenessimo
tenete	tenevate	terrete	terreste	teniate	teneste
tengono	tenevano	terranno	terrebbero	tengano	tenessero

Perfekt: ho tenuto
Gerund: tenendo
Imperativ: tieni, tenga, teniamo, tenete

togliere entfernen, wegnehmen

Präsens	Imperfekt	Futur I	Konditional I	Cong. pres.	Cong. imperf.
tolgo	toglievo	toglierò	toglierei	tolga	togliessi
togli	toglievi	toglierai	toglieresti	tolga	togliessi
toglie	toglieva	toglierà	toglierebbe	tolga	togliesse
togliamo	toglievamo	toglieremo	toglieremmo	togliamo	togliessimo
togliete	toglievate	toglierete	togliereste	togliate	toglieste
tolgono	toglievano	toglieranno	toglierebbero	tolgano	togliessero

Perfekt: ho tolto
Gerund: togliendo
Imperativ: togli, tolga, togliamo, togliete

uscire ausgehen

Präsens	Imperfekt	Futur I	Konditional I	Cong. pres.	Cong. imperf.
esco	uscivo	uscirò	uscirei	esca	uscissi
esci	uscivi	uscirai	usciresti	esca	uscissi
esce	usciva	uscirà	uscirebbe	esca	uscisse
usciamo	uscivamo	usciremo	usciremmo	usciamo	uscissimo
uscite	uscivate	uscirete	uscireste	usciate	usciste
escono	uscivano	usciranno	uscirebbero	escano	uscissero

Perfekt: sono uscito/-a
Gerund: uscendo
Imperativ: esci, esca, usciamo, uscite

venire kommen

Präsens	Imperfekt	Futur I	Konditional I	Cong. pres.	Cong. imperf.
vengo	venivo	verrò	verrei	venga	venissi
vieni	venivi	verrai	verresti	venga	venissi
viene	veniva	verrà	verrebbe	venga	venisse
veniamo	venivamo	verremo	verremmo	veniamo	venissimo
venite	venivate	verrete	verreste	veniate	veniste
vengono	venivano	verranno	verrebbero	vengano	venissero

Perfekt: sono venuto/-a
Gerund: venendo
Imperativ: vieni, venga, veniamo, venite

volere wollen

Präsens	Imperfekt	Futur I	Konditional I	Cong. pres.	Cong. imperf.
voglio	volevo	vorrò	vorrei	voglia	volessi
vuoi	volevi	vorrai	vorresti	voglia	volessi
vuole	voleva	vorrà	vorrebbe	voglia	volesse
vogliamo	volevamo	vorremo	vorremmo	vogliamo	volessimo
volete	volevate	vorrete	vorreste	vogliate	voleste
vogliono	volevano	vorranno	vorrebbero	vogliano	volessero

Perfekt: ho voluto
Gerund: volendo
Imperativ: –, voglia, vogliamo, vogliate

Weitere wichtige Verben mit unregelmäßigem Partizip Perfekt

Infinitiv	Partizip Perfekt	Deutsch
accendere	acceso	einschalten
aprire	aperto	öffnen
chiedere	chiesto	fragen
chiudere	chiuso	schließen
commettere	commesso	begehen
conoscere	conosciuto	kennen(lernen)
convincere	convinto	überzeugen
correggere	corretto	korrigieren
correre	corso	rennen
crescere	cresciuto	wachsen
decidere	deciso	entscheiden
deludere	deluso	enttäuschen
difendere	difeso	verteidigen
dipendere	dipeso	abhängen
discutere	discusso	diskutieren
distinguere	distinto	unterscheiden
distruggere	distrutto	zerstören
dividere	diviso	teilen
esprimere	espresso	ausdrücken
intendere	inteso	verstehen, beabsichtigen
leggere	letto	lesen
mettere	messo	legen, setzen, stellen
morire	morto	sterben
muovere	mosso	bewegen
nascere	nato	geboren werden
nascondere	nascosto	verstecken
offrire	offerto	anbieten
perdere	perso	verlieren
permettere	permesso	zulassen
piacere	piaciuto	gefallen
piangere	pianto	weinen

Infinitiv	Partizip Perfekt	Deutsch
prendere	preso	nehmen
proteggere	protetto	beschützen
raggiungere	raggiunto	erreichen
rendere	reso	zurückgeben, werden lassen
resistere	resistito	widerstehen
ridere	riso	lachen
risolvere	risolto	(auf)lösen
rispondere	risposto	antworten
rivolgere	rivolto	richten
rompere	rotto	(zer)brechen
scendere	sceso	aussteigen
scoprire	scoperto	entdecken
scrivere	scritto	schreiben
smettere	smesso	aufhören
soffrire	sofferto	leiden
sorridere	sorriso	lächeln
spendere	speso	ausgeben
spingere	spinto	schieben, stoßen
succedere	successo	passieren
svolgere	svolto	abwickeln, ausüben
trascorrere	trascorso	verbringen
vedere	visto	sehen
vincere	vinto	gewinnen
vivere	vissuto	leben

Weitere Verben mit unregelmäßigen Futur I und Konditional I

Infinitiv	Futur I	Konditional I	Deutsch
cadere	cadrò	cadrei	fallen
godere	godrò	godrei	genießen
vedere	vedrò	vedrei	sehen
vivere	vivrò	vivrei	leben

Die wichtigsten Verben mit unregelmäßigem historischem Perfekt (Passato remoto)

Infinitiv	Historisches Perfekt (1./3. P. Sg. sowie 3. P. Pl.)	Deutsch
accendere	accesi/accese/accesero	einschalten
avere	ebbi/ebbe/ebbero	haben
cadere	caddi/cadde/caddero	fallen
chiedere	chiesi/chiese/chiesero	fragen
chiudere	chiusi/chiuse/chiusero	schließen
conoscere	conobbi/conobbe/conobbero	kennen(lernen)
convincere	convinsi/convinse/convinsero	überzeugen
correre	corsi/corse/corsero	rennen
crescere	crebbi/crebbe/crebbero	wachsen
decidere	decisi/decise/decisero	entscheiden
discutere	discussi/discusse/discussero	diskutieren
dividere	divisi/divise/divisero	teilen
esprimere	espressi/espresse/espressero	ausdrücken
leggere	lessi/lesse/lessero	lesen
mettere	misi/mise/misero	legen, setzen, stellen
muovere	mossi/mosse/mossero	bewegen
nascere	nacqui/nacque/nacquero	geboren werden
perdere	persi/perse/persero	verlieren
permettere	permisi/permise/permisero	erlauben
piacere	piacqui/piacque/piacquero	gefallen
piangere	piansi/pianse/piansero	weinen
prendere	presi/prese/presero	nehmen
produrre	produssi/produsse/produssero	herstellen
raggiungere	raggiunsi/raggiunse/raggiunsero	erreichen
ridere	risi/rise/risero	lachen
rimanere	rimasi/rimase/rimasero	bleiben
rispondere	risposi/rispose/risposero	antworten
rompere	ruppi/ruppe/ruppero	(zer)brechen

Infinitiv	Historisches Perfekt (1./3. P. Sg. sowie 3. P. Pl.)	Deutsch
sapere	seppi / seppe / seppero	wissen, erfahren
scegliere	scelsi / scelse / scelsero	(aus)wählen
scendere	scesi / scese / scesero	aussteigen
scrivere	scrissi / scrisse / scrissero	schreiben
smettere	smisi / smise / smisero	aufhören
spegnere	spensi / spense / spensero	ausschalten
svolgere	svolsi / svolse / svolsero	abwickeln, ausüben
tacere	tacqui / tacque / tacquero	schweigen
tenere	tenni / tenne / tennero	(be)halten
togliere	tolsi / tolse / tolsero	entfernen, wegnehmen
vedere	vidi / vide / videro	sehen
venire	venni / venne / vennero	kommen
vincere	vinsi / vinse / vinsero	gewinnen
vivere	vissi / visse / vissero	leben
volere	volli / volle / vollero	wollen

Verben mit ganz unregelmäßigem historischem Perfekt

bere	dare	dire
bẹvvi, bevẹsti, bẹvve, bevẹmmo, bevẹste, bẹvvero	diẹdi, dẹsti, diẹde, dẹmmo, dẹste, diẹdero	dịssi, dicẹsti, dịsse, dicẹmmo, dicẹste, dịssero

essere	fare	stare
fụi, fọsti, fu, fụmmo, fọste, fụrono	fẹci, facẹsti, fẹce, facẹmmo, facẹste, fẹcero	stẹtti, stẹsti, stẹtte, stẹmmo, stẹste, stẹttero

Infinitivkonstruktionen

Costruzioni con l'infinito

Der Infinitiv wird direkt – d.h. ohne Präposition – an folgende Verben und Ausdrücke angeschlossen:

unpersönliche Verben und Ausdrücke

z.B.
- **basta** es genügt
- **mi piace** es gefällt mir / ich mag
- **è difficile** es ist schwierig
- **è possibile** es ist möglich
- **bisogna** es ist nötig / man muss
- **è utile** es ist nützlich
- **conviene** es lohnt sich

usw.

Bisogna vedere per credere.
Das muss man sehen, um es zu glauben.

È difficile imparare l'italiano?
Ist es schwierig, Italienisch zu lernen?

Modalverben und Verben, die wie solche verwendet werden

z.B.
- **potere** können
- **dovere** müssen
- **volere** wollen
- **sapere** können
- **lasciare** lassen
- **fare** lassen

Sai guidare?
Kannst du Auto fahren?

Fammi sapere se vieni.
Lass mich wissen, ob du mitkommst.

Verben der Wahrnehmung oder des Wünschens

z.B.
- **sentire** hören
- **vedere** sehen
- **ascoltare** (zu)hören
- **guardare** schauen

Sento bussare qualcuno.
Ich höre jemanden klopfen.

- **desiderare** wünschen
- **preferire** vorziehen

Preferirei andare in America.
Ich möchte lieber nach Amerika fahren.

Mit der Präposition **di** (im Deutschen meist „zu") wird der Infinitiv angeschlossen:

nach Verben der Meinungsäußerung

z. B.
- **credere** glauben
- **pensare** denken
- **dire** sagen

Credo di farcela.
Ich glaube, ich schaffe es.

nach einer Vielzahl weiterer Verben

z. B.
- **cercare** versuchen
- **chiedere** bitten / fragen
- **dimenticare** vergessen
- **finire** beenden
- **promettere** versprechen
- **ricordarsi** sich erinnern
- **decidere** entscheiden
- **smettere** aufhören
- **sperare** hoffen
- **pregare** bitten

usw.

Ho cercato di spiegartelo.
Ich habe versucht, es dir zu erklären.

Speravo di trovarti.
Ich habe gehofft, dich zu finden.

Hai smesso di fumare?
Hast du aufgehört zu rauchen?

nach festen Wendungen aus **avere** + Substantiv

z. B.
- **avere bisogno** brauchen
- **avere paura** Angst haben
- **avere tempo** Zeit haben
- **avere voglia** Lust haben

usw.

Hai voglia di fare una passeggiata?
Hast du Lust, spazieren zu gehen?

nach **essere** + Adjektiv

z. B.
- **essere certi / sicuri** sicher sein
- **essere contenti** froh sein
- **essere felici** froh sein
- **essere capaci** fähig sein

usw.

Sono contenta di vederti.
Ich bin froh, dich zu sehen.

Mit der Präposition **a** wird der Infinitiv meist zum Ausdruck des Zweckes angeschlossen. Er steht u. a.:

nach Verben der Bewegung

z. B.
- **andare** gehen
- **venire** kommen

usw.

Vado a fare la spesa.
Ich gehe einkaufen.

nach bestimmten Verben

z. B.
- **aiutare** helfen
- **imparare** lernen
- **rimanere** bleiben
- **cominciare** beginnen
- **abituarsi** sich gewöhnen
- **riuscire** gelingen
- **provare** versuchen

usw.

Dove hai imparato a ballare?
Wo hast du gelernt zu tanzen?

Comincio a lavorare alle 8.
Ich fange um 8 Uhr an zu arbeiten.

nach einigen Adjektiven mit essere

z. B.
- **essere pronti** fertig sein
- **essere adatti** geeignet sein
- **essere disposti** bereit sein

usw.

Alessandro è disposto a farlo.
Alessandro ist bereit, es zu tun.

als Ersatzkonstruktion für einen Nebensatz mit se wenn oder einen Relativsatz bei Subjektgleichheit

A pensarci bene (= Se ci penso bene) non ho voglia di andare al cinema.
Wenn ich genau darüber nachdenke, habe ich keine Lust ins Kino zu gehen.

È l'unico a saperlo. (= È l'unico che lo sa.)
Er ist der Einzige, der es weiß.

Mit der Präposition **da** (im Deutschen meist „zu“) wird der Infinitiv meist dann angeschlossen, wenn er den Zweck oder die Folge ausdrückt. Er steht u. a.:

nach den Pronomen • **qualcosa** etwas • **niente** nichts • **molto** viel • **tanto** viel • **poco** wenig	**Vorrei qualcosa da mangiare.** Ich möchte etwas zu essen. **Non ho niente da fare.** Ich habe nichts zu tun.
nach **essere** sein zum Ausdruck einer Notwendigkeit	**Era da firmare.** Das war zu unterschreiben.
nach **avere** haben in der Bedeutung „müssen“	**Ho da fare.** Ich habe zu tun.
als Ersatz für einen Folgesatz nach **così / tanto** so (sehr) bei Subjektgleichheit	**Era così stanco da addormentarsi subito.** Er war so müde, dass er sofort einschlief.

Verben mit Präposition

Verbi con preposizione

allontanarsi da qu./qc.
sich von jdm./
etw. entfernen, abweichen

Ti stai allontanando dall'argomento.
Du weichst gerade vom Thema ab.

approfittare di qu./qc.
jdn./etw. ausnutzen,
von etw. Gebrauch machen

Approfittiamo dell'occasione.
Wir machen von der (günstigen) Gelegenheit Gebrauch.

arrabbiarsi con qu. per qc.
sich über jdn. wegen etw.
ärgern

Ci arrabbiamo con nostro figlio per la sua pigrizia.
Wir ärgern uns über unseren Sohn wegen seiner Faulheit.

badare a qc./qu.
auf etw./jdn. achten, sich
um etw./jdn. kümmern

Chi bada oggi ai bambini?
Wer kümmert sich heute um die Kinder?

chiedere di qu.
nach jdm. fragen

Hanno chiesto di me?
Haben sie nach mir gefragt?

cominciare da qc.
mit/bei etw. anfangen

Oggi cominciamo dalla grammatica.
Heute fangen wir bei der Grammatik an.

confidarsi con qu.
sich jdm. anvertrauen

Ti sei confidata con la tua amica?
Hast du dich deiner Freundin anvertraut?

consistere in qc.
in etw. bestehen

L'esame consiste in una prova scritta.
Die Prüfung besteht aus einer schriftlichen Arbeit.

contare su qu./qc.
sich auf jdn./etw. verlassen, mit jdm./etw. rechnen

Purtroppo non posso contare su di te.
Ich kann mich leider nicht auf dich verlassen.

convenire a qu.
sich für jdn. lohnen

A Giorgio conviene accettare l'offerta.
Für Giorgio lohnt es sich, das Angebot anzunehmen.

credere in qu./qc.
an jdn./etw. glauben

Credo in lui perché è fidato.
Ich glaube an ihn, weil er zuverlässig ist.

derivare da qc.
von etw. herkommen/abstammen

L'italiano deriva dal latino.
Italienisch stammt vom Lateinischen ab.

dimettersi da qc.
von etw. zurücktreten

Mi sono dimesso dalla mia carica.
Ich bin von meinem Amt zurückgetreten.

discutere di qc.
über etw. diskutieren

Discutiamo sempre di politica.
Wir diskutieren immer über Politik.

distinguersi da qu./qc.
sich von jdm./etw. unterscheiden

I giovani si distinguono dagli adulti.
Die Jungen unterscheiden sich von den Erwachsenen.

domandare di qu. nach jdm. fragen	**Hanno domandato del mio capo.** Sie haben nach meinem Chef gefragt.
dubitare di qc. an etw. zweifeln	**Dubito della sua onestà.** Ich zweifle an seiner Ehrlichkeit.
giocare con qu./qc. mit jdm./etw. spielen	**Giochiamo con i nostri amici.** Wir spielen mit unseren Freunden.
immischiarsi in qc. sich in etw. einmischen	**Non ti immischiare in questa cosa!** Misch dich nicht in diese Angelegenheit ein!
influire su qu./qc. jdn./etw. beeinflussen	**Il clima influisce molto sulla vegetazione.** Das Klima hat einen großen Einfluss auf die Vegetation.
informarsi su/di qu./qc. sich über jdn./etw. informieren	**Mi sono informato sugli orari di partenza dei treni.** Ich habe mich über die Abfahrtszeiten der Züge informiert.
insistere su qc. auf etw. bestehen/beharren	**Lui insiste sempre sul proprio punto di vista.** Er beharrt immer auf dem eigenen Standpunkt.
lamentarsi con qu. di qu./qc. sich bei jdm. über jdn./etw. beklagen/beschweren	**Ci siamo lamentati del ritardo con il direttore.** Wir haben uns beim Direktor über die Verzögerung beklagt.

mancare di qc.
an etw. Mangel haben, mangeln

Renzo manca di intelligenza.
Renzo mangelt es an Intelligenz.

parlare a / con qu.
zu / mit jdm. sprechen

Hai parlato a Sergio ieri?
Hast du gestern mit Sergio gesprochen?

partecipare a qc.
an etw. teilnehmen

Parteciperemo con piacere al ricevimento.
Wir werden gerne am Empfang teilnehmen.

partire da qc.
von etw. abfahren / ausgehen (auch übertragen)

Partiamo dall'ultima crisi.
Gehen wir von der letzten Krise aus.

Parto da Roma.
Ich fahre von Rom ab.

passare a qc.
zu etw. übergehen

È meglio passare subito al dolce.
Es ist besser, sofort zum Dessert überzugehen.

pensare a qu. / qc.
an jdn. / etw. denken

Penso sempre ai miei debiti.
Ich denke immer an meine Schulden.

preoccuparsi per qu. / qc.
sich um jdn. / etw. Sorgen machen

Non preoccuparti per il ritardo.
Mach dir keine Sorgen wegen der Verspätung.

provvedere a qc.
für etw. sorgen, sich um etw. kümmern

Oggi provvedo io alla spesa.
Heute kümmere ich mich ums Einkaufen.

puzzare di qc.
nach etw. stinken

Il motore puzza di olio bruciato.
Der Motor stinkt nach verbranntem Öl.

raccontare di qu./qc.
von/über jdn./etw. erzählen

Ho raccontato della mia vacanza.
Ich habe von meinem Urlaub erzählt.

reagire a qc.
auf etw. reagieren

Non reagite alle offese!
Reagiert nicht auf die Beleidigungen!

riflettere su qu./qc.
über jdn./etw. nachdenken

Stai riflettendo sulla mia proposta?
Denkst du (gerade) über meinen Vorschlag nach?

ringraziare di/per qc.
für etw. danken

Ti ringrazio della/per la gentilezza.
Ich danke dir für die Freundlichkeit.

rinunciare a qc.
auf etw. verzichten

Rinuncio all'eredità.
Ich verzichte auf die Erbschaft.

sapere di qu./qc.
von jdm./etw. wissen, nach etw. schmecken/riechen

So tutto di lui.
Ich weiß alles von ihm.

Questo vino sa di tappo.
Dieser Wein riecht nach Korken.

scusarsi con qu. di/per qc.
sich bei jdm. für etw. entschuldigen

Mi sono scusato con tutti per il mio errore.
Ich habe mich bei allen für meinen Fehler entschuldigt.

servire a qc.
zu etw. dienen / nützen

I soldi servono a un nobile scopo.
Das Geld dient einem guten Zweck.

soffermarsi su qc.
sich mit / an etw. aufhalten

Non soffermiamoci su questi dettagli.
Halten wir uns nicht an solchen Details auf.

soffrire di qc.
an etw. leiden

Soffro di depressione.
Ich leide an einer Depression.

tenere a qc.
auf etw. Wert legen

Ci teniamo molto al nostro lavoro.
Wir legen großen Wert auf unsere Arbeit.

tradurre da qc.
aus etw. übersetzen

Ho tradotto questo testo dal greco.
Ich habe diesen Text aus dem Griechischen übersetzt.

trattarsi di qc.
sich um etw. handeln

Qui si tratta di un imbroglio!
Hier handelt es sich um Betrug!

vendicarsi di qu. / qc.
sich an jdm. / etw. rächen

Alessandra si vendicherà di questa offesa.
Alessandra wird sich wegen dieser Beleidigung rächen.

vivere di qc.
von etw. leben

Un mio amico vive di lavoretti saltuari.
Ein Freund von mir lebt von Gelegenheitsjobs.

Bildnachweis

U1 Shutterstock (LiliGraphie), New York; 10, 11, 18, 19 Shutterstock (cybrain), New York; 13 Shutterstock (Dmitry Kalinovsky), New York; 15 Shutterstock (cosmos111), New York; 17.1 Shutterstock (Zdorov Kirill Vladimirovich), New York; 17.2 Shutterstock (Marine's), New York; 19 Shutterstock (Dean Drobot), New York; 20, 21, 32, 33 Getty Images (joxxxxjo), München; 23.1 Shutterstock (Africa Studio), New York; 23.2 Shutterstock (Kues), New York; 24.1 Shutterstock (Sonsedska Yuliia), New York; 24.2 Shutterstock (Oksana Kuzmina), New York; 24.3 Shutterstock (milias1987), New York; 24.4 Shutterstock (Aprilphoto), New York; 24.5 Shutterstock (JIANG HONGYAN), New York; 24.6 Shutterstock (Tsekhmister), New York; 25 Shutterstock (Dean Drobot), New York; 25.1 Shutterstock (Africa Studio), New York; 25.2 Shutterstock (Wisiel), New York; 25.3 Shutterstock (Africa Studio), New York; 25.4 Shutterstock (Africa Studio), New York; 25.6 Shutterstock (Fabio Pagani), New York; 30 Shutterstock (B-D-S Piotr Marcinski), New York; 31.1 Shutterstock (Iurii Kachkovskyi), New York; 31.2 Shutterstock (Kusska), New York; 31.4 Shutterstock (Gus Photoaddict), New York; 34, 35, 46, 47 Shutterstock (Ruth Black), New York; 36.1 Shutterstock (focal point), New York; 36.2 Shutterstock (Vladimir Sazonov), New York; 36.3 Shutterstock (Africa Studio), New York; 41.1, 46.2 Shutterstock (Tarzhanova), New York; 41.2 Shutterstock (goodluz), New York; 42.1 Shutterstock (Taiga), New York; 42.2 Shutterstock (sagir), New York; 42.3 Shutterstock (Zhukova Valentyna), New York; 42.4 Shutterstock (Kues), New York; 42.5 Shutterstock (Mega Pixel), New York; 43.1 Shutterstock (Dean Drobot), New York; 43.2 Shutterstock (Djomas), New York; 43.3 Shutterstock (Mariyana M), New York; 43.4 Shutterstock (conrado), New York; 43.5 Shutterstock (goodluz), New York; 44 Shutterstock (stockfoto), New York; 45 Shutterstock (Alex Tihonovs), New York; 48, 49, 56, 57 Shutterstock (Rawpixel.com), New York; 50 Shutterstock (Ermolaev Alexander), New York; 51 Shutterstock (Ljupco Smokovski), New York; 53 Shutterstock (Kathleen Spencer), New York; 55.1 Shutterstock (Africa Studio), New York; 55.2 Shutterstock (Odua Images), New York; 58, 59, 68, 69 Shutterstock (ballykdy), New York; 60 Shutterstock (Vaclav Volrab), New York; 61 Shutterstock (Eric Isselee), New York; 62.1 Shutterstock (Eric Isselee), New York; 62.2 Shutterstock (Viktor Gladkov), New York; 62.3 Shutterstock (AR Pictures), New York; 64.1 Shutterstock (Marcos Mesa Sam Wordley), New York; 64.2 Shutterstock (Lopolo), New York; 67.1 Shutterstock (Samo Trebizan), New York; 67.2 Shutterstock (Photographee.eu), New York; 70, 71, 76, 77 Shutterstock (Rawpixel.com), New York; 72 Shutterstock (wavebreakmedia), New York; 74 Shutterstock (CandyBox Images), New York; 78, 79, 86, 87 Shutterstock (SAWITRE INTAYAM), New York; 81.1 Shutterstock (wavebreakmedia), New York; 81.2 Shutterstock (T.Dallas), New York; 81.3 Shutterstock (Guas), New York; 82 Shutterstock (Master1305), New York; 83.1 Shutterstock (Oksana Kuzmina), New York; 83.2, 83.3, 83.4.2 Shutterstock (Potapov Alexander), New York; 83.5 Shutterstock (WAYHOME studio), New York; 84 Shutterstock (Africa Studio), New York; 88, 89, 98, 99 Shutterstock (Iurii Stepanov), New York; 92 Shutterstock (Rawpixel.com), New York; 93.1 Shutterstock (Lertsakwiman), New York; 93.1 Shutterstock (hana11), New York; 93.2 Shutterstock (SJitpitak), New York; 94.1 Shutterstock (Adisa), New York; 94.2 Shutterstock (KPG_Payless), New York; 95.1, 95.2, 95.3, 95.6 Shutterstock (Studio Light and Shade), New York; 95.1, 95.2, 95.3, 95.7 Shutterstock (somchaij), New York; 95.1, 95.2, 95.3, 95.8 Shutterstock (Yuriy Seleznev), New York; 95.1 Shutterstock (Rozhnovskaya Tanya), New York; 95.2 Shutterstock (Zurijeta), New York; 100, 101, 110, 111 Getty Images (travnikovstudio), München; 104.1 Shutterstock (LightField Studios), New York; 104.2 Shutterstock (Gladskikh Tatiana), New York; 107.1 Shutterstock (Daniel Jedzura), New York; 107.2 Shutterstock (Minerva Studio), New York; 108.1 Shutterstock (Kzenon), New York; 108.2 Shutterstock (WAYHOME studio), New York; 109.1 Shutterstock (kudla), New York; 109.2 Shutterstock (Song_about_summer), New York; 109.3 Shutterstock (Monkey Business Images), New York; 111.2 Shutterstock

(Peshkova), New York; 112, 113, 120, 121 Getty Images (phototechno), München; 114.1 Shutterstock (Viacheslav Lopatin), New York; 114.2 Shutterstock (Iakov Filimonov), New York; 122, 123, 130, 131 Shutterstock (megaflopp), New York; 128 Shutterstock (stockphoto-graf), New York; 129.1 Shutterstock (nipastock), New York; 129.2 Shutterstock (WAYHOME studio), New York; 132, 133, 146, 147 Shutterstock (Dinga), New York; 132, 133, 146, 147 Shutterstock (T3photo), New York; 134 Shutterstock (pikselstock), New York; 135.1 Shutterstock (Kuttelvaserova Stuchelova), New York; 135.2 Shutterstock (Nestor Rizhniak), New York; 135.3 Shutterstock (mRGB), New York; 135.4 Shutterstock (Lukas Gojda), New York; 140 Getty Images (Bulgac), München; 140.1 Shutterstock (SunKids), New York; 141.1 Shutterstock (Pressmaster), New York; 141.2 Shutterstock (Pressmaster), New York; 141.3 Shutterstock (VGstockstudio), New York; 141.4 Shutterstock (pixinoo), New York; 145 Shutterstock (Dario Lo Presti), New York; U1 Shutterstock (Hrytskevich), New York; 148, 149, 160, 161 Shutterstock (Yuganov Konstantin), New York; 150 Shutterstock (surowa), New York; 153 Shutterstock (Gemenacom), New York; 154 Shutterstock (Syda Productions), New York; 155 Shutterstock (PR Image Factory), New York; 158 Shutterstock (Iurii Stepanov), New York; 162, 163, 172, 173 Shutterstock (Africa Studio), New York; 164 Getty Images (Nerthuz), München; 166 Shutterstock (Maria Sbytova), New York; 167.1 Shutterstock (Samuel Borges Photography), New York; 167.2 Shutterstock (Anna Selina), New York; 174, 175, 184, 185 Getty Images (LoulouVonGlup), München; 176 Getty Images (Yuri Arcurs), München; 177 Shutterstock (kosmos111), New York; 179.1 Shutterstock (Antonio Guillem), New York; 179.2 Shutterstock (SerdyukPhotography), New York; 181 Shutterstock (wavebreakmedia), New York; 183.1 Shutterstock (Roman Samborskyi), New York; 183.2 Shutterstock (Aila Images), New York; 186, 187, 194, 195 Shutterstock (wavebreakmedia), New York; 189 Shutterstock (Asier Romero), New York; 190 Shutterstock (WAYHOME studio), New York; 192 Shutterstock (Nestor Rizhniak), New York; 193.1 Shutterstock (Chubykin Arkady), New York; 193.2 Shutterstock (Jacob Lund), New York; 193.3 Shutterstock (ESB Professional), New York; 196, 197, 202, 203 Shutterstock (Rakic), New York; 201 Shutterstock (OSTILL is Franck Camhi), New York; 204, 205, 212, 213 Shutterstock (Zamurovic Photography), New York; 207 Shutterstock (goodluz), New York; 208.1 Shutterstock (Kerdkanno), New York; 208.2 Shutterstock (Melica), New York; 209.1 Shutterstock (bokan), New York; 209.2 Shutterstock (Cheers Group), New York; 214, 215, 224, 225 Getty Images (ozgurdonmaz), München; 217 Shutterstock (ppart), New York; 218.1 Shutterstock (timquo), New York; 218.2 Shutterstock (Halfpoint), New York; 219 Shutterstock (Corina Daniela Obertas), New York; 220.1 Shutterstock (irin-k), New York; 220.2 Shutterstock (Nejron Photo), New York; 220.3 Shutterstock (Pinosub), New York; 221 Shutterstock (Christo), New York; 222 Shutterstock (Andrey Yurlov), New York; 226, 227, 234, 235 Getty Images (Nick Olson), München; 228 Shutterstock (Yuliya Evstratenko), New York; 231.1 Shutterstock (stockcreations), New York; 231.2 Shutterstock (Roman Samborskyi), New York; 233.1 Shutterstock (Dean Drobot), New York; 233.2 Shutterstock (shekure), New York; 236, 237, 244, 245 Shutterstock (Bohbeh), New York; 239.1 Shutterstock (Syda Productions), New York; 239.2 Shutterstock (asiandelight), New York; 242 Shutterstock (adriaticfoto), New York; 243.1 Shutterstock (Cultura Motion), New York; 243.2 Shutterstock (SpeedKingz), New York; 246, 247, 254, 255 Shutterstock (ChristianChan), New York; 249, 254.2 Shutterstock (Oksana Kuzmina), New York; 256, 257, 266, 267 Getty Images (artisteer), München; 260.1 Shutterstock (AllNikArt), New York; 260.2, 260.3 Shutterstock (Vasilius), New York; 260.4 Shutterstock (Joachim Wendler), New York; 260.5 Shutterstock (Vit Kovalcik), New York; 262 Shutterstock (gillmar), New York; 264.1 Shutterstock (oksankash), New York; 264.2 Shutterstock (Laborant), New York; 264.3 Shutterstock (Realstock), New York; 264.4 Shutterstock (jalcaraz), New York; 268, 269 Shutterstock (iamnoonmai), New York

AF557358

Patrick Zasada

Immobilien einzigartig fotografieren

BILDNER

Verlag: BILDNER Verlag GmbH
Bahnhofstraße 8
94032 Passau
http://www.bildner-verlag.de
info@bildner-verlag.de
Tel.: +49 851-6700
Fax: +49 851-6624

ISBN: 978-3-8328-0369-8

Covergestaltung: Christian Dadlhuber

Redaktion und Lektorat: Ulrich Dorn

Layout und Gestaltung: Nelli Ferderer

Autor: Patrick Zasada

Herausgeber: Christian Bildner

Druck: FINIDR s.r.o., Lípová 1965, 73701 Český Těšín, Tschechische Republik

Fotos auf dem Cover: Patrick Zasada

Das FSC®-Label auf einem Holz- oder Papierprodukt ist ein eindeutiger Indikator dafür, dass das Produkt aus verantwortungsvoller Waldwirtschaft stammt. Und auf seinem Weg zum Konsumenten über die gesamte Verarbeitungs- und Handelskette nicht mit nicht-zertifiziertem, also nicht kontrolliertem, Holz oder Papier vermischt wurde. Produkte mit FSC®-Label sichern die Nutzung der Wälder gemäß den sozialen, ökonomischen und ökologischen Bedürfnissen heutiger und zukünftiger Generationen.

Wichtige Hinweise

Prolog

Was ist Architekturfotografie? Die Architekturfotografie lässt sich von der Immobilienfotografie nicht klar abgrenzen. Zwar gibt es Unterschiede, doch erscheinen die Grenzen fließend. Insofern soll zunächst der Begriff der Architekturfotografie als Kunstform definiert werden, bevor wir uns mit der kommerziellen und praktisch orientierten Immobilienfotografie befassen.

Die Architekturfotografie beschäftigt sich mit der fotografischen Abbildung von Gebäuden und Bauwerken sowie Innenräumen. Architekturfotos sollten dabei die Einzigartigkeit und den Charakter eines Gebäudes wiedergeben, gleichzeitig aber ästhetisch wirken. Dieses Genre kann dabei in Innen- und Außenarchitekturfotografie aufgeteilt werden, wobei diese Aufteilung eher einem fließenden Übergang gleicht. In beiden Fällen kommen meist spezielle Optiken bzw. fotografische Techniken zum Einsatz, die in anderen Bereichen der Fotografie eher als unbekannt gelten; dies macht die Architekturfotografie besonders interessant. Gleichzeitig führen Kontraste zwischen Innen- und Außenbereichen oft zu sehr komplexen Lichtverhältnissen, weshalb dieses Genre der Fotografie als besonders anspruchsvoll gilt. Das Foto „Blick aus dem Arbeitszimmer" von Nicéphore Niépce stellt eines der ersten Architekturfotos dar und wurde 1826/27 aufgenommen.

Blick aus dem Arbeitszimmer von Le Gras (Joseph Nicéphore Niépce, 1826)

Seitdem hat sich im Bereich der Architekturfotografie einiges getan, so kam es zur Ausbildung verschiedener Stilrichtungen. Insbesondere seit den 1950er-Jahren etablierte sich die Architekturfotografie zunehmend als eine Form der Kunst.

Auf die Frage, wie die Architekturfotografie definiert werden könne, existieren unterschiedliche Ansichten. Die wohl am meisten verbreitete Interpretation ist, dass die Architekturfotografie ein Gebäude möglichst realistisch und wahrheitsnah abbilden soll. In diesem Zusammenhang wird oft dazu geraten, einen weit entfernten Standpunkt zum Gebäude zu suchen, um beispielsweise stürzende Linien zu vermeiden.

Dieses Bild soll ausschließlich künstlerische bzw. ästhetische Aspekte vermitteln. Es wurde aus mehreren Fotos zusammengesetzt.

Nikon D850 | ISO 64 | Brennweite 20mm (Voigtländer 20mm 3.5) | Blende 6.3 | Belichtungszeit 1/160 Sek. (2x)

Winzige Abweichungen von der Idealform werden dabei oft mit speziellen Optiken oder am Computer korrigiert. Diese nahezu dokumentarische Art der Architekturfotografie findet meist im Baugewerbe oder bei Architekturbüros ihre praktische Anwendung. Hier ist es wichtig, einen Bauplan bzw. einen Schritt neben das Foto legen zu können, um beispielsweise den Fortschritt an der Baustelle zu protokollieren. Diese Art der Fotografie ist zweifelsfrei der Architekturfotografie zuzuordnen.

Ein Gebäude, ungeachtet technischer Aspekte, gekonnt in Szene zu setzen und die reine Ästhetik im Blick zu haben, ist eine andere Interpretation der Architekturfotografie. Hierfür kann mit extremen Perspektiven, Fluchtpunkten und stürzenden Linien gespielt werden! Der Sinn und Zweck dieser fotografischen Richtung ist nicht die Dokumentation, sondern vielmehr die künstlerische Interpretation, die zu stimmungsvollen und aussagekräftigen Bildern mit einer atemberaubenden Wirkung führt. Gebäude werden oft aus der Perspektive eines Fußgängers abgelichtet und geben dabei subjektive Eindrücke wieder. Derartige Fotos erfahren ihre praktische Anwendung in der Werbung oder in der Kunst.

Abgrenzung zur Immobilienfotografie: Die Immobilienfotografie verfolgt in erster Linie keine künstlerischen Absichten, sondern ist praktisch orientiert. Ansonsten ist sie der Architekturfotografie sehr ähnlich. Teilweise können die Ergebnisse sogar identisch aussehen und lassen sich dem Genre der Immobilien- oder dem der Architekturfotografie nicht eindeutig zuordnen. Die Immobilienfotografie verfolgt eher praktische Absichten. Somit kann sie beispielsweise der Dokumentation dienen oder Werbeabsichten zum Ziel haben. In der klassischen Architekturfotografie, wie sie in Kunstausstellungen präsentiert wird, werden so gut wie nie Fotos eines überfüllten Parkplatzes von einem Supermarkt zu sehen sein. Dies ist in der Immobilienfotografie ganz anders! Hier gilt es, das Gleichgewicht zwischen ästhetischen und inhaltlich relevanten Bildern zu wahren.

Wird beispielsweise eine Gewerbeimmobilie, wie ein Supermarkt, zum Kauf oder als Mietobjekt angeboten, ist das Bild eines vollen Parkplatzes besonders wichtig. Einerseits soll gezeigt werden, dass ein großer Parkplatz für Mitarbeiter und ausreichend viele Kunden vorhanden ist. Ein überlaufener und sehr voller Parkplatz mag aus Fotografensicht zwar optisch nicht so ansprechend wirken, aber es transportiert eine sehr wichtige und unterschwellige Botschaft. Dem potenziellen Käufer wird nämlich vermittelt, dass hier richtig was los ist und der Ort stark frequentiert ist. Das Geschäft läuft und bietet somit enorm viel Potenzial für weiteren Ausbau und Wachstum. Es könnte sich also um einen hervorragenden Wirtschaftsstandort mit Zukunftspotenzial handeln, welches ein Investment wert ist. Ein leerer Parkplatz würde hingegen sauberer, aufgeräumter und optisch gegebenenfalls angenehmer wirken. Er könnte jedoch den Eindruck vermitteln, dass nicht viel los ist und es schwierig sein wird, an neue Kunden zu kommen bzw. genug Ertrag zu erwirtschaften, als dass die reinen Instandhaltungskosten gedeckt werden könnten. Bei Immobilienfotos kommt es also nicht nur auf die Bildästhetik, sondern auch auf die Botschaft an! Gute Immobilienfotos sollten daher im Kontext zur Umgebung stehen. Befindet sich das Objekt zentral an einer Einkaufsstraße, sollte diese auch gezeigt werden. Selbst dann, wenn durch einen weiteren Blickwinkel die Ästhetik etwas leidet, weil plötzlich Menschenmassen sichtbar werden die unruhig wirken oder Mülleimer, Straßenlaternen und Fahrzeuge im Bildausschnitt sind. In einem Einkaufszentrum schadet es nicht, die Logos und Namen aller Brands in der Flucht erkenntlich zu halten, da es für potenzielle Investoren interessant ist zu sehen, welche Stammmieter übernommen werden könnten. Auch sollte, gerade bei Gewerbeobjekten, eine volle und belebte Atmosphäre vermittelt werden. Bei Hotelfotos, die hingegen Gäste ansprechen sollen, wären Bilder eines überfüllten Grundstücks eher nachteilig. Hier würde der Eindruck erweckt werden, dass es eine sehr ruhige Nacht wohl eher nicht geben wird.

Bevor man sich mit der Fotografie von Immobilien beschäftigt, müssen der Zweck der Bilder und die potenzielle Zielgruppe klar sein. Es ist also zwingend notwendig, sich vor dem Fototermin einige Gedanken zu machen, denn einfach nur schöne Fotos reichen allzu oft leider nicht aus. Und genau das unterscheidet die Architektur- von der Immobilienfotografie.

Inhalt

1 DIE AUSRÜSTUNG

Mulda

Canon
EW-88B
CANON LENS TS-E 24mm
Canon
TS-E 24mm

AE-L
AF-L
AE-ON

PT Pano
KISS

AF NIKKOR

1

Die Ausrüstung

Welche Ausrüstung benötigt wird, hängt einerseits von den persönlichen Ansprüchen, andererseits von den fotografischen Anforderungen ab. Letztendlich wird eine kleine günstige Systemkamera in Kombination mit einem Weitwinkelobjektiv für die meisten Anforderungen genügen. Für ambitionierte Fotografen käme noch ein Stativ und gegebenenfalls ein paar Filter hinzu. Wirklich gebraucht werden noch mehr Ausrüstungsgegenstände nicht, wobei zusätzliches Material weitere Möglichkeiten erschließt oder das Arbeiten zumindest angenehmer gestaltet.

Eine Frage des Kameratyps

Dieser Ausrüstungsgegenstand ist wahrscheinlich genau jener, welcher in seiner Relevanz für ein gutes Foto allzu oft überschätzt wird. Dennoch dreht sich bei der Fotografie alles um die Kamera. Die Hersteller versuchen einem oft das neueste Modell zu verkaufen und auch auf YouTube sind kaum ehrliche „Reviews" zu erwarten, da die Ersteller der Videos von den Provisionen der Affiliate-Werbung leben und bestimmte Marken oder Modelle mit höheren Provisionen vergütet werden als andere. Auch im Fachgeschäft ist keine unabhängige Beratung möglich.

Woher soll jemand wissen, welches Kameramodell geeignet ist?

Diese Frage lässt sich nur mit fachlichem Hintergrundwissen objektiv und unabhängig beantworten. In diesem Buch wird allerdings nur das relevante Hintergrundwissen aus Sicht der Architektur- bzw. Immobilienfotografie beschrieben. Heute machen fast alle aktuellen Kameras gute Fotos; viel wichtiger ist es, dass die Kamera sich gut anfühlt.

Spiegelreflex- oder Systemkamera

Hier geht es um spiegellose Systemkameras (engl. DSLM für *Digital Single Lens Mirrorless*) im Vergleich zu klassischen Spiegelreflexkameras (engl. DSLR für *Digital Single Lens Reflex Camera*) im Allgemeinem. Beide Systeme liefern vergleichbare Ergebnisse, haben aber ihre individuellen Vor- und Nachteile. Spiegellose Systemkameras sind bei gleicher Sensorgröße und Bildqualität deutlich kleiner und leichter gebaut. Die kleinere Größe ist aber nur in Kombination mit kleinen Objektiven ein nennenswerter Vorteil. Mit einem 70-200er-Objektiv macht es keinen großen Unterschied, wenn das Gesamtsystem nur einen Zentimeter kürzer ist. Bei Verwendung von kleinen Pancake-

oder Kit-Objektiven sind spiegellose Kameras tatsächlich handlicher und spürbar leichter.
Gleichzeitig gibt es im Sucher wesentlich besserer Möglichkeinen der Anzeige von Systeminformationen. Das Focus-Peaking ist eine solche: Beim manuellen Fokussieren werden scharfe Bildbereiche farbig hervorgehoben.
Beim Autofokus (AF) sind DSLRs unter schlechten Lichtbedingungen meistens genauer, dafür ist das AF-System auch fehleranfälliger. Der AF kann durch Kontrastmessung oder durch Phasen-AF-Sensoren erfolgen. In der Regel ist letzterer viel schneller, weshalb dieser in der Sportfotografie von Vorteil ist. Für den Phasen-AF werden eigens dafür entwickelte Sensoren benötigt. Bei spiegellosen Kameras befinden sich die Phasen-AF-Sensoren direkt auf dem Bildsensor. Dadurch wird an den Stellen, auf denen sich die Phasen-AF-Sensoren befinden, kein Bild aufgenommen. Dass ein Foto einer DSLM nicht ganz viele schwarze Punkte aufweist, hängt damit zusammen, dass die Software die Informationslücken wegrechnet und inhaltsbasiert füllt. Damit dies zuverlässig funktioniert und die Bildfehler nicht bemerkt werden, müssen die Phasen-AF-Punkte auf dem Sensor möglichst klein sein, damit die kamerainterne Bildkorrektur zuverlässig funktioniert und die vollautomatische Retusche nicht auffällt.
Bei einer Spiegelreflexkamera befinden sich die Phasen-AF-Sensoren hingegen nicht auf dem Bildsensor, sondern unter dem Spiegel. Da diese nicht bildrelevant sind, können die Phasen-AF-Sensoren wesentlich größer ausfallen, als bei DSLMs. Ähnlich wie bei hochauflösenden Bildsensoren (= kleine Pixel) ein stärkeres Bildrauschen auftritt, treten bei kleineren Phasen-AF-Sensoren ein Rauschen, in Form von Signalschwankungen, früher auf, als dies bei großen Phasen-AF-Sensoren von DSLRs der Fall ist. Unter schlechten Lichtbedingungen wird eine hochwertige Spiegelreflexkamera daher fast immer genauer fokussieren (geringeres Signalrauschen) als eine spiegellose Kamera. Mit der AF-Geschwindigkeit hat dies aber nichts zu tun. Der Empfindlichkeitsbereich des Autofokus liegt im spiegellosen DSLM-Bereich bei maximal -3 EV (z. B. Sony A7 iii), während im DSLR-Bereich bis zu -5 EV marktüblich sind.
Unter guten Lichtbedingungen wird eine spiegellose DSLM hingegen oft genauer fokussieren, da die Schärfe auf dem Bildsensor direkt gemessen wird. In einer Spiegelreflexkamera befindet sich ein mechanisches Bauteil, der bewegliche Spiegel. Damit der AF zuverlässig fokussiert, muss der Abstand von Spiegel zu Bildsensor exakt der gleiche sein wie von Spiegel zum Phasen-AF-Sensor. Ist in der DSLR irgendwas verstellt, weil diese z. B. einen Schlag abbekam und sich der Spiegel leicht verzogen hat, so wird der Fokus immer leicht daneben liegen. Dieser Fehlfokus kann softwareseitig

zwar korrigiert werden, dafür muss er uns zunächst aber auffallen.

Ein Nachteil von Systemkameras ist die vergleichsweise geringe Akkulaufzeit, da der Sensor ständig eingeschaltet sein muss, um ein Bild an einen kleinen Monitor im Sucher zu liefern. DSLRs lösen dieses Problem rein optisch, verbrauchen nicht durchgehend Strom und haben somit eine bis zu 10-mal längere Akkulaufzeit. Dennoch sollte der Akku einer modernen spiegellosen DSLM bei normalem Gebrauch immer noch zwei bis drei Tage halten.

Der Akku einer guten Spiegelreflexkamera kann hingegen schon mal drei Wochen halten und für bis zu 4.000 Fotos reichen, sofern der Monitor ausgeschaltet bleibt und keine aufwendigen Langzeitbelichtungen durchgeführt werden. Der Spiegel in einer DSLR stellt zudem einen physischen Schutz des Sensors dar, er verdeckt diesen und verhindert, dass Schmutz auf den Sensor gelangt, was durch häufiges Wechseln des Objektivs passieren kann.

Da Spiegelreflexkameras mit dem Spiegel über ein mechanisches Bauteil verfügen, unterliegt dieser dem Verschleiß. Normalerweise ist eine Lebensdauer um die 300.000 Auslösungen zu erwarten. Zudem lassen sich der Spiegelkasten und der Verschluss, ähnlich wie die Kupplung in einem Auto, tauschen. Eine Reparatur ist grundsätzlich möglich, wobei spiegellose Kameras auch über einen mechanischen Verschluss verfügen.

APS-C- oder Vollformatkamera?

Dadurch, dass APS-C-Kameras einen kleineren Bildsensor beherbergen, können diese auch deutlich kleiner, leichter und günstiger gebaut werden. Ferner werden APS-C-Kameras, aufgrund des kleineren Sensors, auch als Crop-Kameras bezeichnet. Dies rührt daher, da bei Verwendung desselben Objektivs der Bildausschnitt auf einer APS-C-Kamera kleiner erscheint; so als wäre das Bild beschnitten worden. Der Effekt ist mit dem Heranzoomen vergleichbar, nur dass statt der Brennweite die Sensorgröße verändert wird. Das Gleiche passiert beim digitalen Zoom in einem Handy, was eigentlich nichts anderes als ein Beschnitt ist.

Des Weiteren nutzen APS-C-Kameras den Sweet-Spot eines Objektivs besser aus. Jedes Objektiv hat am Bildrand eine etwas schlechtere Abbildungsleistung als in der Bildmitte. Zum Rand nehmen die Schärfe und der Kontrast ab, zudem ist die Verzeichnung am Rand größer und das Bild wirkt etwas dunkler (Vignettierung). Bei APS-C-Kameras wird dieser dunkle unscharfe Rand „abgeschnitten", wodurch die Abbildungsleistung insgesamt gleichmäßiger erscheint, sofern die APS-C-Kameras mit Vollformatobjektiven kombiniert werden. Allerdings gibt es sehr gute und teure Objektive, bei denen dieser Effekt nicht wirklich sichtbar ist.

Davon abgesehen haben Vollformatkameras aufgrund des größeren Bildsensors eine etwas bessere Bildqualität, die unter guten Lichtbedingungen in der Praxis nicht immer sichtbar sein muss. Was das Bildrauschen bei hohen ISO-Werten angeht, kommt es nicht so sehr auf die Sensorgröße wie auf die Pixelgröße bzw. Pixeldichte und auf die verwendetet Technologie (z. B. CCD, CMOS oder BSI) an. Einer der lichtempfindlichsten Bildsensoren auf dem Markt, der unter anderem für industrielle Prozesse oder die Sensorik in Fahrassistenzsystemen verwendet wird, ist der Sony IMX426 mit einer 21-fach kleineren Fläche im Vergleich zum Vollformat. Der Grund für die unglaubliche Lichtempfindlichkeit und das geringe Rauschverhalten ist in der geringen Pixeldichte begründet.

Es ist daher nicht zu pauschalisieren, dass Vollformatkameras bei hohen ISO-Werten per se besser wären, auch wenn dies zugegebenermaßen meistens so ist. Eine 51-Megapixel Canon 5DS R (Vollformat) rauscht beispielsweise wesentlich stärker als eine 20-Megapixel Nikon D500 (APS-C), weil letztere bezogen auf die Sensorfläche eine geringere Pixeldichte aufweist und eine modernere Sensortechnologie verwendet. Zudem hängt das Rauschen auch maßgeblich von der Software und der Signalverarbeitung ab. Da im Bereich der Architekturfotografie hohe ISO-Werte ohnehin fast nie verwendet werden, ist das Rauschverhalten kein relevantes Auswahlkriterium.

In manchen Situationen bieten APS-C-Kameras sogar eine bessere Bildqualität. Wenn beispielsweise aus großer Entfernung mit Teleobjektiven fotografiert wird und das Bild unter Umständen noch zurechtgeschnitten werden muss, sind APS-C-Kameras oft im Vorteil. Ein Anwendungsbeispiel hierfür wäre das Fotografieren von Adlern im Sturzflug. Eine APS-C-Kamera mit 24-Megapixeln (z. B. Nikon D7200) hat eine viel höhere Pixeldichte als jede derzeit auf dem Markt befindliche Vollformatkamera. Obwohl die Canon 5DS R insgesamt mehr Pixel hat, ist die Pixeldichte (Pixel pro mm^2) geringer. Da das Vollformat dem APS-C-Format gegenüber eine 2,33-mal größere Fläche aufweist, müsste die theoretische Auflösung auf Vollformat gerechnet bei 56-Megapixel (24 MP x 2,33) liegen, um die gleiche Pixeldichte zu erreichen. Eine 56-MP-Kamera gibt es derzeit aber (noch) nicht im Vollformatsegment. Daher ist es möglich, Aufnahmen einer hochauflösenden APS-C-Kamera großzügiger zu beschneiden und immer noch eine für den Druck ausreichend hohe Auflösung und Detailstreue zu erzielen, die bei Vollformat mit derselben Optik nicht möglich wäre.

Das APS-C-Format ist also weder besser oder schlechter, es ist einfach nur ein bisschen anders. Unterm Strich ist der Unterschied in der

Bildqualität zwischen APS-C- und Vollformat marginal. Bezüglich der Bildgestaltung sind jedoch ein paar Unterschiede festzustellen:
Bei APS-C-Kameras erscheint das Bild aufgrund des kleineren Sensors beschnitten. Wie groß der Effekt ist, lässt sich mithilfe des Cropfaktors berechnen. Der Faktor von APS-C zu Vollformat beträgt 1,5. Bei Teleobjektiven kann das von Vorteil sein, da ein weit entferntes Motiv so noch detaillierter fotografiert werden kann. Ein 300-mm-Objektiv an einer APS-C-Kamera entspricht dem Bildausschnitt eines 450-mm-Teleobjektivs an einer Vollformatkamera. Bei Weitwinkelaufnahmen ist dieser Crop-Faktor theoretisch von Nachteil, da das Bild weniger weitwinklig erscheint. Zum Glück gibt es inzwischen Weitwinkelobjektive, die eigens für APS-C-Kameras konstruiert worden sind, sodass auch mit solchen Kameras extrem weitwinklige Perspektiven erreicht werden können.
Woran es im APS-C-Segment aber mangelt, sind weitwinklige Tilt-Shift-Objektive. Aufgrund der Auswahl von Tilt-Shift-Optiken sind Vollformatkameras daher etwas besser für die Immobilienfotografie geeignet. Aber auch APS-C-Kameras lassen sich dafür gut verwenden. Schließlich sind Tilt-Shift-Optiken ohnehin sehr teuer und in der digitalen Bildbearbeitung lassen sich diese durch vergleichbare Korrekturen ebenfalls simulieren.
APS-C-Kameras haben aufgrund des Cropfaktors eine höhere Tiefenschärfe und somit ein geringeres Freistellungspotenzial bei Offenblende, was beim Fotografieren von Details von Nachteil sein kann. Das geringere Freistellungspotenzial rührt daher, dass das Bild scheinbar beschnitten wird. Um mit einer APS-C-Kamera einen vergleichbaren Bildausschnitt zu erzielen, muss entweder die Brennweite reduziert oder ein weitwinkligeres Objektiv genutzt werden. Alternativ kann man einige Schritte zurückgehen, damit alles wieder in den Bildausschnitt passt. Kleinere Brennweiten haben an sich ein geringeres Freistellungspotenzial bei gleichen Blendenwerten. Die Hintergrundunschärfe hängt aber auch vom Abstand zum Motiv ab. Wird dieser vergrößert, fällt es schwieriger, den Hintergrund unscharf zu bekommen.
Falls im Vergleich zum Vollformat weder die Brennweite reduziert, noch der Standpunkt verändert wird, resultiert bei der APS-C-Kamera dieselbe Unschärfe, allerdings ist der Bildausschnitt kleiner und wirkt beschnitten. In der Architekturfotografie ist ein gutes Freistellungspotenzial aber relativ unwichtig. Im Gegenteil, meistens wird ohnehin mit geschlossenen Blendenwerten gearbeitet, weil eine durchgängige Schärfe sogar oft gewünscht ist. Letztendlich können mit beiden Kamerasystemen alle Arten der Fotografie sehr gut abdeckt

werden. Insofern ist es zweitrangig, für welches System man sich entscheidet. In manchen Situationen ist das eine, in anderen das andere minimal besser geeignet.
Beide Systeme haben also ihre individuellen Vor- und Nachteile!

Vorteile einer Vollformatkamera:

- Zumeist bessere Bildqualität bei hohen ISO-Werten (Low-Light Performance) und marginal bessere Detailstreue.
- Höheres Freistellungspotenzial.
- Größere Auswahl an hochwertigen Tilt-Shift- und Weitwinkelobjektiven.

Vorteile einer APS-C-Kamera:

- Überwiegend vergleichbare Bildqualität.
- Ausnutzung des Sweet-Spots eines Vollformatobjektivs.
- Bei gleicher Auflösung 1,5-mal weiter im Telebereich.
- Generell mehr Objektive nutzbar (alle Vollformat-Objektive passen an DX/APS-C-Kameras)
- Günstiger, leichter und kleiner.

Die Sache mit dem Cropfaktor

Durch die geringere Sensorgröße von APS-C im Vergleich zu Vollformat (auch Kleinbildformat genannt) resultiert ein Effekt, der dem „Beschneiden" eines Bildes gleichkommt. Dabei ändert sich selbstverständlich der Bildwinkel, ähnlich wie das auch bei dem digitalen Zoom kleiner Kompaktkameras oder von Handys der Fall ist – das Bild wirkt wie beschnitten. Dieser Effekt wird als Cropfaktor bezeichnet.

Falschinformationen und Mythen

Dieser wurde im Vorfeld bereits mehrfach erwähnt und eigentlich müsste auf diese Nebensächlichkeit nicht weiter eingegangen werden, wenn sich nicht so viele Falschinformationen und Mythen um den Cropfaktor drehen würden. Damit soll jetzt aufgeräumt werden, hierzu wird mit einem Beispiel begonnen: Würde ein Bild mit einer hochauflösenden Vollformatkamera fotografiert und anschließend am Rechner so beschnitten werden, dass zum Bildrand immer ca. 17 % wegfielen, dann wäre das Endergebnis zu dem Foto einer APS-C-Kamera, bei Verwendung des gleichen Objektivs, absolut identisch.
Das liegt daran, da eine kleinere Sensorgröße dem gedanklichen Beschneiden eines Bildes gleichkommt. Das beschnittene Bild einer Vollformatkamera würde sich von dem Originalbild einer APS-C-Kamera, bei Verwendung desselben Objektivs, weder in der Unschärfe (Freistellung), in der Tiefenwirkung und Perspektive, in der Helligkeit oder im Bildausschnitt unterscheiden. Es wäre absolut identisch. Wenn sogar zwei Kameras mit gleichen Pixeldichten verglichen werden, was bei der D500 und der D850 der Fall ist, hätte das be-

schnittene Vollformatbild sogar dieselbe Auflösung und Bildqualität wie das Originalfoto der APS-C-Kamera.

Im Übrigen lassen sich alle Nikon-Vollformatmodelle in den Crop-Modus stellen, sodass die Bilder dann direkt kleiner abgespeichert werden. Dadurch können APS-C-Objektive von Nikon an den Vollformatkameras genutzt werden und die Ergebnisse sehen exakt genauso aus wie die einer APS-C-Kamera, obwohl die verwendete Kamera einen größeren Sensor verbaut hat. Der Cropfaktor ist nämlich nichts anderes als der Effekt, der auch beim Beschnitt eines Fotos erzielt wird; nicht mehr und nicht weniger! Im Folgenden soll auf einige Mythen bezüglich des Cropfaktors im Speziellen eingegangen werden:

Können Vollformat-Objektive auf APS-C-Kameras genutzt werden und muss die Brennweite des Objektivs umgerechnet werden?

Kurz und knapp: Ja! Vollformatobjektive können an APS-C-Kameras problemlos genutzt werden. Und nein, es muss nichts umgerechnet werden.

In der oberen Frage stecken bereits mehrere Falschannahmen. Die erste ist, dass APS-C-Objektive nur für APS-C-Kameras seien und dementsprechend verhielte es sich bei Vollformat bzw. beim Kleinbildformat genauso. Dem ist aber nicht so. Canon selbst gibt an, dass alle EF-Objektive (Vollformat) mit allen EOS-Kameras (auch APS-C) kompatibel sind. Bei Nikon ist dies genauso. Nikon empfiehlt einige FX-Objektive (Vollformat) sogar ausdrücklich für bestimme DX-Modelle (APS-C). Insofern ist die Auswahl an Objektiven für APS-C-Kameras alles andere als klein, obwohl es nicht viele ausschließlich für das APS-C-Format produzierten Objektive gibt.

Die zweite Annahme ist, dass sich die Brennweite des Objektivs auf mysteriöse Art ändern sollte, sobald sich dahinter ein kleinerer Sensor befindet. Zumindest wird dies in zahlreichen Foren oder Facebook-Gruppen so ähnlich kommuniziert. Dies ist aber auch nicht der Fall. Die Brennweite eines Objektivs ist eine feste physikalische Eigenschaft und hängt von der Konstruktion der Linsengruppen ab. Zumal weiß das Objektiv nicht, wie groß der Sensor ist, der sich gerade darunter befindet. Doch weshalb werden manche Objektive als Vollformatobjektive teuer verkauft, während andere, als APS-C-kompatibel deklarierte Objektive, preislich oft günstiger sind. Wo liegt da der Unterschied?

Nicht vom Cropfaktor verwirren lassen

Die Brennweite auf dem Objektiv muss nicht umgerechnet werden. Ein 50-mm-Objektiv bleibt immer ein 50-mm-Objektiv, völlig unabhängig davon, auf welche Kamera es geschraubt wird. Richtig ist aber auch, dass auf kleinen Kompaktkameras beispielsweise die

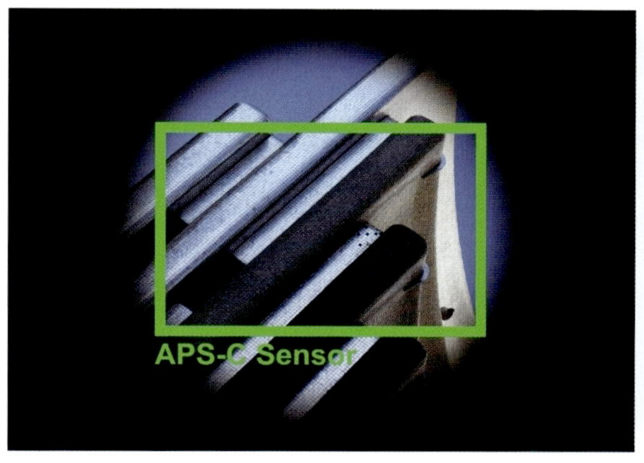

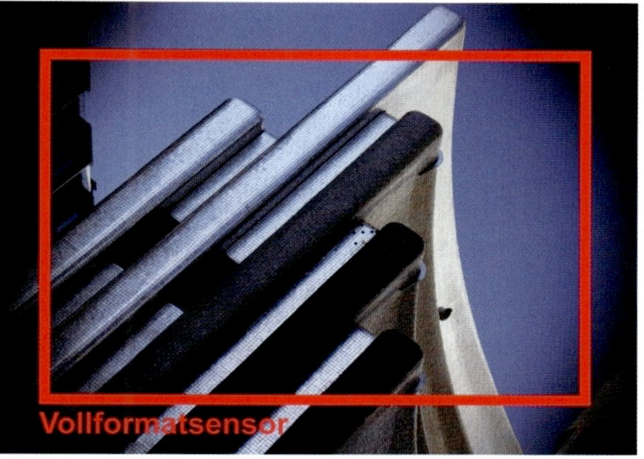

Links ist der Bildkreis eines APS-C-Objektivs mit einem APS-C-Sensor skizziert. Rechts ist der größere Bildkreis eines Vollformat-Objektivs mit einem Vollformat-Sensor skizziert. Die Brennweiten sind identisch

Angabe „24 mm-KB-Äquivalent" angegeben sein kann, obwohl die Brennweite des Objektivs bei z. B. 6 mm liegt. Wahrscheinlich rührt der Mythos der sich ändernden Brennweite daher. Entscheidend ist dabei das Wort „Äquivalent" hinter der Brennweitenangabe. Es sagt nämlich aus, dass die tatsächliche Brennweite eine andere, der Bildausschnitt aber vergleichbar mit einem 24-mm-Objektiv auf dem Kleinbildformat (Vollformat) ist. Bei APS-C-Objektiven findet sich in der Regel aber keine Äquivalenzangabe. Die auf dem Objektiv befindliche Brennweitenangabe entspricht der tatsächlichen Brennweite. 50 mm bleiben also immer 50 mm.

Der einzige Unterschied zwischen einem Vollformatobjektiv und einem APS-C-optimierten Objektiv liegt in der Größe des projizierten Bildkreises. Der Bildkreis entspricht der Fläche, die ein Objektiv sensorseitig ausleuchten kann. Der Durchmesser des Bildkreises sollte somit mindestens der Diagonale des Sensors entsprechen. Der Kamerasensor muss vollständig im Bildkreis des Objektivs liegen. Für die Projektion eines größeren Bildkreises ist aber ein komplexerer optischer Aufbau erforderlich. Außerdem wird nicht nur der Bildkreis, sondern auch das Objektiv größer, schwerer und teurer. Der Grund dafür, weshalb es spezielle APS-C-Objektive gibt, liegt darin begründet, dass die Hersteller zusätzlich leichtere und deutlich günstigere Objektive im Amateur- und Consumer-Bereich verkaufen wollen.

Ist der Bildkreisdurchmesser also größer als die Diagonale des Sensors, stellt dies kein Problem dar. Daher lassen sich Vollformatobjektive (FX) in Kombination mit kleineren APS-C- oder Crop-Bildsensoren verwenden. Ist der Bildkreis hingegen deutlich kleiner als der Bildsensor, kann letzterer nicht vollständig ausgeleuchtet werden und die Bildecken erscheinen im Endresultat deutlich dunkler. Andersherum ist es daher nicht empfehlenswert, APS-C-Objektive an Vollformatkameras zu benutzen, da mit der starken Vignettierung ein Qualitätsverlust einhergeht. Die einzige Ausnahme besteht darin, wenn die starke Vignette nicht stört oder gewünscht ist. Dies ist beispielsweise bei Circular-Fisheye-Objektiven auf Vollformat der Fall, wenn ein kreisförmiges Bild z. B. für interaktive 360°-VR-Rundgänge bzw. Panorama-Touren notwendig ist. Aber dies ist zugegebenermaßen ein sehr seltener Spezialfall. Virtuelle 360-Grad-Rundgänge können beispielsweise mit einer Nikon D810-Vollformatkamera und einem modifizierten Nikkor DX 10,5 mm f2.8 Fisheye-Objektiv, das eigentlich für die kleineren Crop-Kameras konzipiert wurde, erstellt werden.

Ein APS-C-Objektiv an einer Vollformatkamera zu verwenden, führt aufgrund der Randabschattung zu schlechteren Ergebnissen. Bei Canon kann es außerdem vorkommen, dass die EF-S-Objektive (APS-C) nicht auf den Body einer EOS-Vollformatkamera passen. Bei Nikon ist dies hingegen kein Problem, allerdings gibt es normalerweise auch keinen Grund dafür, dies zu tun. Das oben genannte Beispiel für die 360°-VR-Touren mit dem DX Fisheye-Objektiv stellt wohl die einzige sinnvolle Ausnahme im Bereich der Panoramafotografie dar. Ein Vollformatobjektiv verfügt über einen deutlich größeren Bildkreis, daher kann es ohne Weiteres auf einer APS-C-Kamera verwendet werden. Wird mit einer APS-C-Kamera fotografiert, so ist auf dem endgültigen Foto nicht erkennbar, ob das jeweilige Objektiv ursprünglich für Vollformat oder für APS-C konstruiert worden ist. Auf ein und derselben Kamera wirkt ein Ob-

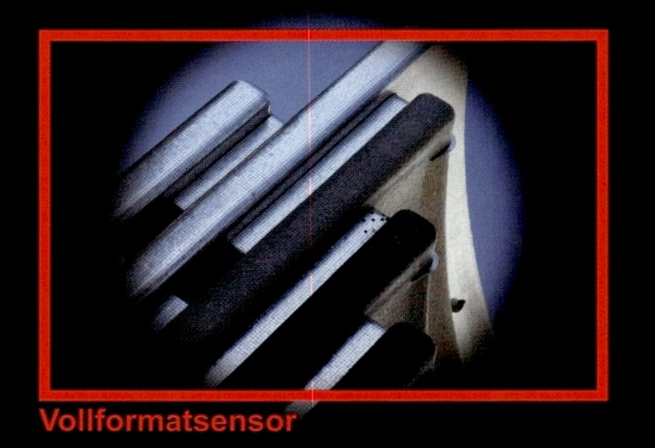

Links ist zu sehen, dass die Kombination von Vollformat-Objektiv mit APS-C-Sensor problemlos möglich ist. Rechts ist zu sehen, dass die Kombination von APS-C-Objektiv und Vollformatsensor nicht empfehlenswert ist.

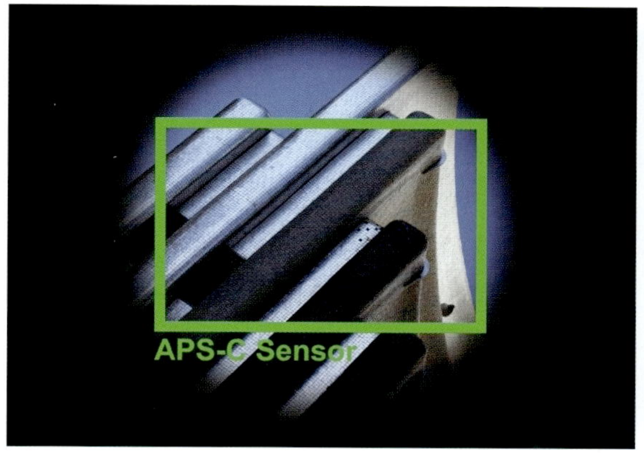

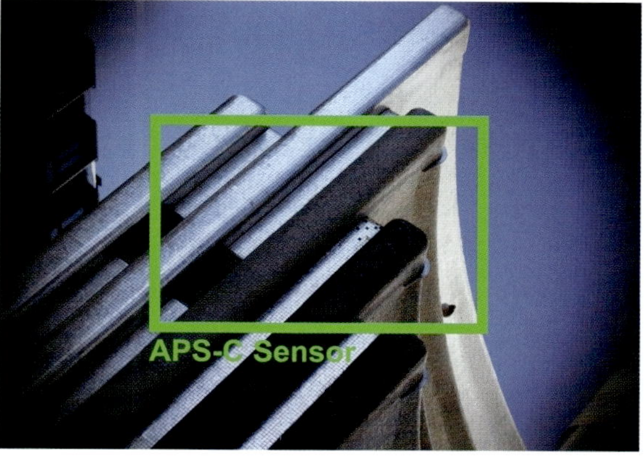

Es ist egal, ob ein Objektiv für APS-C oder Vollformat konstruiert wurde, sofern man eine APS-C-Kamera nutzt. Der Bildausschnitt ändert sich nicht, dementsprechend muss nichts umgerechnet werden, sofern man die Kamerasysteme nicht wechselt oder ein anderes System gewohnt ist.

jektiv mit einer bestimmten Brennweite immer gleich, der Bildausschnitt ändert sich nicht, völlig unabhängig davon, ob es sich um ein APS-C- oder um ein Vollformatobjektiv mit der gleichen Brennweite handelt.

Ein Bild, das mit einem APS-C-Objektiv wie dem AF-S DX Nikkor 35 mm 1:1,8G auf z. B. einer Nikon D5600-Cropkamera aufgenommen wurde, lässt sich auf den ersten Blick nicht von einem Foto unterscheiden, das aus der Kombination eines Vollformatobjektivs wie dem Nikkor AF-S 35 mm f/1.8G ED sowie derselben Kamera aufgenommen wurde, sofern das Objektiv abgeblendet war. Ein 35 mm auf APS-C entspricht vom Bildwinkel her einem 50 mm auf Vollformat. Die Tiefenschärfe und Freistellung können aber variieren.

Die Größe des Bildkreises stellt den einzigen Unterschied zwischen Vollformat- und APS-C-Objektiven dar. Somit können APS-C-Objektive etwas kleiner und günstiger gebaut werden. Zusammengefasst lässt sich sagen, dass ein APS-C-Objektiv auf einer Vollformatkamera zu dunklen Bildecken führt, andersherum lässt sich ein Vollformatobjektiv auf einer APS-C-Kamera problemlos verwenden. Allerdings sind Vollformatoptiken oft größer, schwerer und teurer. Dies trifft zumindest auf Zoom-Objektive und lichtstarke Ultraweitwinkel zu; Festbrennweiten im mittleren Bereich müssen hingegen nicht zwangsläufig größer ausfallen. Die ganz kleinen „Pancake-Objektive" für Vollformatkameras sind ein gutes Beispiel hierfür. Bei Pancake-Objektiven handelt es sich um besonders flache Objektive.

APS-C-Objektive sind eigens für kleinere Bildsensoren konstruiert und verfügen somit über einen kleineren Bildkreis. Somit sind sie meistens kleiner, leichter und auch günstiger. Wird nur eine Kamera verwendet, wobei mehrere Objektive zur Verfügung stehen, spielt der Cropfaktor keine Rolle. Letztendlich bleiben 50 mm immer 50 mm. Auf dem Objektiv ist auch immer die richtige Brennweite angegeben. Lediglich kleine Kompaktkameras, Handycams oder sonstige Spielzeuge geben eine umgerechnete Brennweite im mm-Äquivalent an. Meist handelt es sich dabei um Kameras, bei denen sich die Objektive aber ohnehin nicht wechseln lassen.

Wann wird der Cropfaktor angewendet?

Werden auf einem Kamerasystem die Objektive gewechselt, so spielt der Cropfaktor also absolut keine Rolle. Bei Verwendung von Vollformatobjektiven auf APS-C-Kameras muss die Brennweite nicht umgerechnet werden. Der Cropfaktor kommt erst dann zum Einsatz, sobald die Kamerasysteme getauscht werden.

Ein 50-mm-Objektiv wirkt auf einer APS-C-Kamera anders als auf einer Vollformatkamera. Dies hängt damit zusammen, dass der Bildkreis zwar gleich bleibt, die Sensorgröße aber eine andere ist. Das Wort „Crop" steht für Beschneiden. Da der Bildsensor in einer APS-C-Kamera kleiner ist, wirkt das Bild beschnitten und der Bildausschnitt ist somit ein anderer. Dieser Effekt entspricht in etwa dem digitalen Zoom. Der Cropfaktor zwischen APS-C und Vollformat beträgt in etwa 1,5 bis 1,6 (bei Canon). Der Bildausschnitt eines 50-mm-Objektivs auf einer APS-C-Kamera entspricht demnach dem Bildausschnitt, den ein 75-mm-Objektiv auf einer Vollformatkamera hätte. Dies ändert aber nichts an der Tatsache, dass ein 50-mm-Objektiv immer ein 50-mm-Objektiv bleibt.

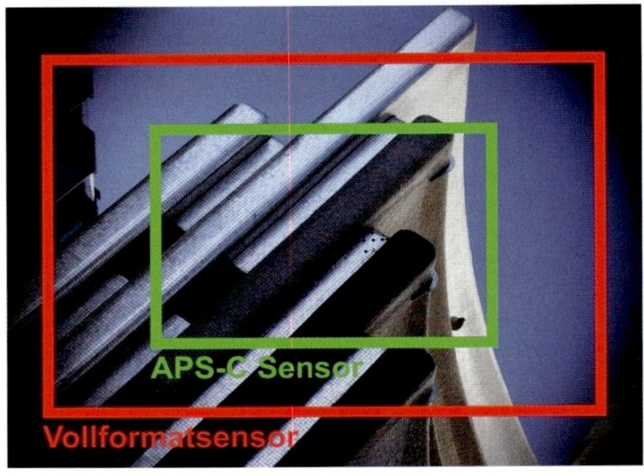

Bei unterschiedlicher Sensorgröße ergibt sich ein anderer Bildausschnitt. APS-C-Kameras sind also um den Faktor 1.5 weiter. Ein 35-mm-Objektiv wirkt auf einer APS-C-Kamera so ähnlich wie ein 50-mm-Objektiv auf einer Vollformatkamera.

Interessant ist diese Umrechnung nur für diejenigen, die oft zwischen APS-C- und Vollformatkameras wechseln, um die daraus resultierenden Bildwinkel miteinander vergleichen zu können. Wird mit einem 15-mm-Weitwinkelobjektiv auf einer Vollformatkamera ein kleiner Raum fotografiert und bekommt man diesen gerade noch vollständig ins Bild, so lässt sich abschätzen, dass für das gleiche Szenario mit einer APS-C-Kamera ein Objektiv mit einer Brennweite von 10 mm nötig wäre, um ebenfalls alles aufs Bild zu bekommen. Für all diejenigen, die nicht zwischen unterschiedlichen Kamerasystemen hin und her wechseln, ist die Umrechnung mithilfe des Cropfaktors irrelevant.

Verändert der Cropfaktor die Blende?

Nein, aber indirekt die Tiefenschärfe. In der Theorie tut der Cropfaktor das zwar nicht, in der Praxis aber schon. Der Cropfaktor bzw. die Sensorgröße allein verändert die Tiefenschärfe nicht. Sofern dasselbe Objektiv verwendet wird und der Abstand zum Motiv identisch bleibt. Dabei ändert sich allerdings der Bildausschnitt, nicht jedoch die Tiefenwirkung. Letztendlich beschreibt der Cropfaktor nur den virtuellen Beschnitt, nicht mehr und nicht weniger.

In der Praxis führt der engere Bildausschnitt aber dazu, dass entweder eine größere Entfernung zum Motiv gewählt wird, damit dieses wieder vollständig ins Bild passt, oder eine geringere Brennweite mit schlechterem Freistellungspotenzial gewählt wird. Es ist also notwendig, sich vom Motiv zu entfernen, um den Zoom-Effekt des kleineren Sensors auszugleichen oder eben zu einem weitwinkligeren Objektiv zu greifen. Letztendlich sind es diese Faktoren, die die Tiefenschärfe beeinflussen: der Abstand zum Motiv, die Brennweite und die Blendenöffnung. Der Cropfaktor sorgt also indirekt für ein schlechteres Freistellungspotenzial kleinerer Sensoren, weil mit diesen zwangsläufig anders gearbeitet wird.

Um das unterschiedliche Freistellungspotenzial besser vergleichen zu können, kann der Cropfaktor auch auf den Blendenwert angewendet werden. Und aus diesem Zusammenhang entspringt auch der Irrglaube, dass der Cropfaktor einen Einfluss auf die Lichtstärke, im Sinne der Blende, hätte. Das ist aber nicht der Fall. Sobald der Cropfaktor auf den Blendenwert anwendet wird, bezieht sich dies ausschließlich auf die Tiefenschärfe bei Verwendung von äquivalenten Brennweiten, um auszurechnen, welche Blendenöffnung für ein vergleichbares Bild theoretisch nötig wäre. Dies bedeutet nicht, dass sich die Blende auch tatsächlich ändert, das tut sie nämlich nicht.

Der Cropfaktor von APS-C zu Vollformat beträgt 1,5. Ein 55-mm-Objektiv auf APS-C entspricht also in etwa einer 80-mm-Brennweite auf Vollformat. Wenn das 80-mm-Vollformatobjektiv eine Blende von f1.8 aufweist, so müsste das 55-mm-APS-C-Objektiv eine Blende von f1.2 haben, um eine vergleichbare Tiefenwirkung zu erzielen

$$\frac{80\,mm\ \mathrm{f}1.8}{1{,}5} \sim 55\,mm\ \mathrm{f}1.2$$

Ganz genauso wird das Bild zwar nicht aussehen wie auf einer Vollformatkamera, allerdings sollte die Tiefenwirkung zumindest einigermaßen vergleichbar sein. Der ausgerechnete Wert bedeutet nur, dass, wenn der ungefähre Bildlook eines 80-mm-f/1.8-Objektivs an einer Vollformatkamera auf einer APS-C-Kamera nachgebildet werden soll, hierfür ein 55-mm-f1.2-Objektiv notwendig sein wird. Ein weit verbreiteter Irrglaube besteht hingegen darin, dass sich ein 55-mm-f1.2-Vollformatobjektiv dementsprechend auf einer APS-C-Kamera in ein 80-mm-f/1.8-Objektiv verwandelt. Das ist definitiv nicht der Fall.

Lediglich der Bildausschnitt verändert sich und auch das Freistellungspotenzial würde einer f1.8er-Blende auf Vollformat entsprechen, da in der Praxis ein größerer Abstand zum Motiv eingehalten werden muss. Die Lichtstärke würde sich aber nicht verändern. Eine 1.2er-Blende bleibt nämlich immer einer 1.2er-Blende. So würde ein 16-70-mm-f/2.8-Objektiv auf einer APS-C-Kamera einem 24-105-mm-f/4.0-Objektiv auf einer Vollformatkamera vom Bildlook her ähneln. Dasselbe wäre es dadurch aber nicht.

Wenn aufgrund des größeren Abstands zum Motiv eine Tiefenwirkung erzielt wird, die von der Tiefenschärfe zwar an eine f/1.8er-Blende erinnert, handelt es sich trotzdem immer noch um eine f/1.2er-Blende. Das Objektiv lässt nämlich nicht weniger Licht durch, wenn der sich dahinter befindliche Sensor kleiner wird. Deswegen darf der Cropfaktor weder auf die Lichtstärken, noch auf den ISO-Wert angewendet werden. Die Belichtung verändert sich nämlich nicht. Lediglich der Bildausschnitt wird beschnitten, was uns dazu zwingt, den Abstand zum Motiv zu vergrößern, um dieses ins Bild zu bekommen. Mehr passiert nicht.

Fangen große Vollformat-Sensoren 1,5-mal mehr Licht ein?

Dies hat zwar nur indirekt etwas mit dem Cropfaktor zu tun, allerdings ist diese Frage mit letzterer verwandt und beruht ebenfalls auf einer Falschannahme. Da der Cropfaktor keinen Einfluss auf die Lichtstärke oder auf den ISO-Wert hat, wieso sollte sich dieser auf den Lichteinfall auswirken? Nun, das tut er auch nicht. Der Cropfaktor bezieht sich nämlich auf die Bilddiagonale. Wenn überhaupt, so müsste die Sensorfläche ausschlaggebender sein. Ein Vollformatsensor hat gegenüber einem APS-C-Sensor eine 2,33-mal so große Fläche, auf die Licht einstrahlen kann.

Fängt ein Vollformat-Sensor also mehr als doppelt so viel Licht ein und ist er deswegen besser für Nachtaufnahmen geeignet, weil die Bilder heller werden?

Dies ist leider ebenfalls nicht der Fall: Bayern ist schließlich auch deutlich größer als das Saarland und fängt mehr Licht ein, dennoch ist es in Bayern nicht unbedingt heller. Die Belichtung wird nämlich nicht auf die gesamte Fläche, sondern auf die Flächeneinheit bezogen! Dies ist auch der Grund dafür, weshalb in modernen

Belichtungsmessern keine Einstellmöglichkeit für die Sensorgröße vorhanden ist. Was meistens (wenn auch nicht immer) stimmt, ist, dass Vollformatsensoren aufgrund der geringeren Pixeldichte größere Einzelpixel haben. Größere Pixel sind indes weniger anfällig für das Bildrauschen, erzeugen aber keine helleren Bilder. Wenn wir eine große Schüssel sowie ein kleines Glas draußen für einige Minuten im Regen stehen lassen, wird der Wasserpegel bei beiden in etwa gleich hoch sein. Platzieren wir hingegen ganz viele kleine Gläser in unserem Garten, wird es zwischen den einzelnen Gläsern mitunter große Unterschiede geben. Nehmen wir statt den Gläsern ganz viele große Schüsseln, werden diese gleichmäßiger gefüllt sein, da sich diese eher einem Mittelwert annähern. Da in unserem Garten aber aus Platzgründen deutlich weniger Schüsseln als Gläser hineinpassen, wäre die gesamt aufgefangene Wassermenge bei beiden Versuchen identisch. Sollten wir die Möglichkeit haben, den Versuch auf das Nachbargrundstück zu erweitern, bekämen wir zwar mehr Schüsseln unter, der Wasserpegel wäre aber in jeder einzelnen Schüssel nicht höher.

Vollformatkameras haben also meistens größere Einzelpixel aufgrund der geringeren Pixeldichte pro mm^2. Dies führt dazu, dass sie meistens später anfangen zu rauschen und daher oft besser für hohe ISO-Werte und dunkle Situationen geeignet sind. Hellere Bilder erzeugen Vollformatkameras aber nicht. Deswegen ist es unsinnig, zwischen APS-C-Kameras und Vollformatkameras einen Umrechnungsfaktor auf den ISO-Wert anzuwenden.

Wie falsch diese Annahme ist, wird zudem deutlich, wenn die Kameras Nikon D500 (APS-C) und Canon 5DS-R (Vollformat) verglichen werden. Hier schneidet die kleine APS-C-Kamera im Dunkeln, unter hohen ISO-Einstellungen, wesentlich besser ab, da sie u. a. über eine geringere Pixeldichte verfügt. Mit der Sensorgröße direkt hat dies also nichts zu tun. Größere Sensoren erzeugen keine helleren Bilder. Außerdem hat dieser Zusammenhang auch nichts mit dem Cropfaktor zu tun. Dieser ändert lediglich den Bildausschnitt.

Fazit

All diejenigen, die im Besitz einer APS-C- bzw. DX-Kamera sind, können problemlos alle passenden Objektive kaufen, egal ob diese eigentlich für APS-C oder Vollformat sind. Es muss auch nichts umgerechnet werden. Alle, die nur ein einziges Kamerasystem besitzen, und dementsprechend nicht zwischen verschiedenen Sensorgrößen hin und her wechseln, dürfen alles wieder vergessen und sollten sich nicht vom Cropfaktor verwirren lassen!

Objektive für die Architekturfotografie

Da es in der Architektur- und Immobilienfotografie relativ wenige Möglichkeiten gibt, das Bild mit Kunst- oder Blitzlicht zu gestalten, hat das Objektiv den größten Einfluss auf die Bildwirkung. Dieser Ausrüstungsgegenstand ist definitiv der wichtigste. Aus diesem Grund wird der folgende Abschnitt etwas länger und ausführlicher. Für eine ausgezeichnete Bildqualität sind die Objektive nämlich wesentlich entscheidender als die Kamera! Was nutzt einem eine 50-MP-Kamera, wenn das Bild bereits unscharf auf den Sensor projiziert wird oder die Kontraste flau aussehen? Aus diesem Grunde sollte an den Objektiven nicht gespart werden; zumindest nicht qualitativ. Gerade im Objektivbereich existieren zahlreiche Geheimtipps, mit denen sich preislich sehr viel sparen lässt, ohne Einbußen in der Bildqualität und Verarbeitung machen zu müssen.

Das ideale Allround(er)-Objektiv?

Als professioneller Fotograf wird man oft nach Objektivempfehlungen gefragt. Dabei sind die Anforderungen oft nicht riesengroß, dafür aber thematisch etwas breiter aufgestellt. Da insbesondere Anfänger nach einem Ratschlag fragen, wird meistens sogar explizit dazu gesagt, bitte nicht das teuerste Objektiv zu empfehlen, es wäre ja eh nur fürs Hobby und es müsse nicht professionell sein (z. B. maximal 700 €). Nun gut – es ist also nicht schlimm, wenn das Objektiv nicht ganz so scharf ist. Die restlichen Anforderungen sind dabei nicht selten, dass es einen großen Zoombereich haben muss. Schließlich sollen im Urlaub Teleaufnahmen von Vögeln, aber auch Landschafts- und Architekturaufnahmen erstellt werden.

Außerdem möchte man damit hin und wieder Makroaufnahmen machen, weil kleine Insekten auf Blumen schön sind. Auch sollte es schnell scharf stellen können, weil mit dem derzeitigen Objektiv der spielende Hund nie scharf abgebildet werden kann. Und es wäre natürlich super, wenn das Objektiv im Dunkeln genauso gut funktioniert, weil die anstehende Geburtstagsparty dokumentiert werden muss. Des Weiteren darf es nicht viel wiegen, weil man unter Schulter- und Rückenproblemen leidet, und ins Handgepäck passen muss es natürlich auch. Falls dann noch die dazugehörige Kamera fehlt, darf diese auch nur 200 Gramm wiegen und maximal 500 € extra kosten. Dies sind soweit die klassischen Anforderungen eines Anfängers.

Ein solches Objektiv, das den Anforderungen eines Anfängers gerecht wird, existiert leider nicht. Für diesen Aufgabenbereich wären eher sechs Objektive, die alle zusammen 13.500 € kosten und ca. 8 kg wiegen, notwendig. Bei einer solchen Antwort wird allerdings meistens vermutet, dass man vielleicht doch nicht so viel Ahnung hat. Deswegen wird sich der nach Rat suchende Anfänger abwenden, um eine weitere Meinung einzuholen.

Das ideale Objektiv existiert nicht. Im weiteren Verlauf dieses Kapitels wird der Grund hierfür hoffentlich auch ein wenig klarer. Was es jedoch gibt, sind technisch nahezu perfekte Objektive mit einer hervorragenden Abbildungsleistung. Diese produzieren aber nicht zwangsläufig schöne Bilder und sie sind in den meisten Fällen nicht unbedingt zu empfehlen.

Brennweite und Anfangsblende

Die Einteilung von Objektiven erfolgt in erster Linie anhand ihrer Brennweite und Lichtstärke. Die Brennweite entspricht der Distanz zwischen der Linsenhauptebene und dem Brennpunkt. Dabei steht die Brennweite eines Objektivs im direkten Zusammenhang zum Bildausschnitt. Würde ein Objektiv auf eine einzige Glaslinse zusammengeschrumpft und ins Unendliche fokussiert werden, dann wäre der Abstand zwischen Sensor und Linsenmitte die Brennweite. Die Brennweite ist also eine relativ hypothetische Einheit. Ein 13 Zentimeter langes Objektiv kann also eigentlich keine Brennweite von nur 14 Millimetern besitzen. Zudem müsste es sich 14 mm vor dem Sensor befinden und würde somit in der Spiegelreflexkamera mit dem Spiegel zusammenstoßen. Erst durch eine konvex-konkave und

Was ist nun ein gutes Objektiv?

Nicht alle erhältlichen Funktionen sind wirklich notwendig. Welche Funktionen tatsächlich benötigt werden, hängt individuell von den eigenen Bedürfnissen ab. Ein in der Theorie exzellentes Objektiv kann in der Praxis sehr schlecht sein. So wäre ein superscharfes AF-S PC-E 8-5000 mm f/0.4 DC VR vom Prinzip her wünschenswert. In der Praxis wäre dieses Objektiv aber so groß wie ein Hochhaus und unbezahlbar. Also nicht besonders praktikabel. Wahrscheinlich existiert es deswegen auch nicht. Aber auch ein drei Kilo schweres Objektiv ist bereits nicht alltagstauglich. Ein gutes Objektiv ist also keines was möglichst viele Features hat. Ein gutes Objektiv ist jenes, das den individuellen Ansprüchen gerecht wird! In der Fotografie besteht alles aus Kompromissen. So ist ein Objektiv mit einer hohen Schärfe, minimaler Verzeichnung und geringer Randabdunkelung zunächst gut. Allerdings gelingen solche Eigenschaften nur durch zusätzliche Korrekturen, die ihrerseits andere Nachteile mit sich bringen. Daher muss die Frage nach dem tatsächlich Benötigten gestellt werden. Ein Fotograf, dessen Motiv sich immer in der Bildmitte vor einem unscharfen Hintergrund befindet, benötigt kein Objektiv, das bis in die äußerste Bildecke knackscharf ist, dafür aber die Farben etwas verfälscht. Viel wichtiger wäre beispielsweise, dass der unscharfe Bereich (Bokeh) angenehm wirkt. Technisch perfekte Objektive sind nämlich nicht unbedingt schön. Letztendlich haben die Werke von Monet, van Gogh oder Picasso auch eine sehr schlechte Auflösung und Detailwiedergabe … Diesbezüglich würde keine Testzeitschrift auf die Idee kommen, die Mona Lisa aufgrund technischer Kriterien als schlecht zu bewerten; bei Objektiven ist dies leider gängige Praxis.

bikonvexe Linsenanordnung kann eine tatsächliche Brennweitenverlängerung erfolgen, wobei der Bildwinkel und die effektive Brennweite unverändert bleiben.

Bei spiegellosen Kameras sind die Abstände im Übrigen kleiner, da es keinen Spiegelkasten vor dem Sensor gibt. Dadurch müssen im Weitwinkelbereich die Brennweiten nicht so stark und aufwendig künstlich verlängert werden. Dies ermöglich weniger aufwendige Konstruktionen und extreme Bildwinkel mit Brennweiten von z. B. 9 mm, die es im DSLR-Bereich nicht gibt. Bei Teleobjektiven müssen die Objektive von spiegellosen Systemkameras durch eine bikonvex und bikonkave Telekonstruktion stärker verkürzt werden als bei DSLRs. Alternativ kann ein Objektiv am unteren Ende durch zusätzlichen Leerraum um ca. drei Zentimeter verlängert werden. Daher sind die Gesamtsysteme (Kamera mit Objektiv) meistens gleich groß, obwohl die spiegellosen Kameras an sich kleiner sind.

Die hypothetische Annahme einer Linse, bei der Definition der Brennweite, hat also nichts mit der Realität gemein. Wenn wir in der Fotografie von Brennweite reden, ist also eigentlich die effektive Brennweite und nicht die tatsächliche Brennweite gemeint. Erstere beschreibt den Bildwinkel. Objektive mit einer geringen Brennweite (z. B. 14 mm) bilden einen großen Bildwinkel ab und werden daher als Weitwinkelobjektive bezeichnet. Bei hohen Brennweiten, wie beispielsweise 300 mm, wird von Teleobjektiven (früher: Fernobjektiv) gesprochen. Dazwischen gibt es noch Normalobjektive (ca. 40 bis 55 mm), die in etwa dem menschlichen Sehen entsprechen und daher gut für Alltagssituationen geeignet sind.

Neben der Brennweite ist die Anfangsblende eines Objektivs entscheidend. Diese beeinflusst das Freistellungspotenzial und wird mit Werten wie z. B. 1:2,8 angegeben, was in diesem Fall bedeutet, dass sich die Blende maximal auf einen Wert von f/2.8 öffnen lässt. Je größer die Maximalblende (kleinerer Zahlenwert), desto besser ist theoretisch das Low-Light und das Freistellungspotenzial des Objektivs. In der Praxis ist dies nicht zwangsläufig der Fall, sodass die Blende (Apertur) nicht mit der tatsächlichen Lichtstärke gleichzusetzen ist, schließlich absorbiert das Glas selbst Licht. So wie ein ND-Filter die Lichtmenge abschwächt, ohne die Blendenöffnung zu ändern, verhält es sich bei Objektiven.

Die Angabe des Blendenwertes mit dem Buchstabenkürzel F (focal ratio) steht nur für die Öffnungsweite, die Angabe mit einem T (transmission stop) repräsentiert hingegen die Lichtstärke. Dies wird leider oft verwechselt. Ein Objektiv mit einer Blende von f/1.2 kann also dunklere Bilder machen als eines mit f/1.8. Im Bereich der Fotografie sind offenblendigere Objektive nicht zwangsläufig lichtstärker. Nur Objektive mit einer T- anstatt einer F-Angabe lassen sich bezüglich ihrer Lichtstärke miteinander vergleichen. Ein Beispiel für ein solches Objektiv ist das ZEISS Supreme Prime 29 mm T1.5. Ein optischer Bildstabilisator kann die Low-Light-Performance hingegen maßgeblich verbessern.

Die minimale Naheinstellgrenze

Neben der Brennweite bzw. dem Brennweitenbereich sowie der Lichtstärke (oder Anfangs-Apertur) sollte man sich vor dem Kauf auch über die minimale Naheinstellgrenze (NEG) informieren. Wobei diese speziell für die Architektur- und Immobilienfotografie zweitrangig ist. Die Naheinstellgrenze wird üblicherweise in Zentimeter angegeben. Eine Naheinstellgrenze von 45 cm sagt beispielsweise aus, dass es mit dem Objektiv möglich ist, bis auf eine Entfernung von 45 cm an das Motiv heranzutreten und es immer noch scharf abzubilden. Bei geringeren Abständen ist es hingegen nicht mehr möglich, das Bild scharf zu stellen. Je geringer der angegebene Wert bezüglich der Naheinstellgrenze ist, desto eher eignet sich das Objektiv für Detail- und Nahaufnahmen.

Autofokus und Bildstabilisator

Die Geschwindigkeit der Blende und des Autofokus werden im Nachfolgenden vernachlässigt, da diese für die Architektur- und Immobilienfotografie nicht ausschlaggebend sind. Dennoch ist es durchaus praktisch, wenn das Objektiv grundsätzlich über einen Autofokus (AF) verfügt, wie schnell dieser arbeitet ist für uns aber zweitrangig. Die Geschwindigkeit und AF-Leistung sind nicht nur von der Kamera, sondern auch vom Objektiv abhängig. Beispielsweise kann ein AF entweder genau oder schnell sein, beides zusammen ist leider nur selten der Fall. Dies hängt damit zusammen, dass in hochwertigen Objektiven meistens Schrittmotoren verbaut sind. Entweder macht der Motor sehr kleine Schritte und trifft den Fokuspunkt genau, oder er macht große Schritte und ist dafür schneller in der Nähe des Ziels. Es kommt also immer auf das Gleichgewicht an. In der Fotografie besteht nahezu alles aus Kompromissen.

Neben einem Autofokus ist ein optischer Bildstabilisator ein weiteres technisches Feature, das ein Objektiv mitbringen kann. Bildstabilisatoren gleichen die Eigenbewegung des Fotografen aus und verhindern ein Verwackeln des Bildes. Somit sind scharfe Bilder auch bei längeren Belichtungszeiten aus der Hand und ohne Stativ möglich, ohne dass das Bild direkt unscharf wird. Dies ist insbesondere in schlecht ausgeleuchteten Räumen praktisch, da ein guter Bildstabilisator es einem erlaubt, trotzdem vergleichsweise niedrige ISO-Werte zu benutzen, wenn für den Aufbau eines Stativs keine Zeit ist.

Jeder Hersteller bezeichnet seine Bildstabilisatoren anders: VR, VC, OS, IS, OSS oder OIS sind alles Bezeichnungen für eine optische Bildstabilisierung.

Da hohe Lichtstärken auch größere und schwerere Glaselemente mit sich führen, die bewegt würden müssten, würde bei lichtstarken Objektiven entsprechend ein größerer Bildstabilisator mit stärkeren Motoren notwendig sein, der seinerseits mehr Platz in Anspruch nähme. Aus diesem Grund sind extrem lichtstarke Objektive, wie f/1.2, in Kombination mit einem Bildstabilisator kaum zu finden. Stabilisierte Objektive weisen in der Regel maximale Lichtstärken von in etwa f/2.8 auf. Wobei es auch hier Ausnahmen gibt, da Tamron tatsächlich stabilisierte f/1.8er-Objektive im Sortiment hat. Allerdings gilt dies nicht für extrem weitwinklige oder sehr lange Brennweiten.

Mit jeder weiteren halben Blendenstufe verdoppelt sich der Objektivpreis in etwa, ohne dass die Bildqualität zwangsläufig besser wird. Ist eine gute Low-Light-Performance gewünscht, so muss abgewogen werden. Entweder wird diese durch einen Bildstabilisator, der uns bis zu fünf Blendenstufen kompensiert, erreicht; was allerdings mit einem schlechteren Freistellungspotenzial einhergeht. Oder dies wird durch eine größere Blendenöffnung (Apertur) erreicht, die uns einen Vorteil von gerade mal ein bis maximal zwei Blendenstufen verschafft, dafür aber kreatives Arbeiten mit deutlich sichtbarer Unschärfe ermöglicht. Im Rahmen der Architektur- und Immobilienfotografie erscheint die erste Lösung mit dem optischen Bildstabilisator sinnvoller, sofern eine Wahl getroffen werden muss.

Typische Objektivbezeichnungen

Wird ein Objektiv als AF-S 24-70 mm f/2.8 VR bezeichnet heißt dies, dass es sich um ein Zoomobjektiv mit einer stufenlos veränderbaren Brennweite von 24 bis 70 mm handelt und die Blende sich über den kompletten Zoombereich hinweg maximal auf einen Wert von f/2.8 öffnen lässt. Zudem verfügt dieses Objektiv über einen Bildstabilisator und einen Autofokus. An der Abkürzung AF ist der vorhandene Autofokus zu erkennen, das S steht hingegen für die Art des Motors bzw. des Fokussystems und ist herstellerspezifisch. Bei vielen Objektiven finden sich noch weitere Abkürzungen und Bezeichnungen, die aber ebenfalls herstellerspezifisch und somit nicht einheitlich sind.

Ein 70-300-mm-f/4.5-5.6-VR-Objektiv hat ebenfalls einen Bildstabilisator, aber die Brennweite ist eine andere. Die Blende ist aber nicht durchgängig! Die Angabe f/4.5-5.6 bedeutet, dass sich die Blende im unteren Brennweitenbereich bei 70 mm auf einen Wert von maximal f4.5 öffnen lässt. Am oberen Ende des Zooms bei 200 mm verliert das Objektiv aber an Lichtstärke, da die Blende sich hier nur noch auf einen Wert von f/5.6 öffnen lässt. Beim Reinzoomen wirkt das Objektiv also etwas dunkler. Ein 28-mm-f/1.4-Objektiv hat hingegen keine Zoom-Funktion. Es handelt sich um eine Festbrennweite, die besonders lichtstark ist, da der Blendenwert mit f/1.4 sehr klein ist. Bei Festbrennweiten ist der Bildwinkel fix und kann nicht geändert werden.

Zoomobjektive und Festbrennweiten

Objektive mit einer verstellbaren Brennweite werden als Zoomobjektive bezeichnet. Bei Zoomobjektiven lässt sich die Brennweite und somit der Bildwinkel und der Bildausschnitt am Objektiv selbst ändern. Die meisten Zoomobjektive besitzen für diese Verstellung einen Drehmechanismus, den Zoomring. Zoomobjektive haben den großen Vorteil, dass sie ein schnelles und flexibles Arbeiten ermöglichen, ohne ständig das Objektiv wechseln zu müssen und dabei Zeit zu verlieren. Durch die verstellbare Brennweite vereinen Sie quasi mehrere Objektive in einem. Super-Zoom-Objektive mit einem sehr großen Brennweitenbereich, wie das 28-300 mm f3.5-5.6 VR, wiegen gerade mal 800 Gramm. Um diesen Brennweitenbereich mit Festbrennweiten abzudecken, stünde dem ein 30 kg schwerer Objektivkoffer gegenüber.

Zoomobjektive sind also durchaus praktisch und sparen in der Summe Zeit und Gewicht. Allerdings haben Sie auch ihre Nachteile. Meistens verfügen sie über eine geringere Lichtstärke und ein schlechteres Freistellungspotenzial im Vergleich zu Festbrennweiten. Wenn ohnehin nur eine bestimmte Brennweite benötigt werden sollte, fallen Zoomobjektive im Vergleich zur entsprechender Festbrennweite in der Regel etwas größer und schwerer aus.

Je größer der Zoombereich ist, desto schlechter ist in der Regel auch das Objektiv. Daher sollten kleinere Zoombereiche bevorzugt werden. Mit den Brennweiten von 14-24 mm (oder 15-30 mm) und 24-120 mm (oder 24-105 mm) präsentieren sich zwei Objektive, die nahezu den kompletten Arbeitsbereich auf Vollformat abdecken. Im APC-S-Segment sollte hingegen der Brennweitenbereich von 12 bis ca. 50/70 mm auf jeden Fall abgedeckt werden. Der untere Brennweitenbereich im Weitwinkel ist relevanter als der obere Zoombereich.

Festbrennweiten haben im Allgemeinen eine bessere Bildqualität und Abbildungsleistung als Zoomobjektive. Festbrennweiten haben meistens auch eine größere Anfangsblende, sodass sie lichtstärker sind und über ein besseres Freistellungspotenzial verfügen. Sie kommen mit weniger Glaselementen aus, sodass die Kontraste und Farben kräftiger wirken und auch die Details mehr Tonwertabstufungen aufweisen. Dadurch entstehen mit Festbrennweiten etwas lebendigere Bilder mit einer scheinbar leichten Dreidimensionalität. Zudem sind Festbrennweiten oft etwas schärfer, da das Objektiv mit weniger Bauteilen auskommt und die Fertigungstoleranzen in der Summe geringer ausfallen. Beispielsweise fällt bei Festbrennweiten der bewegliche Tubus als Fehlerquelle weg.

Bei vielen Objektiven lässt sich der Fokus über unendlich hinaus einstellen.

Bei hoher Temperatur dehnt sich das Objektiv nämlich aus und ein sogenannter Front-Fokus, wie dieser auch bei Verwendung von Makro-Zwischenringen auftritt, resultiert. Der Fokuspunkt lässt sich über unendlich hinaus drehen, um den Ausdehnungsfehler bei hohen Temperaturen kompensieren zu können. Gleichzeitig wird ein gutes Zoomobjektiv dadurch auch teurer, weil alle Linsen exakt und absolut spannungsfrei gefasst sein müssen, um eine einheitliche Ausdehnung zu gewährleisten. Schließlich muss die Zentrierung des Objektivs auch bei thermischer Ausdehnung beibehalten werden.

Bei sehr kleinen Festbrennweiten sitzt der Unendlich-Punkt auf der Fokusskala hingegen direkt am Anschlag und eine günstige Kunststoff-Pressfassung für die Glaselemente reicht meistens aus. Der zweite Lösungsansatz, anstatt einer extrem aufwendigen Objektivfassung, liegt bei Zoomobjektiven darin, diese weniger lichtstark zu machen. Aufgrund der so erzielten höheren Tiefenschärfe fallen leichte Fehler nicht so schnell auf und sind damit erst viel später bildrelevant. Daher können kleine Festbrennweiten im Gegensatz zu Zoomobjektiven etwas lichtstärker und günstiger produziert werden.

Bitte beachten!

Bis auf wenige Ausnahmen sollte in der Immobilienfotografie vermehrt auf nicht ganz so lichtstarke Festbrennweiten gesetzt werden. Ein Blendenwert von circa f/2 stellt einen vernünftigen Kompromiss zwischen Bildqualität, Preis-Leistung und der Möglichkeit des kreativen Arbeitens mit der Tiefenschärfe dar. Viel lichtstärkere Objektive mit Blendenwerten um f/1.2 sind sogar eher von Nachteil. Wobei es auch hier ganz wenige Ausnahmen gibt.

Warum nicht analoge Festbrennweiten

Sofern auf den Komfort von modernen Autofokus-Systemen und Bildstabilisatoren verzichtet werden kann, können alte analoge Festbrennweiten in der Anschaffung sinnvoll erscheinen. Ein Autofokus wird in der Immobilienfotografie ohnehin nicht dringend benötigt. Auch ein Bildstabilisator ist meistens nicht notwendig. Einige dieser älteren Objektive stehen modernen Objektiven hinsichtlich der Bildqualität in nichts nach und sind oft sehr günstig zu haben. Bei Zoomobjektiven und auch bei Ultraweitwinkeln gab es in den letzten Jahren erhebliche Fortschritte.

Festbrennweiten oberhalb von 30 mm haben sich in den letzten Jahrzehnten hinsichtlich ihres Aufbaus aber kaum verändert. Insbesondere Brennweiten von 40-90 mm haben am wenigsten vom technischen Fortschritt erfahren. Meistens handelt es sich in diesem Brennweitenbereich nämlich um einfache symmetrische Objektivkonstruktionen. Die etwas älteren Zeiss Distagon- oder Planar-Modelle finden sich zum Beispiel in der topaktuellen Zeiss Milvus-Serie vereinzelt, mit baugleichem Aufbau der Optik aber im neuen Gehäuse wieder. Ein Hinweis darauf findet sich beim Zeiss Milvus 2/100M, wo es bei Zeiss auf der Produktwebseite heißt, dass dieses Milvus-Objektiv vom Typ Zeiss Makro-Planar ist.

Beim Vergleich der technischen Datenblätter mit skizziertem Aufbau und den dazugehörigen MTF-Charts findet sich hingegen der Beweis. Letztere sind im Übrigen nicht nur bei der 100 mm Milvus-Variante identisch. Auch wird bei neuen Objektiven oft mit modernen und nach High-Tech klingenden Begriffen hantiert. Beispielsweise heißt es, dass moderne digitale Bildsensoren von Objektiven mehr Leistung abverlangen und deshalb das „Floating-Element-Design" mit beweglichen Linsengruppen entwickelt wurde, um eine stabil hochauflösende Abbildungsleistung im gesamten Fokussierbereich zu ermöglichen. Das klingt zunächst nach einem neuen und modernen Feature. Tatsächlich ist diese Technik aber nicht neu und auch bei alten Objektiven weit verbreitet. Das entsprechende Pendant wird bei Nikon beispielsweise als CRC (Close-Range-Correction) bezeichnet und besteht seit 1967. Besonders beworben wurde es hingegen nie, weshalb auf den Objektiven keine entsprechende Bezeichnung zu finden sein muss. Allerdings stimmt es auch, dass manche Objektive speziell an digitale Bildsensoren angepasst werden müssen. Dies gilt jedoch in erster Linie für extreme Weitwinkelobjektive.

Bei höheren Brennweiten über 30/35 mm fällt es hingegen nicht auf, falls diese nicht perfekt optimiert worden sind. So wird das Nikkor 55 mm 2.8 Ai-S micro nicht ohne Grund seit 1979 bis heute in unveränderter Form hergestellt und rollt immer noch vom Produktionsband. Mit einem Neupreis von über 600 € ist es für eine so alte Optik in dieser Brennweiten- und Lichtstärkenklasse auch nicht gerade ein Schnäppchen. Glücklicherweise gibt es ältere gebrauchte Varianten viel günstiger zu kaufen. Deshalb finden ältere analoge Objektive in meiner Liste mit Objektivempfehlungen (überwiegend für Nikon) eine große Bedeutung. Bis auf wenige Ausnahmen lassen sich diese aber nur noch gebraucht erwerben.

Bei älteren Objektiven sollte auf die Kompatibilität geachtet werden. Das Canon EF-Bajonett gibt es seit circa 1987, ältere Canon FD-Objektive sind daher meist nicht kompatibel und lassen sich aufgrund des Auflagemaßes nicht ohne Probleme adaptieren. Nikon ist dem F-Mount hingegen seit 1959 treu geblieben und alle alten Objektive funktionieren in vollem Umfang. Bei Fuji und Sony gibt es hingegen kaum Kompatibilitätsprobleme, da zahlreiche Adapter hierfür erhältlich sind.

Neue Festbrennweiten oberhalb von 30/35 mm sind manchmal tatsächlich viel besser als die alten Objektive. Das darf nicht verschwiegen werden! Allerdings ist dies eher selten der Fall und meistens sind alte oder neue Objektive optisch nahezu gleichwertig Der Unterschied liegt hingegen in den technischen Features wie Autofokus, Bildstabilisator, einem geringeren Gewicht oder Spritzwasserschutz. Zum Teil sind auch die Objektivbajonette neu. Technische Features können also zu weniger Ausschuss führen, weil die Wahrscheinlichkeit eines scharfen Bildes erhöht wird.

Der Unterschied in der schlussendlichen Bildqualität des Fotos ist hingegen zumeist sehr gering. Oft ist die Bildqualität sogar nicht besser, sondern minimal anders, weil deren Kriterien zur Beurteilung anders gewichtet sein können. Alte Objektive müssen also nicht schlechter sein. Dies gilt jedoch nur für Festbrennweiten oberhalb von ca. 30 mm. Auch neue Objektive oberhalb von 30 mm können tatsächlich digital optimiert worden sein, doch fällt es in der Anwendung kaum auf, wenn sie das nicht sein sollten. Im Gegensatz dazu sind die neuesten Weitwinkel- oder Zoomobjektive meistens tatsächlich besser als ihre Vorgänger. Im extremen Tele-Bereich oder bei sehr lichtstarken Objektiven verhält es sich ähnlich.

Nicht am Adapter sparen!

(Insbesondere für Sony, Fujifilm oder Leica relevant)

Beim Adapter sollte nicht gespart werden, die günstigsten Modelle können zu Qualitätsverlusten führen. Dies kann sich bei einem leicht schief gebauten Adapter darin äußern, dass ein minimaler Tilt-Effekt die Bildränder unscharf erscheinen lässt, obwohl das Objektiv eigentlich auch am Rand scharf sein sollte, wenn die Bildmitte fokussiert ist. Gleichzeitig kann dies in den betroffenen Bereichen zu Farbsäumen oder anderen Bildfehlern führen. Ist der Adapter hingegen minimal zu lang gebaut, wobei hier schon der Bruchteil eines Millimeters ausschlaggebend sein kann, so lässt sich das Objektiv in der Unendlich-Einstellung nicht mehr fokussieren. Ist letzterer Effekt sehr klein, wird dieser Fehler unter Umständen nicht bewusst zugeordnet und es wird davon ausgegangen, dass das Objektiv eben nicht so superscharf wäre. Theoretisch ist das Objektiv dann auch nicht mehr perfekt für dieses neue bzw. fehlerhafte Auflagemaß optimiert und es können andere Bildfehler auftreten. In der Praxis sollten diese bei kleinen Abweichungen aber nicht bildrelevant sein.

Fisheye-Objektive für 360°-VR-Touren

Die als Fisheye- oder Fischaugenobjektiv bezeichneten Objektive sind extreme Weitwinkelobjektive mit einem Bildwinkel von 180° oder sogar etwas mehr. Diese Projektion kann jedoch nur aufgrund einer extrem hohen Verzeichnung erreicht werden, da sich ein Bild, das 180° abdeckt, geometrisch nicht anders darstellen lässt. Diese Verzeichnung macht sich in Form einer starken Bildwölbung bemerkbar; gerade Linien erscheinen am Bildrand also gekrümmt. Die tonnenförmige Verzeichnung ermöglich es erst, eine Hemisphäre abzubilden, die dem vollständigen Gesichtsfeld entspricht. Flächenverhältnisse werden also getreuer abgebildet als die Bildwinkel, während herkömmliche Weitwinkelobjektive aufgrund ihrer gnomischen Zentralprojektion eher winkeltreu und weniger flächentreu abbilden.

Fisheye-Objektive haben fast immer einen Bildwinkel von 180°. Es gibt zwar Ausnahmen, die sogar mehr als 220° in der Diagonale abbilden. Im Normalfall sind es aber nahezu immer 180°.

Und dennoch gibt es Fisheye-Objektive mit unterschiedlichen Brennweiten für dieselbe Sensorgröße, die dennoch den gleichen Bildwinkel abbilden. Bei einer höheren Brennweite ist, wie bei anderen Objektiven auch, das Motiv in der Bildmitte größer. Der Bildwinkel bleibt allerdings unverändert, weil die Bildwölbung mit der Brennweite ebenfalls zunimmt. Höhere Fisheye-Brennweiten gehen also mit einer stärkeren Verzeichnung einher. Geringere Brennweiten lassen sich in Bildbearbeitungsprogrammen wie Photoshop hingegen leichter entzerren und wirken danach wie normale Ultraweitwinkel-Objektive. Ob es sinnvoll ist, dies zu tun, ist aber eine andere Frage.

Aus dem Alltag dürfte ein ganz leichter und dezenter Fisheye-Effekt von den Action-Kameras (z. B. GoPro) bekannt sein. Hier ist das Bild sehr weit und in manchen Aufnahmen wirkt der Horizont übermäßig gekrümmt. Richtige Fisheye-Objektive sind diesbezüglich aber viel extremer und eignen sich daher gut für kreatives Arbeiten. Für die Architekturfotografie besteht der Vorteil einerseits in dem unglaublich großen Bildwinkel. Die extreme Verzeichnung macht solche Objektive hingegen nahezu unbrauchbar. Bei manchen Motiven ergeben sich

Anwendungsgebiet

Zur Erstellung von interaktiven virtuellen 360-Grad-VR-Touren für die Webseite ist ein solches Objektiv unabdingbar! Neben einem Fisheye-Objektiv werden ein Stativ und ein Nodalpunktadapter sowie die entsprechende Software für die Verarbeitung der Aufnahmen zu einem virtuellen Rundgang benötigt. Beispiele für solche 360-Grad-VR-Touren finden sich auf:

www.architekturfotografie-frankfurt.com/vr-touren

Fisheye-Objektiv auf APS-C-Kamera für kreative Experimente.

mit Fisheye-Objektiven aber sehr interessante Perspektiven und eindrucksvolle Bilder. Ob dieser Effekt gefällt oder nicht, muss individuell abgewogen werden. In der klassischen Immobilienfotografie wird sich ein solches Objektiv eher selten nützlich machen. Diesbezüglich gibt es aber eine Ausnahme.

Im Rahmen von 360°-VR-Rundgängen wird ein circulares Fisheye-Objektiv benötigt. Das heißt, dass das Bild nicht formatfüllend, sondern kreisförmig sein muss, woraus sich schwarze Ränder ergeben. Ein herkömmliches Fisheye-Objektiv kann vergleichsweise einfach zu einem circularen Fisheye-Objektiv umgebaut werden. Hierfür wird ein Fisheye-Objektiv, das für APS-C-Sensoren konzipiert wurde, benötigt. Dieses wird auf eine Vollformatkamera mit größerem Bildsensor montiert. Nun muss die Gegenlichtblende des Objektivs entfernt werden, damit diese nicht im Bild zu sehen ist (vgl. Cropfaktor). Mit etwas Glück ist die Gegenlichtblende nur angesteckt und sie kann mit einem Klick entfernt werden.

Eine fest verbaute Gegenlichtblende muss hingegen abgesägt werden, man spricht hier von einer „Rasur". Dieser Umbau hat den Vorteil, dass mehr aufs Bild zu bekommen ist. Normalerweise beträgt der Bildwinkel an der Diagonale gemessen 180 Grad von Bildecke zu Bildecke. Auf dem Vollformat wird ein Bildkreis mit einer Diagonale von 220° abgebildet. Das Objektiv guckt also leicht nach hinten. Für eine vollständige 360°-Aufnahme wären zwei Einzelaufnahmen theoretisch ausreichend.

Um mehr Überlappung für das Zusammenschneiden des Panoramas und eine bessere Bildqualität zu erhalten, sollten mindestens drei bis vier Einzelaufnahmen erfolgen. Zwar können einfache 360°-VR-Touren auch mit kleinen, speziell dafür gebauten Kompaktkameras

(z. B. Ricoh Theta) erstellt werden, allerdings ist die Qualität nicht zufriedenstellend. Die Bilder der beiden Linsen sind selten sauber zusammengeschnitten und die restliche Bildqualität erinnert eher an ältere Handys.

Makroobjektive für Details und Deko

Umso höher die Brennweite, desto geringer ist die Naheinstellgrenze (NEG) eines Objektivs im Normalfall. Ein 100-mm-Objektiv kann eine sehr hohe Naheinstellgrenze von mehr als eineinhalb Metern aufweisen. Lange Brennweiten, die trotzdem sehr geringe Naheinstellgrenzen aufweisen (z. B. das 105 mm f2.8 mit einer NEG von 31 cm), werden als Makroobjektive bezeichnet. Diese sind meistens auch sehr scharf und lassen sich zudem für andere Arten der Fotografie gleichermaßen einsetzen. Die geringere Naheinstellgrenze wird dadurch erreicht, dass sich der Tubus weiter ausfahren lässt als bei Standard-Objektiven.

Dies führt allerdings dazu, dass die Lichtstrahlen nicht im optimalen Winkel liegen und vermehrt Abbildungsfehler entstehen, die es mit zusätzlichen optischen Elementen wieder zu korrigieren gilt. Daher sind Makroobjektive in der Regel etwas komplexer aufgebaut und kosten deswegen etwas mehr. Makroobjektive eignen sich bestens für Nahaufnahmen. Die bekannten und besonders beeindruckenden Aufnahmen von Insekten werden beispielsweise mit solchen Makroobjektiven erstellt. Vereinzelt können diese für Detailaufnahmen ebenfalls gut gebraucht werden.

Die Bezeichnung Makroobjektiv bezieht sich nur auf die geringe Naheinstellgrenze und nicht auf die Brennweite. Ein gutes Makroobjektiv kann also gleichzeitig ein gutes Teleobjektiv sein und ebenso weit entfernte Objekte scharf abbilden. Laowa stellt beispielsweise auch Makroobjektive im extremen Weitwinkelbereich her, deren Naheinstellgrenze im ganz unteren einstelligen Zentimeterbereich liegt. Eine weitere Bezeichnung, die speziell im Makrobereich auftaucht, ist der Abbildungsmaßstab. Ein Abbildungsmaßstab von 1:1 bedeutet, dass das Objekt genauso groß auf den Sensor projiziert wird, wie es in Wirklichkeit ist. Bei einem 1:1-Abbildungsmaßstab könnte ein 50-Cent-Stück mit einer Vollformatkamera scharf und formatfüllend abgebildet werden, sodass die Münze den oberen und unteren Bildrand gerade so berührt.

Der Abbildungsmaßstab gibt an, wie groß ein Objekt abgebildet werden kann. Er resultiert aus dem Zusammenspiel von Brennweite und Naheinstellgrenze. Daher ist diese Angabe für den Bereich der Nahaufnahmen besonders relevant. Mit einem 40-mm-Makroobjektiv könnte eine 50-Cent-Münze genauso groß abgebildet werden wie mit einem 200-mm-Makroobjektiv, sofern der Abbildungsmaßstab bei beiden gleich ist. Mit dem 40-mm-Makroobjektiv müsste allerdings ein geringerer Abstand gewählt werden.

Höhere Brennweiten ermöglichen es demgegenüber, einen größeren Abstand zum Objekt einzuhalten und dennoch ein ähnliches Bild zu erzielen. Selbstverständlich kann sich der perspektivische Eindruck hierbei etwas ändern.

Bei den meisten Makroobjektiven ist die Lichtstärke bauartbedingt nicht durchgängig, dies wird bei der Objektivbezeichnung jedoch nicht explizit angegeben. So kann ein Objektiv mit der Bezeichnung „100 mm f2.8 AF D Macro“ in der Unendlich-Einstellung des Fokus tatsächlich eine 2.8er-Blende aufweisen. Im Nahbereich wird jedoch, trotz f2.8-Apertur, nur eine geringe Lichtstärke erreicht, die in etwa einer f5.6er-Blende entspricht. Dies ist bauartbedingt auf den langen Auszug beim Fokussieren zurückzuführen. Je weiter wir uns von einem Fenster wegbewegen, desto kleiner sieht dieses schließlich aus. Mit der Vergrößerung geht immer Licht verloren. Manche Objektiv-Kamera-Kombinationen zeigen dies bloß in Form einer angepassten effektiven Blende an, während andere die Anzeige des Blendenwertes nicht aktualisieren bzw. nur die reale Apertur wiedergeben.

Tilt-Shift-Objektive, damit es gerade ist

Diese Objektivklasse ist unter den Spezialoptiken die mit Abstand relevanteste für die Architektur- und Immobilienfotografie. Tilt-Shift- oder auch TS-Objektive ermöglichen das Verschieben (engl. shift) sowie das Verschwenken bzw. Neigen (engl. tilt) des Linsensystems gegenüber dem Sensor.

Tilt-Shift-Objektiv von Canon. (Quelle: Charles Lanteigne - CC BY-SA 3.0)

Gleichzeitig können Tilt-Shift-Objektive gedreht werden, um beispielsweise die Shift-Richtung zu variieren. Die Funktionen Tilt und Shift arbeiten unabhängig voneinander. Der Shift ermöglicht eine korrekte Darstellung des Bildformats, falls sich das Motiv ober- oder unterhalb der Kamera befindet. Um ein hohes Gebäude von unten fotografiert vollständig aufs Bild zu bekommen, wäre es normalerweise nötig, die Kamera nach oben zu neigen und auf das Motiv auszurichten. Dadurch würden eigentlich senkrechte Linien auf dem Bild scheinbar kippen. Solche stürzenden Linien müssten in der digitalen Bildbearbeitung durch eine trapezförmige Entzerrung korrigiert werden. Dazu würde das Bild oben stärker in die Breite gezogen werden als unten. Mit einem TS-Objektiv ist dies nicht nötig. Die

Mit einem Tilt-Shift-Objektiv ist es möglich, die Schärfeebene schräg verlaufen zu lassen. Wie wir in diesem Foto sehen, ist das Geschirr, auf dem Tisch im Vordergrund, fokussiert und scharf abgebildet. Die Säule links hinten, auf der sich der rote Stoff mit dem Logo befindet, ist ebenso fokussiert und scharf dargestellt, während das Fenster und die Pflanze rechts im Bild außerhalb der Fokusebene liegen und daher leicht unscharf sind. Die Schärfeebene läuft also schräg durchs Bild. Gleichzeitig wurde aus einer relativ tiefen Perspektive mit Blick nach oben fotografiert. Dies ist daran zu erkennen, dass wir relativ dicht am Tisch sind und aus einer flachen Perspektive auf diesen schauen. Allerdings ist auch die Deckenlampe vollständig im Bild, was nur durch einen Blick nach oben möglich ist. Dabei fällt auf, dass alle vertikalen Linien gerade dargestellt sind und nicht nach innen kippen, wie dies normalerweise beim Blick nach oben zu erwarten wäre.

Nikon D810 | ISO 64 | Brennweite 24mm (Nikkor 24mm 3.5 PC-E) | Blende 6.7 | Belichtungszeit 1/2 Sek. (vom Stativ)

Kamera kann gerade ausgerichtet bleiben. Anstatt sie jetzt zu kippen, wird das Objektiv nach oben geschoben (Shift) und das komplette Gebäude passt ins Bild, ohne dass fallende Linien entstehen. Das Gebäude wird gerade und maßstabsgetreu abgebildet.

Da sich ein Tilt-Shift-Objektiv drehen lässt, kann bei Bedarf nicht nur hoch und runter, sondern auch rechts und links oder diagonal geshiftet werden. Der Tilt ermöglicht durch das Verschwenken des Objektivs eine Verlagerung der Schärfeebene.

Normalerweise ist die Schärfeebene immer parallel zur Sensorebene. Bei Offenblende ist also entweder der Vordergrund oder der Hintergrund scharf fokussiert, beides gleichzeitig geht für gewöhnlich nicht. Beim Tilt-Shift-Objektiv ist das anders: die Schärfeebene kann an die Objektebene angepasst werden und mitunter schräg verlaufen. Befindet sich die Kamera beispielsweise in einer tiefen Position über einer Rasenfläche und in einiger Entfernung ist ein Haus zu sehen, so würde normalerweise auf das Haus fokussiert werden und die Wiese im Vordergrund wäre unscharf.

Wird das Objektiv hingegen nach unten geneigt (Tilt), so verläuft die Fokusebene schräg und die ganze Wiese wie auch das Haus sind selbst bei Offenblende scharf abgebildet. Auf der anderen Seite wird der Himmel dadurch gleichzeitig unschärfer. Da sich das TS-Objektiv drehen lässt, kann die Fokusebene ebenso von links nach rechts sowie in allen erdenklichen Positionen verlaufen. Was insbesondere im Porträtbereich beliebt ist, ist der Tilt entgegen der Motivebene in die eigentlich „falsche" Richtung. Auf diese Art entstehen besonders kreative und schöne Unschärfen. In der künstlerischen Architekturfotografie wird auf dieselbe Weise ein Miniatureffekt erzeugt.

Tilt und Shift sind voneinander unabhängig und können daher auch gleichzeitig miteinander kombiniert werden.

Objektiveigenschaften und Bildqualität

Die Definition einer guten Bildqualität kann mitunter sehr unterschiedlich ausfallen. So heißt es, dass eine gute Bildqualität gegeben ist, wenn die Abbildungsleistung hoch ist. Letztere ist als das Vermögen eines Objektivs, ein Bild in hoher Güte liefern zu können, definiert.

Schärfe, Schärfeabfall und Beugung

Die Bildschärfe ist kein so eindeutiger Begriff wie zunächst vermutet werden könnte. Hier muss unterschieden werden, ob ein Bild für das menschliche Auge scharf wirkt oder ob es, technisch betrachtet, hoch auflösen kann. Ein technisch hochauflösendes Bild kann auf den Betrachter etwas flau, flach und unscharf wirken. Wer bereits über ein Bildbearbeitungsprogramm wie z. B. Adobe Lightroom verfügt, kann sich davon schnell überzeugen. Hierfür muss ganz nah in ein beliebiges Bild, das in irgendeiner Form eine Kante zeigt, reingezoomt werden.

Nun wird die Klarheit-Einstellung ganz nach links auf einen Wert von -100 und anschließend nach rechts auf einen Wert von +100 geändert. Die Kante wird ihre Schärfe nicht verändern, da sich die Bildauflösung nicht ändert. Die Konturen werden allerdings deutlicher. Wenn auf die normale Ansicht rausgezoomt wird, ist zu beobachten, dass das Bild mit der negativen Klarheit sehr unscharf und weich wirkt, während der positive Klarheitswert ein schärferes Bild suggeriert, obwohl die Auflösung unverändert ist.

Beim Nachschärfen der Bilder in einem Bildbearbeitungsprogramm passiert genau das Gleiche, nur mit einem viel kleineren Radius: Die Bereiche um eine Kontur werden, in einem Radius von ein bis zwei Pixeln um diese herum, einseitig leicht aufgehellt und auf der anderen Seite abgedunkelt. Diese Kontrastanhebung an den Konturen führt zu einer intensiveren Schärfewahrnehmung. Die Detailtiefe ändert sich hingegen nicht. Das Auflösungsvermögen hat nichts mit der wahrgenommenen Schärfe zu tun. Das ist auch der Grund dafür, warum Handyfotos mit weniger als 10 MP Auflösung auf den ersten Blick schärfer wirken können, als unbearbeitete RAWs mit 46 MP Auflösung.

Auflösung und Schärfe sind also nicht dasselbe, dennoch werden diese Begriffe synonym verwendet. Wird von einem scharfen Objektiv gesprochen, so ist in den meisten Fällen die physikalische Auflösung gemeint. Die Bilder solcher Objektive müssen allerdings nicht zwangsläufig scharf aussehen.

Sphärische Aberration und Auflösungsvermögen

Jede Linse erzeugt Bildfehler und diese sind dafür verantwortlich, weshalb ein Bild überhaupt unscharf wird. Insbesondere die sphärische Aberration reduziert die Schärfe bzw. die Auflösung maßgeblich.

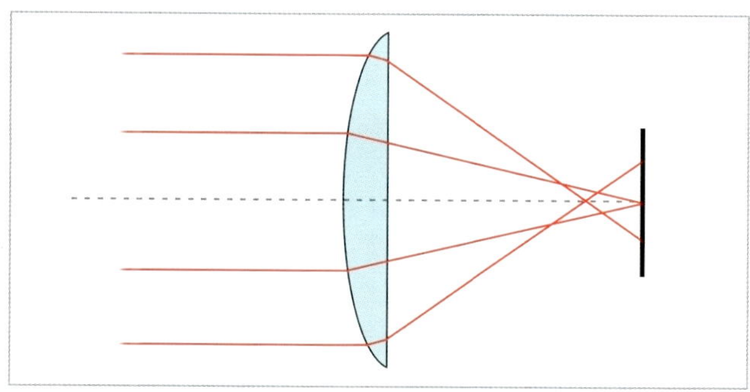

Die sphärische Aberration (zweiter Ordnung) ist ein Schärfefehler bei der Abbildung eines bestimmten Objektpunktes. Lichtstrahlen, die von der optischen Achse ausgehen, haben nach dem Durchgang nicht dieselbe Schnittweite und laufen nicht am Brennpunkt zusammen. Objektive mit sphärischer Aberration sorgen zumeist für ein sehr weich wirkendes Bild mit zwar scharfen, aber kontrastarmen Details: Um die scharf abgebildeten, aber blassen Details bildet sich ein Saum. Je weiter außen die Lichtstrahlen verlaufen, desto stärker ist die sphärische Aberration. Daher lässt sich diese durch das Schließen der Blende maßgeblich minimieren, da die äußersten Lichtstrahlen dann beschnitten werden.

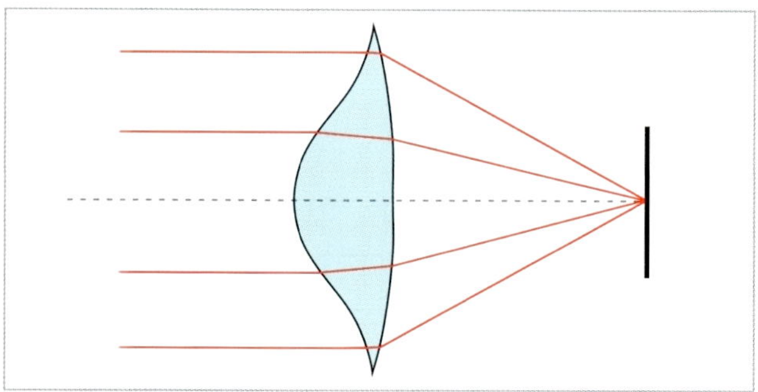

Eine asphärische Linse kann die Einflüsse der sphärischen Aberration sehr gut korrigieren. Allerdings sind diese Linsen dicker und machen ein Objektiv etwas größer und schwerer. Mehr Glas bringt bekanntlich andere optische Nachteile mit sich. Des Weiteren ist das Schleifen solcher Elemente extrem teuer und aufwendig. Daher werden diese Linsen aus Kostengründen sehr selten verbaut. Falls Objektive über ein asphärisches Element verfügen, wird dieses daher auch bewusst beworben und ist eher dem hochpreisigen Segment vorbehalten.

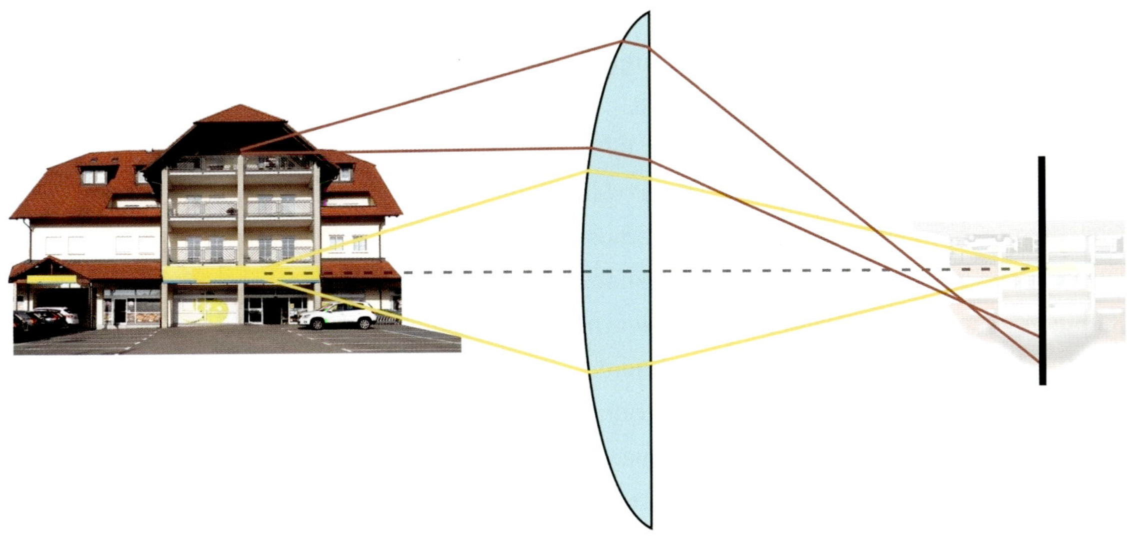

Der Astigmatismus kommt durch eine Brennweitenverkürzung bei schräg einfallendem Licht zustande. Während die Sagittalebene (gelb) gerade auf der optischen Achse liegt und scharf abgebildet wird, verkürzt sich die Meridionalebene (braun), da sie außerhalb der optischen Achse liegt und das Licht schräg einfällt. Durch die Brennweitenverkürzung bei schräg einfallendem Licht liegt der Objektpunkt außerhalb der Fokusebene und erscheint unscharf. Die Schärfe nimmt also zum Bildrand hin ab. Bereits einfache Objektivkonstruktionen (z. B. Planar) können diesen Fehler korrigieren.

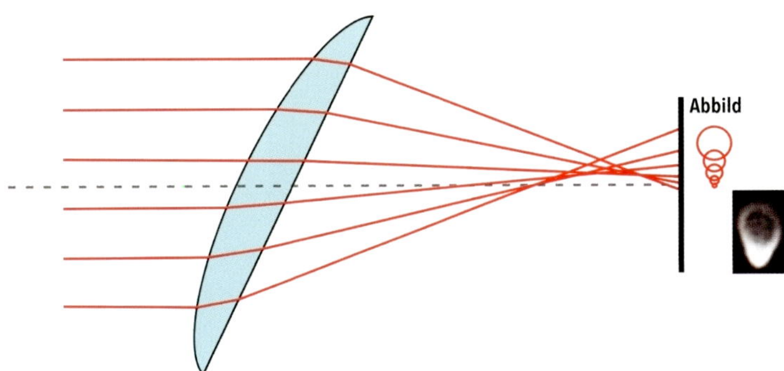

Die Entstehung des Koma-Effekts graphisch skizziert. Die realistische Darstellung des Koma-Effekts (rechts im Bild) ist der Ausschnitt eines Bildes von rawastrodata.com (CC BY-SA 3.0). Im Übrigen entstehen nicht-kreisrunde Lichtkreise im Bokeh (Unschärfebereich) auf vergleichbare Art, wie auch das Koma. Nicht-korrigierte Aberrationen sorgen in der Regel für optisch besonders ansprechende Unschärfebereiche, die beispielsweise verwirbelt aussehen können oder so wirken, als hätten die Lichtkreise einen glänzenden Rand. Wobei es auch andere Effekte wie den Eintrittswinkel durch die Blende gibt, die die Unschärfe ebenfalls beeinflussen. Hochgradig korrigierte Objektive müssen daher nicht immer für das menschliche Empfinden auch schön wirken.

Der Astigmatismus ist ein weiterer Schärfefehler, der durch schräg einfallendes Licht bedingt wird. Dadurch führt der Astigmatismus zu einem verstärkten Schärfeabfall zum Bildrand hin, während die Unschärfe in der Bildmitte eher auf die sphärische Aberration zurückzuführen ist. Bereits durch vergleichsweise einfache Linsenkonstruktionen wie beispielsweise vom Planar- oder Tessar-Typ (vergleichbar mit Anastigmaten) lässt sich der Schärfeabfall zum Rand effektiv minimieren. Insofern ist dieser Abbildungsfehler bei modernen Objektiven kaum von praktischer Relevanz, da er oft effektiv und kostengünstig optimiert werden kann, sodass er keine bildrelevante Wirkung mehr hat.

Das Zusammenspiel von Astigmatismus und sphärischer Aberration führt zum Koma-Effekt und tritt insbesondere bei schräg einfallendem Licht auf. Daher ist das Koma prinzipiell überall sichtbar, am Rand aber stärker ausgeprägt. Auch das Koma lässt sich optisch korrigieren, da es aus der Überlagerung von Astigmatismus und sphärischer Aberration resultiert, die sich ihrerseits korrigieren lassen.

Auflösungsverlust durch Lichtbeugung

Die Beugung von Licht (Diffraktion) entsteht durch die Ablenkung von Lichtwellen am äußeren Rand der Blende.

Ähnlich wie die Wasserwellen der Beugung unterliegen, unterliegt das Licht beim Passieren der Blende ebenfalls einer Beugung.

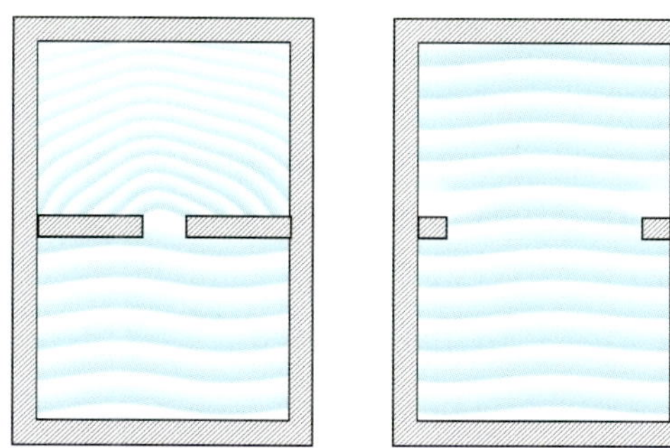

Die Beugung am Spalt wird durch ein mit Wasser gefülltes Wellenbecken besonders gut veranschaulicht.

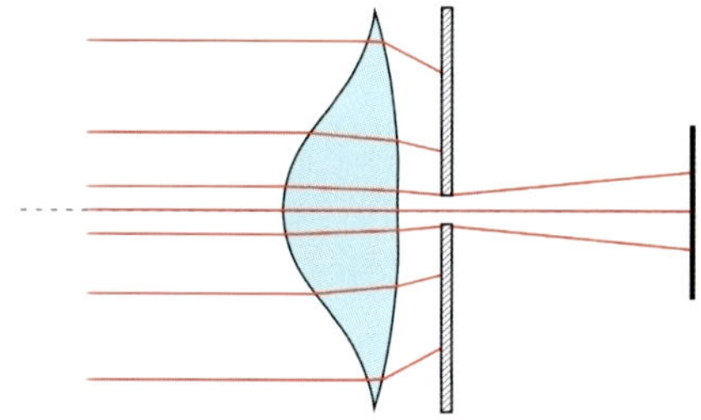

Die Lichtbeugung tritt selbst bei den besten Optiken in dem gleichen Ausmaß auf wie in den günstigsten Kit-Objektiven. Durch die Ablenkung der Lichtstrahlen resultiert dies in einem unscharfen Bild mit geringer Auflösung, sobald die Blende zu sehr geschlossen wird. Wird die Blende hingegen auf einen üblichen Wert, z. B. f/8, geschlossen, können die Lichtstrahlen ganz gering abgelenkt werden, aber nicht so, dass wir eine sichtbare Beugung bekämen. Diese geringe Ablenkung kann den Fokuspunkt verschieben, wir sprechen von „Fokusdifferenz". Wenn wir bei Offenblende auf etwas scharf stellen und dann abblenden, muss der Fokus nicht zwangsläufig immer noch perfekt sein. Wobei dieser Fehler bei den meisten Optiken ohnehin gering ist.

Der Unterschied besteht darin, dass das Licht sich dreidimensional ausbreitet und die Beugung somit eher halbkugelförmig verläuft. Die Abbildung veranschaulicht, wie der Schärfeverlust bei zu stark geschlossener Blende entsteht. Diese Art der Unschärfe wird als Beugungsunschärfe bezeichnet.

Was ist chromatische Aberration?

Wie stark ein Lichtstrahl von einem optischen Element gebrochen, also abgelenkt wird, hängt von seiner Farbe ab. Der Brechungsindex von Glas ist somit abhängig von der Wellenlänge des Lichts. Blaues Licht wird meistens stärker gebrochen als rotes Licht. Dieser Effekt wird als Dispersion bezeichnet und er ist die Hauptursache für chromatische Aberrationen (CAs). Hierbei wird zwischen einem Farbquerfehler und einem Farblängsfehler unterschieden. Beide verursachen Farbsäume mit den Farben Grün-Magenta oder Cyan-Gelb.

Purple Fringing

Das Purple Fringing hat mit CAs nichts zu tun, wird aber sehr oft mit diesen verwechselt. Insbesondere bei sehr kontrastreichen Gegenlichtsituationen kann es vorkommen, dass dunkle Kanten durch einen lilafarbenen Rand auffallen. Das Purple Fringing kann durch Streulicht im nahen UV-Bereich erzeugt werden und dunkle Bereiche leicht überlagern. Zumindest fällt es hier am ehesten ins Gewicht und wird somit sichtbar.

Aus dem Schulunterricht ist wahrscheinlich jedem noch bekannt, dass Regenbögen durch die unterschiedliche Brechung von Licht entstehen. Veranschaulicht wird dies besonders gerne mit einem Glasprisma. Doch auch bei optischen Elementen wie Linsen oder Objektiven tritt der gleiche Effekt auf und das weiße Licht wird in seine Spektralfarben zerlegt.

Chromatische Aberration in Form eines Farbquerfehlers in der Vergrößerung. An den Konturen ist ein roter bzw. grüner Rand erkennbar.

Lichtstreuung und Lensflares

Umso mehr Linsen in einem Objektiv verbaut sind und umso schlechter diese vergütet sind, desto eher wird der Effekt der Lichtstreuung ins Gewicht fallen. Bei der Streuung wird das Licht zwischen den Linsen mehrfach hin und her reflektiert, kommt letztendlich am Sensor an, aber nicht da wo es hingehört. Dadurch werden dunkle Bereiche aufgehellt und das Bild erscheint flau und kontrastarm. Dies hängt also direkt mit den Kontrasten und dem Dynamikumfang zusammen.

Die Lichtstreuung sorgt also für ein sehr diffus reflektiertes Licht. Lensflares oder auch Blendenflecke gehen hingegen von hart reflektiertem Licht aus. Lensflares sind Mehrfachreflektionen der harten Lichtquelle in Form der Irisblende des Objektivs.

Durch den Einsatz von Streulicht- oder Gegenlichtblenden können solche Effekte bis zu einem gewissen Grad unterdrückt werden, sofern die Sonne nicht direkt ins Objektiv scheint. Lensflares oder Blendenflecke können sehr störend sein, deswegen werden sie durch moderne Vergütungen weitestgehend unterdrückt. In einigen Fällen können sie jedoch bewusst als Stilmittel und Gestaltungselement eingesetzt werden.

Blendensterne ohne Lensflares

Lensflares lassen sich in der Bildbearbeitung relativ einfach retuschieren. Hierfür sind allerdings zwei deckungsgleiche Bilder notwendig. Dazu wird das erste Bild ganz normal vom Stativ aus fotografiert; beim zweiten Bild wird die Lichtquelle mit der Hand verdeckt, sodass keine Lensflares auftreten. In Photoshop lassen sich die beiden Bilder übereinanderlegen und maskieren.

Bei direktem und intensivem Gegenlicht bringt man jedes Objektiv an seine Grenzen, egal wie gut es ist. Das Resultat ist ein kontrastarmes Bild.

Nikon D800 | ISO 100 | Brennweite 50mm (Zeiss Milvus 50 1.4) | Blende 11 | Belichtungszeit 1/60 Sek

Die Blendenflecke (Lensflares) sind mit den dunklen Kreisen markiert. Durch die direkte Sonneneinstrahlung kommt es bei jedem Glaselement zu einer harten Reflektion, die wir als Blendenflecke wahrnehmen.

Nikon D810 | ISO 64 | Brennweite 24mm (Nikkor PC-E 24 3.5) | Blende 16 | Belichtungszeit 1/60 Sek

Bildwölbung oder Verzeichnung?

Die Bildwölbung ist ein Lagefehler. Das Motiv wird auf eine scheinbar gewölbte Fläche projiziert. Da der Bildsensor in der Regel jedoch nicht gewölbt, sondern flach ist, kann das Abbild nicht durchgängig scharf abgebildet werden. Doch darum geht es hier nicht. Der Begriff Bildwölbung wird häufig mit der Verzeichnung, wie wir sie von Fisheye-Objektiven kennen, verwechselt:

Eine gekrümmte Darstellung von eigentlich gerade verlaufenden Linien wird als Verzeichnung oder Randkrümmung bezeichnet. Der Abbildungsmaßstab hängt bei auftretender Verzeichnung also von der Höhe des Objektpunktes ab. Das Verzeichnungszentrum liegt auf der optischen Achse und im Normalfall (außer bei Tilt-Shift-Objektiven) auch in der Bildmitte. Die Verzeichnung bewirkt, dass gerade Linien gekrümmt wiedergegeben werden.

In nachfolgender Abbildung ist die Ursache für die Verzeichnung stark vereinfacht skizziert. So ist ersichtlich, dass allein die Position der Blende einen starken Einfluss auf die Art und Intensität der Verzeichnung haben kann. In der Realität ist dieser Sachverhalt allerdings nicht ganz so einfach zu erklären, da wir es bei Objektiven mit komplexen Konstruktionen aus mehreren Linsen-Elementen und Gruppen zu tun haben.

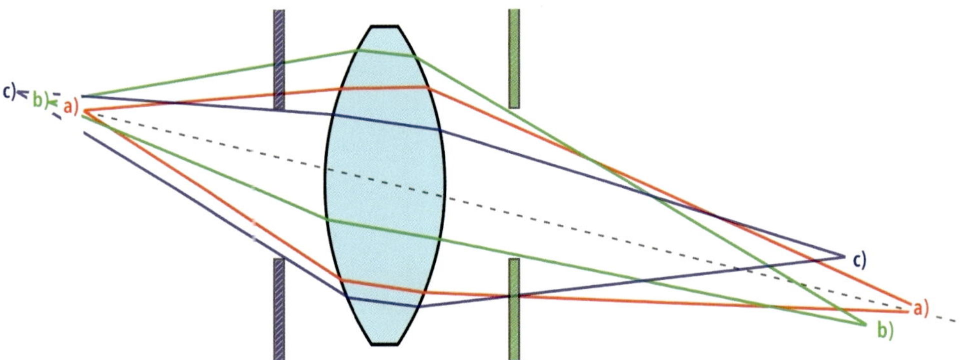

Stark vereinfachte Ursache für die Verzeichnung. a) Wird der Strahlengang nicht beschnitten, so werden Objekte außerhalb der optischen Achse (am Bildrand) symmetrisch auf dem idealen Strahlengang (gestrichelte Linie) abgebildet. Eine Verzeichnung ist nicht vorhanden (rote Linie). b) Befindet sich die Blende (blau) vor der Linse, so wird der Strahlengang asymmetrisch beschnitten (blaue Linie) und die Bildpunkte werden nicht auf der Idealposition, sondern näher an der optischen Achse abgebildet. Die weit entfernten Bildpunkte am Rand werden also näher zur Bildmitte hingezogen und resultieren in einer tonnenförmigen Verzeichnung. c) Wird der Strahlengang hinter der Linse beschnitten (grüne Blende) resultiert dies ebenfalls in einem asymmetrischen Strahlengang (grüne Linie). Diesmal entfernen sich die Bildränder allerdings noch weiter von der optischen Achse (Bildmitte) und eine kissenförmige Verzeichnung ist die Folge.

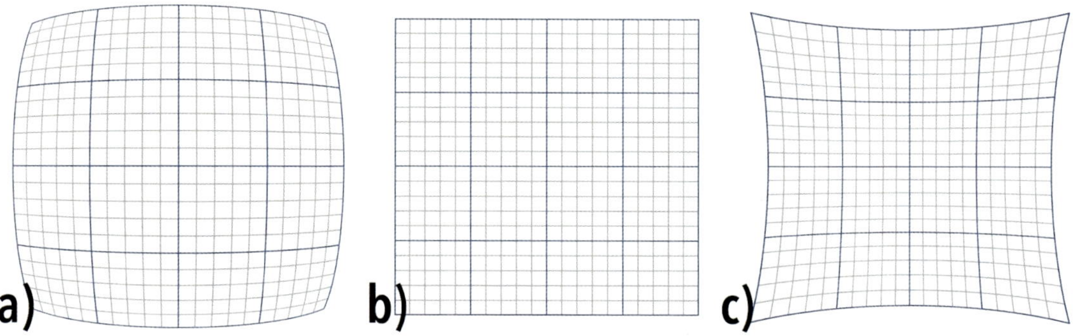

a) tonnenförmige Verzeichnung b) keine Verzeichnung c) kissenförmige Verzeichnung

Randabschattung und Ursachen

Die Randabschattung entsteht auf verschiedene Weisen. Die typische Randabschattung, sprich Vignettierung, die bei Offenblende auftritt, ist perspektivisch bedingt. Außerhalb der optischen Achse kommt weniger Licht aus Richtung der Blendenöffnung, da diese aus der Schräge betrachtet kleiner wirkt. Durch eine axiale Anordnung der Öffnungen wird die Vignettierung hervorgerufen, weil durch die scheinbar kleinere Blendenöffnung weniger Licht in die Bildecken gelangt.

Insbesondere bei geöffneter Blende erscheinen die Bildecken manchmal dunkler. Aus Sicht der Bildecke betrachtet, erscheint die Blendenöffnung etwas kleiner. Da weniger schräg einfallendes Licht die Bildecken erreicht, werden diese dunkler. Dieser Effekt lässt sich durch starkes Abblenden minimieren. Gleichzeitig scheint die Blende aus der Ecke betrachtet nicht mehr rund, sondern oval bist katzenaugenförmig. Im Unschärfebereich (Bokeh) können die Unschärfekreise von kontrastreichen Lichtquellen die Form der Blende annehmen. Bei diesem Objektiv wären die Lichtkreise am Bildrand leicht katzenaugenförmig, während andere in der Bildmitte kreisrund erscheinen.

Um den Effekt der Randabschattung zu verringern, muss ein Objektiv abgeblendet werden. Dieser Bildfehler kann aber auch optisch, durch die sogenannte „Pupillenweitung bei zunehmender Bildhöhe“, korrigiert werden. Wenn man durch ein Objektiv mit dieser verbauten Eigenschaft schaut, stellt man fest, dass sich eine geöffnete Blende scheinbar vergrößert, sobald man von hinten schräg durch das Objektiv guckt. Das erfordert eine aufwendige Konstruktion und zusätzliche Glaselemente für die optische Korrektur. Sofern die Randabschattung nicht zu stark ist, lässt sich diese auch digital korrigieren.

Eine andere Art der Randabschattung hängt nur indirekt mit dem Objektiv zusammen und wird in erster Linie durch digitale Bildsensoren verursacht. Bei sehr lichtstarken oder auch bei extrem weitwinkligen Objektiven fällt das Licht in den Bildecken überwiegend schräg auf den Bildsensor.

Bokeh und die Ästhetik der Unschärfe

Das Wort Bokeh kommt aus dem Japanischen und bedeutet verschwommen. Im Allgemeinen beschreibt das Bokeh die Ästhetik dessen, was unscharf ist. Der unscharfe Bereich ist in der Regel nicht einfach nur unscharf, sondern er hat seine individuellen Charakteristika.

Im Unschärfebereich können Lichtkreise von kontrastreichen Spitzlichtern im unscharfen Hintergrund die Form der Blende annehmen. Daher würden solche Lichtkreise in der Bildmitte rund und am Bildrand entsprechend

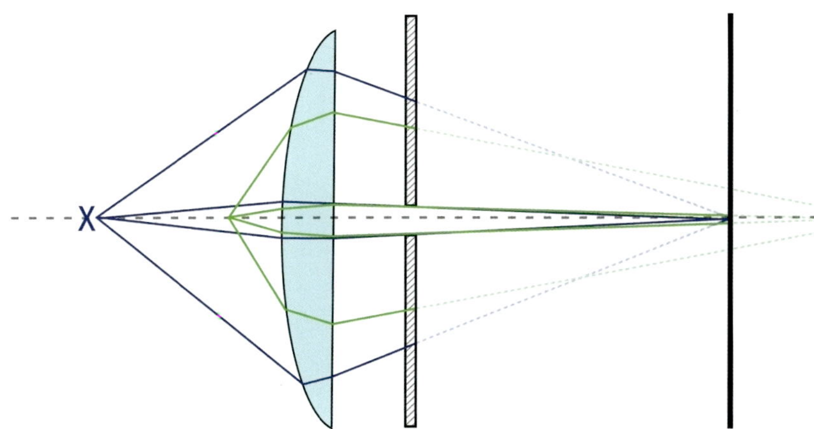

Bei geschlossener Blende werden die projizierten Unschärfekreise sehr klein. Dadurch wird die Unschärfe so schlecht erkennbar, dass wir diese als einigermaßen scharf wahrnehmen. Die Tiefenschärfe nimmt also zu. Die gestrichelten Linien stellen den Strahlengang dar, der bei geöffneter Blende verlaufen würde (große Unschärfekreise). Die durchgängigen Lichtstrahlen treffen hingegen bei geschlossener Blende auf den Sensor und werden nicht von der Blende abgeblockt.

eine ovale Form annehmen. Bei Objektiven mit einer verbauten „Pupillenweitung bei zunehmender Bildhöhe“ zum Zwecke der Vignettierungskorrektur können hingegen selbst die Lichtkreise am Bildrand noch rund erscheinen. Je höher die Anzahl der verbauten Blendenlamellen ist, desto schöner und gleichmäßiger ist in der Regel das Bokeh. Ab circa sieben Blendenlamellen erscheinen Lichtkreise annähernd rund. Bei nur fünf Blendenlamellen würden die Lichtkreise die Form eines Fünfecks annehmen.

Wie sehr ein Bokeh hingegen ausgebildet werden kann, hängt einerseits mit der Brennweite, andererseits mit der maximalen Blendenöffnung zusammen. Je größer die Blendenöffnung, desto größer das Freistellungspotenzial. Bei kleinen Blendenöffnungen ist hingegen die Tiefenschärfe größer.

Insbesondere nicht korrigierte Bildfehler können ein Bokeh besonders schön und interessant erscheinen lassen. Bei vielen modernen Objektiven sehen die Unschärfebereiche hingegen meist langweilig und allzu oft sogar nahezu gleich aus. Zudem ist es so, dass, je schärfer ein Objektiv ist, das Bokeh in der Regel zunehmend unruhiger, ungleichmäßiger und kantiger wird.

Neben der axialen Anordnung von Öffnungen bei schräg einfallendem Licht am Bildrand können auch Abbildungsfehler zu interessanten Bokeh-Formen führen. So können Farbfehler zu bunten Rändern an den Lichtkreisen führen oder gar einen glänzenden Rand ausbilden

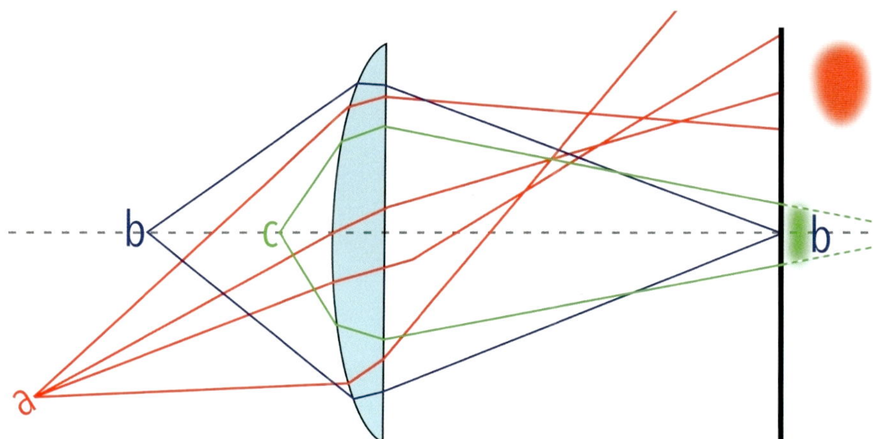

a) Die Lichtstrahlen vom Hintergrund kreuzen sich bereits vor dem Sensor, sodass dieser unscharf abgebildet wird. Verschiedene Bildfehler können die Form der Unschärfekreise beeinflussen. In diesem Beispiel wäre der Unschärfekreis oval. b) Das Motiv wird scharf abgebildet. c) Die Lichtstrahlen vom Vordergrund würden sich theoretisch erst hinter dem Sensor treffen, daher erscheint der Vordergrund unscharf.

Bokeh mit dem Tamron 15-30 2.8 bei 30 mm. Sanftes und halbwegs gleichmäßiges Bokeh mit geringen Kontrasten und entsättigten Farben. Die Kanten laufen aber nicht ganz weich aus.

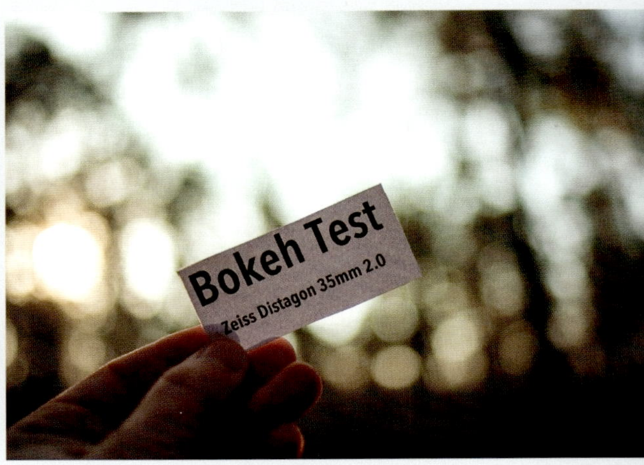

Bokeh mit dem Zeiss Distagon 35 mm 2.0 (Baugleich zu Milvus). Sanftes und gleichmäßiges Bokeh mit angenehmen Kontrasten und nahezu runden Lichtkreise Die Kanten laufen weich aus.

Bokeh mit dem Pentacon 30 mm f3.5. Sanftes und verwirbeltes kontrastreiches Bokeh mit deutlichen Lichtkreisen und satten Farben, wobei die Unschärfe nicht stark ausgeprägt ist. Das Pentacon 30 mm f3.5 ist mit dem Lydith von Meyer-Optik baugleich. Das Pentacon ist allerdings ab 20 € gebraucht zu haben, während das Lydith neu 1600 € kostet.

Bokeh mit dem Takumar 35 mm 2.0 (stark radioaktiv, ca. 30 MBq). Kontrastreiches und strukturiertes seifenblasenartiges Bokeh mit mehrfach ineinandergreifenden runden Lichtkreisen und Rändern.

eh mit dem Zeiss Planar 50 mm f1.4. Sehr weiches, gleichmäßiges Bokeh mit ngfügig katzenaugenartigen Lichtkreisen. Wirkt etwas pastellmäßig.

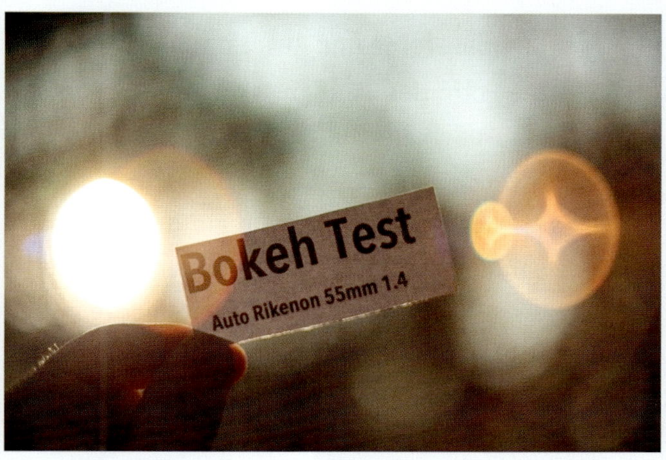

Bokeh mit dem Auto Rikenon 55 mm 1.4. Sehr weiches und gleichmäßiges Bokeh mit ovalen Lichtkreisen. Der Unschärfebereich wirkt allgemein kontrastarm und sanft.

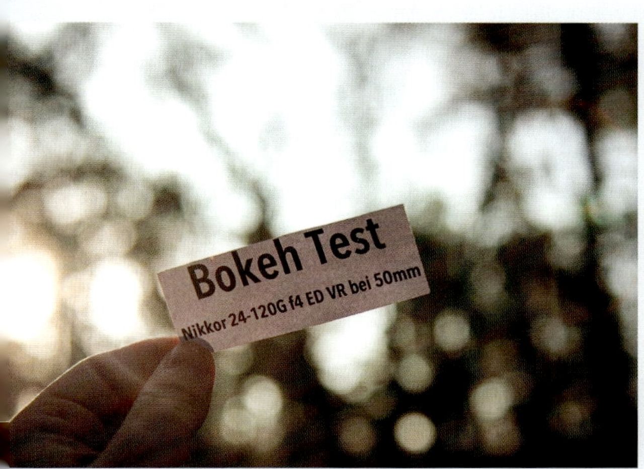

eh mit dem Nikkor 24-120 f4 ED VR bei 50 mm. Teils schönes, aber etwas un- ges Bokeh. Wirkt gut bei feinstrukturierten Hintergründen. Bei größeren und rastreichen Motiven im Hintergrund sind die Kanten sehr hart.

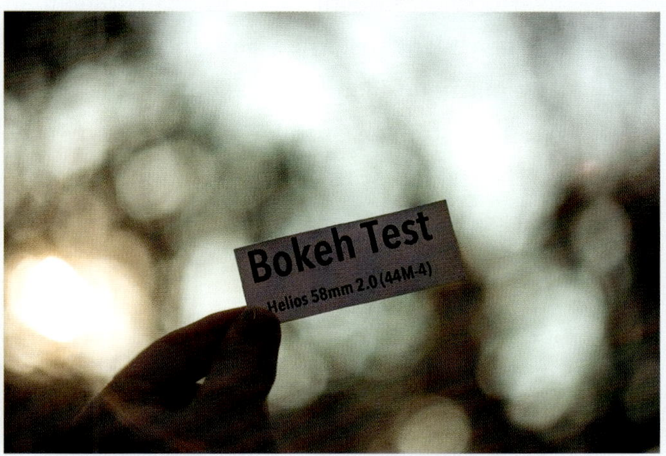

Bokeh mit dem sowjetischen Helios 58 mm 2.0 (Version 4). Stärker strukturiertes und kontrastreiches Bokeh mit leichter Verwirbelung.

Blendensterne und Ausprägung

Die Form der Blendensterne ist insbesondere bei Außenaufnahmen von besonderer ästhetischer Relevanz. Was nutzt einem die beste Abbildungsleistung, wenn auf den Außenaufnahmen die Sonne krumm und ungleichmäßig wirkt? Die Anzahl der Lichtstrahlen ergeben sich aus der Anzahl der Blendenlamellen. Bei einer geraden Anzahl von Blendenlamellen entspricht diese auch der Anzahl von Lichtstrahlen. Bei einer ungeraden Anzahl von Blendenlamellen entstehen doppelt so viele Lichtstrahlen.

Ein Objektiv, das über sechs Blendenlamellen verfügt, wird ebenfalls sechs Lichtstrahlen an seinen Blendensternen ausbilden. Ein Objektiv mit neun Blendenlamellen wird hingegen 18 Lichtstrahlen ausbilden. Falls einem sechs Lichtstrahlen optisch eher zusagen, sollte berücksichtigt werden, dass so ein Objektiv in der Regel ein unschönes unregelmäßiges hexagonales Bokeh erzeugen wird.

Auf der anderen Seite gibt es Objektive mit 25 oder sogar mehr Blendenlamellen, die für ein kreisrundes Bokeh bekannt sind. Letztere Objektive würden in der Theorie aber 50 Lichtstrahlen erzeugen. Diese sind allerdings so eng aneinander, dass kein Blendenstern erkennbar ist. Ob sich die Lichtstrahlen der Blendensterne scheinbar öffnen oder schließen, hängt unter anderem mit dem Rundungsgrad der Lamellen und dem Winkel an den Schnittpunkten von zwei Lamellen zusammen. Eigentlich öffnen sich alle Lichtstrahlen generell. Ein optischer Effekt kann aber dazu führen, dass es so aussieht, als würden sich diese schließen.

Wenn die Lichtstrahlen in der Mitte viel heller sind als diejenigen weiter außen, sieht es aus, als würden sie spitz zulaufen. Wie gleichmäßig die Strahlen verteilt sind, hängt von der Verarbeitungsqualität der Blende ab. Bei sehr günstigen Fabrikaten kommt es manchmal vor, dass die Blende geschlossen eher an ein leicht ovales Mehreck erinnert. Hier könnten die

Blendensterne treten insbesondere bei geschlossenen Blendenwerten, z. B. f/9 – f/18, auf. Die Form und Ausprägung der Blendensterne kann mitunter sehr unterschiedlich sein und hängt von der Bauweise der Blende ab.

Abendliche Aufnahme mit Blendenstern durch die untergehende Sonne

Nikon D800E | ISO 100 | Brennweite 15mm (Tamron SP 15-30 2.8) | Blende 14 | Belichtungszeit 1/30 Sek

Lichtstrahlen z. B. unten links gequetscht aussehen, während oben riesige Lücken sind und die Lichtstrahlen zudem unterschiedlich lang wirken, unten spitz zulaufen und sich nach oben hin öffnen. Das würde nicht unbedingt schön wirken.

Um herauszufinden, wie die Blendensterne eines Objektivs aussehen, müssen zwangsläufig Beispielbilder von diesem Objektiv im Internet betrachtet werden. Aus Spezifikationstabellen oder Datenblättern ist so etwas nicht ersichtlich. Im Internet sind solche Beispielbilder unter den Begriffen Blendenstern, Sonnenstern, Sunstar, Sun Trail, Diffraction Star oder Starbust zu finden.

Alles nur eine reine Budgetfrage

Wenn nur ein begrenztes Budget zur Verfügung steht und eine Grundausstattung an Objektiven benötigt wird, welche wären das dann? Das APS-C-Segment ist zunächst viel kostengünstiger aufgestellt. Ein 12-24-mm-APS-C-Objektiv könnte alleine schon für die meisten Anforderungen genügen. Ist ein 18-55-mm-Kit-Objektiv bereits vorhanden, so wären ein 11-16-mm- oder ein 10-24-mm-Objektiv eine sinnvolle Ergänzung. Ein bis zwei Objektive können für die meisten Anforderungen bereits mehr als ausreichend sein. Wenn dann noch Geld über sein sollte, könnte ein 35-mm-Objektiv eine sinnvolle Ergänzung darstellen. Letzteres ist jedoch nicht unbedingt notwendig.

Im Vollformatsegment sind hochwertigere und optisch bessere Objektive vorhanden. Dafür ist eine Vollformat-Grundausstattung auch wesentlich kostenintensiver. Bei einem maximalen Budget von insgesamt z. B. 1.500 € ergeben sich folgende sinnvolle Kombinationsmöglichkeiten:

a) 15-30 mm + 35 mm + ein analoges 50 mm 1.8 Pancake

oder

b) 18-35 mm + 20 mm + 40 mm + ein 55er Macro (oder anderes 50 bis 60 mm)

All diejenigen, die immer noch Geld übrig haben, können über ein 105 mm oder 135 mm für Close-Ups nachdenken. Auch ein altes analoges Pentacon 30 mm f/3.5 (M42 Lydith) kann für Detailaufnahmen in Innenräumen mit einer extrem schönen pastellartigen Unschärfe hervorragend geeignet sein. Und erst zu guter Letzt sollte in extreme Weitwinkel wie 12 mm oder in Tilt-Shift-Objektive investiert werden.

Das perfekte Objektiv gibt es nicht

Da es in der Architekturfotografie nur sehr selten die Möglichkeit gibt, mit Blitzlicht zu arbeiten, haben Objektive mit Abstand den größten Einfluss auf die Bildwirkung. Das perfekte Objektiv gibt es jedoch nicht. Jede Korrektur von Bildfehlern bringt nämlich auch andere Nachteile mit sich. Ein sehr scharfes Objektiv produziert zum Beispiel zumeist flache Bilder mit verfälschten Farben, auch ist das Bokeh eines solchen Objektivs selten ansprechend. Objektivtests auf Grundlage von Laborwerten sind mit Vorsicht zu genießen.

Erstens stellt so ein Test lediglich eine Momentaufnahme dar und ist auch von der verwendeten Kameratechnik abhängig. Zweitens unterliegen viele der bildrelevanten Parameter einer subjektiven Beurteilung nach deren Ästhetik, die sich schlecht mit Zahlen ausdrücken lässt. So wird das Bokeh in einem Labortest nicht berücksichtigt und zumeist wird nur auf eine bestimmte Entfernung getestet. Ist ein Objektiv auf eine Entfernung von 7 m fokussiert gut, müssen die Werte auf eine Fokuseinstellung in 150 m Entfernung oder im Nahbereich nicht zwangsläufig gleich sein. Der Labortest deckt also nur einen bestimmten eng definierten Bereich ab.

Außerdem werden meist nur wenige Exemplare eines Objektivs getestet, die Serienstreuung wird daher ebenfalls nicht berücksichtigt. Zudem sind die im Labor gemessenen theoretischen Werte nicht immer identisch mit den praktischen Erfahrungen. Bei guten Lichtverhältnissen kann Objektiv A, vom Stativ aus, schärfere Ergebnisse und eine höhere gemessene Auflösung aufweisen als Objektiv B. In der Praxis kann Objektiv B bei schlechten Lichtbedingungen in der Dämmerung ohne Stativ fotografiert trotzdem um Welten besser sein, da es möglicherweise über einen effektiveren Bildstabilisator verfügt.

Der Praxisbericht eines Experten, der in einem ähnlichen Genre der Fotografie tätigt ist, ist in vielen Fällen wertvoller als ein Labortest. Bei der Wahl des Objektivs müssen also immer die individuellen Bedürfnisse berücksichtigt werden. Endnoten aus Testberichten, von denen nicht genau nachvollziehbar ist, wie diese gewichtet wurden, verfügen über keinerlei Aussage. Tendenziell produzieren kleine und sehr einfach konstruierte Objektive oft die schöneren Bilder, wobei große schwere und hochgradig korrigierte Objektive selbst auf einer 50-MP-Kamera in der Nahansicht kaum Bildfehler erkennen lassen, dafür aber nicht schön sein müssen.

Es gilt also, die richtige Balance für unsere Anforderungen zu finden. Viele der großen etablierten Objektivhersteller mit einer langen Tradition verändern ihre Optiken kaum, da es nicht wirtschaftlich wäre, in Neuentwicklungen zu investieren, solange die alten Konstruktionen ihre Aufgabe erfüllen. Deswegen sind neue Objektive nicht zwangsläufig digital optimiert. Kleinere oder jüngere Unternehmen wie z. B. Tamron verfügen über keine seit Jahrzehnten etablierten Konstruktionen und können es sich daher leisten, in vollkommen neue Entwicklungen zu investieren und eine andere Balance bei der Feinabstimmung vorzunehmen. Ob dies von Vorteil ist, kann aber nicht pauschal beantwortet werden, sondern hängt von den individuellen Bedürfnissen ab.

Insgesamt gibt es acht Bildfehler und vier weitere subjektiv zu beurteilende bildwirksame Eigenschaften, die ein Objektiv auszeichnen können. Dies ist metaphorisch als empfindliches Netz aus 12 Hauptparametern zu betrachten: Wird das eine besser, muss das andere zwangsläufig schlechter werden. Ist der globale Kontrast besser, nimmt die Grenzauflösung in der Regel ab. Ist die Verzeichnung besser korrigiert, kann die Schärfe zum Bildrand stärker abfallen. Mit zunehmender Lichtstärke gehen Kontrast, Mikrokontraste und Auflösung verloren. Ein f/1.2er-Objektiv kann selbst auf f2.0 abgeblendet unschärfer wirken, als ein f2.0er-Objektiv bei Offenblende. Sofern ohnehin fast nie mit Offenblende gearbeitet wird, wäre es nachteilig, ein sehr lichtstarkes Objektiv zu kaufen. Neben den optischen Eigenschaften sollte aber auch auf die Bau- und Verarbeitungsqualität geachtet werden.

Ein günstiges Kunststoffbajonett ist beispielsweise für circa 500 Objektivwechsel konstruiert. Danach kann es einseitig ausschlagen und ein leichter Tilt-Effekt tritt auf, zudem wird der Autofokus dadurch schleichend immer ungenauer. Ein Stahlbajonett hält in der Regel 25.000 Objektivwechsel problemlos aus, ohne sich zu verziehen. Bevor ein Objektivkauf in Erwägung gezogen wird, sollte im Internet nach Beispielbildern bzw. auf Englisch nach „sample images" oder „sample photos" gesucht werden. Auch auf Flickr findet sich zu fast jedem Objektiv eine Unterseite mit zahlreichen Beispielbildern. So lässt sich ein erster Eindruck von der Bildwirkung eines Objektivs besser einschätzen, wobei fast alle Bilder im Internet zumeist digital bearbeitet sind.

Unverzichtbar! Das Stativ

Damit Bilder bei schlechten Lichtbedingungen nicht verwackeln oder wir in Ruhe den Bildausschnitt präzise einstellen können, ist ein Stativ unverzichtbar. Unter sehr guten und hellen Lichtbedingungen ist es allerdings nicht immer zwingend erforderlich. Ferner wird ein Stativ für die Durchführung von Langzeitbelichtungen benötigt. Und auch für Mehrfachbelichtungen und HDRs ist ein gutes solides Stativ essenziell. Ein hochwertiges Stativ kann ein Leben lang halten und gute Dienste verrichten. Daher sollte nicht zu sehr gespart werden, da sehr billige Stative teilweise nach weniger als einem Jahr auseinanderbrechen können.

Die meisten Fotografen besitzen mindestens zwei bis drei Stative. Dies rührt daher, da es an ein Stativ, je nach Einsatzgebiet, unterschiedliche Anforderungen gibt. Ein Reisestativ wie das Sirui T-025X Carbon wiegt beispielsweise gerade mal 700 g und passt in jede Tasche. Zudem lässt es sich flach auf den Boden legen und ermöglicht aus 5 cm Höhe besonders spannende Perspektiven. Allerdings lässt es sich auch nur maximal auf 1,30 m Höhe ausfahren, was für viele Einsatzzwecke nicht ausreichend ist. So wäre dieses Stativ für eine Draufsicht auf den Küchentisch nicht hoch genug. Außerdem steht es aufgrund seines geringen Gewichts nicht sehr stabil. Bei Unachtsamkeit oder durch einen Windstoß kann es bereits mitsamt der Kamera umkippen.

Schweres Holzstativ mit Getriebeneiger für präzises Arbeiten.

Ein mittelgroßes Stativ, wie das Rollei Fotopro C5i oder C50i, sollte für die meisten Immobilienfotografen von der Größe her absolut ausreichend sein. Es ist schwerer, passt aber gerade so noch ins Handgepäck. Mit einem Preis von ca. 100 € sind die Anschaffungskosten ebenfalls überschaubar. Die Qualität ist in Ordnung, allerdings gehört das Stativ definitiv nicht zur Spitzenklasse. Seine Aufgaben verrichtet es aber allemal. Teurere Modelle sind jedoch meistens etwas langlebiger. Es kommt letztendlich darauf an, wie oft es potenziell verwendet werden soll. Manfrotto, Sirui oder Gitzo bieten ähnliche Stative mit besserer Verarbeitung an. Außerdem haben diese Hersteller auch Ersatzteile auf Lager, falls doch mal was kaputtgehen sollte.

Für hochpräzises Arbeiten und absolute Stabilität gibt es noch größere Stative wie z. B. das Holzstativ Report 332 von Berlebach. In Kombination mit dem 3-Wege-Getriebeneiger (Manfrotto 410) lässt sich der Bildausschnitt auf den Bruchteil eines Millimeters genau einstellen. Ein Kugelkopf ist für die Architekturfotografie hingegen keine optimale Wahl. Die stoßdämpfenden Eigenschaften des Holzes ermöglichen

extrem scharfe Langzeitbelichtungen, selbst mit Teleobjektiven an einer viel befahrenen Hauptverkehrsstraße.
Außerdem ist das speziell behandelte Holz extrem witterungsbeständig und wasserfest. Ein solches Stativ wird wahrscheinlich tatsächlich ein ganzes Leben lang genutzt werden können. Allerdings kostet diese Kombination auch 500 € und wiegt fast 5 kg bei knapp einem Meter Packmaß. Für eine Wanderung ist es also eher nicht zu empfehlen. Aber auch manch ein Makler, würde so ein Riesenteil ungern mitschleppen wollen.
Stative gibt es also in den unterschiedlichsten Preis- und Größenklassen. Auch die verbauten Materialien können unterschiedlich sein. Stative aus Stahl sind meist sehr schwer und anfällig für Rost. Kunststoff-Stative oder solche mit einem großen Anteil an Kunststoffen (z. B. an den Verschlüssen) halten nicht besonders lange. Carbon-Stative sind sehr teuer und haben gegenüber Aluminium nur sehr geringe Vorteile. Aluminium ist sehr leicht, rostfrei und extrem kostengünstig. Und Holz ist wiederum ein sehr spezieller, nicht sehr günstiger und extrem schwerer Werkstoff. Für den Anfang sollte den meisten ein mittelgroßes Aluminiumstativ vollkommen ausreichen. Letztendlich geht es nur darum, ein Bild nicht zu verwackeln und diese Aufgabe können eigentlich alle Stative gleich gut erfüllen.

Filter in der Fotografie

In der Fotografie gibt es zahlreiche Filter, die sich vor das Objektiv schrauben lassen. Einige Effektfilter wie Grün- oder Rotfilter, Sternfilter etc. stammen aus der analogen Zeit. Heutzutage haben viele solcher Filter kaum noch eine relevante Bedeutung. Viele dieser Effekte lassen sich einfach in der digitalen Bildbearbeitung erreichen. Allerdings gibt es Filter, die sich digital nicht simulieren lassen. Daher sind einige dieser Filter durchaus sinnvoll. Im Folgenden geht es um die drei Filter, die für die Immobilienfotografie als unverzichtbar gelten, da ähnliche Effekte in der Bildbearbeitung nicht oder nur mit sehr viel Aufwand näherungsweise simuliert werden können.

ND-Filter für lange Belichtungszeiten

ND-Filter dunkeln ein Bild ab, ähnlich wie dies auch eine getönte Sonnenbrille tut. Sie werden benötigt, um tagsüber lange Belichtungszeiten zu erreichen. Wenn der ISO-Wert minimiert und die Blende maximal geschlossen wird, kann es trotzdem passieren, dass tagsüber mit einer Belichtungszeit von einer Sekunde das Bild bereits überbelichtet erscheint. Mit einem ND-Filter wird die Lichtstärke bzw. Transmission eines Objektivs reduziert, sodass weniger Licht am Sensor ankommt und alles dunkler erscheint.

Durch eine Belichtungszeit von vier Minuten erscheinen die Wolken unscharf.

Nikon D810 | ISO 64 | Brennweite 35mm (Zeiss Distagon 35 2.0) | Blende 5.6 | Belichtungszeit 240 Sek. (ND 4.8)

Der ND-Filter ermöglicht somit sehr lange Belichtungszeiten von bis zu mehreren Minuten, ohne dass die Blende stark geschlossen werden muss. Wir können somit selbst noch bei sehr langen Belichtungszeiten mit der Tiefenschärfe experimentieren.

Lange Belichtungszeiten führen zu dem Effekt, dass bewegte Objekte unscharf erscheinen. Je nachdem, wie schnell sich die Objekte bewegen und wie lang die Belichtungszeit ist, können unterschiedliche Effekte verschieden stark auftreten. So erscheinen Passanten bei einer halben Sekunde verschwommen, bei 5 Minuten verschwinden sie dagegen ganz und eine belebte Einkaufsstraße kann auf dem Foto scheinbar leer und verlassen aussehen. Bei Belichtungszeiten von 15 Sekunden wirken wellige Wasserflächen wie glattgebügelt und ab 2 bis 3 Minuten ist selbst in den Wolken eine deutliche Bewegungsunschärfe erkennbar.

ND-Filter gibt es in unterschiedlichen Stärken und Ausführungen. Es gibt feste und variable Stärken. Die variablen ND-Filter sind allerdings eher für Videoanwendungen gedacht. Für die Fotografie sind sie qualitativ nicht zu empfehlen. Im Weitwinkelbereich sorgen variable ND-Filter für eine fadenkreuzförmige Randabschattung. Insofern sollten nur feste ND-Filter verwendet werden. Die Filterstärken ND 3.0 (1.000x) oder ND1.8 (64x) sind für unsere Zwecke ausreichend. Der ND 3.0-Filter verlängert die Belichtungszeit um das Tausendfache.

Manchmal sind auch Bezeichnungen wie ND 1000 zu finden, dies ist aber nomenklatorisch falsch, gemeint ist der ND 3.0- bzw. ND 1000x-Filter. Diese beiden Filterstärken, lassen sich auch übereinander geschraubt kombinieren und entsprechen dann einem ND 4.8 (64.000x)-Filter. ND-Filter gibt es als kreisförmige Schraub- oder als rechteckige Steckfilter.

Letztere sind bei Landschaftsfotografen beliebt, da es hierfür auch ND-Verlaufsfilter gibt, bei denen sich der Helligkeitsverlauf gut auf den Horizont einstellen lässt. Dies benötigen wir aber nicht. Schraubfilter sind günstiger, wesentlich kleiner in ihrem Packmaß, nicht so zerbrechlich und weniger anfällig für Streulicht bei hohen Filterstärken oder in Kombination von mehreren Filtern. Daher sind im Rahmen der Architekturfotografie Schraubfiltersysteme vorzuziehen. Die Haida Slim Pro II MC-Filter sind beispielsweise empfehlenswert und bieten ein gutes Preis-Leistungs-Verhältnis.

Polfilter, um Spiegelungen zu steuern

Mit Polarisationsfiltern können Spiegelungen gezielt gesteuert werden und der blaue Mittagshimmel kann mit diesen ebenfalls abgedunkelt werden. Wasserflächen, Glasscheiben oder glatt polierte Fassaden aus Granit lassen sich entspiegeln. Im Innenbereich können die Spiegelungen auf dem PVC-, Vinyl- oder Holzboden abgeschwächt und sogar gezielt in ihrer Intensität gesteuert werden. Dies ist vom Drehwinkel des Polarisationsfilters abhängig.

Je nach Orientierung des Filters wird ein bestimmter Lichtanteil, der in eine bestimmte Richtung schwingt, durchgelassen, während anders orientiertes Licht abgeblockt wird. Dieser Effekt ist von 3D-Kinobrillen bekannt. Da Spiegelungen in der Regel orthogonal zu der von ihnen reflektierten Oberfläche schwingen, kann ein Polfilter diese nahezu unsichtbar erscheinen lassen. Dies wird bei Wasserflächen zum Teil extrem deutlich. Wenn die Sonne auf die Oberfläche scheint, spiegelt es zum Teil so

Linkes Bild ohne Polfilter, rechtes Bild mit Polfilter: In den Fenstern wird der Effekt besonders deutlich sichtbar, aber auch der schwarze Bereich darunter erscheint dunkler und intensiver.

stark, dass es von der Seite aus betrachtet nicht möglich ist den Grund unter der Wasseroberfläche zu erkennen.

Mit einem Polfilter in seiner Extremstellung ist hingegen nahezu keine Spiegelung sichtbar und der Grund ist so klar und deutlich erkennbar, als wäre das Gewässer trockengelegt worden. Im Bereich der Immobilienfotografie wird der Polfilter überwiegend zur Reduzierung von leichten Reflexionen genutzt.

Der Polfilter lässt sich durch keine digitale Nachbearbeitungstechnik ersetzen und er ist unabdingbar. Im Grunde genommen bewirken alle Polfilter denselben Effekt. Allerdings sind die Verarbeitungsqualität und Langlebigkeit teils sehr unterschiedlich. Der B+W XS-Pro HTC-Polfilter KSM MRC Nano ist aufgrund der wertigen Verarbeitung sehr zu empfehlen.

CN-Filter für klare Nachtaufnahmen

Dieser Filter ist nicht zwingend erforderlich, allerdings für diejenigen interessant, die auch in der Nacht unterwegs sind, wenn die ganzen Gebäude beleuchtet werden. Damit wir nachts nicht im Dunkeln umherirren, leuchten wir unsere Städte, Straßen und Häuser mit Lampen aus. Allerdings wird das Licht auch in den Himmel und in die Umgebung reflektiert. Richtiger Dunkelheit begegnen wir in der heutigen Zeit daher kaum. Der Clear-Night-Filter

Nachtaufnahme ohne Clear-Night-Filter (Weißabgleich auf 3200K)

Nikon D800E | ISO 100 | Brennweite 50mm (Zeiss Planar 50 1.4) | Blende 11 | Belichtungszeit 20 Sek

Nachtaufnahme mit Clear-Night-Filter (Weißabgleich auf 3200K)

Nikon D800E | ISO 100 | Brennweite 50mm (Zeiss Planar 50 1.4) | Blende 11 | Belichtungszeit 30 Sek reduziert die negativen Effekte der urbanen Lichtverschmutzung, indem er Lichtstrahlen im Spektrum der Natrium- und Quecksilberbogenlampen blockiert. Dadurch wird die weiße Wiedergabe von gelbem, beigem bzw. orange-bräunlichem Licht ermöglicht. Im urbanen Umfeld verursachen verschiedene Kunstlichtquellen eine starke Lichtverschmutzung.

Diese äußert sich beispielsweise in gelblich-orange angestrahlten Wolken im Nachthimmel über den Städten. Diese unschönen Bereiche werden durch den Filter einerseits abgedunkelt, andererseits werden diese farblich neutralisiert, sodass nächtliche Aufnahmen insgesamt klarer, sauberer und auch kühler wirken. Der Clear-Night-Filter vermag es, exakt diese ungewollten Farben selektiv herauszufiltern. Im blauen Bereich besitzt der Filter eine fast hundertprozentige Transmissionsrate, im grünen Bereich liegt diese bei ca. 50 % und im roten Bereich bei ca. 90 %, während die schmale orangene Bandbreite zwischen 579 nm und 610 nm fast vollständig blockiert wird.

Dadurch filtert er das Licht typischer Straßenlaternen raus, weist aber einen magentafarbenen Farbstich auf, der sich durch eine Weißabgleichkorrektur schnell nachjustieren lässt und letztendlich zu farbneutralen Ergebnissen führt. Gleichzeitig sorgt das herausgefilterte Licht für einen Helligkeitsverlust von ca. 0,7 Blendenstufen. Für Nachtaufnahmen inmitten einer hell illuminierten Stadt ist der Clear-Night-Filter zweifellos eine empfehlenswerte Anschaffung. Er bringt allerdings nur bei herkömmlichen Natrium-Straßenlaternen einen Vorteil. Bei modernen LED-Lampen ist kein nennenswerter Unterschied festzustellen. Mit einer intensiven Bildbearbeitung und diversen Farbkorrekturen lassen sich in 70 % der Fälle aber relativ ähnliche Ergebnisse erreichen wie mit dem Clear-Night-Filter.

Bei allen Schraubfiltern sollte auf den richtigen Durchmesser geachtet werden, da jedes Objektiv über ein unterschiedlich großes Schraubgewinde verfügen kann. Allerdings ist es nicht notwendig, für jedes Objektiv einen eigenen Filter zu kaufen. Hierfür gibt es Adapter (Step-Up-Ringe), mit denen sich größere Filter auf Objektiven mit kleineren Gewinden anbringen lassen.

Es gibt Sets an Step-Up-Ringen, die sich trichterförmig in kleinen Stufen aufeinanderschrauben lassen und so an jedem Objektiv adaptierbar sind. Bei Weitwinkelobjektiven können die Adapterringe jedoch als dunkler Rand im Bild sichtbar werden. Hierfür gibt es sehr flache Step-Up-Ringe, die beispielsweise direkt in einem Schritt von 77 mm auf 52 mm runteradaptieren. Diese flachen Adapter können selbst an Weitwinkelobjektiven um 20 mm problemlos verwendet werden. Hier sollte dementsprechend berücksichtigt werden, welche Objek-

tive bereits vorhanden sind und welche demnächst angeschafft werden könnten. Danach wird der größte Durchmesser als Referenz herangenommen.
Falls das derweilen noch unklar sein sollte, wird man mit einem 77-mm-Filter wenig falsch machen können. Diese sind zwar etwas teurer als kleinere Filter, dafür können diese Filter an jedem Objektiv verwendet werden. Besonders große Filterdurchmesser von 82-95 mm werden in der Immobilienfotografie hingegen selten benötigt, da sie in erster Linie bei lichtstarken Zoomobjektiven üblich sind.

Festgefressene Filter lösen

Es kommt vor, dass sich festgeschraubte Filter nicht mehr vom Objektiv lösen lassen. Um dies von vornherein zu verhindern, können die Filtergewinde mit Terta Gun Grease oder einer anderen teflonbasierten Schmierpaste behandelt werden. Dabei sollte beachtet werden, dass die Ausrüstung immer sauber zu halten ist, da sich ansonsten feiner Dreck leichter im Gewinde festsetzen kann. Falls es dann doch mal dazu kommt, dass sich ein Filter nicht lösen lässt, sind sogenannte Filterklemmen das Werkzeug der Wahl, um dieses Problem zu lösen. Alternativ kann es manchmal helfen, den Filter von allen Seiten leicht abzuklopfen, bevor ein zweiter Versuch unternommen wird, diesen zu lösen.

Sinnvolles Zubehör

Besonders essenziell sind gute, schnelle und hochwertige Speicherkarten (z. B. SanDisk Extreme Pro). An diesen sollte auf keinen Fall gespart werden, da günstige Modelle aus dem Discounter anfälliger für einen Datenverlust und plötzliche Defekte sind. Weiteres sinnvolles Zubehör besteht aus einem Brillenputztuch, einem Blasebalg, einem kleinen Pinsel und Sensor-Reinigungsflüssigkeit mit Swaps für die Pflege und Reinigung der Ausrüstung.
Aber auch ein Fernauslöser ist für Langzeitbelichtungen länger als 30 Sekunden nötig. Hier erfüllt auch ein günstiges Modell seinen Dienst. Die professionellen Fernauslöser von Pixel bieten hingegen mehr Funktionen. Manche Kameras lassen sich aber auch via WLAN über diverse Smartphone-Apps steuern. Ein guter Fotorucksack gehört ebenfalls zur Grundausstattung.

Sinnvolles Immer-dabei-Zubehör

2 | FOTOGRAFISCHE **GRUNDLAGEN**

2

Fotografische Grundlagen

Wie im Prolog zur Abgrenzung von Immobilien- zur Architekturfotografie erläutert wurde, sollte jedem klar geworden sein, dass ein schönes Foto allein den heutigen Ansprüchen kaum noch genügen kann. Bevor der Auslöser der Kamera betätigt wird, ist es zwingend erforderlich, dass man sich Gedanken macht, was überhaupt gezeigt werden soll. Um das zu bewerkstelligen, ist es aber genauso essenziell, dass wir uns mit unseren Werkzeugen vertraut machen. Was bringt uns eine schöne Bildkomposition und ein inhaltlich repräsentatives Bild, wenn dieses viel zu hell ist, sodass kaum etwas zu erkennen ist?

Aus diesem Grund darf ein Kapitel zu den absoluten Grundlagen der Fotografie nicht fehlen. Selbstverständlich geht es zunächst um Themen wie ISO, Blende und Belichtungszeit, die für ein korrekt belichtetes Bild mit einer angenehmen Schärfe unabdingbar sind.

Die Belichtungszeit wählen

Die Belichtungszeit, oder auch Verschlusszeit genannt, legt vereinfacht gesagt den zeitlichen Rahmen fest, in dem ein Bild entsteht. Bei sehr kurzen Belichtungszeiten werden sich schnell bewegende Objekte scharf abgebildet und erscheinen wie eingefroren.

Kurze oder lange Belichtungszeiten

So ist es mit kurzen Belichtungszeiten möglich, einen Luftballon zum Zeitpunkt des Platzens scharf abzubilden. Sehr lange Belichtungszeiten erreichen den gegenteiligen Effekt und erzeugen Unschärfe bei bewegten Objekten. Bei Belichtungszeiten von einer ganzen Sekunde ist es beispielsweise möglich, vorbeigehende Passanten verwischt und unscharf darzustellen. Die Belichtungszeit ist maßgeblich dafür verantwortlich, ob eine scharfe Aufnahme gelingt oder nicht. Durch die richtige Wahl der Belichtungszeit können sehr scharfe Bilder freihand, also ohne Stativ, gelingen. Da in der Regel kein Fotograf in der Lage ist, seine Kamera absolut still zu halten, muss eine möglichst kurze Belichtungszeit gewählt werden, die in der Lage ist, unser Gewackel auszugleichen.

Faustregel für die richtige Belichtungszeit

Dabei hat sich die Faustregel etabliert, dass die Belichtungszeit mindestens dem Kehrwert der Brennweite entsprechen sollte. Die Brennweite steht in der Regel auf dem Objektiv drauf und wird in Millimeter (mm) angegeben, sie entspricht in etwa dem Bildwinkel. Kleine Brennweiten von z. B. 16 mm haben einen sehr großen Bildwinkel und sind typisch für Weitwinkelobjektive, mit denen beispielswei-

Bewegungsunschärfe bei sich bewegenden Personen durch lange Belichtungszeit. Das restliche Bild ist scharf, weil sich die Kamera auf einem Stativ befand und das Bild deswegen nicht verwackeln konnte.

Nikon D800E | ISO 100 | Brennweite 18mm (Tamron 15-30 2.8 SP) | Blende 5.6 | Belichtungszeit 1/3 Sek. (ND 64x)

se in engen Räumen sehr viel auf ein Bild zu bekommen ist. Wenn hingegen rangezoomt wird, erhöht sich die Brennweite des Objektivs. Eine Brennweite von 200 mm ist typisch für ein Teleobjektiv mit einem sehr kleinen Bildausschnitt. Es eignet sich dazu, kleine Gegenstände aus großer Entfernung zu fotografieren.

Die Belichtungszeit soll also dem Kehrwert der Brennweite entsprechen. Bei einem 200-mm-Objektiv sollte die Belichtungszeit also mindestens bei 1/200 Sek. liegen, um ohne Stativ aus der Hand Fotos machen zu können. Bei 50 mm Brennweite entspräche die maximale Belichtungszeit 1/50 Sek. Bei länge-

Je schneller sich etwas bewegt, desto kürzer muss die Belichtungszeit sein, um es noch scharf abbilden zu können. So waren hier bei über 1/400 Sek. bereits leichte Unschärfen am Rand der Rotorblätter erkennbar (Aufnahme mit Genehmigung und unter Auftrag des Windparks sowie mit Freigabe durch die Flugsicherung).

DJI Phantom 4 Pro | ISO 100 | Brennweite 24mm (äquivalent) | Blende 5.0 | Belichtungszeit 1/640 Sek.

ren Belichtungszeiten besteht eine Verwacklungsgefahr, sofern ohne Stativ fotografiert wird, und das Bild wird unscharf. Kürzere Belichtungszeiten sind hingegen unproblematisch, was die Schärfe angeht.

Mit einem 50-mm-Objektiv ist es also durchaus möglich, auch mit 1/1000 Sek. scharfe Bilder zu machen; 1/50 Sek. wäre auch in Ordnung, längere Belichtungszeiten wie z. B. 1/40 Sek. können hingegen zur sichtbaren Verwacklungsunschärfe führen. Spätestens bei noch längeren Belichtungszeiten wird dann aber ein Stativ nötig, mit dem nicht verwackelt werden kann. Selbst wenn nach dieser Faustregel fotografiert wird, ist ein genauerer Blick sinnvoll, um sicherzustellen, dass auch tatsächlich alles scharf ist. Letztendlich hängt dies auch davon ab, wie ruhig die Kamera gehalten werden kann. Des Weiteren kommt es auch auf die Auflösung der Kamera an, ab wann eine Unschärfe überhaupt sichtbar wird.

Bei vielen Kameras ist allerdings darauf zu achten, dass die angegebenen Belichtungszeiten immer mathematische Brüche darstellen sollen, die Kameras aber keinen Bruchstrich anzeigen können. Dies ist am Anfang oft verwirrend. Statt 1/50 Sek. erscheint auf dem Kameradisplay nur eine 50 als Zahlenwert. Ein Wert von 80 stellt daher eine kürzere Belichtungszeit dar als ein Wert von 50, da es korrekterweise 1/80 Sek. heißen müsste. Befinden sich hinter der Zahl Anführungszeichen, ist dies das Symbol für ganze Sekunden. Der Wert von 10" steht also nicht für 1/10 Sek, sondern für ganze 10 Sekunden! Solange kann zwar keine Person stillhalten, um ein scharfes Bild hinzubekommen, mit einem Stativ ist dies aber unproblematisch.

Die Faustregel, die besagt, dass die Belichtungszeit dem Kehrwert der Brennweite entsprechen muss, ist also eine sehr wichtige. Dies bezieht sich jedoch nur auf das Verwackeln des Fotografen durch seine Eigenbewegung. Bei sich sehr schnell bewegenden Objekten (z. B. fahrende Fahrzeuge, Sportler, Tiere) muss hingegen eine viel kürzere Belichtungszeit gewählt werden, als dies bei Architekturaufnahmen der Fall ist. Für das Fotografieren von unbewegten Objekten, wie z. B. Immobilien, können moderne Bildstabilisatoren die Eigenbewegung des Fotografen ausgleichen und erlauben eine bis zu fünf Mal längere Belichtungszeit, als dies nach der o. g. Faustregel der Fall wäre.

In diesem Zusammenhang wird ersichtlich, dass die Belichtungszeit ein Gestaltungselement in der Architekturfotografie darstellt, da bewegte Objekte gezielt unscharf abgebildet werden können, während unbewegte Objekte scharf erscheinen, sofern ein Stativ verwendet wird.

Belichtungszeit und Helligkeit steuern

Die einfallende Lichtmenge und somit die Helligkeit des Bildes lässt sich ebenfalls über die Belichtungszeit steuern. Je länger die Belichtungszeit ist, desto mehr Licht trifft auf den Sensor und umso heller erscheint das finale Bild. Sofern kein Effekt einer bestimmten Bewegungsunschärfe gewünscht ist, wird die Belichtungszeit zur Regulierung der Helligkeit genutzt.

Die Abstufungen zwischen den Helligkeiten werden in Blendenstufen angegeben. Eine Blendenstufe halbiert bzw. verdoppelt die Helligkeit. Eine doppelt so lange Belichtungszeit verdoppelt die Helligkeit. Zwischen 1/30 Sek. und 1/60 Sek. liegt also ein Helligkeitsunterschied von einer Blendenstufe. Moderne Kameras erlauben in der Regel Abstufungen von Drittel-Blendenstufen.

Zwischen den unterschiedlichen Parametern Zeit, Blende und ISO sind die Helligkeitsunterschiede in den einstellbaren Schritten immer gleich groß. Woher der Begriff Blendenstufe kommt wird im nächsten Abschnitt erläutert.

Die Blende des Objektivs

Die Blende des Objektivs ist mit der Pupille des menschlichen Auges vergleichbar. Diese stellt eine mechanische Vorrichtung dar, mit der sich die Weite der Objektivöffnung regeln lässt. Die Blendenöffnung ist fast immer als Lamellenverschluss konstruiert. Je größer die Öffnung ist, desto mehr Licht gelangt auf den Kamerasensor und umso heller wird das Bild. Die Weite der Blendenöffnung wird mit einer

Bei offener Blende (große Öffnung und kleine Zahl) haben wir eine sehr geringe Tiefenschärfe. Die Pflanze ist scharf abgebildet, während der Tisch im Vordergrund sowie die Wand im Hintergrund deutlich als unscharf zu erkennen sind. Wie die Unschärfe wirkt (z. B. gleichmäßig sanft, cremig, unruhig und kantig, verwirbelt, pastellartig oder seifenblasenmäßig) hängt hingegen vom Objektiv ab.

Bei geschlossener Blende erscheinen sowohl der Vordergrund als auch der Hintergrund halbwegs scharf. Fokussiert wurde dabei zwischen der Raummitte und dem hinteren Drittel.

Nikon D810 | ISO 64 | Brennweite 20mm (Voigtländer 20mm f3.5) | Blende 9 | Belichtungszeit 1/40 Sek. (DRI)

Zahl, dem Blendenwert, angegeben. Für Anfänger ist es oft etwas verwirrend, dass eine kleine Zahl z. B. f/2 eine große Blendenöffnung beschreibt, während eine große Zahl wie f/18 eine sehr kleine Blendenöffnung repräsentiert. Je größer die Zahl also ist, desto kleiner ist die Blende.

Blendenöffnung und Lichtmenge

Ähnlich wie die Belichtungszeit hat die Größe der Blendenöffnung einen Einfluss auf die einfallende Lichtmenge und somit auf die Helligkeit des Bildes. Allerdings stellt auch diese, wenn auch in anderer Hinsicht, ein essenzielles Gestaltungselement dar. Denn die Größe der Blende bestimmt einerseits die Tiefenschärfe, andererseits beeinflusst sie auch die Bildqualität bezüglich der Gesamtschärfe und des Helligkeitsabfalls zum Rand. Bei einer Offenblende (große Öffnung und kleiner Wert) ist die Tiefenschärfe sehr gering: Wird das Bild auf den Vordergrund scharf gestellt, kann es passieren, dass der Hintergrund bereits komplett unscharf ist. Bei einer geschlossenen Blende resultiert hingegen die größte Tiefenschärfe.

Die Tiefenschärfe hängt aber nicht allein vom Blendenwert ab; sie ist auch von der Brennweite des Objektivs und dem Abstand von Kamera zu Motiv sowie vom Abstand von Motiv zu Hintergrund abhängig. So ist bei einem extremen Weitwinkel von 14 mm selbst bei Offenblende fast alles scharf, während bei einem 300-mm-Teleobjektiv sogar mit einer geschlossenen Blende von f10 eine deutliche Unschärfe zu sehen ist. Sobald nah an das Motiv herangetreten wird, fällt es ebenfalls einfacher, den Hintergrund unscharf zu bekommen. Wäre die Blumenvase hingegen aus der hintersten Zimmerecke fotografiert worden, wäre die Wand dahinter auch bei Offenblende knackscharf.

Die Abbildung oben zeigt ein 50-mm-Objektiv mit einer Lichtstärke von 1:1,4. Die Blende wurde hier maximal geöffnet. Eine alternative Schreibweise für den Blendenwert wäre in diesem Fall f/1.4. Im allgemeinen Sprachgebrauch würde aber auch von einer „1.4er-Blende" bzw. „Blende 1,4" gesprochen werden. Im rechten Teil der Abbildung würde die Blende auf einen Wert von f/16 geschlossen. Die Angabe von z. B. 1:1.4 auf dem Objektiv gibt also immer den Maximalwert an, wie viel Licht durch das Objektiv gelangen kann. Kleinere Blenden (größere Zahlen) lassen sich hingegen fast immer einstellen. Je kleiner der angegebene Zahlenwert auf dem Objektiv ist, desto lichtstärker ist dieses meistens auch.

Blendenwert und Blendenöffnung

Je größer der Blendenwert ist, desto kleiner ist die Blendenöffnung und umso weniger Licht kommt durch das Objektiv hindurch, gleichzeitig erhöht sich dabei die Tiefenschärfe. Neben der zunehmenden Tiefenschärfe kommt es bei geschlossener Blende aber zu einem weiteren Effekt: Spitzlichter erscheinen zunehmend sternförmig und bilden sichtbare Lichtstrahlen bzw. Blendensterne aus. Bei großen Blenden-

Die Blendenöffnung – links ist eine große Öffnung von f/1.4 zu sehen, während rechts eine kleine Öffnung mit einem großen Wert von f/16 zu sehen ist.

Bei geschlossener Blende erscheinen Lichtquellen sternförmig. Wie viele Lichtstrahlen von einem Blendenstern ausgehen und ob diese spitz zulaufen oder aufgefächert wirken, hängt vom Objektiv und nicht vom Blendenwert ab.

Nikon D810 | ISO 100 | Brennweite 50mm (Nikkor 50 1.4D) | Blende 11 | Belichtungszeit 30 Sek.

öffnungen, also kleinen Werten, nimmt die Tiefenschärfe deutlich ab und das Bild wird gleichzeitig heller. Bei offener Blende erscheinen Spitzlichter hingegen sanft und unscheinbar. Blendensterne sind dann nicht mehr sichtbar.

Auf Zoomobjektiven sind oft Angaben wie z. B. 18-55 mm, 1:3.5-5.6 vorzufinden. Dies hängt damit zusammen, dass Zoomobjektive bei verschiedenen Brennweiten (Zoomstufen) oft eine unterschiedliche maximale Anfangsblendenöffnung aufweisen. Bei einer Brennweite von 18 mm lässt sich die Blende maximal auf f/3.5 öffnen; bei 55 mm hingegen auf einen Wert von maximal f/5.6.

Was versteht man unter Abblenden?

Unter dem Begriff Abblenden verbirgt sich das Schließen der Blende, sodass weniger Licht eintreten kann. Der Begriff Aufblenden steht hingegen für das Öffnen der Blende. Zu große als auch zu kleine Blendenwerte sind oft mit Abbildungsfehlern behaftet: Bei großen Blendenöffnungen, z. B. f/1.4, kommt es zur Aberrationsunschärfe, Farbfehlern (chromatische Aberration) und einer verstärkten Vignettierung (Abdunkelung des Bildrandes).

Bei sehr kleinen Blendenöffnungen, z. B. f/16, kommt es vermehrt zum Effekt der Beugungsunschärfe. Insofern ist die Wahl der richtigen Blende immer ein Kompromiss aus künstlerischer Gestaltung mithilfe der Tiefenschärfe und Blendensterne sowie dem Verlust an Bildqualität in beide Richtungen der Extreme. Die meisten Objektive erreichen ihre beste optische Leistung beim zweifachen Abblenden. Bis zu einem Wert von f/10 sind die meisten Objektive qualitativ gut.

Blendenreihe in Drittel-Blendenstufen

Die im Infokasten aufgelisteten Zahlen stellen die Blendenreihe in Drittel-Blendenstufen dar, wie sie von modernen Kameras häufig eingestellt werden können. Ältere Objektive haben oft nicht so viele Zwischenschritte.

Die Blendereihe

Die Blendenreihe (von großer zu kleiner Öffnung sortiert):

1.2 • 1.4 • 1.6 • 1.8 • 2 • 2.2 • 2.5 • 2.8 • 3.2 • 3.5 • 4 • 4.5 • 5 • 5.6 • 6.3 • 7.1 • 8 • 9 • 10 • 11 • 13 • 14 • 16 ...

Da es sich bei dieser Reihe um Drittel-Blendenstufen handelt, müssen, um einfach abzublenden, im Kameramenü drei Zahlenstufen übersprungen werden. Bei einer anfänglichen Offenblende von f/2.8 muss demnach auf einen Wert von f/4 abgeblendet werden. Soll hingegen zweifach abgeblendet werden, ist entsprechend ein Blendenwert von f/5.6 einzustellen, sofern die maximale Lichtstärke des Objektivs mit 1:2.8 angegeben ist. Zweifaches Abblenden entspricht also der Verdoppelung des Zahlenwertes.

Ganze Blendenwerde berechnen sich wie folgt:

$$k = \sqrt{2}^{(n-1)}$$

Dabei wird mit jeder ganzen Blendenstufe die einfallende Lichtmenge halbiert bzw. verdoppelt. Das heißt, eine Blende mit dem Wert f/2.8 ist doppelt so groß wie eine Blende mit dem Wert f/4. Bei einer Blende von f/4 entspricht die Bildweite dem vierfachen des Blendendurchmessers; bei einer Blende f/10 entsprechend dem zehnfachen. Die genaue Mathematik dahinter muss nicht verstanden werden, um gute Fotos aufzunehmen. Am besten ist es, die Einstellungen einfach auszuprobieren und zu lernen, wie sich diese auf das Bild auswirken.

Bei den meisten Weitwinkelobjektiven bis ca. 24 mm lässt sich in der Architekturfotografie mit Blendenwerten zwischen f/6.3 und f/8 sehr gut arbeiten. Hier ist mit ausreichender Tiefenschärfe bei maximaler Auflösung und akzeptabler Vignettierung zu rechnen. Wenn kreativ mit der Unschärfe oder den Blendensternen gespielt werden soll, sollten allerdings extremere Blendenwerte verwendet werden.

Die Arbeitsblende

Falls die Blendenwerte verändert werden, das Bild im Sucher sich aber nicht verändert und immer gleich aussieht, liegt das an der Arbeitsblende. Bei DSLRs ist im Sucher immer nur das projizierte Bild bei geöffneter Blende zu sehen. Der an der Kamera eingestellte Wert bezieht sich auf die Arbeitsblende. Das heißt, dass erst mit der tatsächlichen Aufnahme des Fotos die Blende auch wirklich geschlossen wird.

Blende, Apertur und Lichtstärke

Alles das Gleiche? In Hinsicht auf die korrekte Nomenklatur sollte an dieser Stelle der Hinweis erlaubt sein, dass Apertur, Blende, Lichtstärke im praktischen Gebrauch zwar die gleiche Bedeutung haben und synonym verwendet werden, diese in der Fachsprache jedoch unterschiedliche Dinge beschreiben. Eine einheitliche Nomenklatur existiert leider nicht, sodass es immer wieder zu Missverständnissen führen kann. Gemäß einer weit verbreiteten Variante der Nomenklatur bezeichnet die Apertur die Blendenöffnung und wird mit einem Blendenwert angegeben. Die Blende ist hingegen das physische Bauteil in Form eines Lamellenverschlusses und ist nicht bildwirksam, da nur die Öffnung, die von der Blende erzeugt wird, bildwirksam ist.

Daher ist es nomenklatorisch falsch, von z. B. einer f/2.0er-Blende zu sprechen, weil es sich eigentlich um eine f/2.0er-Apertur mit entsprechendem Blendenwert handelt. Die Lichtstärke hängt zwar meistens mit der Apertur eng zusammen, ist aber nicht das Gleiche. Die Lichtstärke gibt nämlich die Transmission (T-Stop) an, beschreibt also, wie lichtdurchlässig ein Objektiv ist. Je mehr Glas in einem Objektiv verbaut und je schlechter die Vergütungen sind, desto weniger Licht kann ein Objektiv bei gleicher Apertur durchlassen. Dies wird bei Verwendung eines ND- oder Graufilters deutlich: Bei gleicher Apertur (Blendenöffnung bzw. F-Stop) wird das Bild dunkler und die Lichtstärke nimmt ab, obwohl der Blendenwert sich nicht verändert.

Eine andere Art der Nomenklatur bezeichnet die Apertur als die Blendenöffnung, wie dies auch im vorherigen Beispiel der Fall war. Der Begriff Blende wird nun jedoch für die Lichtstärke bzw. Lichtdurchlässigkeit verwendet. Hier wird wiederum zwischen den realen (f/- Angabe) und effektiven Blendenwerten (Lichtstärke bzw. T-Angaben) unterschieden. Im Filmbereich wird bei Cine-Objektiven die Lichtdurchlässigkeit mit dem T-Stop (T = Transmission), anstatt mit dem Blendenwert

(F-Stop), angegeben. Dies hängt damit zusammen, dass diese nicht zwangsläufig gleich sein müssen. Glas absorbiert nämlich Licht. Je nach individueller Konstruktion eines Objektivs kann ein 50-mm-f/1.2-Objektiv bei Offenblende dunklere Bilder erzeugen als ein 50-mm-f1.8-Objektiv, obwohl es theoretisch andersherum sein müsste. Objektivbezeichnungen wie „Zeiss Distagon 35 mm f/2.0" geben die maximale Apertur im Namen an, wie dies an der f-Bezeichnung zu erkennen ist. Bei Objektivbezeichnungen wie „Zeiss Supreme Prime 29 mm T/1.5" wird hingegen die Lichtstärke bzw. Transmission angegeben, wie dies an der T-Angabe ersichtlich ist. Die maximal erreichbare Blendenöffnung hat also nur bedingt etwas mit der tatsächlichen Lichtstärke zu tun.

Die unterschiedlich verwendeten Bezeichnungen und das Verständnis von deren Bedeutung führen manchmal zu regen Diskussionen. Insbesondere dann, wenn bei einem f/0.95-Objektiv von einer hohen Lichtstärke gesprochen wird, obwohl in Wirklichkeit zahlreiche f/1.4er-Objektive mehr Licht durchlassen. Insofern sollte dies bei eventuellen Missverständnissen im Hinterkopf behalten werden. Im folgenden Verlauf wird die alltagstaugliche Fotografensprache genutzt.

Der ISO-Wert und seine Auswirkung

Im Gegensatz zur analogen Fotografie kann heutzutage die ISO-Empfindlichkeit (früher: ASA-Filmempfindlichkeit) von Foto zu Foto separat geändert werden. Je höher der ISO-Wert ist, desto heller wird das Bild. In der analogen Fotografie beschrieb der ISO-Wert die Lichtempfindlichkeit des Films. Kleine Werte wie z. B. ISO 64 stehen für eine niedrige Lichtempfindlichkeit, während sehr hohe Werte wie z. B. ISO 12.800 eine direkt proportional höhere Lichtempfindlichkeit beschreiben. Bei modernen digitalen Kameras gehört der ISO-Wert streng genommen nicht mehr zum „Belichtungsdreieck", da sich die Lichtempfindlichkeit des Sensors eben nicht real ändern lässt.

Bei Änderung der ISO-Einstellung in einer digitalen Kamera wird die reale Lichtempfindlichkeit nicht geändert, stattdessen wird eine elektronische Signalverstärkung auf das Bild addiert, was lediglich eine höhere Lichtempfindlichkeit digital simuliert. Ein höherer ISO-Wert hellt das Bild künstlich auf. Diese elektronische Signalverstärkung verstärkt alle Bildinformationen und minimale Signalschwankungen gleichermaßen. Letztere resultieren bei extremer Verstärkung in sichtbarem Bildrauschen. Wenn es um höchste Qualität unter erschwerten Lichtverhältnissen geht, erfordert dies daher die manuelle Kontrolle der ISO-Einstellung. Der ISO-Wert sollte nur so hoch wie nötig und so niedrig wie möglich gewählt werden.

ISO-Invarianz – was ist denn das?

Je nach interner Signalverarbeitung der Prozessoren können die resultierenden RAW-Dateien eine leichte ISO-Invarianz aufweisen. Dies bedeutet, dass sich ein Foto, das mit niedrigem ISO-Wert aufgenommen und nachträglich digital aufgehellt wurde, nicht stark von einem Foto unterscheidet, das direkt mit einem höheren ISO-Wert fotografiert wurde. In der Praxis heißt dies, dass der ISO-Wert nachträglich geändert werden kann. Aber Achtung: Dies gilt nicht für alle Kameras! Ob eine Kamera ISO-invariant ist, hängt auch davon ab, wie der Prozessor die RAW-Datei abspeichert. Zudem sind Kameras selten zu 100 % ISO-invariant: Ein Bild mit ISO 500 wird in der Regel etwas weniger rauschen als ein Bild mit ISO 100, das fünffach aufgehellt wurde. Bei der Sony A7iii tritt eine nahezu perfekte ISO-Invarianz beispielsweise erst ab circa ISO 800-1000 auf.

Das liegt daran, dass bei einer höheren ISO-Einstellung die Signalverstärkung in der Kamera bereits vor dem AD-Wandler stattfindet. Bei der digitalen Bildbearbeitung käme dieser Schritt logischerweise erst danach. Die richtige Reihenfolge der Signalverstärkung hat einen leichten Einfluss auf das Rauschverhalten. Bei niedrigen ISO-Werten ist der Unterschied stärker sichtbar, während bei ohnehin hohen ISO-Werten dieser Effekt zwar immer noch vorhanden ist, aber kaum ins Gewicht fällt. Daher tritt eine „echte" ISO-Invarianz zumeist erst bei höheren ISO-Werten auf.

Somit ist dieser Effekt für Konzertfotografen eher relevant, als er das für Architekturfotografen ist. Im Gegensatz zu der weitläufigen Meinung in zahlreichen Internetforen ist die richtige ISO-Einstellung also nicht ganz egal. Die Kameraeinstellungen sollten so perfekt wie möglich gewählt werden, sodass das Bild bereits auf dem Display der Kamera möglichst gut aussieht.

Dynamik, Kontrast und Farbechtheit

Alle ISO-Einstellungen, die von der nativen Grundempfindlichkeit des digitalen Bildsensors abweichen, werden elektronisch erreicht und gehen daher mit einem Qualitätsverlust einher. Das bekannte Bildrauschen bei hohen ISO-Werten ist nur ein Beispiel hierfür. Mit höheren ISO-Werten gehen aber auch Dynamik, Kontrast und die Farbechtheit verloren. Manche Kameras erlauben es auch, den nativen ISO-Wert durch eine Signalabschwächung nach unten zu reduzieren. Hier besteht die Gefahr, dass in besonders hellen Bildbereichen Strukturen verloren gehen. Ein nach unten reduzierter ISO-Wert, der von der nativen Sensorempfindlichkeit abweicht, wird meistens durch ein „L“ (=low) vor dem Zahlenwert gekennzeichnet.

Zehnfache Ausschnittsvergrößerung aus einem Foto mit hohem ISO-Wert von 2000. Es ist ein deutliches Bildrauschen sowie ein Kontrastverlust erkennbar. Die Lichter wirken insgesamt sehr flau. Das Bildrauschen kann in vielen Fällen von der Software in der Nachbearbeitung deutlich reduziert werden, dennoch gehen hohe ISO-Werte immer mit einem Qualitätsverlust einher und sollten nach Möglichkeit vermieden werden. Ein Stativ könnte hierbei Abhilfe schaffen.

Zusammenspiel von Zeit, Blende und ISO

Insgesamt existieren zwei Einstellmöglichkeiten, um ein richtig belichtetes Bild hervorzubringen: die Belichtungszeit und die Blende. Mit der ISO-Einstellung lässt sich die korrekte Belichtung des Bildes lediglich elektronisch optimieren.

Ist eine hohe Tiefenschärfe gewünscht, so muss abgeblendet werden, wodurch das Bild gleichzeitig dunkler erscheint. Befindet sich im Bild gleichzeitig ein bewegtes Objekt, dessen Bewegung eingefroren werden soll, um es scharf abzubilden, so muss auch die Belichtungszeit relativ kurzgehalten werden. Dies führt ebenfalls zu einem dunkleren Bild. Mit einem höheren ISO-Wert besteht die Möglichkeit, das Bild aufzuhellen. Mit erhöhten ISO-Werten gehen allerdings ein verstärktes Bildrauschen und ein niedrigerer Farb-, Kontrast- bzw. Dynamikumfang einher. Aufgrund des Qualitätsverlustes sollte der ISO-Wert nicht unnötig hoch eingestellt werden. Es empfiehlt sich daher, den ISO-Wert nur so hoch wie nötig und so niedrig wie möglich zu wählen.

Angenommen, mit einem 50-mm-Objektiv soll ein Foto mit unscharfem Hintergrund ohne Stativ erstellt werden. Bei den Einstellungen ist deshalb eine maximale Offenblende von f/1.8 zu wählen. Zudem werden eine Belichtungszeit von 1/50 Sek. und ein ISO-Wert von 100 eingestellt. Die kamerainterne Belichtungsmessung zeigt an, dass das Bild um eine Blendenstufe unterbelichtet ist. Die Blende kann nicht weiter geöffnet werden. Beim Verlängern der Belichtungszeit auf 1/25 Sek. besteht Verwacklungsgefahr, sofern ohne Stativ fotografiert wird. In diesem Fall muss der ISO-Wert auf 200 gestellt werden, um ein korrekt belichtetes Bild zu erhalten. Es besteht ein linearer Zusammenhang.

Bei den meisten Architekturaufnahmen ist der ISO-Wert sehr niedrig einzustellen (auf dem Stativ zwischen ISO 64 und ISO 100). Danach wird die Schärfe über die Blende (z. B. f/7.1) reguliert und man passt die Helligkeit über die Belichtungszeit an. Sofern bestimmte Effekte wie Blendensterne, unscharfer Hintergrund oder Wisch-Effekte bei Personen gewünscht sind, müssen die Einstellungen entsprechend angepasst werden.

Blendenstufen

Die Helligkeitsunterschiede werden in Blendenstufen angegeben. In der Kamera lassen sich Zeit, Blende und ISO jeweils in kleinen Zwischenstufen von Drittel-Blendenstufen einstellen. Eine Blendenstufe verdoppelt bzw. halbiert die Helligkeit des Bildes. Wird die Zeit, die Blende oder die ISO-Einstellung um drei Schritte verändert, so halbiert bzw. verdoppelt sich die Helligkeit entsprechend. Wird der ISO-Wert um einen Schritt erhöht und die Blende gleichzeitig um einen Schritt geschlossen, bleibt die Gesamthelligkeit des Bildes gleich.

Belichtung und Interpretation

Belichtungszeit

Je kürzer die Belichtungszeit, desto schärfer erscheinen bewegte Objekte. Je länger die Belichtungszeit, umso eher kommt es zur Bewegungsunschärfe. Wenn ohne Stativ fotografiert werden sollte, muss die Belichtungszeit mindestens dem Kehrwert der Brennweite entsprechen. Wird z. B. mit einem 50-mm-Objektiv fotografiert, so sollte die Belichtungszeit 1/50 Sek. nicht überschreiten.

Blende

Je größer die Zahl, desto kleiner ist die Blende. Bei offener Blende (kleiner Wert) ist eine geringe Tiefenschärfe vorhanden; Vorder- und Hintergrund wirken unscharf. Bei geschlossener Blende (großer Wert) ist die Tiefenschärfe am größten und Spitzlichter erscheinen sternförmig. Zweifach abgeblendet sind die Kontraste bei den meisten Objektiven am intensivsten.

ISO

Der ISO-Wert war ein Maß für die Lichtempfindlichkeit von Filmen und wird heute durch eine digitale Signalverstärkung simuliert. Mit dem ISO-Wert kann die korrekte Belichtung des Bildes ausgeglichen werden. Ist z. B. eine hohe Tiefenschärfe gewünscht, so muss abgeblendet werden, wodurch allerdings, aufgrund der kleineren Blendenöffnung, weniger Licht auf den Sensor trifft und das Bild somit dunkler wird. Mit einem höheren ISO-Wert wird das Bild wieder heller. Damit gehen allerdings ein erhöhtes Bildrauschen und ein niedrigerer Dynamikumfang einher, daher sollte der ISO-Wert nicht unnötig hoch eingestellt sein.

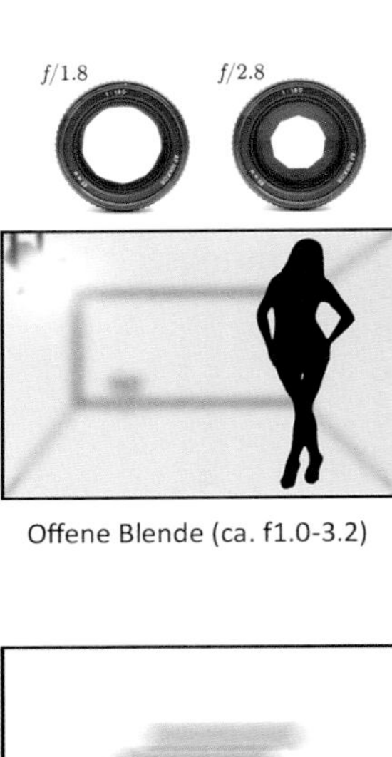

Offene Blende (ca. f1.0-3.2)

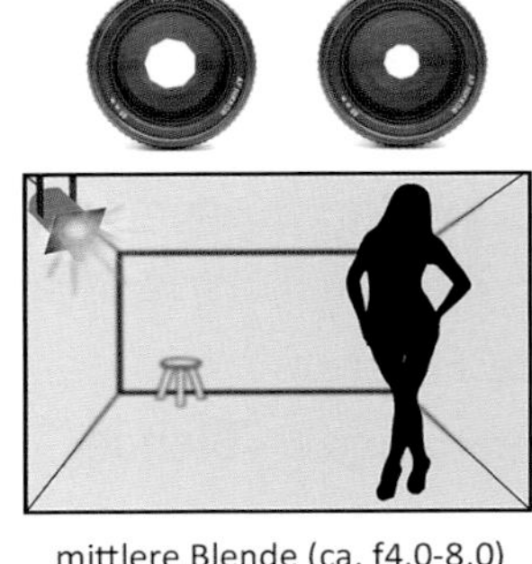

mittlere Blende (ca. f4.0-8.0)

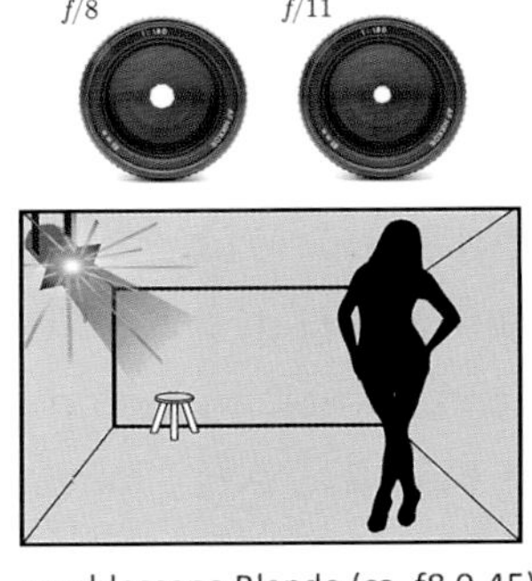

geschlossene Blende (ca. f8.0-45)

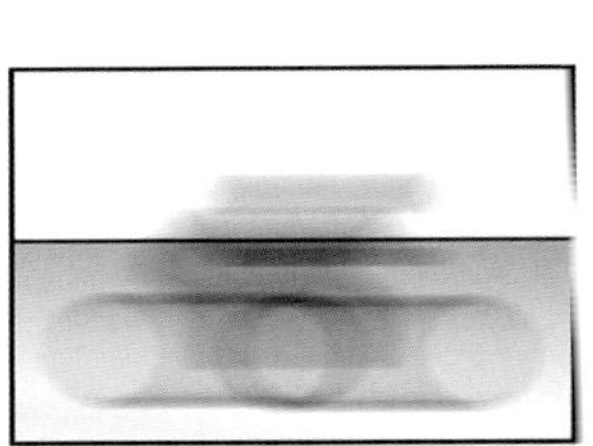

1/5sec
lange Belichtungszeit

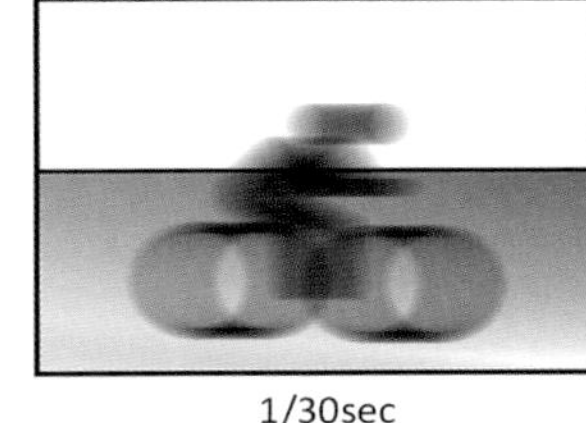

1/30sec

1/800sec
kurze Belichtungszeit

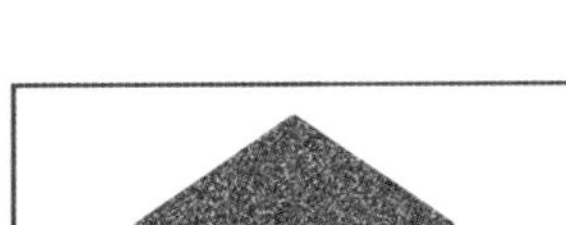

ISO 12.800
hoher Wert

ISO 3.200

ISO 100
niedriger Wert

Zusammenhang von Zeit, Blende und ISO

ISO-Werte zwischen 64 bis maximal 200 gelten als optimal. Mit Werten von ISO 400 bis 1000 sind in der Regel noch gute Ergebnisse zu erreichen. Oberhalb von ISO 3.200 wird es oft kritisch. Jedoch hängt dies auch stark vom Kameramodell ab und kann mitunter stark variieren. Zumal ein Bildrauschen bei manchen Motiven weniger auffällt.

Methoden der Belichtungsmessung

Hinsichtlich der automatischen Ermittlung der richtigen Belichtung gibt es diverse Messmethoden. Im Rahmen der Architektur- und Immobilienfotografie sollte ohnehin im manuellen Modus M fotografiert werden. Der Belichtungswert ergibt sich aus dem Zusammenspiel von Zeit, Blende und ISO-Wert. Sobald nur einer dieser drei Parameter geändert wird, ändert sich die Belichtung (das Bild wird heller oder dunkler) und der Balkengraph bewegt sich dementsprechend nach links oder nach rechts.

Sobald der Balkengraph den Nullwert in der Mitte erreicht, ist das Bild, nach Meinung der kamerainternen Software, korrekt belichtet. Die Methode der Belichtungsmessung hat lediglich Einfluss auf die Position des Balkengraphen, der Auskunft über die Belichtung gibt. Ferner kann eine Belichtungskorrektur in der Kamera eingestellt werden, die den Nullwert anders definiert bzw. nach links oder nach rechts verschiebt. Der Ausgangspunkt bzw. Nullwert kann je nach Methode variieren. Die Feineinstellung sollte allerdings ohnehin über das Histogramm nach dem ETTR-Prinzip erfolgen, das im Anschluss besprochen wird.

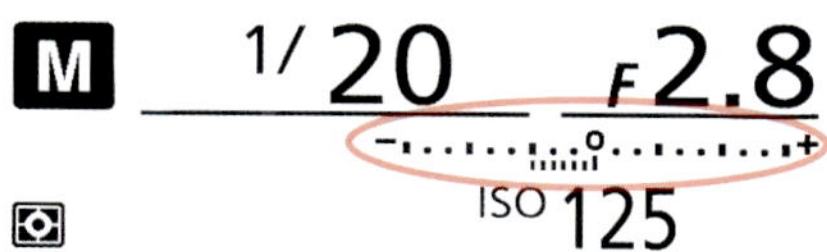

Der Balkengraph gibt Auskunft über die Belichtung. In diesem Beispiel ist das Bild um eine Blendenstufe (-1 EV) unterbelichtet; also ist es etwas zu dunkel.

Der Balkengraph (siehe Abbildung) ist wahrscheinlich jedem geläufig. Schließlich verfügt nahezu jede Kamera über diese Art der Darstellung in Hinsicht auf die Belichtung. Der Bruch von 1/20, wie in diesem Beispiel, zeigt die eingestellte Belichtungszeit in Sekunden an (1/20 Sek). In manchen Kameras wird anstelle des Bruches nur eine Zahl, z. B. 20, dargestellt, was für 1/20 Sek. steht. Steht hinter der Zahl ein Anführungszeichen, so handelt es sich um ganze Sekunden – 20" entspräche also 20 Sekunden. Rechts davon ist der Blendenwert angegeben, in diesem Beispiel ist ein Wert von f/2.8 eingestellt und unten ist der eingestellte ISO-Wert von 125 ersichtlich.

Wenn die in der Kamera eingestellten Werte geändert werden, fällt auf, dass der gekennzeichnete Balken in der Mitte anfängt, sich zu bewegen. Die Anzeige für die Belichtungsmessung zeigt, wie das Bild in etwa belichtet sein wird. In diesem Beispiel wäre das Bild um eine Blendenstufe unterbelichtet (-1 EV). Das heißt, es wäre etwas zu dunkel. Das kann korrigiert werden, indem Sie die Belichtungszeit entsprechend verlängern, die Blende weiter öffnet und/oder den ISO-Wert erhöht.

Die von der Kamera als optimal eingeschätzte Belichtung ist dann gegeben, wenn die Anzeige auf dem Wert null steht. Die automatische Belichtungsmessung dient allerdings nur als Orientierung, denn in manchen Fällen ist es sinnvoll, ein Bild über- oder unterzubelichten. Das Endergebnis sollte idealerweise mithilfe des Histogramms kontrolliert werden.

Hinsichtlich der Belichtungsmessung gibt es verschiedene Modi: zum Beispiel die Integralmessung, bei der ein Mittelwert des gesamten Bildes berechnet wird, oder die mittenbetonte Messung, bei der den Messpunkten im mittleren Bereich des Bildes eine höhere Bedeutung zukommt als den Messpunkten am Bildrand. Was jedoch alle Modi gemein haben, ist, dass die Kamera ein Bild als optimal belichtet ansieht, wenn das gemittelte Luminanzspektrum einen 50-prozentigen Grauwert erreicht (bei ausgeschalteter Belichtungskorrektur). Ist es draußen nun sehr dunkel, würde die Kamera das Bild so weit aufhellen, bis der 50%-Wert erreicht ist.

Das Resultat wäre ein für unser Empfinden viel zu helles Bild, da es nicht mit dem übereinstimmt, was mit bloßem Auge gesehen wurde. Dennoch kann es sinnvoll sein, so zu fotografieren. Die automatische Belichtungsmessung funktioniert tagsüber sehr gut, während der blauen Stunde oder in der Nacht sollte jedoch bewusst unterbelichtet fotografiert werden, sofern mit dem JPEG-Format gearbeitet wird.

Insbesondere die Dämmerung ist, aufgrund der sich schnell ändernden Lichtverhältnisse, etwas kompliziert. Hier sollten einige Testbilder erstellt und auf dem Display einfach kontrolliert werden. Danach wird überprüft, ob die eingestellte Belichtung zufriedenstellend ist. Die Einstellungen sollten jedoch mindestens im 5-Minuten-Takt kontrolliert und gegebenenfalls aktualisiert werden. Am besten eignet sich dafür der manuelle Kameramodus M.

Die Integralmessung

Für die Integralmessung werden alle über den Sensor verteilten Messpunkte gleichwertig in die Berechnung mit eingeschlossen. Aus den verschiedenen Belichtungswerten wird ein Mittelwert gebildet, aus dem die korrekte Belichtung ermittelt wird. Diese Methode ist eher für kontrastarme Motive (z. B. bei starker Bewölkung) geeignet.

Die mittenbetonte Messung

Im Gegensatz zur Integralmessung werden die mittleren Messfelder stärker in die Berechnung miteinbezogen als am Rand liegende Messfelder. Für kontrastreiche Motive ist diese Methode besser geeignet als die Integralmessung. Der Nachteil dieser Methode ist jedoch, dass sich das Hauptmotiv in der Bildmitte befinden sollte, um eine korrekte Messung durchzuführen. Jedoch lässt sich bei vielen Kameras die Belichtung mit halbgedrucktem Auslöser speichern. Dadurch ist es einfach, eine korrekte Belichtung zu erzielen.

Hierzu wird das Motiv zunächst mittig anvisiert, der Auslöser zur Hälfte gedrückt, der Bildausschnitt hinsichtlich der Bildkomposition verändert und zum Schluss wird das eigentliche Bild aufgenommen. Im manuellen Modus M ist das Ganze einfacher, da der Auslöser nicht halb gedrückt werden muss, weil sich die Werte ohnehin nicht selbstständig ändern. Mit der mittenbetonten Messung ist man, selbst unter komplizierten Bedingungen, fast immer auf der richtigen Seite.

Die Matrixmessung

Die Belichtung wird über mehrere Messfelder ermittelt und basiert auf hochkomplexen Algorithmen. Hierbei wird neben der Helligkeit zusätzlich die Farbverteilung mitberücksichtigt, sodass die Kamera typische Motivsituationen erkennt und diesbezüglich eine Profilkorrektur durchführt. Allerdings kann es, wie das bei Vollautomatiken nun mal ist, zu Fehlinterpretationen der Situation durch die Kamera kommen. In den meisten Fällen funktioniert diese Funktion jedoch sehr zuverlässig und sie ist unter Standardsituationen extrem präzise. Sie wird aber nicht von allen Kameramodellen unterstützt.

Die Spotmessung

Für die Spotmessung wird nur ein einziger Messpunkt verwendet. Bei den meisten Kameras kann das gewünschte Messfeld aus einer Vielzahl von Feldern ausgewählt werden. Alternativ kann, wie bei der mittenbetonten Messung, mithilfe eines halbgedrückten Auslösers vorgegangen werden. Wenn es darum geht, nur ein kleines wichtiges Detail im Bild korrekt zu belichten, ist die Spotmessung die richtige Methode.

Einige Kameras bieten sogar die Möglichkeit der Feinabstimmung zwischen den unterschiedlichen Arten der Belichtungsmessung. Aus diesen Voreinstellungen wird entsprechend ein gewichteter-Mittelwert berechnet. Jedoch ist dies eher für Sport- und Eventfotografen interessant, wenn es nur einen Versuch gibt und die Belichtung beim ersten Mal passen muss.

Im Rahmen der Architektur- und Immobilienfotografie ist in der Regel genug Zeit vorhanden, um die Belichtung manuell zu perfektionieren. Die Methode der mittenbetonten Messung ist daher für 90 % unserer Motive ausreichend geeignet.

Kontrolle über das Histogramm

Die automatische Belichtungsmessung liefert einen groben Anhaltspunkt für die richtige Belichtung eines Bildes, bevor dieses entsteht. Nachdem das Foto aufgenommen worden ist (oder im Live-View), lässt sich die Belichtung über das Histogramm wesentlich genauer kontrollieren.

Entscheidend hierbei ist die richtige Auswahl des Bildstils. JPEG-Dateien werden von der Kamera vollautomatisch bearbeitet. Dabei gibt es die Möglichkeit, Bildstile wie z. B. *Schwarz-Weiß* (*Monochrome*), *Porträt*, *Landschaft*, *Standard*, *Brillant*, *Faithful* etc. zu wählen. Im Modus „Landschaft" werden beispielsweise die grünen und blauen Farben verstärkt, das Bild wird nachgeschärft und die Kontraste werden maximiert. Dadurch erscheinen dunkle Stellen wesentlich dunkler, als sie eigentlich sind, und das Histogramm wird verfälscht.

Die Bildstile „Ausgewogen", „Flat", „Natürlich" oder „Neutral" geben das Bild relativ unverfälscht wieder und sollten daher verwendet werden, sobald im RAW-Format fotografiert wird. Zwar hat der Bildstil auf die Rohdatei keinen Einfluss, aber es erleichtert einem, vor Ort das Vorschaubild richtig zu interpretieren. Der Vorteil ist, dass bereits auf dem Kameradisplay abgeschätzt werden kann, was in der Nachbearbeitung aus dem Bild rauszuholen ist. Die Histogramm-Werte, die sich auf das Vorschaubild beziehen, sind in diesen Modi weitgehend unverfälscht.

Allerdings wirken die Bilder dadurch relativ flau, blass und kontrastarm. Das ist ein weiterer Grund, im RAW-Format zu fotografieren, da der Bildstil auch nachträglich geändert werden kann. Die Vorauswahl des Bildstils dient lediglich der Bildvorschau mit dem dazugehörigen Histogramm auf dem Kameradisplay. Was das RAW-Format genau ist und welche Vorteile es bietet, wird an späterer Stelle behandelt. All diejenigen, die (noch) im JPEG-Format fotografieren, sollten vorerst den Bildstil wählen, der optisch am besten gefällt.

Bei einem halbwegs korrekt belichteten Bild liegt der Großteil des Bildes im mittleren Bereich des Histogramms. Die Extremwerte von 100 % Schwarz bzw. 100 % Weiß kommen so gut wie gar nicht vor. Wird ein Bild bewusst unter- oder überbelichtet, so wird von Low- bzw. High-Key gesprochen. Hier befinden sich die Maximalwerte eher links (Low-Key) oder eher rechts (High-Key) im Histogramm. Aber auch in diesem Fall sollten großflächig reine Schwarz- oder Weißwerte vermieden werden. Sieht das Histogramm so aus wie im oberen Beispiel, sind die meisten Details gut zu erkennen, da ein breites Spektrum abgedeckt wird.

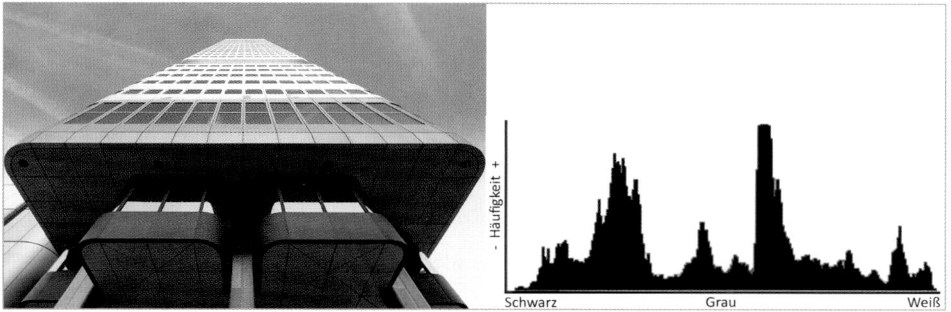

Korrekt belichtetes Bild: Das Histogramm deckt nahezu das gesamte Spektrum ab, wobei sich der Großteil der Werte in der Mitte befindet. Die weißen Bereiche ganz rechts werden gerade so berührt, nur wenige Pixel sind maximal hell.

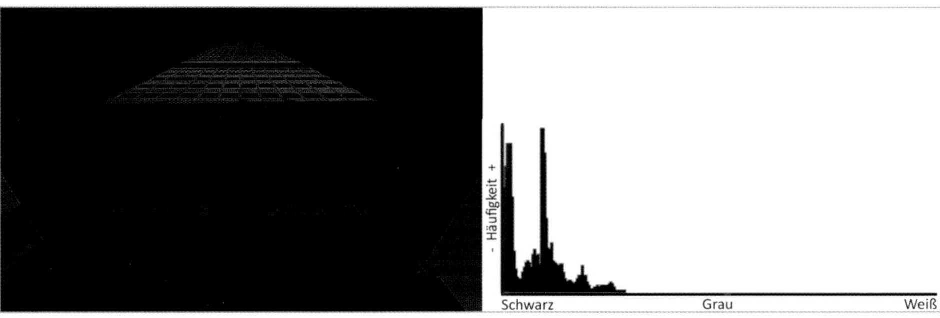

Unterbelichtetes und zu dunkles Bild: Es ist kein weißes Pixel mehr vorhanden (geringe Sensorsättigung) und der linke Bereich im Histogramm wird deutlich berührt. Zu hohe Schwarzwerte repräsentieren abgesoffene schattige Bereiche, aus denen sich keine Details mehr rekonstruieren lassen.

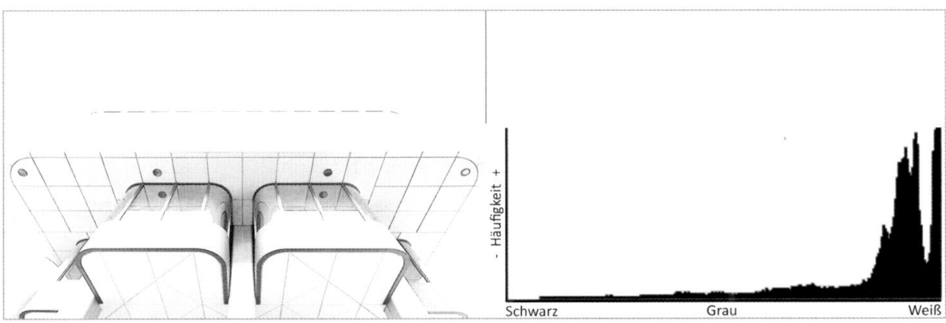

Überbelichtetes Bild: Das Bild ist viel zu hell, da sich die Werte am rechten Teil des Histogramms aufstauen. Das heißt, dass zu viele Weiß-Werte vorhanden sind. Die großflächig weißen Bereiche sind „ausgefressen" und verfügen somit über keinerlei Details mehr, die sich zurückgewinnen ließen.

Sieht das Histogramm aus wie in diesem Beispiel, ist das Bild komplett unterbelichtet. Einige Stellen im Bild sind sogar komplett schwarz und enthalten keinerlei Details mehr.

Sieht das Histogramm so aus wie im vorhergehenden Beispiel, so ist es überbelichtet. Zwar sind hier mehr Details zu erkennen als im unterbelichteten Beispiel, da ein wesentlich breiteres Luminanzspektrum abgedeckt wird, aber auch hier kommen komplett weiße und strukturlose Bereiche vor. Würde das Bild abgedunkelt werden, erhielte man keine Details, wie Wolken oder einen blauen Himmel. Stattdessen würde der Himmel als homogene hellgraue Fläche erscheinen.

Um ein Foto optimal bearbeiten zu können, sollten keine Extremwerte im Histogramm großflächig vorkommen. Das heißt, dass das Spektrum nicht gegen den rechten oder linken Rand des Histogramms sichtbar stoßen sollte. Dabei ist es empfehlenswert, in der Kamera den Bildstil „Ausgewogen“ oder „Neutral“ einzustellen, da diese Bildstile das Histogramm am wenigsten verfälschen. Um mehr Freiheiten in der Nachbearbeitung zu haben, muss im RAW-Format fotografiert werden.

Das Histogramm ermöglich eine wesentlich genauere Bildkontrolle als lediglich der Blick auf das angezeigte Bild, da viele Kameradisplays nicht optimal kalibriert sind und sich bei direktem Sonnenlicht viele Details nicht optimal erkennen lassen. In der Regel bietet jede Kamera die Möglichkeit der Histogrammanzeige.

ETTR – nach rechts belichten

Sofern keine extrem kontrastreichen Motive vorliegen, bietet es sich an, ETTR einzusetzen. Die Abkürzung ETTR steht für „expose to the right“, also „nach rechts belichten“. Damit ist gemeint, das Bild gezielt so überzubelichten, dass Highlights (Spitzlichter) gerade so nicht ausbrennen. Dabei stellen die Auswahl des richtigen Bildstils und das Histogramm eine besonders relevante Rolle dar. Im Bildstil „Ausgewogen“ oder „Neutral“ sollte das Bild so hell belichtet werden, dass einzelne Pixel gerade so maximal gesättigt sind.

Die Auswahl des richtigen Bildstils ist deshalb relevant, weil sich das Histogramm und die Spitzlichter-Warnung mit diesem ändert. Zwar hat der Bildstil keine Auswirkung auf die Rohdatei, allerdings bezieht sich das Histogramm in der Kamera immer auf die JPEG-Vorschau, die mit dem eingestellten Bildstil variiert.

Überbelichtungswarnung aktivieren

Besonders hilfreich ist dabei die Überbelichtungswarnung, bei der überbelichtete Lichter anfangen zu blinken. Hierbei muss abgewogen werden, welche Bereiche überbelichtet sein dürfen und welche nicht: Sind Scheinwerfer im Bild oder ist die Sonne direkt drauf, werden solche Spitzlichter nahezu immer überbelichtet sein, da sie letztendlich ohnehin sehr hell sind. Diese Spitzlichter gilt es daher zu ignorieren.

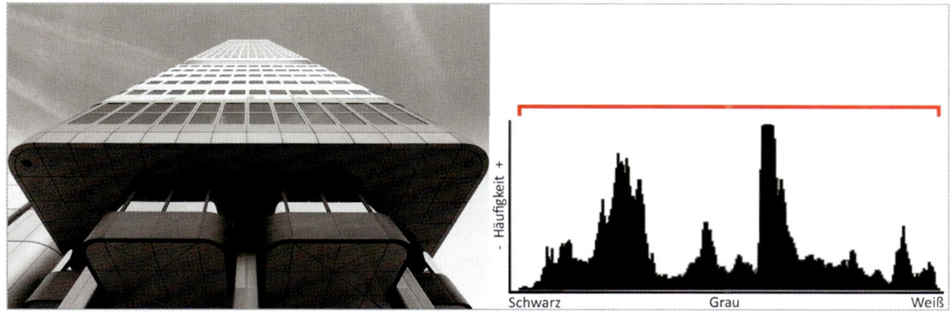

Bei dem korrekt belichteten Bild erscheinen die ersten weißen Pixel. Der Tonwertumfang ist zugleich relativ groß, was sich vereinfacht dargestellt an der Breite des Histogramms ablesen lässt.

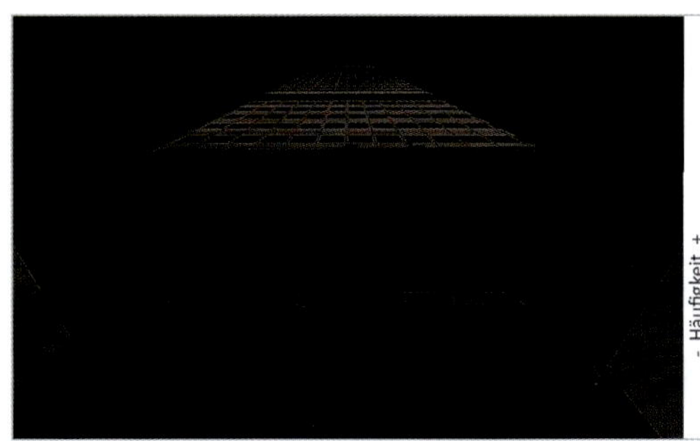

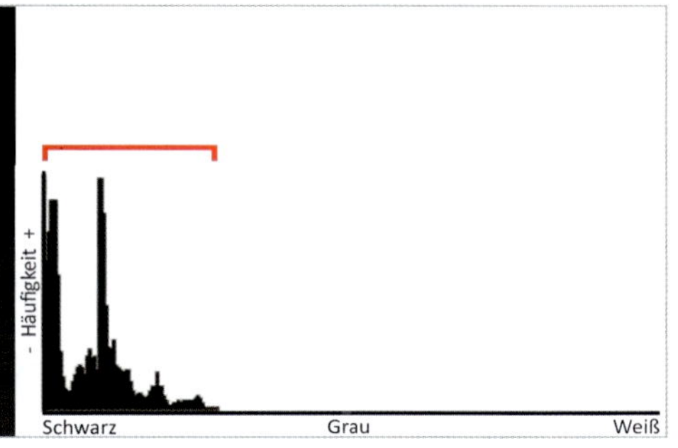

Bei dem unterbelichteten Bild ist der Tonwertumfang relativ gering. Vereinfacht betrachtet lässt sich dies aus der Histogramm-Breite abschätzen.

Das Bild muss also so hell belichtet werden, dass die hellsten Bereiche, die mit bloßem Auge noch erkennbar sind, knapp an der Grenze zur Überbelichtung liegen.

Beispielsweise sollten Wolken oder eine helle Fassade gerade so nicht überbelichtet sein. Dies ist der Fall, wenn genau auf diesen Bildbereichen die allerersten Pixel anfangen, den Weiß-Wert anzunehmen bzw. diese anfangen, in der Überbelichtungswarnung zu blinken. Wenn statt einzelnen Pixeln zusammenhängende Flächen anfangen zu blinken oder das Histogramm eindeutig den rechten Rand berührt, ist das Bild zu hell.

Wird ein Bild nämlich dezent überbelichtet, sodass die maximale Lichtmenge auf den Sensor trifft, ohne dabei überbelichtete (komplett weiße) Bereiche zu erzeugen, so ist es möglich, in der nachträglichen RAW-Entwicklung durch die Reduzierung der Belichtung eine höhere Bildqualität zu erreichen, als wenn direkt „richtig" belichtet worden wäre. Dies wird an folgendem Beispiel verdeutlicht:

Im Beispiel ist ersichtlich, dass das hellere Bild einen breiteren Tonwertumfang besitzt als das dunklere Bild. Würde das schmale Histogramm, zum Aufhellen des Bildes auseinandergezogen werden, entstünden zwangsläufig Informationslücken und ein Qualitätsverlust. Durch das Abdunkeln des helleren Bildes würde das sehr breite Histogramm verkleinert werden; dies geht ganz ohne Qualitätsverlust einher. Im Gegenteil:

Rein rechnerisch sind sogar mehr Informationen vorhanden, als wenn das Bild von vornerein dunkler fotografiert worden wäre. Je heller ein Bild fotografiert wird, desto breiter wird das Histogramm und umso mehr Farb- und Helligkeitsabstufungen sind enthalten.

Erst wenn überbelichtet wird, ändert sich dies wieder. Die RAW-Dateien moderner Kameras verfügen über eine Farbtiefe von ca. 14 Bit, woraus sich in etwa 16.000 Tonwertabstufungen pro Farbkanal ergeben. Bei einem Dynamikumfang von ca. 12 Blendenstufen, wie er in modernen Kameras üblich ist, bedeutet dies theoretisch 1.350 Tonwerte je Blendenwert. Doch so funktionieren CMOS-Sensoren nicht! Bildsensoren funktionieren exponentiell: Eine Halbierung der Belichtungszeit dunkelt das Bild um -1 EV (eine Blendenstufe) ab. Die hellste Blendenstufe kann von den 16.000 Tonwerten ganze 8.000 Tonwerte aufzeichnen, die zweite Blendenstufe 4.000, die dritte 2.000, die vierte 1.000, die fünfte 500 usw.

Insofern sollte die Belichtung möglichst hell sein, um möglichst viele Informationen innerhalb der ersten Blendenschritte festzuhalten. Immerhin können in den helleren Bereichen mehr Tonwert-Nuancen abgespeichert werden. Insofern ergibt es theoretisch Sinn, immer dezent überzubelichten und das Ganze im Anschluss, während der Nachbearbeitung, zu korrigieren. Würde das Bild hingegen „richtig“ belichtet werden, anstatt es um +1 EV überzubelichten, könnten bis zu 50 % der Informationen verloren gehen und eine etwas schlechtere Bildqualität wäre das Ergebnis. Diese zusätzlichen Informationen werden für die Nachbearbeitung benötigt, wenn es darum geht, Fenster abzudunkeln und Innenräume aufzuhellen! Die Alternative zu ETTR wären zeitaufwendige Belichtungsreihen und HDRs.

Grenzen für das Anwendungsgebiet

Allerdings gibt es Grenzen für dieses Anwendungsgebiet: Der Dynamikumfang des Motivs muss geringer sein, als die Dynamik der Kamera! Das heißt, dass diese Technik nicht für extrem kontrastreiche Motive geeignet ist (z. B. Gegenlichtsituationen). Sofern Innenräume gut ausgeleuchtet sind, ist es dank ETTR möglich, knapp 80 % der HDR-Belichtungsreihen einzusparen. ETTR lässt sich in der Immobilienfotografie also durchaus sinnvoll einsetzen. Zudem ergeben sich weitere Vorteile. Beispielsweise nimmt das Rauschen geringfügig ab und mehr Nuancen sowie eine bessere Schattenzeichnung sind dann ebenfalls vorhanden.

Aufnahmemodi: P, A, S und M

Von den laienhaften Motivprogrammen abgesehen, bieten moderne Kameras verschiedene Einstellungen für die Belichtungssteuerung. In der Immobilienfotografie ist es ratsam, nahezu immer den manuellen Aufnahmemodus M zu verwenden. Zur Übersicht sind im Folgenden alle gängigen Modi erklärt.

Vollautomatik

Alle drei Parameter (Zeit, Blende, ISO) werden automatisch eingestellt. Die Kamera erkennt dunkle Situationen selbstständig und bei Bedarf hellt sie das Bild mit dem integrierten Blitz auf. Dabei versucht die Kamera, einen Kompromiss zwischen den verschiedenen Anforderungen zu erzielen. Einerseits wird in der Regel eine möglichst kurze Belichtungszeit gewählt, um eine Verwacklung des Bildes zu verhindern. Andererseits wird die Blende etwas geschlossen, um eine hohe Tiefenschäre zu erreichen und somit Unschärfen zu vermeiden. Gleichzeitig versucht die Kamera, die ISO-Empfindlichkeit nicht unnötig hochzustellen.
Bei der Vollautomatik wird das Bild aus technischer Sicht zwar korrekt belichtet, allerdings unterliegt es eher dem Zufall, ob das spätere Ergebnis der eigenen Vorstellung entspricht.

Programmautomatik P

Bei dieser halbautomatischen Funktion wird der ISO-Wert manuell festgelegt. Die Belichtungszeit und der Blendenwert ändern sich vollautomatisch, ähnlich wie im Vollautomatikmodus. Der Blitz arbeitet in diesem Modus nicht automatisch, er lässt sich bei Bedarf aber dazuschalten. Zusätzlich kann eine Präferenz eingestellt werden, ob eher eine kurze Verschlusszeit oder eine geschlossene Blende bevorzugt werden soll (Program Shift). Unterm Strich entscheidet aber die Automatik, da sich die Präferenz nicht auf einen bestimmten Wert programmieren lässt.
Unter optimalen Lichtbedingungen kann es sinnvoll sein, im Modus P zu fotografieren, um eine möglichst gute Bildqualität und hohe Sensorschärfe zu erhalten, ohne dabei auf den Komfort der Automatikfunktion verzichten zu müssen.

Zeitautomatik A

Da die Blende aufgrund ihrer Auswirkung auf die Tiefenschärfe ein essenzielles Gestaltungsmittel ist, empfiehlt es sich in manchen Situationen, die Zeitautomatik zu nutzen. Diese halbautomatische Funktion sorgt dafür, dass die Kamera die Belichtungszeit hinsichtlich der richtigen Belichtung selbst auswählt. Bei diesem halbautomatischen Modus wird zu einer im Vorfeld fest eingestellten Blende die Belichtungszeit automatisch ermittelt.

Für Porträts mit einem unscharfen Hintergrund hat sich z. B. ein Wert von f/2.5 bewährt. Bei Landschaftsaufnahmen ist hingegen oft eine hohe Tiefenschärfe gewünscht. Die Einstellung mit einem Blendenwert von f/8 ist relativ beliebt, da viele Zoomobjektive genau hier ihre maximale Schärfe aufweisen. Der ISO-Wert ist bei dieser Funktion in der Regel fest voreingestellt. Manche Kameras bieten hingegen die Möglichkeit, zusätzlich eine ISO-Automatik in jedem Modus hinzuzuschalten.

Ist die Unschärfe bzw. Schärfentiefe das essenzielle Gestaltungsmittel in einem Bild, so empfiehlt es sich, die Blendenvorwahl zu wählen.

Blendenautomatik S

Analog zur Zeitautomatik wird in diesem Modus die Belichtungszeit fest vorgegeben. Die Blende wird von der Kamera automatisch ermittelt. Dieser Modus ist sinnvoll, wenn die Belichtungszeit den Hauptaspekt der Bildgestaltung darstellen soll. Das ist z. B. der Fall, wenn durch eine sehr kurze Verschlusszeit schnelle Bewegungen „eingefroren" werden sollen (z. B. Wasserspritzer) oder bewegte Objekte durch eine etwas längere Verschlusszeit unscharf erscheinen sollen, um Bewegungen sichtbar zu machen (z. B. Wisch-Effekt bei Passanten).

Die ganzen voll- und halbautomatischen Modi haben den Vorteil, dass sich Bilder sehr schnell und spontan unter sich verändernden Lichtverhältnissen schießen lassen. Des Weiteren gibt es die Möglichkeit der Belichtungskorrektur. Dies ist bei manchen Motiven sinnvoll, da die von der Kamera ermittelte Belichtung nicht zwangsläufig die für das Motiv passende ist.

Manueller Modus M

Hier regelt die Kamera nichts, der Benutzer muss alles manuell einstellen. Die Belichtungsmessung funktioniert auch im M-Modus wie gewohnt, sie dient aber lediglich der Information und hat keinen Einfluss auf die Parameter. Somit ist in diesem Modus die größte Kontrolle über das Bild zu erwarten. Allerdings dauert es ein wenig länger, bis alle Einstellungen vorgenommen worden sind. Unter sich ständig ändernden Lichtverhältnissen sind schnelle Schnappschüsse somit schwieriger zu erreichen, als dies mit den Halbautomatiken der Fall ist.

Für komplexe Situationen ist der M-Modus indes besser geeignet, um diese erfolgreich abzulichten. Beispielsweise ist es in einem mit Sternen übersäten Nachthimmel mithilfe einer Automatikfunktion nicht möglich, die

Milchstraße abzulichten. Aber auch nächtliche Architekturaufnahmen werden mit den Automatiken keine zufriedenstellende Bildqualität liefern. Demgegenüber ist es im manuellen Modus mit ein bisschen Übung relativ einfach, ein nahezu perfektes und qualitativ hochwertiges Ergebnis zu erzielen.

Auswirkung der Brennweite

Die effektive Brennweite eines Objektivs legt in Abhängigkeit zur Sensorgröße den Bildwinkel fest. Dadurch ergibt sich, wie stark ein Objekt in Bezug zum Kamerastandort vergrößert bzw. verkleinert wird. Weitwinkelobjektive besitzen kurze Brennweiten (z. B. 10-20 mm) und können große Bildwinkel von 80-110°, im Extremfall bis zu 180° (Fisheye), abbilden. Normalobjektive repräsentieren einen Bildwinkel um die 50°, während Teleobjektive mit Brennweiten von mehr als 80 mm bis hin zum dreistelligen Millimeterbereich zu einem sehr kleinen Bildwinkel führen. Mit Weitwinkelobjektiven lassen sich also kleine Räume fotografieren oder ganze Gebäude aus nächster Nähe vollständig abbilden. Mit Teleobjektiven ist es hingegen möglich, Details aus größerer Entfernung formatfüllend abzulichten.

Brennweite und Bildwinkel

Die Brennweite wird üblicherweise in Millimeter angegeben und hängt direkt mit dem Bildwinkel zusammen. Objektive mit einer nicht veränderbaren Brennweite werden als Festbrennweiten bezeichnet. Der Bildausschnitt kann hierbei nicht durch das Zoomen geändert werden. Auf dem Objektiv finden sich einfache Angaben bezüglich der Brennweite sowie der Blende, welche die grundlegenden technischen Eigenschaften des Objektivs beschreiben, z. B. 135 mm 1:2.8.

Diese Angabe bedeutet, dass es sich hierbei um ein Teleobjektiv mit einer nicht verstellbaren Brennweite von 135 mm handelt und die Blende auf einen Maximalwert von f/2.8 geöffnet werden kann. Bei Zoomobjektiven werden hingegen die kleinste und die größte Brennweite angegeben, z. B. 24-70 mm.

Die Angaben bezüglich der Brennweite besitzen jedoch nur in Hinblick auf die Sensorgröße eine Aussagekraft über den konkreten Bildwinkel. Die drei gängigsten Bildformate im professionellen Bereich sind in ihrer Größe aufsteigend geordnet: das APS-C- bzw. DX-Format, das Vollformat und das Mittelformat.

Während ein 50-mm-Objektiv auf einer Mittelformatkamera weitwinklig wirken kann, gilt es auf dem Vollformat als Normalobjektiv und auf einer APS-C-Kamera würde es die Bezeichnung eines moderaten Teleobjektivs verdienen. Durch die geringere Sensorgröße resultiert daraus ein Effekt, der dem Beschneiden eines Bildes gleichkommt. Hierdurch ändert sich selbstverständlich der Bildwinkel, ähnlich wie das auch bei dem digitalen Zoom kleiner Kompaktkameras der Fall ist.

Der Cropfaktor

Wäre ein Bild mit einer hochauflösenden Vollformatkamera fotografiert und am Computer so beschnitten, dass zum Bildrand ca. 17 % wegfielen, so wäre das Endergebnis von dem Foto einer APS-C-Kamera, bei Verwendung des gleichen Objektivs, nicht unterscheidbar. Da eine kleinere Sensorgröße dem gedanklichen Beschneiden eines Bildes gleichkommt, wird hier vom sogenannten „Cropfaktor" einer Kamera gesprochen. Mehr über den Cropfaktor erfahren Sie im Kapitel 1, siehe Unterkapitel „Die Sache mit dem Cropfaktor".

Formatfrage: RAW oder JPEG?

JPEG-Dateien sind komprimierte und fertige Bilder, die bereits von der Kamera vollautomatisch korrigiert wurden. Sie lassen sich direkt verwenden, per E-Mail verschicken, auf der Webseite einbetten oder können sofort gedruckt werden. Im Grunde genommen ist jeder mit diesem Dateiformat vertraut, schließlich sind Handyfotos in der Regel ebenfalls JPEG-Dateien.

Hinter den Kulissen des RAW-Formats

RAW-Dateien lassen sich hingegen nicht sofort nutzen und sie können auch nicht gedruckt oder auf sozialen Medien hochgeladen werden. Ohne ein spezielles Programm kann man sie nicht einmal betrachten. So wie früher die Filmnegative zuerst entwickelt werden mussten, müssen RAW-Dateien ebenfalls erst entwickelt werden.

Ein bekanntes RAW-Dateiformat ist das DNG-Format – diese Abkürzung steht nicht umsonst für „Digitales Negativ". Im Rahmen der Immobilienfotografie wird ein relativ hoher Dynamikumfang benötigt. Schließlich wird das Bild in der Nachbearbeitung mit Licht und Schatten gestaltet. Dafür wird ein möglichst großer Spielraum an Bildinformationen benötigt. Insofern ist es notwendig, dass im Rohdatenformat, also in RAW, fotografiert wird.

Das RAW-Format bietet den Vorteil, dass es einen Großteil der vom Sensor erfassten Informationen enthält. Dies ist auch der Grund dafür, weshalb RAW-Dateien im Vergleich zu komprimierten JPEGs so groß sind. Der Dynamikumfang und die Farbtiefe sind wesentlich umfangreicher, somit enthält eine RAW-Datei mehr Nuancen, was eine verlustfreie Nachbearbeitung ermöglicht. Da die Kamera die Bilder nicht so stark manipuliert, wie dies bei JPEGs der Fall ist, ergibt sich wesentlich mehr Spielraum in der Nachbearbeitung.

Da JPEGs unwiderruflich komprimiert werden, lassen sich die Farb- und Tonwerte in der Nachbearbeitung nicht wirklich optimieren, ohne dass ein sichtbarer Qualitätsverlust auffällt. Das ist bei RAW-Dateien anders. Hier lassen sich selbst über- oder unterbelichtete Fotos korrigieren und der Weißabgleich kann nachträglich geändert werden. Das Fotografieren mit Graukarte entfällt. Selbst der Kameralook ist nicht endgültig. Sind die Bilder beispielsweise auf monochrom (schwarz-weiß) gestellt, können aus den RAW-Dateien immer noch Farbbilder generiert werden.

Nach der endgültigen Bearbeitung sollten die Bilder ins JPEG-Format (für Web) oder ins TIFF-Format (für den Druck) konvertiert werden. Allerdings sind RAW-Dateien keine „rohen" Dateien, da hier immer noch diverse Einstellungen vorgenommen werden können, wie diese abgespeichert werden sollen.

Zudem spiegelt eine RAW-Datei nie die reinen Sensorinformationen wider, da zwischen dem Sensor und der Speicherkarte noch AD-Wandler und einige Verarbeitungsschritte durchlaufen werden, bevor die RAW-Datei in einem herstellerspezifischen Dateiformat auf die Speicherkarte geschrieben werden. Echte Rohdaten müssten hingegen in Form einer Tabelle mit den Spannungsinformationen in Volt für jedes einzelne Pixel angegeben werden. Mit solchen Daten könnte man aber relativ wenig anfangen.

Zum Beispiel verwenden die Kameras Nikon D610 und D750 den exakt baugleichen Sensor, dennoch weist die D750 bessere Werte und geringeres Bildrauschen bei hohen ISO-Einstellungen auf. Die D810 hat wiederum denselben Sensor verbaut wie die Sony A7R, trotzdem ist die Farbdarstellung minimal anders und die Sony neigt verstärkt zum Kantenrauschen, während sie gleichzeitig ein schärferes Bild liefert. Zudem fällt auf, dass manche RAW-Dateien ISO-invariant sind und andere nicht. RAW-Dateien, also Rohdaten, sollten streng genommen anders benannt werden, da sie weder roh noch unbehandelt sind.

Speicheroptionen für RAW-Dateien

Wie dem auch sei, RAW-Daten sind das Beste, was moderne Kameras liefern können und sollten daher bevorzugt werden. Bezüglich der RAW-Einstellungen ist es empfehlenswert, folgende Optionen zu wählen, wie diese abgespeichert werden sollen: Farbraum Adobe RGB, verlustfrei komprimiert als 14-Bit-Datei. Der Adobe Farbraum ist der größere Farbraum, zudem ist der klassische sRGB-Farbraum lediglich eine Teilmenge des Adobe-RGB-Farbraums, sodass dieser jederzeit problemlos auf sRGB verkleinert werden kann. Falls die Kamera auch den ProPhoto-RGB-Farbraum unterstützt, sollte dieser eingebettet werden.

Das Ganze wird verlustfrei komprimiert abgespeichert. Im Gegensatz zum unkomprimierten RAW sind die Dateien wesentlich kleiner. Zudem geht die Komprimierung ohne Qualitätsverlust einher, wie der Name schon sagt. Der Nachteil ist, dass ältere Programme diese RAW-Daten gegebenenfalls nicht lesen können, weil sich der Komprimierungscodec von Kameramodell zu Kameramodell ändert und aktualisiert wird. Da es ohnehin empfehlenswert ist, mit halbwegs aktueller Software zu arbeiten, wird dieses Problem in der Praxis eher selten auftreten. Es gibt zwar auch die Option der verlustbehafteten Komprimierung, bei der die Dateien noch kleiner werden, allerdings würde die Bildqualität darunter geringfügig leiden.

RAW-Dateien lassen mit 12 Bit oder mit 14 Bit abspeichern. 14-Bit-Dateien liefern logischerweise mehr Tonwertabstufungen und mehr Farbnuancen, deswegen ist diese Option qualitativ besser. Manche Hersteller geben auch einen 16-Bit-Farbraum an und werben damit. Dieser wird allerdings nur softwareseitig als 16 Bit abgespeichert, da es derzeit keine Sensoren auf dem Markt gibt, die 16 Bit auch tatsächlich liefern können.

Selbst der Sony Sensor IMX161, der beispielsweise in der Fuji GFX 50r oder der Hasselblad H6D-50c verbaut wird, liefert nur 14 Bit. Bei den Sensoren IMX461 (100 MP) und IMX411 (150 MP), die demnächst in die neuen Mittelformatkameras von Phase One verbaut werden sollen, sieht es nicht anders aus. RAW-Dateien mit 14 Bit sind also das absolute Maximum nach dem heutigen Stand der Technik. RAW-Dateien mit mehr als 14 Bit haben ihren Ursprung im Marketing; dies sollte bei der Kaufentscheidung einer Kamera im Hinterkopf behalten werden.

RAW-Dateiendungen

RAW-Dateien sind beispielsweise an den Dateiendungen ARW, NEF, RAF, CR2, ORF oder DNG erkennbar. Leider hat jeder Kamerahersteller seine eigenen RAW-Datei-Formate, sodass die Vielzahl von Dateiendungen etwas unübersichtlich werden kann.

RAW nach DNG-RAW konvertieren

Glücklicherweise lassen sich fast alle davon in modernen Bildbearbeitungsprogrammen wie z. B. Adobe Photoshop oder Lightroom öffnen und bearbeiten. Gemäß des Falls, dass mit einer älteren Photoshop- oder Lightroom-Version gearbeitet wird, aber ein neues Kameramodell Verwendung findet, kann es vorkommen, dass die Dateien nicht erkannt werden. Dieses Problem lässt sich allerdings einfach beheben. Adobe bietet den DNG Converter zum kostenlosen Download an.

Dieses Programm kann alle RAW-Dateien in das DNG-RAW-Dateiformat konvertieren, das von allen Lightroom-Versionen und von allen Photoshop-Versionen ab CS6 unterstützt wird. Die Konvertierung erfolgt ohne Qualitätseinbußen und ermöglicht somit eine RAW-Bearbeitung mit älteren Programmversionen.

RAW-Konverter in jeder Preisklasse

Neben den im Vergleich preisintensiven Programmen wie Adobe Lightroom, Capture One Pro oder DxO PhotoLab gibt es auch kostengünstigere Alternativen wie beispielsweise das Programm Luminar von Skylum. Selbstverständlich gibt es auch Freeware: RAW Therapee oder Darktable sollen hier als Beispiele genügen. Dies mag für den Anfänger etwas viel und kompliziert klingen, aber für die Immobilienfotografie sind RAW-Dateien essenziell, sofern gewisse Qualitätsansprüche erzielt werden sollen. Dies heißt nicht, dass eine intensive Bildbearbeitung immer erforderlich ist, jedoch sollte zumindest mit wenigen Klicks ein Farbstich entfernt und die Schatten aufgehellt werden.

Mit RAW-Dateien und dem dazugehörigen Programm lassen sich all diese Korrekturen in zwei Sekunden durchführen und auf nachfolgende Bilder desselben Objekts übernehmen. Anfangs ist es auch möglich, die Kamera so einzustellen, dass diese RAW-Dateien und JPEGs gleichzeitig abspeichert. Auf diese Weise können die JPEGs sofort verwendet werden und die RAWs stehen immer noch zur Verfügung, falls eine Nachbearbeitung sinnvoll erscheint.

3 EINFÜHRUNG IN DIE PRAXIS

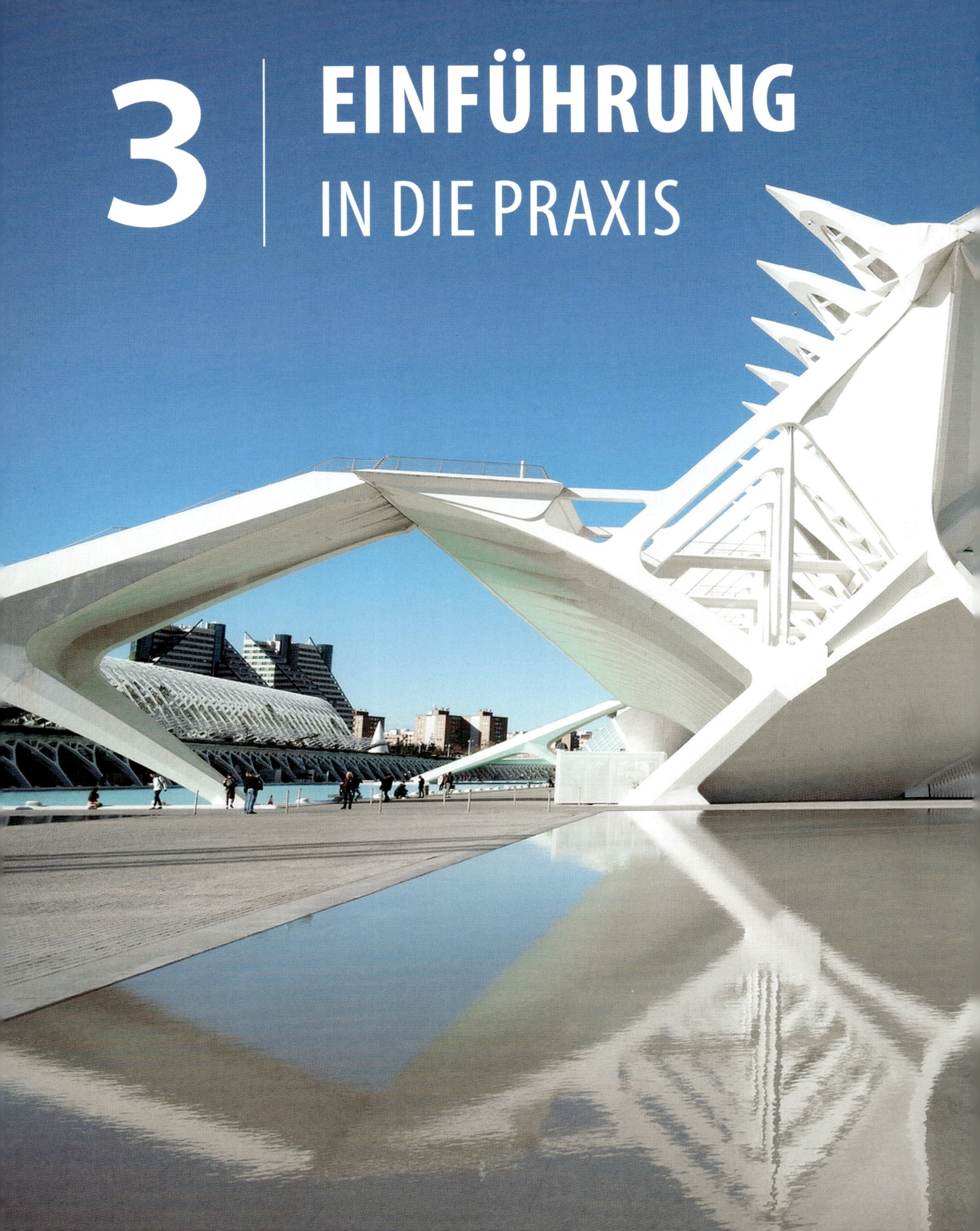

3

Einführung in die Praxis

Selbstverständlich lassen sich die Kameraeinstellungen nicht verallgemeinern, da diese stark von der jeweiligen Situation abhängig sind. Wie die Kameraeinstellungen miteinander zusammenhängen, wurde bereits in Kapitel 2, „Fotografische Grundlagen", erläutert.

Kamerasetup als Orientierung

Nichtdestotrotz gibt es vorgegebene Kameraeinstellungen, an denen man sich ganz grob orientieren kann. Dabei wird zunächst vom durchschnittlichen Normalfall ausgegangen, in welchem z. B. ein Architekt sein eigenes Gebäude tagsüber unter guten Lichtverhältnissen ohne Stativ und ohne viel Aufwand fotografieren möchte.

Brennweitenbereiche und Blendenwerte

Bei sehr weitwinkligen Aufnahmen im Bereich von 15 bis 25 mm Brennweite sollte der Blendenwert zwischen f/5.6 bis f/7.1 liegen, um die optimale Schärfe zu erhalten. In eher dunklen Räumen kann sogar auf einen Wert von f/4.5 aufgeblendet werden, allerdings sollte ein nennenswerter Abstand zum Vordergrund, wie z. B. zu einem Tisch, eingehalten werden, da ansonsten die Tiefenschärfe nicht ausreichen könnte. Zu empfehlen ist letztere Variante aber nicht, falls es aber wirklich nicht anders geht, wird dies funktionieren und brauchbare Bilder produzieren. Blendenwerte von f/5.6 bis f/7.1 liefern zumeist bessere Ergebnisse.

Im höheren Brennweitenbereich von 40 bis 60 mm sind hingegen eher Blendenwerte von f/8 bis f/10 zu empfehlen, um eine durchgängige Schärfe zu erhalten. Detailaufnahmen mit einer gewollten Unschärfe stellen hier jedoch eine Ausnahme dar, hier wären sogar Blendenwerte um f/2 angemessen.

ISO-Wert bei Immobilienaufnahmen

Bei Immobilienaufnahmen sollte der ISO-Wert fast immer auf der niedrigsten nativen Stufe eingestellt sein. Je nach Kameramodell ist dies der ISO-Wert 64, 100 oder 200. Ist der ISO-Wert mit Low oder mit einem Kürzel wie L0.7 angegeben, dann handelt es sich nicht mehr um einen nativen, sondern um einen elektronisch künstlich nach unten gedämpften ISO-Wert. In dem Fall sollte dieser so nach oben reguliert werden, bis wieder eine ganze Zahl wie 64, 100 oder 200 erscheint.

Belichtungszeit und Helligkeit

Die Helligkeit wird in der Regel über die Belichtungszeit reguliert. Bei Weitwinkelobjektiven sollte diese bei 1/50 Sek. (oder kürzer) liegen. Ist eine längere Belichtungszeit notwendig, so kann diese bis ca. 1/20 Sek. hochgestellt werden, um noch ein scharfes Bild zu erhalten. Allerdings müssen wir uns dabei sehr darauf konzentrieren, die Hand ruhig zu halten, um das Bild nicht zu verwackeln. Ein Bildstabilisator kann hier Abhilfe schaffen und sollte eingeschaltet werden, sofern das Objektiv diesen unterstützt. Ist das Bild immer noch zu dunkel, muss entweder der ISO-Wert erhöht werden, oder die Verwendung eines Stativs wird notwendig, um noch längere Belichtungszeiten verwacklungsfrei durchzuführen.

Bei längeren Brennweiten bis ca. 50 mm ist es empfehlenswerter, sich an Belichtungszeiten von 1/60 bis 1/80 Sek. zu orientieren, um ein halbwegs scharfes Bild zu bekommen. Mit 1/50 Sek. kann dies auch noch gut gehen, allerdings muss man hier schon eine ruhige Hand haben. Ist es eher hell, können kürzere Belichtungszeiten immer eingestellt werden. Bei extrem kurzen Belichtungszeiten von 1/8000 Sek. sollte man jedoch nachschauen, ob der ISO auch wirklich auf der niedrigsten Stufe steht. Selbst bei schönem Wetter und hellem Licht sind Belichtungszeiten von weniger als 1/500 Sek. (bei ca. f/7.1) eher ungewöhnlich. Ob das Bild hell genug ist, wird üblicherweise auf dem Kameradisplay überprüft und mit dem Histogramm abgeglichen.

Gewollte Unschärfe

Bei gewollter Unschärfe muss die Blende hingegen weiter geöffnet werden, als oben empfohlen. Ist es hingegen gewünscht, Spitzlichter wie die Sonne oder Halogenlampen sternförmig darzustellen, muss die Blende auf einen Wert von f/11 bis maximal f/18 geschlossen werden. Hier empfiehlt es sich für Anfänger, einfach mal rauszugehen und die Modi A (Av), S (Tv) oder M auszuprobieren, um zu sehen, wie sich Blende und Zeit auf die Bildgestaltung auswirken. Anhand von vorbeifahrenden Autos, oder an interessanten Gegenständen, die sich aus der Nähe mit Offenblende fotografieren lassen, lässt sich dies besonders gut üben.

Richtig Fokussieren für scharfe Fotos

Wenn es schnell gehen soll, ist der Autofokus eine sehr hilfreiche Erfindung. Allerdings gibt es zahlreiche Autofokus-Modi: AF-C 3D oder AF-S Auto sind nur zwei Beispiele, von denen wir uns nicht verwirren lassen sollten. Das C steht für Continuous. Das Kürzel 3D bedeutet, dass Motive im dreidimensionalen Raum kontinuierlich verfolgt werden, solange der Knopf gedrückt ist. Das S bei der zweiten Abkürzung steht für Single. Der Autofokus wird also nur einmal ermittelt und nicht nachjustiert. Die Abkürzung Auto bedeutet, dass die Kamera automatisch bestimmt, auf welchen Punkt fokussiert wird. Letztere Funktion wollen wir nie haben!

Grundlegende Autofokusmodi

Wir bestimmen, wo der Fokus gesetzt wird, und nicht die Kamera. Die Abkürzung AF-S S würde hingegen bedeuten, dass ein Einzelautofokus vorhanden ist, der nur einmal fokussiert. Das zusätzliche zweite S, statt dem Auto-Kürzel, steht erneut für Single und bedeutet, dass wir selbst ein Messfeld auswählen können, an welchem einmal scharf gestellt wird. AF-C S wäre so ähnlich: Wir können hier ein Messfeld auswählen, das von der Kamera gegebenenfalls nachjustiert wird, sofern sich etwas verändert.
Da wir es in der Architektur- und Immobilienfotografie so gut wie nie mit schnell bewegten Objekten zu tun haben, ist der AF-Modus fast egal. Hier muss jeder selbst ausprobieren, welcher Modus am besten gefällt. Wichtig ist nur, dass man die Vollautomatik nicht benutzt.
Der AF-C-3D-Modus hat beispielsweise den Vorteil, dass der Fokuspunkt nicht umständlich mit dem Fadenkreuz verschoben werden muss. Der Fokuspunkt kann standardmäßig in der Bildmitte bleiben. Das Motiv wird stattdessen anvisiert und anschließend wird der Bildausschnitt verschoben, während die Kamera das ursprünglich anvisierte Motiv verfolgt und den Fokus hält. Sobald die AF-Taste losgelassen wird, bleibt die AF-Einstellung gespeichert und wird nicht mehr verändert. Falls nun die Belichtung angepasst werden sollte, muss nicht erneut fokussiert werden.

AF-Funktion vom Auslöser lösen

Um diese angenehme, aber zunächst ungewohnte Arbeitsweise nutzen zu können, muss die AF-Funktion vom Auslöser entfernt werden. Würde nämlich in der Standardeinstellung erneut ausgelöst werden, nachdem die Kameraeinstellungen angepasst wurden, so würde die Kamera erneut fokussieren, aber nicht unbedingt auf das Motiv.
Damit sich der einmal gespeicherte Fokus nicht mehr verändert, muss die AF-Funktion auf den Back-Button gelegt werden. Gleichzeitig wird diese Funktion vom Auslöser entfernt. Nun dient der Auslöser nur dem Auslösen und der Back-Button fokussiert kontinuierlich nach und verfolgt das Motiv, solange der Back-Button gedrückt wird. Wird die Back-Button-Taste losgelassen, verändert sich der Fokus nicht mehr. Der Auslöser kann nun vollkommen unabhängig vom AF bedient werden. Sollte die Kamera nicht immer auslösen, ist unter Umständen die Schärfepriorität aktiviert. Diese muss deaktiviert oder durch die Auslösepriorität ersetzt werden. Zu jedem Kameramodell finden sich hierzu Tutorials, ansonsten ist dies dem Handbuch zu entnehmen.

Die Fokus Funktion lässt sich auf den AF-Back-Button (beim Daumen) legen. Gleichzeitig sollte die AF-Funktion am Auslöseknopf (beim Zeigefinger) deaktiviert werden. So sind der Autofokus und der Auslöser strikt voneinander getrennt.

Korrektur von Back- und Frontfokus

Bei manchen Objektiv-Kamera-Kombinationen liegt der Autofokus konstant daneben. Hierzu lässt sich im Kameramenü die AF-Feineinstellung aufrufen und ein Korrekturwert für jedes Objektiv individuell hinterlegen. Einmal erledigt, sind weitere Schritte nicht mehr notwendig. Beim Objektivwechsel erkennt die Kamera das jeweilige Objektiv und passt den AF-Korrekturwert automatisch an. Für die Kalibrierung des AF kann beispielsweise neben einem Gegenstand ein Zollstock orthogonal zur Kamera gelegt werden. In den Testbildern ist so besser erkennbar, ob der Fokus vor oder hinter dem Objekt liegt; so ist es möglich, sich langsam an den optimalen Korrekturwert heranzutasten.

Manuell fokussieren ganz einfach

Manuelles fokussieren geht mit etwas Übung sehr einfach. Tierfotografen werden dies wahrscheinlich weniger bestätigen können, doch in der Architekturfotografie sind die Motive meistens so groß, dass sie kaum verfehlt werden können. Zudem laufen Immobilien nicht besonders häufig weg. Mit ein wenig Routine ist es also möglich, manuell genauso schnell zu fokussieren wie mit einem Autofokussystem.

Wenn wir uns hingegen Zeit lassen und mit der digitalen Bildschirmlupe im Live-View voll reinzoomen, kann der Fokus viel präziser und genauer gesetzt werden als dies mit Autofokus möglich wäre. Die meisten Autofokus-Objektive haben nämlich Schrittmotoren. Ein sehr schneller AF macht große Schritte, während ein sehr genauer AF meistens langsamer ist, dafür aber aufgrund seiner kleineren Schritte nicht so weit daneben liegen kann. Beide Systeme haben jedoch gemein, dass die Motoren nur ganze Schritte verrichten können.
Wird hingegen manuell fokussiert, ergibt sich die Möglichkeit, auch zwischen den Schrittweiten des Motors scharf zu stellen. Zumal ein AF noch weiteren Fehlern unterliegen kann. Nicht umsonst verkauft Sigma zu ihren Objektiven ein spezielles USB-Dock, mit dem sich Objektive per Software kalibrieren lassen. Das manuelle Fokussieren ist also genauer, erfordert aber mehr Zeit.

- **Für genaues Fokussieren** sollte mit Stativ gearbeitet werden. Nachdem der Bildausschnitt gewählt wurde und die Perspektive stimmt, wird in den Live-View der Kamera gewechselt. Das Bild erscheint auf dem Display. Wichtig ist, die Blende zum Zwecke des Fokussierens maximal zu öffnen, um eine möglichst geringe Tiefenschärfe zu erhalten. Ist der Fokus nämlich leicht verfehlt, ist dies bei offener Blende besser erkennbar.

Im nächsten Schritt wird das Lupensymbol betätigt und somit an das scharf zu stellende Motiv reingezoomt. Jetzt drehen wir ganz sanft am Fokusring, bis unser Motiv die maximale Schärfe erfährt. Das Bild ist fokussiert. Jetzt kann wieder rausgezoomt bzw. der Live-View beendet werden.

Jetzt müssen wir die Blende wieder auf unseren Arbeitswert schließen und die Helligkeit über die Belichtungszeit anpassen. Da ohnehin vom Stativ gearbeitet wird, sollte bei DSLRs die Spiegelvorauslösung eingeschaltet werden, um geringe Erschütterungen durch den Spiegelschlag zu vermeiden. Auch die Okularabdeckung sollte geschlossen werden. Bei spiegellosen Kameras fällt dieser Schritt selbstverständlich weg.

- **Für schnelles manuelles Fokussieren** ohne Stativ ist ein wenig Übung erforderlich. Außerdem funktioniert dies mit Autofokus-Objektiven nicht besonders gut, auch wenn diese sich manuell fokussieren lassen. Objektive, die hingegen ausschließlich für das manuelle Fokussieren ausgelegt sind, lassen sich angenehmer bedienen. Der Fokusweg ist hier relativ lang und lässt sich genau steuern, außerdem sorgt ein leichter geschmeidiger Widerstand beim Drehen für ein gutes Feedback.

AF- oder rein manuelle Objektive?

Doch weshalb sollten überhaupt Objektive bevorzugt werden, die sich ausschließlich manuell fokussieren lassen?

Wie in dem Kapitel über Objektive erläutert wurde, gibt es kein perfektes Objektiv und in der Fotografie besteht alles aus Kompromissen. Verfügt ein Objektiv über einen schnellen AF, muss zwangsläufig etwas anderes fehlen. So ein AF-Motor hat leider keine 500 PS und nimmt trotzdem immer noch genug Platz in Anspruch. Große und schwere Glaselemente müssen beim Fokussieren bewegt werden und unterliegen einer gewissen Trägheit. Außerdem erfordert ein AF aufwendigere Objektivfassungen wobei die Fertigungstoleranzen trotzdem in der Summe steigen.

Damit ein AF-Objektiv in seiner Größe einigermaßen alltagstauglich bleibt und der AF zudem ausreichend schnell funktioniert, muss auf aufwendigere Linsenkonstruktionen oder auf schwere Flintglassorten verzichtet werden. Mit einem Autofokus werden Kompromisse bei der Bildqualität in Kauf genommen. Nahezu alle Objektivhersteller stellen auch AF-fähige Objektive her. Im hochwertigen Premiumsegment von Zeiss, Schneider-Kreuznach, Leica, Hasselblad oder Phase One finden sich jedoch ausschließlich manuelle Objektive; dies hat seinen Grund!

Beim manuellen Fokussieren wird im Grunde genommen durch den Sucher geschaut. Dabei wird am Fokusring gedreht und beobachtet, wann das Bild scharf erscheint. Da das Bild im Sucher relativ klein ist, wird dieser Versuch am Anfang nur selten direkt gelingen. In dem kleinen Sucher erscheint es knackscharf und in Groß betrachtet ist eine deutliche Unschärfe sichtbar. Nach ein wenig Übung sollte das manuelle Fokussieren allerdings relativ zuverlässig funktionieren.

Dabei gilt es auf Kleinigkeiten zu achten: Ist ein Bild scharf gestellt, so ist in den sehr feinen Strukturen ein leichtes Moiré erkennbar. Nach ein wenig Übung wird das manuelle Fokussieren genauso zuverlässig funktionieren wie der

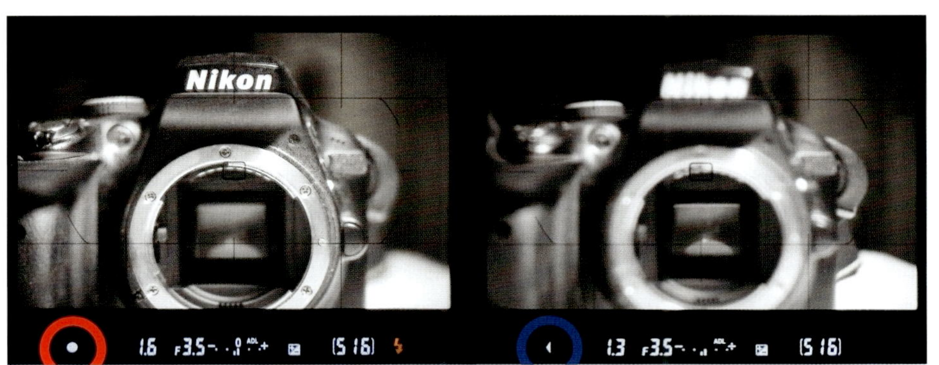

Bei Nikon blinkt im Sucher links, neben den Belichtungswerten, ein Kreis auf (rot markiert), sobald das ausgewählte Fokusmessfeld scharf gestellt wurde. Ist das Bild hingegen unscharf, symbolisiert ein Pfeil (blau markiert), in welche Richtung der Fokusring gedreht werden muss. Dies funktioniert mit allen Objektiven, unabhängig davon, wie alt sie sind.

Autofokus der Kamera. DSLRs verfügen über optische oder akustische Signale hinsichtlich der Schärfeinformation und auch der Sucher lässt sich an die Sehstärke anpassen.
Das manuelle Fokussieren klappt bei Nikon ganz einfach. Bei Canon gibt es hingegen keine optische Anzeige, allerdings ertönt ein akustisches Signal sobald das Objektiv scharf gestellt wurde. Dies funktioniert aber nur mit den neueren EF-Objektiven. Bei Nikon funktioniert die Informationsanzeige für den Schärfepunkt hingegen ausnahmslos bei allen Objektiven. Selbst alte, manuell adaptierte M42-Objektive aus den frühen 1940er-Jahren können von dieser Funktion profitieren. Bei spiegellosen Systemkameras, wie z. B. denen von Fujifilm, ist diese Art der Anzeige mit dem Fokus-Peaking optisch wesentlich besser umgesetzt. Unterm Strich handelt es sich aber um eine ähnliche Funktion.

Was ist die hyperfokale Distanz?

Mit der hyperfokalen Distanz wird jene Entfernung bezeichnet, auf welche fokussiert werden muss, damit weit entfernte Objekte, wie z. B. Wolken oder der Horizont, gerade noch als scharf wahrgenommen werden. Wenn auf die hyperfokale Entfernung fokussiert wird, reicht die Tiefenschärfe in der Regel von der halben hyperfokalen Distanz bis ins Unendliche.
Der tatsächlich scharfe Bereich liegt hingegen immer auf dem fokussierten Punkt, alles davor und dahinter wird immer unscharf abgebildet. Bei kleinerer Blendenöffnung werden allerdings auch die Unschärfekreise so klein, dass wir diese bloß nicht mehr als unscharf wahrnehmen. Die Unschärfe ist vorhanden, sie ist aber so gering, dass sie nicht bildwirksam ist und wir sie daher als gerade noch scharf akzeptieren. Das Fokussieren auf die hyperfokale Distanz reizt also unsere Wahrnehmungsgrenze aus, bis wohin ein Bild für unser Verständnis noch scharf wirkt. Dadurch wird eine maximale Schärfentiefe erreicht.

Ein Beispiel:

Im Bild ist ein Vorder- und ein Hintergrund ersichtlich, beide sollen scharf abgebildet werden. Das Hauptmotiv besteht aus dem gesamten Vordergrund (Sitzbänke, Tische, Sonnenschutz und Reling mit Fensterrahmen), dabei ist der interessante Teil des Motivs im Mittel vielleicht 3 bis 4 m entfernt. Idealerweise sollte aber auch die Sitzbank im Vordergrund, die vielleicht nur 1,3 m entfernt ist, sowie die Markise über uns scharf abgebildet werden. Und auch die weit entfernte Skyline wirkt scharf.
Gleichzeitig sollte vermieden werden, die Blende zu sehr zu schließen, da ansonsten Probleme mit der Beugungsunschärfe auftreten können. Würde bei einer akzeptablen Arbeitsblende von beispielsweise f/8 auf die Skyline fokussiert, so wäre der Vordergrund leicht unscharf. Das Fokussieren auf die vorderste Ecke der Sitzbank hätte hingegen eine leicht unscharfe Skyline zur Folge. Was also tun?

Vorder- und Hintergrund sind scharf abgebildet.

Nikon D810 | ISO 64 | Brennweite 22mm (Tamron SP 15-20 2.8) | Blende 8 | Belichtungszeit 1/200 Sek.

Die Lösung besteht in einem Mittelweg. Es wird weder auf den Vordergrund, noch auf den Hintergrund fokussiert, aber das „Hauptmotiv" wird nicht direkt scharf gestellt. Stattdessen muss in diesem Fall dazwischen, auf den etwas über 2 m entfernten und unscheinbaren Tisch im Schatten, fokussiert werden. Jetzt erscheint alles komplett scharf! Die hyperfokale Distanz wurde beachtet. Diese kann wie folgt berechnet werden:

$$\text{Dh } [\textit{in Meter}] = \frac{\left(\dfrac{\textit{Brennweite}^2\ [\textit{mm}]}{\textit{Blendenwert}\cdot\sim 0{,}025\ \textit{mm}_{\textit{Zerstreuung}}}\right)}{10^3_{\textit{Umrechnungsfaktor}}}$$

Doch keine Sorge, diese Formel muss nicht auswendig gelernt werden. Wir sehen hier lediglich, dass bei der Berechnung der hyperfokalen Distanz ein Zerstreuungskreisdurchmesser angenommen wird. Wann dieser bildwirksam wird bzw. als unscharf in Erscheinung tritt, hängt daher auch von der Abtastfrequenz des Sensors und der Auflösung ab. Wichtig ist, zu verstehen, dass die hyperfokale Distanz lediglich ein grober Schätzwert in Bezug auf unsere Wahrnehmung ist, wann etwas gerade noch so als scharf empfunden wird. Und das hängt letztendlich auch von der Sensorgröße und der Auflösung ab.

Umso mehr ein Bild vergrößert wird, umso mehr werden alle Bildfehler und Unschärfen im gleichen Umfang mitvergrößert, wodurch diese plötzlich besser sichtbar werden. Bei kleineren APS-C-Sensoren kann daher ein Zerstreuungskreis von 0,015 mm im Durchmesser angenommen werden.

Es muss nicht rumgerechnet werden

Fast alle manuellen Objektive, insbesondere teure Tilt-Shift-Optiken oder hochwertige Voigtländer- und Zeiss-Linsen, verfügen über eine Darstellung zur Beurteilung der hyperfokalen Distanz. In der folgenden Abbildung ist eine solche Darstellung gezeigt. Würde die Blende hier auf einen Wert von f/8 gestellt, so müsste auf ca. 4 m Entfernung fokussiert werden, damit der Bereich von ca. 2 m bis ins Unendliche scharf abgebildet wird.

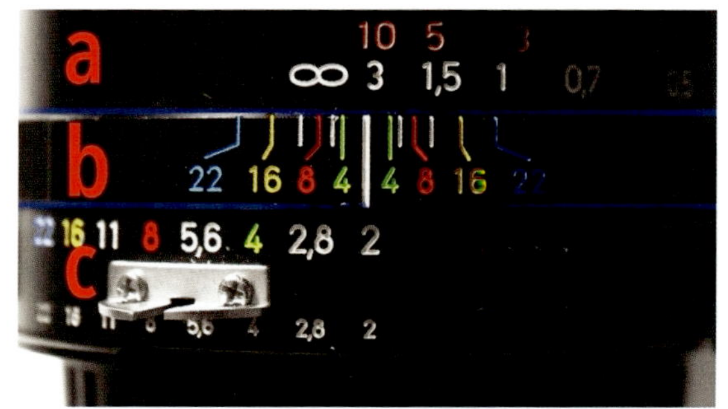

Viele Objektive (z. B. Tilt-Shift-Objektive) haben eine eingebaute Anzeige für die hyperfokale Distanz: **a)** Der Schärfebereich ist auf dem Fokusring zu entnehmen. **b)** Die Spannweite des Fokusbereichs ist in der Mitte zu den dazugehörigen Blendenwerten gekennzeichnet und muss mit den oberen Werten (Bereich a) in Deckung gebracht werden. **c)** Am Blendenring (manchmal in der Kamera) ist der Blendenwert einzustellen, auf den sich Bereich b bezieht.

Herangehensweise für maximale Schärfe

Es gibt zwar diverse Webseiten oder Apps zur Berechnung der hyperfokalen Distanz. Aus zeitlichen Gründen sind diese vor Ort aber oft nicht besonders praktikabel. Falls das eigene Objektiv über eine solche Darstellung verfügt, sollte diese auch genutzt werden. Ansonsten gilt die Faustregel, dass ein kleines Stück vor dem eigentlichen Hauptmotiv fokussiert werden sollte.

Falls es nur ein Motiv gibt, das scharf gestellt werden soll, gilt dies jedoch nicht. In diesem Fall müsste das Hauptmotiv direkt fokussiert werden (z. B. Vase auf einem Tisch). Soll hingegen eine durchgängige Schärfe von vorne bis hinten (z. B. Innenraum mit Blick aus dem Fenster) erreicht werden, sollte die hyperfokale Distanz als grobe Orientierung beim Fokussieren mit dem dazugehörigen Blendenwert von z. B. f/8 dienen. Ohne komplexe Formeln kann diese grob geschätzt werden:

Man nehme die minimale Entfernung zur Kamera, die noch scharf abgebildet werden soll (z. B. Fußboden 1,5 m unter bzw. vor der Kamera), dann muss die Entfernung zum Hauptmotiv (z. B. Wand mit Fenster) abgeschätzt werden. Nehmen wir an, dieses ist ca. 7 bis 8 m entfernt. Nun fokussieren wir auf die halbe Entfernung zwischen Vordergrund und Hauptmotiv. Der Fokuspunkt sollte demnach also bei ca. 4 bis 5 m Entfernung gesetzt werden, er befindet sich also ein Stück vor dem Fenster. Bei einer üblichen Arbeitsblende von z. B. f7.1 bis f/9 sollte das Ergebnis von vorne bis hin zum Blick aus dem Fenster durchgängig scharf sein. Diese Methode, auf Grundlage der Schätzung, ist zwar weniger präzise, dafür praxistauglicher als das rumhantieren mit Formeln.
Fazit: Bei einer sehr hoch gewünschten Tiefenschärfe sollte ein Stück vor dem eigentlichen Hauptmotiv fokussiert werden, gleichzeitig muss die Blende geschlossen sein. Das tun wir, um die hyperfokale Distanz möglichst gut abzuschätzen. Gleichzeitig vereinfacht diese Methode das manuelle Fokussieren in solchen Situationen ungemein. Da die hyperfokale Entfernung ohnehin nur geschätzt wird und es bei Blendenwerten von z. B. f/8 kaum auffällt, wenn der Fokus um wenige Millimeter daneben liegt.

Ist hingegen keine hohe Tiefenschärfe gewünscht oder gibt es genau nur ein Hauptmotiv, so muss der Fokus ohnehin punktgenau und exakt erfolgen. Neben einer geschlossenen Blende sollten die Belichtungszeiten so kurz wie möglich sein, um eine scharfe Aufnahme zu gewährleisten. Belichtungszeiten über ca. 1/50 Sek. im Weitwinkelbereich sollten daher nur überschritten werden, falls es nicht anders geht und das Bild sonst zu dunkel würde. Wenn ohne Stativ aus der Hand fotografiert wird, ist das Aktivieren des Bildstabilisators zu empfehlen, sofern dieser vorhanden ist.

Kamerahaltung

Um verwacklungsfrei zu fotografieren, muss die Kamera sehr ruhig gehalten werden. Ein verbreiteter Irrglaube besteht darin, dass die Kamera möglichst fest umklammert werden muss. Falls die Kamera aber am Body, am Objektiv und gleichzeitig gegen die Stirn gedrückt wird, wird das Gegenteil erreicht: Dies Muskeln arbeiten gegeneinander und fangen dabei leicht an zu zittern. Stattdessen sollte die Kamera möglichst locker aufliegen und zum Auslösen darf nur der Zeigefinger leicht bewegt werden. Je weniger Berührungspunkte es gibt, desto weniger Gefahr besteht darin, das Bild zu verwackeln. Eine Handschlaufe kann Abhilfe schaffen, um die Kamera stabil zu halten, ohne dass aktive Muskelarbeit dafür notwendig ist.

Fotografie und Minimalismus

Ein gutes Bild muss nicht alles zeigen. Es kommt darauf an, mit der Reduzierung auf das Wesentliche eine starke Aussage zu treffen. Erst das Weglassen des Unnötigen vermag es, ein Bild gut zu machen. Wie Antoine de Saint-Exupéry bereits feststellte, ist Perfektion nämlich nicht erreicht, wenn es nichts mehr hinzuzufügen gibt, sondern sie ist erst dann erreicht, wenn nichts mehr weggelassen werden kann. Nach diesem Kredo sollten wir uns insbesondere in der Immobilienfotografie orientieren. Letztendlich kann der Minimalismus ein Bild erst besonders interessant erscheinen lassen und den Betrachter neugierig auf weitere Ansichten machen. Ist der Betrachter erst einmal neugierig gemacht worden, hat das Bild seinen Zweck erfüllt.

Der Minimalismus vermag es, Interesse zu wecken, ohne zwangsläufig über eine große Aussagekraft zu verfügen. Sparsam eingesetzt, können besonders spannende Detailansichten ein Exposé deutlich aufwerten. Aber auch aus künstlerischer Perspektive der Architekturfotografie stellt der Minimalismus ein wirksames Stilmittel dar.

Nikon D800E | ISO 100 | Brennweite 85mm (Zeiss Planar 85 1.4) | Blende 4.5 | Belichtungszeit 1/320 Sek.

Im kommerziellen Bereich würde dies zum Klicken auf eine Anzeige führen. Der Marketingzweck wäre somit selbst dann erreicht, wenn das eigentliche Startbild keinerlei inhaltliche Aussage zum Objekt beinhaltet. Insofern eignet sich ein sehr minimalistisches und optisch ansprechendes Titelbild, um einen potenziellen Interessenten zum Lesen einer Anzeige zu motivieren. Im Inserat selbst müssten aber weitere informative Bilder mit einer inhaltlichen Aussagekraft folgen.

Minimalismus bedeutet jedoch nicht, dass so viel weggelassen werden muss, dass ein Bild zwangläufig an inhaltlicher Aussagekraft verliert.

Am Beispiel der beiden vorherigen Abbildungen ist ersichtlich, dass Minimalismus nicht bedeutet, ein Bild an inhaltlichem Informationsgehalt zu reduzieren. Letzteres ist nur eine Option, jedoch keine Bedingung. Würde das Bild hingegen noch weiter reduziert werden, würde unter Umständen eine interessante Perspektive resultieren, jedoch würde dies ab einem bestimmten Punkt den Informationsgehalt beschneiden.

Minimalismus bedeutet also, dass ein Bild auf das Wesentliche so reduziert werden muss, ohne dass es den für seinen Zweck erforderlichen Informationsgehalt bzw. an Aussage verliert. Technisch lässt sich Minimalismus auf verschiedene Weisen erreichen: durch die Wahl einer höheren Brennweite, durch einen bedachten Bildausschnitt und eine andere Aufnahmeposition bzw. Perspektive, durch längere Belichtungszeiten und leichte Bewegungsunschärfe, durch eine geringere Tiefenschärfe bei Offenblende, durch geringere Kontraste und entsättigte Farben in der Nachbearbeitung oder durch eine Bildretusche.

Unter Berücksichtigung des Minimalismus ist es besser verständlich, weshalb sehr extreme Weitwinkel von z. B. 12 mm auf Vollformat nicht unbedingt geeignet sein müssen, während Teleobjektive über 150 mm durchaus Verwendung in der Immobilienfotografie finden können. Eine einfache geometrische Formensprache betont in der Regel die Hochwertigkeit eines Objekts, zu weitwinklige Aufnahmen sind hingegen selten auf das Wesentliche beschränkt und vermitteln zunehmend eine chaotische Bildsprache.

In diesem sehr weitwinkligen Bild wird sehr viel gezeigt, sodass es fast störend wirkt, weil zu viele unwichtige Elemente im Bild zu sehen sind.

Nikon D810 | ISO 64 |
Brennweite 16mm (Tamron 15-30 2.8 VC) |
Blende 5 | Belichtungszeit 1/15 Sek.

Durch die bewusste Wahl des Bildausschnitts wird deutlich weniger gezeigt und der Betrachter wird nicht von Nebensächlichkeiten abgelenkt. Der Bildausschnitt ist enger gewählt, ohne an Aussagekraft zu verlieren.

Nikon D810 | ISO 64 |
Brennweite 24mm (Nikkor PC-E 24 3.5) |
Blende 6.3 | Belichtungszeit 0,8 Sekunden

Mit zunehmend engerem Bildausschnitt kann das Bild irgendwann an inhaltlichem Informationsgehalt verlieren. Wie weit ein Bild reduziert werden soll, muss dementsprechend je nach Verwendungszweck individuell abgewogen werden.

Nikon D810 | ISO 64 |
Brennweite 50mm (Zeiss Planar 50 1.4) |
Blende 8 | Belichtungszeit 0,8 Sekunden

Was soll gezeigt werden?

Bevor auch nur ansatzweise daran gedacht wird, den Auslöser zu betätigen, müssen wir uns darüber bewusst werden, was gezeigt werden soll und was weggelassen werden kann. Dabei sollte bedacht werden, dass es in der klassischen Architekturfotografie in erster Linie um die reine Ästhetik geht, in der Immobilienfotografie müssen die Bilder zudem einen praktischen Zweck erfüllen.

Wenn das Hochhaus genauer betrachtet wird, so müsste zunächst überleget werden, welche Besonderheiten dieses Gebäude aufweist und welche Elemente im Bild eventuell besser weggelassen werden sollten. Das Vordach oben links muss beispielsweise nicht unbedingt mit ins Bild. Auch unten rechts ist eine kleine weiße Ecke vom Zugang der Tiefgarage zu sehen, die ebenfalls ausgelassen werden sollte.

Viel wichtiger ist jedoch, was dieses Gebäude auszeichnet und was unbedingt gezeigt werden muss. Beispielsweise ist das Gebäude sehr hoch, es könnte durch näheres Herantreten besser zur Geltung gebracht werden, da die Tiefenwirkung so zunehmen könnte. Interessant ist auch die dreieckige lange Struktur in der Mitte der Fassade und die Symmetrie des Gebäudes insgesamt.

Nun kommt die perfekte Symmetrie nicht sonderlich gut rüber, wenn das Gebäude leicht seitlich fotografiert wird. Würden wir uns statt-

Dieses Negativbeispiel zeigt eine nicht durchdachte Bildkomposition.

Besser durchdachte Bildkomposition, die alle uns als relevant erscheinenden Komponenten abbildet.

Nikon D7200 (APS-C) | ISO 100 | Brennweite 12mm (Tokina 11-16mm) | Blende 11 | Belichtungszeit 30 Sekunden (ND 3.0)

dessen exakt mittig vor das Gebäude stellen, könnte die Symmetrie besser betont werden. Auch der gläserne Eingangsbereich wirkt interessant und kann besser hervorgehoben werden. Zudem ist das Gebäude auch gerade gebaut. Aus der Perspektive von unten sieht es aber extrem schief aus. Da es unter Umständen nicht möglich ist, weiter zurückzugehen, da andere Gebäude die Sicht verdecken würden, muss mit der Perspektive gespielt werden, sodass die stürzenden Linien zumindest nicht mehr störend wirken.

Durch bewusstes Nachdenken, was im Bild gezeigt werden soll, lassen sich alle anderen Standorte systematisch ausschließen, noch bevor das erste Foto entsteht. Ein wichtiger Teilaspekt der uns als relevant erschien, war die Symmetrie des Gebäudes und ihre Darstellung. Durch eine frontale Position exakt mittig vorm Gebäude kann die Symmetrie besonders gut dargestellt werden. Alle anderen Standorte, die nicht exakt vor der Gebäudemitte liegen, werden so von vornherein ausgeschlossen.

Durch die Nähe zum Gebäude haben wir auch eine besondere Tiefenwirkung erzielt, was die Höhe des Gebäudes unterstreicht. Gleichzeitig kommt die untere Glasfassade so besser zur Geltung und dass der Fluchtpunkt nun im Bildausschnitt liegt, wirkt sich sicherlich auch positiv aus. Durch das Kippen der Kamera gegen den Uhrzeigersinn resultiert eine angenehme Linienführung und die stürzenden Linien wirken nicht mehr störend. Der Ausgleich von hellen und dunklen Bereichen im Bild unterstreicht die Symmetrie in gewisser Weise. Selbiges gilt für die obere Gebäudekante, die nun parallel zum Bildrand ausgerichtet ist.

Das Vordach vom gegenüberliegenden Gebäude sowie die Ecke vom Tiefgaragenzugang sind ebenfalls nicht mehr im Bild. Unsere vier essenziellen Hauptpunkte Symmetrie, Fassade, Höhe und gläserner Eingangsbereich sind in diesem Bild erfüllt. Mit jeder Standortverlagerung müssen wir uns immer wieder aufs Neue fragen, ob alle vier Punkte noch gut ersichtlich sind. Treten wir beispielsweise zu nah ans Gebäude heran, so wäre die rötliche Fassade kaum noch erkennbar und das Bild würde nicht mehr das zeigen, was am Anfang als wichtig erachtet wurde. Daher ist es von besonderer Relevanz, vor dem Fotografieren kurz in Ruhe darüber nachzudenken, was wichtig ist.

Erst nachdem eine gedankliche Liste mit den wichtigsten drei bis fünf Besonderheiten erstellt wurde, geht es an das eigentliche Fotografieren unter Berücksichtigung der selbst überlegten Kriterien. Neben einer gedanklichen Liste besteht ein weiterer Tipp darin, Änderungen nur schrittweise durchzuführen. Wird beispielsweise der Standort verändert, vom Hoch- auf das Querformat gewechselt und gleichzeitig näher reingezoomt und das Bild etwas aufgehellt, so wird das eine Bild am Ende schöner sein als das andere.

Das Problem liegt allerdings darin, dass der tatsächliche Grund für die unterschiedliche Wahrnehmung nicht zu benennen ist, weil zu viele Parameter gleichzeitig geändert wurden. Würden hingegen alle Kameraeinstellungen gleich belassen werden, die Brennweite nicht verändert und auch der Bildausschnitt festgelegt werden, so wäre es möglich, lediglich den Standpunkt schrittweise zu verändern, während alle anderen Parameter gleich bleiben. Sollte ein Bild jetzt besser aussehen als ein anderes, ist klar, dass es nur mit dem Standpunkt zu tun haben kann.

Ist der optimale Standpunkt gefunden, können wir dort stehen bleiben und beobachten, ob das Bild gegebenenfalls etwas besser wird, wenn die Brennweite leicht verändert wird. Ist jetzt die optimale Brennweite gefunden, wird beobachtet, wie sich der Bildeindruck ändert, wenn die Kamera in kleinen Schritten gedreht wird. Zum Schluss kann das Bild immer noch in der Helligkeit anpasst werden. Und erst wenn das Bild fast perfekt ist, kann man sich dem

Feintuning widmen. Nur durch langsames Herantasten kommen wir bewusst ans Ziel. Alles andere sind Glückstreffer.

Im vorherigen Beispiel spielten architektonische Elemente oder Symmetrien bei der Bildgestaltung eine Rolle. Aber auch inhaltliche Bildelemente mit einer thematischen Aussagekraft können und sollen beachtet werden. Auch hier stellt sich die Frage, was besonders wichtig oder einzigartig ist. Dies soll am Beispiel einer Gewerbeimmobilie erläutert werden.

Stellen wir uns vor, für ein Verkaufs- oder Vermietungsexposé werden Werbebilder einer großen Gewerbeimmobilie im Stadtzentrum benötigt. Das Alleinstellungsmerkmal dieser Immobilie liegt darin, dass sie die beste Lage in der gesamten Fußgängerzone hat. Sie befindet sich an einer Einkaufsstraße und bietet flächenmäßig fünfmal mehr Platz als das zweitgrößte Gebäude im Umkreis von fünf Kilometern. Bei einem solchen Objekt stellt die zentrale Lage mit direkter Anbindung zur hochfrequentierten Einkaufsstraße das Hauptverkaufsargument dar.

Der USP (engl. *Unique Selling Proposition*) des Objekts liegt in einer exklusiven Lage inmitten der Frankfurter Skyline. Insofern muss diese auf nahezu jedem Bild deutlich erkennbar sein.

Nikon D850 | ISO 64 | Brennweite 15mm (Tamron 15-30 2.8) | Blende 11 | Belichtungszeit 1/50 Sek.

Eine isolierte fotografische Darstellung des Objekts mit seinen architektonischen Besonderheiten wäre eher kontraproduktiv. Hier muss möglichst viel von der Umgebung gezeigt werden und auf dem Foto sollten viele Passanten zu sehen sein. Gleichzeitig sollte das Gebäude aus der Nähe fotografiert werden, damit seine überdurchschnittliche Größe besser unterstrichen wird.

Ein modern ausgestattetes Büro mitten im Frankfurter Stadtzentrum besticht hingegen durch seine exklusive Lage und stellt für international tätige Firmen das Mietargument schlechthin dar. Bei Innenaufnahmen ist also darauf zu achten, immer eine möglichst gute Aussicht aus dem Fenster einzufangen, um auf die zentrale Lage hinzudeuten. Letztendlich hängt es aber nicht nur vom Objekt, sondern auch vom Verwendungszweck der Bilder ab, worauf es bei diesen zu achten gilt.

Bei jedem Bild, das wir fotografieren, muss die Frage gestellt werden, was überhaupt gezeigt werden soll und welches die interessanten Kernpunkte eines Objekts sind. Dabei dürfen sich die Kernpunkte nicht ausschließlich auf das Objekt an sich beziehen. Jede Immobilie muss in ihrem Kontext betrachtet werden.

Soll beispielsweise eine Wohnung in einem mehrstöckigen Gebäude inmitten einer Großstadt beworben werden, sind Außenaufnahmen des Gebäudes eher kontraproduktiv und gehören, wenn überhaupt, erst an das Ende des Inserats. Es stellt sich grundsätzlich die Frage nach dem Sinn und Zweck der Bilder bzw. an welche Zielgruppe die Bilder gerichtet werden sollen. Aus diesem Kontext heraus gilt es, die Alleinstellungsmerkmale und Besonderheiten herauszuarbeiten.

Erst im zweiten Schritt widmen wir uns architektonischen und perspektivischen Besonderheiten und versuchen, alle Punkte miteinander zu vereinen. Dabei ist es hilfreich, sich gedanklich eine Liste mit den wichtigsten Elementen zu erstellen, die alle in einem Bild miteinander vereint werden müssen. Im Zweifel lässt sich der richtige Blickwinkel nur mit Änderung des eigenen Standortes erreichen. Je nachdem, was gezeigt werden muss, lassen sich bestimmte Standorte systematisch von vornherein ausschließen. An die verbliebenen Möglichkeiten muss man sich nun Schritt für Schritt herantasten. Das Wichtigste ist, erst über das Bild nachzudenken und es erst dann zu fotografieren. Zuerst möglichst viele Bilder zu machen und dann hinterher darüber nachzudenken, welche Bilder geeignet sind, ist hingegen die falsche Herangehensweise!

Eine Baufirma möchte ihre Fähigkeiten verbildlicht darstellen, hat aber kein Interesse an dem Verkauf eines speziellen Objekts. Hier muss und soll von der Umgebung nicht zu viel gezeigt werden. Eine aufwendige Bildretusche ist essenziell, um die Hochwertigkeit zu unterstreichen.

Nikon D810 | ISO 64 | Brennweite 30mm (Tamron 15-30 2.8) | Blende 5.6 | Belichtungszeit 1/125 Sek.

In der Nähe dieses Objekts sind Parkplätze extrem knapp. Der überdurchschnittlich große Kundenparkplatz ist daher eine Besonderheit, die es hervorzuheben gilt. Ausschließliche Nahaufnahmen des Gebäudes würden das Alleinstellungsmerkmal und somit das Haupt-Kaufargument nicht vermitteln können. Dass einige Autos im Bild zu sehen sind, vermittelt zudem einen belebten und gut besuchten Eindruck. Insofern sollten solche Aufnahmen unter der Woche gegen 16 Uhr erfolgen, da hier die Stoßzeiten in der Regel am größten sind.

DJI Phantom 4 Pro | ISO 100 | Brennweite 24mm (äquivalent) | Blende 5.6 | Belichtungszeit 1/800 Sek.

Kriterien für ein gutes Foto

Die Bildgestaltung stellt das wichtigste Element dar, das ausschlaggebend dafür ist, ob ein Foto gelingt oder nicht. Dabei ist der Begriff sehr vielfältig, so kann eine gute Komposition von der Perspektive und Linienführung sowie vom Bildausschnitt abhängig sein. Aber auch die Lichtstimmung und die Bildbearbeitung wirken sich auf die Bildgestaltung aus. Insbesondere Personen, die mit der Fotografie nicht viel zu tun haben, wollen die Ergebnisse schnell sehen.

Bei dem Hinweis, dass die Bilder ja noch unbearbeitete Rohdaten wären und nicht direkt fertig rauskommen wie bei einem Smartphone-Foto wird einem häufig entgegnet, dass dies nicht so kritisch zu bewerten ist, da man als Laie ohnehin nicht so sehr darauf achten würde, wie dies ein Profi tut und einem die Bilder wahrscheinlich auch unbearbeitet gefallen werden. Zeigt man nun ein unbearbeitetes Bild, sieht man oft die Enttäuschung in den Gesichtern. Wird das gleiche Bild innerhalb von 30 Sekunden nur minimal angepasst, indem die Kontraste und Farbsättigung etwas erhöht werden, kann das gleiche Foto plötzlich Begeisterung auslösen.

Wir sprechen an dieser Stelle nicht von einer intensiven Bildbearbeitung, sondern von minimalen und schnellen Anpassungen.

So wie es sich bei leichten Farb- und Kontrastanpassungen verhält, können auch der Bildausschnitt oder die Perspektive maßgeblich dazu beitragen, ob ein Bild gut wirkt oder nicht. Dabei kann das Motiv dasselbe sein. Wenn eigentlich vertikale Linien leicht schief wirken, wird das einem Laien nicht bewusst auffallen. Im Direktvergleich zu einem gerade ausgerichteten Bild wird ein Laie wahrscheinlich immer noch nicht den Unterschied direkt benennen können, trotzdem wird ihm das eine Bild besser gefallen als das andere, ohne dass er dies näher begründen könnte.

Meistens sind auch unsere Kunden fotografische Laien, die nicht wissen, dass Eckläufer schön wirken, oder dass der Vordergrund möglichst nah an der Kamera sein sollte. Auch dass manche Objektive leicht verzeichnen, wissen sie nicht und es würde Ihnen niemals auffallen, wenn sie nicht direkt darauf hingewiesen werden.

Das ist aber nicht der Punkt. Denn was ein Kunde weiß, ist, ob ihm ein Bild gefällt oder nicht! Das Wissen darüber, was wir konkret tun können, damit ein Bild im Allgemeinem besser gefällt, gehört zu unserer Fachkompetenz. Jemanden zu fragen, warum ihm oder ihr ein Bild nicht gefällt, ist daher sinnlos und wird zu keiner hilfreichen Antwort führen.

Die Annahme, dass Kunst im Auge des Betrachters läge und dass letztendlich alles Geschmackssache sei, lässt sich nicht verallgemeinern und sie ist meistens sogar falsch. Die meisten Menschen empfinden ein Ferienhaus am See als erholsamer als das Warten in einer kalten Lagerhalle eines Massentierhaltungsbetriebs. Auch würden mit Sicherheit über 95 % der Leute den Duft einer Blume dem Geruch einer Bahnhofstoilette vorziehen.

Wenn dies alles nur auf individuellen Geschmack zurückzuführen wäre, müssten solche Vorlieben statistisch viel ausgeglichener sein. Auch wenn es vereinzelt Leute geben mag, die Letzteres bevorzugen, finden 95 % der Leute die Blume trotzdem angenehmer. Wir sind also weit von einem Zufallswert von 50 zu 50 entfernt.

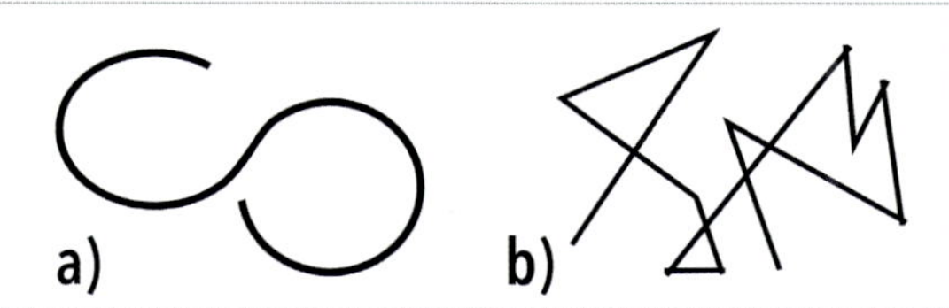

Maloamaa oder Traketzte, welcher dieser Namen würden Sie den Formen zuordnen? Weit über 90 % der Leute würden der abgerundeten Skizze a) den Namen Maloamaa zuordnen und die eckige Form b) mit dem Namen Traketzte versehen, obwohl beide Begriffe frei ausgedacht sind und somit neutral sein müssten. Ähnlich verhält es sich mit Farben oder Bildkompositionen.

Genauso verhält es sich mit der Bildgestaltung. Es gibt gewisse wahrnehmungspsychologische Grundlagen, denen wir unterbewusst folgen, welche dafür ausschlaggebend sind, ob ein Bild gefällt oder nicht. Wenn wir diese Regeln beachten, werden 95 % unserer Kunden diese Auffassung mit uns teilen. Dazu müssen wir diese Regeln aber zuerst kennen. Und genau darum soll es im Folgenden gehen!

Allerdings muss dazu gesagt werden, dass die Regeln der Bildkomposition eher eine Orientierungshilfe darstellen und sich alle Regeln gleichzeitig in einem Bild so gut wie nie miteinander vereinen lassen.

Unbearbeitetes Bild mit flachem Farbprofil als Vorschau

Nikon D800E | ISO 100 | Brennweite 19mm (Tamron 15-30 2.8) | Blende 5.6 | Belichtungszeit 1/50 Sek.

Leicht bearbeitetes Bild mit Farb- und Kontrastanpassungen, jedoch ohne Retusche

4 GUTE BILDKOMPOSITION

ZOO
ZOO
Dehner
GARTEN-CENTER

4

Gute Bildkomposition

Sofern die perfekte Perspektive bereits gefunden sein sollte, so ist es nicht nötig, sich den Kopf bezüglich der Regeln zu zerbrechen. Falls jedoch noch keine Idee für eine gute Bildkomposition vorliegt, eignen sich die folgenden Regeln perfekt, um diese nach und nach auszuprobieren und sich langsam an das perfekte Foto heranzutasten.

Querformat vs. Hochformat

Das Hochformat ist eher etwas für Passfotos oder Anfänger, die meinen, das Motiv sonst nicht ins Bild zu bekommen. Generell sieht das Querformat bei den meisten Bildern besser aus. Natürlich gibt es hier aber auch Ausnahmen. So ist das Hochformat für die Titelseite einer Broschüre oft notwendig. Und manchmal sehen Bilder im Hochformat auch tatsächlich besser aus. Allerdings stellt dies eher die Ausnahme dar. Meistens sehen Querformatbilder tatsächlich besser aus. Insofern sollte man versuchen, das Motiv im Querformat einzufangen, und das Hochformat so lange meiden, wie es nur möglich ist.

Passendes Seitenverhältnis

Neben der Entscheidung zwischen Quer- oder Hochformat gibt es aber auch technische Anforderungen an ein Bild, die vom Verwendungszweck abhängig sind. Für die Online-Galerie auf der Website ist das Bildformat in den meisten Fällen egal. Soll das Bild gedruckt werden, steht uns hingegen nur eine begrenzte Auswahl an Formaten zur Verfügung. Für Portale wie z. B. Immobilienscout24 wird aber ein festes Bildformat mit einem Seitenverhältnis von 4:3 im Querformat vorgegeben. Soll das Bild hingegen auf einen Fernseher oder großem Monitor zu Werbezwecken eingeblendet werden, so muss es im Seitenverhältnis von 16:9 vorliegen. Für die Titelseite einer Broschüre wäre hingegen ein Bild im 2:3-Hochformat passender.
Kompliziert wird es aber, wenn ein Bild gleich auf mehrere Arten dargestellt werden soll und sowohl auf einem Immobilienportal als auch formatfüllend auf einem Display gut aussehen muss. Zwar bieten hochauflösende Kameras mehr Reserven beim Beschnitt, doch oft ist dieses Problem der verschiedenen Formate nicht mit dem Beschnitt gelöst. So ein konkretes Problem verdeutlicht die folgende Abbildung: Im Seitenverhältnis von 3:2 sieht das Bild gut aus, allerdings lässt es sich nicht auf ein

Verhältnis von 16:9 beschneiden, da ansonsten das Firmenlogo nicht mehr lesbar wäre oder zu viel vom Hauptmotiv abgeschnitten würde.

Eine klare Kommunikation über den Verwendungszweck der Bilder ist im Vorfeld dringend erforderlich, da ein solches Problem sich im Nachhinein nicht mehr retten lässt. Sofern im Vorfeld bekannt sein sollte, welches Seitenverhältnis notwendig ist, besteht die Möglichkeit, während der Aufnahme ein noch weitwinkligeres Objektiv zu wählen oder auf einen weiter entfernten Standpunkt auszuweichen. So ist es möglich, mehr aufs Bild zu bekommen, wodurch zusätzliche Reserven für einen eventuellen Beschnitt sichergestellt werden. Das funktioniert jedoch nur, wenn bereits im Vorfeld das Endformat bekannt ist und dies entsprechend bei der Aufnahme berücksichtigt wird.

Mit dem Seitenverhältnis von 3:2 sieht dieses Bild gut aus, allerdings lässt es sich nicht ohne Weiteres auf ein Format von 16:9 beschneiden, da ansonsten entweder das Logo nicht lesbar wäre oder zu viel vom Stand weggeschnitten würde.

Wenn nur Querformatbilder vorliegen und zum Schluss bemerkt wird, dass noch ein Bild für die Titelseite der Broschüre fehlt, kann dies ein Problem darstellen. Daher sollten von einer besonders repräsentativen Ansicht pro Objekt zumindest ein bis zwei gute Hochformatbilder erstellt werden. Insofern sollten von anderen repräsentativen Ansichten zumindest eine Handvoll Aufnahmen fotografiert werden, die in das 16:9-Format beschnitten werden können.

Für das perfekte 16:9-Format ist die Kamera zum Zwecke der Komposition in den Videomodus zu stellen. Der Videomodus hat den Vorteil, dass die Displayvorschau bereits auf das 16:9-Format zugeschnitten ist. Nun kann vom Stativ aus der Bildausschnitt so eingestellt werden, dass die Komposition gut aussieht. Eventuell zwingt der engere Bildausschnitt einen, wenige Schritte zurückzugehen. Sobald der Bildausschnitt im 16:9-Videomodus gut aussieht, wird in den Fotomodus zurückgewechselt, um das Bild mit der vollen Auflösung im Sensorformat von 3:2 (oder 4:3) aufzunehmen. Sollte sich im Nachhinein rausstellen, dass einige Bilder in einem breiteren Bildformat benötigt werden, muss dies nicht dem Zufall überlassen werden. Mit dieser Arbeitsweise ist sichergestellt, dass zumindest einige repräsentative Perspektiven im Portfolio für ein breiteres Bildformat geeignet wären. Je mehr Reserven zum Bildrand vorhanden sind, desto eher lassen sich daraus auch Hochformate generieren.

Das Bildformat hat einerseits gestalterische, andererseits technische Aspekte. Grundsätzlich wirkt das Querformat in den meisten Fällen angenehmer. Von allen Querformaten kommt das 16:9-Format am ehesten in die Nähe des Verhältnisses vom Goldenen Schnitt (≈16:10) und wirkt daher oft am besten. Da das Sensorformat meistens bei 3:2 oder 4:3 liegt, bietet einem das 16:9-Format gleichzeitig ausreichende Reserven für einen eventuellen Beschnitt. Aus der Praxis ist es empfehlenswert, über 90 % der Bilder im Querformat zu machen.

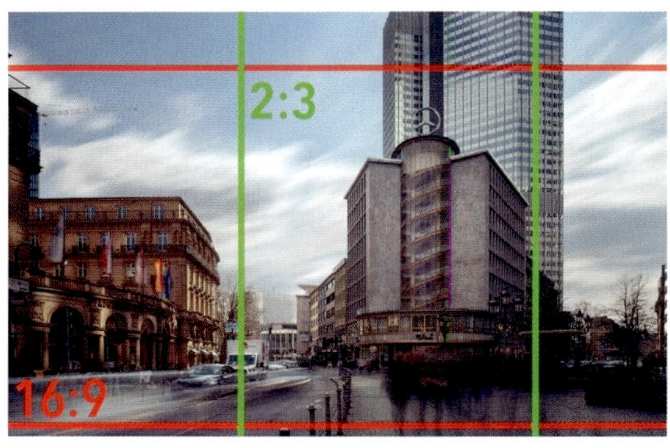

Dieses Bild würde mit Verlusten durch einen erzwungenen Beschnitt gut zurechtkommen. Sowohl im 16:9-Querformat, als auch im 2:3-Hochformat ließe sich dieses Foto noch verwenden.

Bei einigen der besten Perspektiven sollte darauf geachtet werden, dass diese zumindest theoretisch auf 16:9 beschnitten werden könnten. Hochformatbilder sollten eher gemieden werden, wobei es nicht schadet, ein bis zwei repräsentative Hochformataufnahmen pro Auftrag zu erstellen, falls diese unerwartet benötigt werden sollten. Unabhängig davon muss vor jedem Auftrag über den Verwendungszweck und über das gewünschte Bildformat gesprochen werden, da eine Korrektur im Nachhinein oft nicht möglich ist.

Standortwahl und Perspektive

Die Standortwahl stellt mitunter die wichtigste Entscheidung dar, die es gilt hinsichtlich der Erstellung eines Bildes zu treffen. Bereits kleinste Abweichungen vom idealen Standort können Teile des Motivs verdecken bzw. ungewollt enthüllen. Durch die Entfernung zum Gebäude verändern sich die Linienführung und das Größenverhältnis zwischen dem Objekt und seiner Umgebung.

Die Wahl der Distanz zum Motiv ist somit ein ideales Mittel, um ein harmonisches Verhältnis zwischen Mittel-, Vorder- und Hintergrund zu erreichen. Bei der Wahl der Perspektive ist festzustellen, dass diese eine maßgebliche Auswirkung auf die subjektive Wahrnehmung der Bildaussage hat und es somit keine technisch neutrale Perspektive geben kann. Neben der subjektiven Bildwirkung ändert die Perspektive aber auch die Aussage bzw. den Informationsgehalt eines Bildes, da mit der Perspektivenänderung gewisse Bildelemente aus dem Bildausschnitt verschwinden oder hinzukommen können.

So wirkt die folgende Abbildung auf den ersten Blick relativ angenehm. Das von links kommende Licht hellt die Gebäudekante auf und sorgt somit für ein etwas räumlicheres Gefühl. Die Betrachtungsrichtung des Bildes scheint eher von links nach rechts zu verlaufen. Als mittleres Close-Up ist dieses Bild sicher gut geeignet, da es die Architektur des Gebäudes widerspiegelt. Für Vermarktungszwecke eignet sich das Bild hingegen als Ergänzung zu den anderen Bildern nicht, aber als repräsentatives Hauptbild in Groß.

Das hängt damit zusammen, dass das besondere Alleinstellungsmerkmal in Form eines großen Parkplatzes in einem ansonsten dicht besiedelten und hochfrequentierten Ort nicht besonders gut herauskommt. Was hier fehlt, sind insbesondere Personen im Bild, die den Ort belebt aussehen lassen. Auch die anderen Stammmieter in Form weiterer bereits vermieteter Geschäfte sind in diesem Bild nicht ersichtlich. Als sehr kleines Startbild in einer Online-Anzeige würde sich dieses Bild aufgrund seiner Übersichtlichkeit wiederum gut eignen.

In der nächsten Abbildung ist dasselbe Motiv von einem anderen Standpunkt aus zu sehen. Die Bildwirkung ist indes eine vollkommen andere. Hier wurde versucht, dem Bild durch einen Vordergrund mehr Tiefe zu verleihen. Allerdings resultiert hieraus eine inkonsistente Linienführung. Lässt man den Blick vom Vordergrund zum Hauptmotiv schweifen, so folgt

Eine von links nach rechts gerichtete Bildführung wirkt zumeist sehr angenehm.

Nikon D800E | ISO 100 | Brennweite 30mm (Tamron 15-30 2.8) | Blende 5.6 | Belichtungszeit 1/250 Sek.

Dieses Bild wirkt aufgrund des Vordergrundes etwas besser. Allerdings gibt es aus dieser Perspektive keine klare Linienführung mehr. Der Verlauf von Vordergrund zu Hauptmotiv steigt von links nach rechts auf, am Gebäude selbst dominieren hingegen eher abfallende Linien. Somit wirkt das Bild insgesamt inkonsistent und nicht besonders professionell.

Nikon D800E | ISO 100 | Brennweite 26mm (Tamron 15-30 2.8) | Blende 7.1 | Belichtungszeit 1/400 Sek.

das Auge einer aufsteigenden Bewegung. Achtet man hingegen auf das Gebäude und betrachtet dieses von ganz links bis hin nach rechts zum Haupteingang, so unterliegt das Auge einer leichten Abwärtsbewegung. Eine klare perspektivische Ausrichtung existiert also nicht und der Bildeindruck ist dadurch insgesamt etwas chaotischer und wirkt störend. Inhaltlich entspricht das zweite Bild mehr oder weniger dem ersten.

Die nächsten Beispielbilder zeigen, welchen Unterschied der Aufnahmestandort ausmachen kann.

Informationsgehalt und Ästhetik

Je mehr gezeigt wird, desto höher ist der Informationsgehalt eines Bildes in der Regel, gleichzeitig leidet die Ästhetik darrunter. Im Rahmen der Immobilienfotografie muss daher immer ein Kompromiss zwischen einer schönen Komposition und der inhaltlichen Aussagekraft gewählt werden. In diesem Zusammenhang spielen der Aufnahmestandort und die Perspektive eine wesentliche Rolle. Die Perspektive hängt allein vom Kamerastandpunkt und nicht von der Brennweite des Objekt vs ab. Letztere ist nur für den Bildausschnitt verantwortlich. Der theoretisch ideale Kamerastandort kann allerdings oft nicht gewählt werden, da beispielsweise etwas im Weg stehen kann oder der technische Aufwand zu groß wäre, um die Idealposition zu erreichen. Insofern muss immer ein Mittelweg zwischen ästhetischen Aspekten und inhaltlichem Nutzen sowie dem Aufwand gewählt werden.

Am Beispiel der folgenden Abbildungen ist wiederum ersichtlich, dass die Standortverlagerung eine Änderung des Bildausschnitts mit sich führt. Gleichzeitig hat eine Annäherung an das Objekt steile einstürzenden Linien zur Folge, während bei weiter entfernten Perspektiven stürzende Linien eher vermieden werden. Wir beobachten also, dass sich Öffnungswinkel mit der Annäherung an ein Objekt eher spreizen, währen sich die Winkel schließen je weiter wir uns von dem Objekt entfernen, bis diese letztendlich parallel zueinander liegen. Dieser Effekt wird an späterer Stelle bewusst genutzt werden.

Die Wahl des richtigen Standortes, aus dem sich die Perspektive ergibt, stellt das mit Abstand wichtigste Kriterium für die Bildgestaltung dar. Ist eine halbwegs neutrale und korrekte Wiedergabe des Gebäudes gewünscht, empfiehlt sich ein etwas weiter entfernter

Standort in Kombination mit einer längeren Brennweite. So werden stürzende Linien weitestgehend vermieden. Sind hingegen eher aufregende und weitwinklige Perspektiven, interessante Detailaufnahmen oder künstlerische Architekturfotos geplant, so ist ein geringerer Abstand oft von Vorteil.

Für ästhetisch schöne Bilder haben sich die Kombinationen geringer Abstand mit Weitwinkelobjektiv oder großer Abstand mit Teleobjektiv bewährt. Die Kombination von großem Abstand und Weitwinkel wirkt hingegen oft nicht besonders ansprechend, kann aber unter Umständen nötig sein, um eine Gesamtübersicht zu erstellen. Es kommt also immer auf den Zweck der Bilder an und was mit ihnen erreicht werden soll. Hierzu müssen im Vorfeld individuelle Überlegungen getroffen werden. Eine allgemeingültige Empfehlung zum Abstand oder zum Standort gibt es in dem Sinne nicht, wenn der Verwendungszweck nicht bekannt ist. Unter ausschließlicher Berücksichtigung der Bildästhetik gibt es hingegen sehr wohl Perspektiven, die angenehmer wirken als andere.

Durch einen entfernten Standpunkt sind alle vertikalen Linien gerade ausgerichtet.

Nikon D810 | ISO 64 | Brennweite 35mm (Zeiss Distagon 35 2.0) | Blende 5.6 | Belichtungszeit 1/400 Sek.

Durch eine geringere Entfernung muss die Kamera geneigt werden und eigentlich vertikale Linien stürzen scheinbar nach hinten und sind nicht mehr parallel zueinander ausgerichtet.

Nikon D810 | ISO 64 | Brennweite 35mm (Zeiss Distagon 35 2.0) | Blende 5.6 | Belichtungszeit 1/400 Sek.

Öffnungswinkel und Linienführung

Neben der Tiefenwirkung ändert der Standort aber auch zwangsläufig die Öffnungswinkel, was unter Umständen zu stürzenden Linien führen kann. Diese stehen aber direkt im Zusammenhang mit dem perspektivischen Fluchtpunkt, der sich ebenfalls massiv auf die Bildwirkung auswirkt.

Die folgende Abbildung zeigt, wie Perspektiven im Allgemeinem zu interpretieren sind. Dabei gilt es, sich an den vertikalen oder horizontalen Linien zu orientieren. Aber auch in einer räumlichen Perspektive, wie z. B. einem langen Gang oder einer Allee, lassen sich gedankliche Verlängerungen konstruieren. Deren gemeinsame Schnittstelle wird als Fluchtpunkt bezeichnet. Stürzende Linien sind nichts anderes als ein perspektivisches Phänomen, bei dem der Fluchtpunkt außerhalb des Bildausschnitts liegt. Meistens wirkt dies nicht besonders schön.

Durch eine mittlere Entfernung zum Objekt kippen die eigentlich vertikalen Linien leicht nach hinten, diese verlaufen also nicht mehr parallel. Der Fluchtpunkt, an dem sich diese beiden Linien irgendwann kreuzen würden, liegt weit außerhalb des Bildausschnitts. Das Bild wirkt insgesamt nicht überzeugend.

Im Gegensatz zum ersten Bildbeispiel wirken die anderen beiden Bilder optisch ansprechender, wobei die Bildwirkung eine vollkommen andere ist. Sind alle Linien gerade ausgerichtet, wirkt das Bild neutral und ruhig. Soll hingegen eine ungewohnte und sehr spannende Perspektive erreicht werden, empfiehlt es sich, den Abstand so zu wählen, dass der Fluchtpunkt im Bildausschnitt liegt.

Nun können stürzende Linien aber auch als bewusstes Stilmittel für extreme Bildwinkel eingesetzt werden, die in erster Linie beeindrucken sollen. Wenn die inhaltliche Aussagekraft eines Bildes erst mal beiseitegelegt wird, stellt man fest, dass mittlere Entfernungen mit leicht einfallenden Winkeln und einem Fluchtpunkt außerhalb des Bildes eher einen langweiligen und etwas unprofessionellen Bildeindruck vermitteln. Was in jedem Fall auffällt, ist, dass sich die Öffnungswinkel mit der Entfernung zum Objekt ändern. Je geringer die Entfernung, desto größer werden die Winkel. Diese Eigenschaft können wir uns später an anderer Stelle zunutze machen, wenn es um die optimale Standortwahl geht.

Mit zunehmender Entfernung werden die Einfallswinkel vertikaler Linien immer geringer, bis diese letztendlich parallel verlaufen und es somit keinen Fluchtpunkt mehr gibt. Diese Bild wirkt wiederum etwas ruhiger, natürlicher und neutraler als das erste Bild. Gleichzeitig ist es wahrscheinlich auch etwas schöner.

Liegt der Fluchtpunkt hingegen im Bildausschnitt, wirkt das Bild spannender und dramatischer.

Nah ran, oder weit weg!

Entweder müssen wir ganz nah an das Objekt ran und interessante Perspektiven von unten suchen, oder wir müssen möglichst weit weg, um eine neutrale und ruhige Perspektive zu finden. Halbe Sachen wirken nicht!

Ist es aufgrund lokaler Gegebenheiten nicht möglich, den optimalen Standort zu wählen, so ist das der einzige Grund, der uns dazu verleiten sollte, eine mittlere Entfernung zu wählen. Ein solcher Grund kann darin bestehen, dass es ansonsten nicht möglich wäre, die hohe Passanten-Frequenz zu visualisieren, die für den Standort besonders relevant sein könnte. Aber auch gewisse Ausstattungsmerkmale, die sonst außerhalb des Bildausschnitts liegen würden, stellen mögliche Gründe dar.

Sollte es einen Grund dafür geben, die aus ästhetischer Sicht optimale Perspektive nicht wählen zu können, ist eine digitale Nachbearbeitung der Bilder zwingend erforderlich. Sofern beispielsweise nicht mit Tilt-Shift-Objektiven fotografiert wurde, müssen stürzende Linien digital durch eine trapezförmige Dehnung des Bildes korrigiert werden. Dabei muss einem schon vor Ort bewusst sein, dass eine nachträgliche Perspektivenkorrektur nötig sein wird, um entsprechend den damit verbundenen Bildbeschnitt großzügiger einzuplanen. Lediglich bei etwas steileren Luftbildaufnahmen könnten korrigierte Perspektiven unnatürlich wirken; hier ist Vorsicht geboten.

Die Entfernung zum Objekt muss aber nicht zwangsläufig die Linienführung beeinflussen. Selbst wenn unabhängig von der Entfernung stützende Linien vermieden werden können, ändert sich die räumliche Tiefenwirkung eines Bildes massiv. Sofern stürzenden Linien kein nennenswertes Thema darstellen, sollte nach dem Prinzip verfahren werden, so nah wie möglich an das Motiv heranzutreten und nur so weit weg wie nötig zu stehen, um gerade so noch alles ins Bild zu bekommen. Insbesondere bei Innenaufnahmen ist es hilfreich, dies im Hinterkopf zu behalten.

Bei größerer Entfernung zum Motiv wirkt das Bild oft „flach".

Je näher man an das Motiv herantritt, desto mehr wird dadurch der Vordergrund betont. Die geringere Entfernung und verleiht dem Bild mehr räumliche Tiefe.

Nikon D810 | ISO 400 | Brennweite 17mm (Tamron 15-30 2.8 VR SP) | Blende 5 | Belichtungszeit 1/20 Sek.

Standort und Symmetrie

Sobald klar ist, welche Entfernung zum Objekt angenehm wirkt und den Anforderungen des Bildes gerecht wird, steht die Symmetrie an nächster Stelle. Die Symmetrie ist ein weiterer Aspekt, der zur Ästhetik eines Bildes in besonderem Maße beiträgt. Doch auch bei der Symmetrie ist Fußarbeit gefragt! Bei der Symmetrie kommt es einerseits auf den richtigen Standort, andererseits auf den Bildausschnitt an. Die einfachste uns zumeist sehr einleuchtende Art, eine hohe Symmetrie zu erreichen, besteht darin, sich mittig direkt vor das Motiv zu stellen. Durch die mittige Position bei nachfolgender Abbildung sind die Treppenbögen links und rechts exakt gleich weit von der Bildmitte entfernt. Die mittlere Strebe am Glasdach kippt nicht zur Seite weg, sondern sie ist vertikal ausgerichtet und durch das mittlere Fenster ist das dahinterliegende Fenster auf der Rückseite erkennbar, welches seinerseits mittig im vorderen Fenster platziert ist. Die beiden griechischen Portikus sind zur Bildmitte hin symmetrisch angeschnitten. Würden wir den Standpunkt um nur 20 cm verlagern, wäre dies bereits sichtbar.

Symmetrischer Bildaufbau durch zentrale Position direkt mittig vor dem Motiv.

Nikon D800E | ISO 100 | Brennweite 15mm (Tamron 15-30 2.8 VR SP) | Blende 7.1| Belichtungszeit 1/125 Sek.

Symmetrischer Bildaufbau durch zentrale Standortwahl mitten im Gang.

Das Bild wirkt schief und unsymmetrisch, da von der zentralen Position in der Mitte abgewichen worden ist.

Höhe der Kameraposition

Die Höhe der Kamera ist im Grunde genommen mit der Position bzw. mit dem Standort in Hinblick auf die Symmetrie gleichzusetzen. In der Praxis kann die Höhe der Kameraposition aber nur bedingt gesteuert werden, sofern nicht mit einer Drohne fotografiert wird. Bei Außenaufnahmen eines 50 m hohen Bürogebäudes fällt dies daher kaum ins Gewicht, wenn es um die Frage geht, wie hoch das Stativ ausgefahren werden soll. Bei Innenaufnahmen mit Deckenhöhen von ca. 3 m sieht das Ganze aber schon vollkommen anders aus.

Bei der horizontalen Betrachtungsweise im vorherigen Beispiel wurde dargelegt, dass es empfehlenswert ist, eine mittlere und zentrale Position in einem Gang zu wählen, um die maximale Symmetrie zu erreichen. In Hinblick auf die optimale Höhe der Kameraposition ergibt sich aus dem vorherigen Beispiel auch die Antwort auf nachfolgende Frage. Um diese zu beantworten, muss lediglich das gesamte Bezugssystem um 90° gedreht werden. Wenn es bei der Frage nach der optimalen horizontalen Position heißt, dass eine mittlere Zentralposition zu wählen ist, gilt dies genauso aus vertikaler Betrachtungsweise.

Daraus folgt, dass eine Position aus halber Raumhöhe die maximal mögliche Symmetrie darzustellen vermag. Bei einer Deckenhöhe von 3,10 m sollte das Stativ also auf 1,55 m (3,10 m/2 = 1,55 m) ausgefahren werden. Der Effekt, den wir durch die richtige Höhe erreichen, ist mit dem Beispielbild einer zentralen Position im Gang vergleichbar.

Links: Die Linien der Decken- und der Bodenkante verlaufen in unterschiedlichen Winkeln, da sich die Kamera oberhalb der optimalen Position befand. Die perspektivischen Linien können somit nicht spiegelsymmetrisch verlaufen. Rechts: Die Kameraposition entsprach der halben Deckenhöhe, somit war die Kamera auf mittlerer Höhe im Raum positioniert. Die perspektivischen Linien verlaufen nun symmetrisch im gleichen Winkel.

Wirkung der Winkelhalbierenden

Neben einer zentralen Position direkt vor einem symmetrischen Motiv besteht eine weitere Möglichkeit in der Positionierung mittig vor eine Ecke auf der Winkelhalbierenden.

Oft wirken Bilder eines Gebäudes, die auf eine Ecke gerichtet sind, wesentlich interessanter als Frontalaufnahmen. Dies gilt nicht nur für Häuser und Fassaden, auch bei Innenräumen wie Büros wirken Bilder, die aus einer Ecke oder auf bzw. in Richtung einer Ecke fotografiert werden, schöner. Damit hier eine Symmetrie gegeben ist, muss man sich gedanklich eine Winkelhalbierende vorstellen. Von der Winkelhalbierenden aus fotografiert wirken beide in der Flucht befindlichen Seiten eines Motivs gleich dominant und somit symmetrisch.

Diese Außenaufnahme eines Einfamilienhauses wirkt durch eine auf die Kante gerichtete Perspektive interessant. Dabei gilt es zu beachten, einen Standort zu wählen, der exakt auf der Winkelhalbierenden der Gebäudekante liegt. Nur so können eine hohe Symmetrie und eine schöne Bildwirkung erreicht werden.

Nikon D800E | ISO 100 | Brennweite 19mm (Tamron 15-30 2.8 SP) | Blende 5.6 | Belichtungszeit 1/400 Sek.

Befindet man sich, wie im unteren Bild, auf der Winkelhalbierenden der Bettkante, so wirken die Einstiegs- und die Fußseite des Bettes gleich groß und symmetrisch. Die Linienführung ist insgesamt gleichmäßiger und wirkt dadurch angenehmer.

Nikon D800E | ISO 100 | Brennweite 18mm (Tamron 15-30 2.8 SP) | Blende 6.3 | Belichtungszeit 1/6 Sek. (mit Stativ)

Symmetrien im Zusammenspiel

Es gibt unterschiedliche Arten der Symmetrie. So kann die Symmetrie durch die Wahl des Bildausschnitts unterstrichen werden, indem ein symmetrisch aufgebautes Motiv in der Bildmitte ausgerichtet wird oder der Bildausschnitt so gewählt wird, dass Linien parallel zum Bildrand verlaufen. Andererseits gibt es eine Standortbedingte Symmetrie, die sich auch dann nicht ändert, wenn ein anderer Bildausschnitt gewählt wird. Eine mittig ausgerichtete Position vor einem Objekt bzw. eine Frontalaufnahme kann dies bedingen. Aber auch eine Position von einer Winkelhalbierenden ändert sich nicht mit dem Bildausschnitt.

Zudem lassen sich die unterschiedlichen Arten der Symmetrie miteinander kombinieren. Steht ein Tisch in einem langen Flur, so ist es möglich, eine Position zu wählen, die gleichzeitig auf der Winkelhalbierenden der Tischkante liegt und auch exakt in der Mitte des Flures. Jetzt kann der Bildausschnitt und die Kameraneigung so gewählt werden, dass wir keine stürzenden Linien haben und der Fluchtpunkt des Flures in der Bildmitte liegt. Auf diese Art und Weise wären gleich vier Arten der Symmetrie in einem Bild vereint.

Zunächst sollte jedoch das Zusammenspiel standortbasierter Symmetriearten verdeutlicht werden:

Im nächsten Bildbeispiel wurde die Standortwahl nicht bewusst berücksichtigt. Betrachten Sie das Bild genauer, ist ein Platz mit drei Gebäuden erkennbar. Das mittlere Gebäude ist gleichzeitig das kleinste, welches den Eingangsbereich bildet. Wenn die drei Gebäude näher betrachtet werden, wirkt das rechte Gebäude vergleichsweise langweilig. Demgegenüber wirkt das mittlere Gebäude spannend, da es ein gewölbtes Dach hat und im Aufbau sehr symmetrisch wirkt. Das linke Gebäude beeindruckt durch seine Höhe, während die unteren Säulen sowie die Krone am Dach individuelle Akzente setzen.

Grundsätzlich ist auch dieses Gebäude durch sich wiederholende Strukturen symmetrisch aufgebaut. Nach dieser Überlegung fällt auf, dass das Bild eigentlich zwei Hauptmotive sowie ein Nebenmotiv zeigt. Um den perfekten Standort zu finden, muss systematisch vorgegangen werden. Hierzu fangen wir mit dem Hochhaus links im Bild an:

Am Ausgangsstandort sehen Sie, dass die Linienführung beim Blick nach oben nicht gerade verläuft. Die Streben an der Fassade scheinen in der Mitte wegzukippen. Dieser Symmetriefehler kann nicht durch die Änderung des Bildausschnitts oder durch Kippen der Kamera korrigiert werden, ebenso stellt die nachträgliche Bildbearbeitung keine Lösung dar!

Die Standortwahl wurde bei diesem Bild nicht bewusst beachtet.

Beim Blick nach oben fällt auf, dass die Linienführung der Streben auf der Fassade nicht gerade verläuft.

Durch eine optimale Standortwahl kann eine gerade Linienführung erreicht werde
Im Vergleich zum ersten Bild liegt der korrigierte Standort weniger als einen halbe
Meter vom ursprünglichen Standort entfernt.

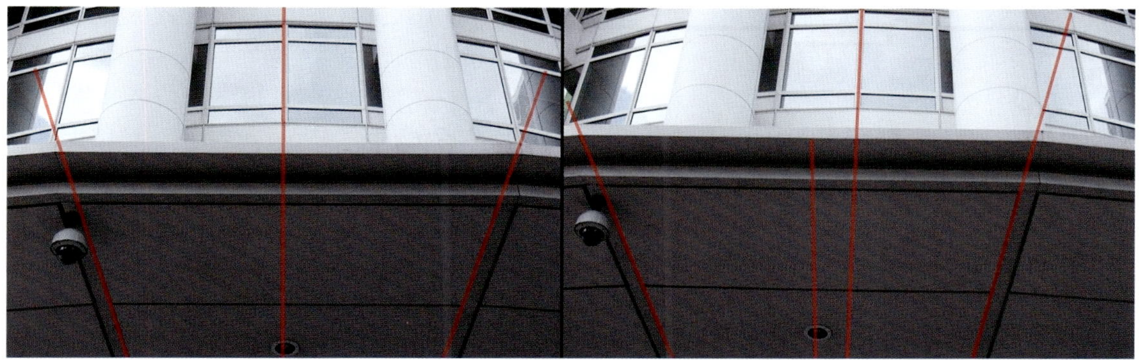

Das vor uns befindliche Gebäude verfügt über ein Vordach mit Lampen im Vordergrund. Wenn man sich so vor das Gebäude stellt, dass Vordergrund (Lampen) und Hintergrund (Streben) perspektivisch übereinanderliegen (links), so befindet sich diese Position mittig vorm Gebäude. Gerade ausgerichtete Linien prägen das Bild. Im ersten Negativbeispiel entsprach die Position der rechten Abbildung, in der Vorder- und Hintergrund perspektivisch gegeneinander verschoben erscheinen. Der Standort lag somit nicht mittig vor der Fassade.

Dieser Symmetriefehler ist ausschließlich auf den falschen Standort zurückzuführen. Eine Standortverlagerung von weniger als einem halben Meter kann bereits zu einer optimalen Perspektive führen! Es ist kaum zu glauben, welchen Einfluss wenige Zentimeter bei einem über 200 m hohen Gebäude haben können.

Beim Vergleich der beiden Abbildungen sehen wir einen großen Unterschied hinsichtlich einer symmetrischen Linienführung. Um rauszufinden, ob die eigene Position symmetrisch vor einem Objekt ist, sollten Vordergründe gesucht werden, die sich perspektivisch gegen einen Hintergrund verschieben lassen. Pflastersteine, Fluchtpunkte oder sonstige Markierungen sind ebenfalls hilfreich, um eine zentrale Position vor dem Motiv zu ermitteln.

Wenn Sie auf das erste Beispielbild in diesem Kontext zurückblicken, ist klar, worauf es perspektivisch zu achten gilt, wenn es um eine symmetrische Standortwahl in Hinsicht auf das Hochhaus geht. Neben dem Hochhaus stellt der symmetrisch aufgebaute Eingangsbereich in der Bildmitte mit seinem gebogenen Dach das zweite Hauptmotiv dar. Hier ist eine Standortwahl leicht zu ermitteln. Letztendlich muss lediglich eine zentrale und mittige Position vor dem Eingang gewählt werden, um diesen symmetrisch abbilden zu können.

Die Schwierigkeit liegt darin, dass gleichzeitig eine frontale Position vor dem Hochhaus eingehalten werden muss. Wir arbeiten hier also mit perspektivischen Schnittpunkten:

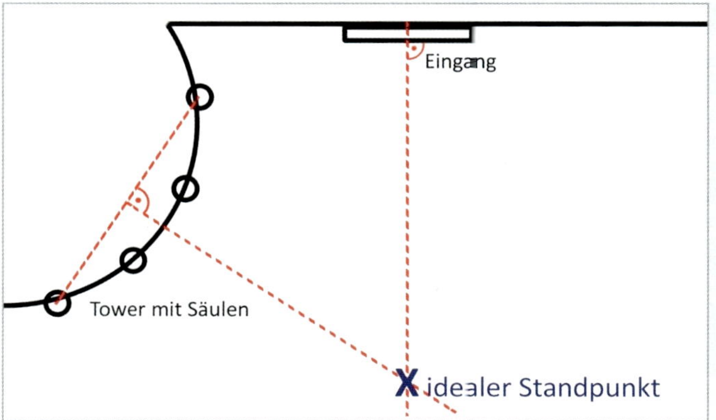

Bei mehreren Motiven gilt es mehrere perspektivische Achsen zu berücksichtigen. Die beiden wichtigsten Elemente in diesem Bild sind einerseits das Hochhaus und andererseits der Eingangsbereich. Für eine klare Linienführung beider Motive ist die Anzahl an möglichen Standorten also sehr begrenzt. Die Schnittpunkte diverser symmetrischer Achsen stellen mögliche Standpunkte dar, um ein gerade wirkendes Bild zu erhalten. In der Praxis muss darauf geachtet werden, dass eine zentrale Position vor dem Eingang eingehalten wird, die sich auch gleichzeitig mittig vor dem Hochhaus befindet. Hier gilt es, sich an gegeneinander verschiebenden Vorder- und Hintergründen, wie in der vorherigen Abbildung, zu orientieren.

Vom idealen Standpunkt aus aufgenommen erscheint das Bild komplett symmetrisch. Der Standort befand sich mittig vor dem Eingangsbereich und gleichzeitig zentral vor dem Hochhaus links im Bild. Somit verlaufen auch alle Linien in Form der Streben auf der Fassade gerade und ohne Knick. Dies ist auch daran zu erkennen, dass die mittlere Fensterstrebe zwischen der dritten und der vierten Säule exakt mittig zwischen den beiden Säulen verläuft.

Eine symmetrische Standortwahl ist nicht immer nötig, allerdings ist sie sehr oft vorteilhaft. Es kommt jedoch immer darauf an, was gezeigt werden soll und wodurch sich das vor uns befindliche Objekt auszeichnet. Unterm Strich kommt es darauf an, sich im Vorfeld Gedanken darüber zu machen, wodurch sich unser Motiv auszeichnet, was gezeigt werden soll, wie wir dies erreichen und welcher Standpunkt dafür ideal wäre. Eine gut überlegte und schrittweise Arbeitsweise ist dabei essenziell.

Zentrale Position

In Bezug auf das Motiv sollte eine möglichst zentrale Position gewählt werden, um die maximale Symmetrie zu erhalten. Symmetrieachsen müssen nicht immer frontal und mittig vor dem Motiv liegen, sondern können beispielsweise auch durch Winkelhalbierende repräsentiert werden. Bei mehreren Motiven im Bild sollten die einzelnen Bildelemente nach ihrer Relevanz für die Bildaussage sortiert werden. Die relevantesten Elemente werden anschließend nach den Schnittpunkten und Symmetrieachsen ausgerichtet. Erst im Anschluss an die Standortwahl wird der eigentliche Bildausschnitt festgelegt. Eine systematische und schrittweise Herangehensweise ist dabei essenziell.

Bildausschnitt festlegen

Neben der Wahl des richtigen Standortes kommt es auch auf den richtigen Bildausschnitt an. Bildausschnitt, Standort und Perspektive hängen allerdings sehr eng zusammen und könnten nicht klar voneinander abgetrennt werden. Mit der Perspektive ändert sich der Bildausschnitt immer automatisch, andersherum kann der Bildausschnitt geändert werden, ohne die Perspektive großartig zu beeinflussen. Letztendlich ist eine klare Trennung aber nicht möglich. Im Großen und Ganzen soll es hier um die gekonnte Wahl des Bildausschnitts gehen, allerdings wird bereits im ersten Beispiel deutlich, dass dieser auch vom Standort abhängt.

Parallelen zum Bildrand

Parallelen zum Bildrand können, gekonnt eingesetzt, die Symmetrie eines Motivs unterstreichen. Sie lassen sich einerseits durch das Drehen und Neigen der Kamera erreichen, indem das Motiv am Bildrand des Suchers so ausgerichtet wird, dass der Bildausschnitt des Motivs Parallelen zum Bildrand aufweist. Andererseits können die Öffnungswinkel durch die Entfernung zum Motiv gezielt gesteuert werden.

Je geringer die Entfernung zum Objekt, desto größer werden in der Regel die Öffnungswinkel. Die Steuerung der Parallelen zum Bildrand

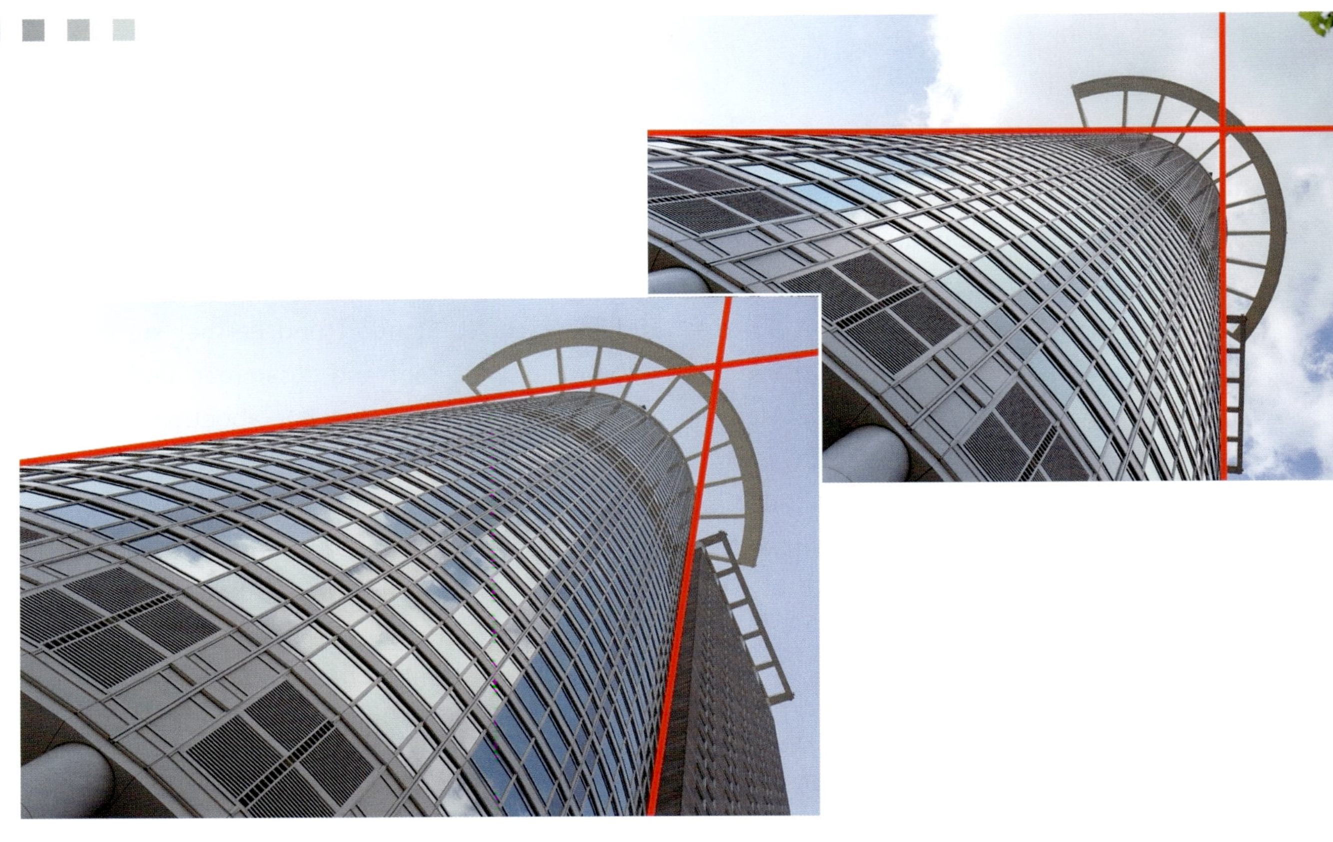

Links ist der Abstand zum Gebäude größer, rechts ist der Abstand zum Gebäude kleiner. Die Öffnungswinkel lassen sich also mit dem Abstand zum Gebäude steuern. Somit können kompositorische Elemente wie Parallelen zum Bildrand auch vom Standort abhängig sein.

resultiert somit in einem Zusammenspiel von Bildausschnitt und Kameraneigung bzw. Drehung auf der einen Seite und der Wahl des Standortes auf der anderen Seite. Beträgt der Öffnungswinkel beispielsweise 87° und wir stellen fest, dass es aus kompositorischer Sicht schön wirken könnte, wenn zwei Parallelen zum Bildrand vorhanden wären, dann müsste als Nächstes der Abstand zum Gebäude, durch einen Schritt nach vorne, verringert werden, da sich dadurch der Öffnungswinkel leicht vergrößert. Erst wenn dieser bei genau 90° liegt, kann die Kamera so gedreht werden, dass beide Gebäudehälften gleichzeitig parallel zum Bildrand ausgerichtet sind.

Dies stellt jedoch nur ein Anwendungsbeispiel für parallele Linien zum Bildrand dar. Wenn stürzende Linien durch weit entfernte Perspektiven oder unter Zuhilfenahme von Tilt-Shift-Optiken vermieden werden, geht es letztendlich darum, alle vertikalen Linien parallel zum Bildrand auszurichten.

Durch eine gerade Ausrichtung der Kamera sowie eine digitale Perspektivenkorrektur erscheinen alle horizontalen und vertikal verlaufenden Linien parallel zum Bildrand. Dies bewirkt ein gerade und symmetrisch wirkendes Bild.

Nikon D850 | ISO 64 | Brennweite 27mm (Tamron 24-70 2.8 VC G2) | Blende 6.3 | Belichtungszeit 1/25 Sek.

Eine andere Art, parallele Linien zu erreichen, besteht darin, die Kamera gegen den Uhrzeigersinn zu kippen, sodass die Linien in der Bildmitte von links nach rechts aufsteigend verlaufen. Dabei kommt es aber auch auf den richtigen Bildausschnitt hinsichtlich der Brennweite an. Sofern ein Zoom-Objektiv vorhanden ist, sollte die ideale Brennweite eingestellt werden. Die Feinanpassung kann über eine leichte Änderung des Standortes erfolgen. Die Linienführung eines solchen Bildes wirkt dabei aufgefächert. Die Linien nähern sich zum Bildrand allmählich einer parallelen Linienführung an, während sie in der Bildmitte schräg verlaufen.

Parallelen zum Bildrand können also auf ganz unterschiedliche Weise erreicht werden. Dieses Gestaltungsmittel vermag es, die Symmetrie eines Bildes zu steigern. Parallele Linien können einerseits durch die geschickte Wahl des Bildausschnitts erreicht werden, beispielsweise indem das Bild langsam gedreht wird, bis eine Kante in Bezug zum Bildrand parallel erscheint. Andererseits ist dies wieder eine Frage der Perspektive und des Standortes.

Die Linienführung wirkt aufgefächert. Dabei nähern sich die Linien zum Bildrand hin einem parallelen Verlauf an, bis sie diesen am äußersten Bildrand auch erreichen. Die Bildwirkung wurde hauptsächlich durch das Drehen der Kamera gegen den Uhrzeigersinn erreicht. Dabei sollte darauf geachtet werden, dass der Fluchtpunkt in der Bildecke liegt. Die Feinanpassung erfolgte über die vertikale Neigung, die richtige Position und die passende Brennweite.

Nikon D810 | ISO 100 | Brennweite 35mm (Zeiss 35mm 2.0 Milvus) | Blende 5 | Belichtungszeit 1/320 Sek.

Mit größerer Entfernung zum Gebäude werden stürzenden Linien abgeschwächt, bis schlussendlich alle vertikalen Linien parallel verlaufen. Wird die Entfernung zum Motiv verringert, werden die stürzenden Linien verstärkt und die Bildwinkel öffnen sich.

Aufsteigende Linien im Bild

Ein weiteres Gestaltungsmittel liegt in der Ausrichtung der Perspektive, im Linienverlauf bzw. in der Blickrichtung. Es geht kurzum um aufsteigende Linien im Bild. Das Thema der aufsteigenden Linien hört sich zunächst einmal sehr simpel und leicht verständlich an, doch kann deren Definition sehr abstrakt sein. Das Problem besteht darin, dass es oft nicht nur eine Linie im Bild gibt, außerdem können aufsteigende und abfallende Linien gleichzeitig nebeneinander auftreten.

So kann ein Schreibtisch im Bild beispielsweise aufsteigend ausgerichtet sein, während die Linien an der Decke eher abfallen. In diesem Fall sollte der Begriff der „aufsteigenden Linien" nicht wörtlich betrachtet werden. Vielmehr geht es darum, die Blickrichtung von links nach rechts und am besten leicht aufsteigend wandern zu lassen. Dabei sollte die Frage nach dem Hauptmotiv gestellt werden und wohin der Blick wandert bzw. was als Erstes auffällt. Falls es kein klassisches Hauptmotiv gibt, folgt das Auge oft der Perspektive zum Fluchtpunkt hin oder es orientiert sich an dem Ort mit den höchsten Kontrasten.

Eine besonders auffällige Stelle im Bild, wo der Blick scheinbar hingeführt wird, kann als Hauptmotiv definiert werden. Daneben gibt es noch das Nebenmotiv, dieses kann ein Detail im Vordergrund, ein Möbelstück wie z. B. einen

Hier sind jeweils zwei Bilder gegenübergestellt. Links dominieren absteigende Linien, während rechts eher aufsteigende Linien bzw. von links nach rechts gerichtete Perspektiven dominieren. Bilder mit aufsteigenden Elementen wirken in der Regel etwas angenehmer.

Tisch oder den Fußboden darstellen. Im Grunde genommen sollte das Nebenmotiv eher links unten und das Hauptmotiv rechts oben angeordnet sein. Falls es keine eindeutigen Motive gibt, sollte die Perspektive von links nach rechts verlaufen. Der Begriff der aufsteigenden Linien kann also unterschiedlich interpretiert werden.

In den meisten Fällen wirken aufsteigende Linien auf die menschliche Wahrnehmung angenehmer. Die meisten Menschen verbinden mit der Bezeichnung Maloamaa eine eher runde Form, während mit Traketzte eher etwas Kantiges suggeriert wird. Eigentlich ergibt diese Zuordnung keinen Sinn, da diese Begriffe frei ausgedacht sind und keine Bedeutung haben. Allerdings gibt es wahrnehmungspsychologische Grundlagen, die zu dieser Einordnung führen.

Genauso verhält es sich mit aufsteigenden oder abfallenden Linien. Von links nach rechts aufsteigende Linien wirken in der Regel angenehmer. Außerdem werden aufsteigende Linien

Der Handlauf zeigt in der gedachten Verlängerung in die untere linke Bildecke.

Die gelbe Stoßschutz läuft in die beiden unteren Bildecken.

mit einer positiven Ausstrahlung in Verbindung gebracht. Dies ist auch der Grund dafür, weshalb viele Organisationen aufsteigende Formen in ihren Logos haben: Die Deutsche Bank, Twitter, Amazon, die Nasa, Nike, Adidas, Pepsi, Fresenius, SAP, K+S, Nikon oder Apple lassen aufsteigende Tendenzen in ihren Logos erkennen.

Mit diesem Hintergrund fällt die Entscheidung leichter, welche Seite eines Objekts fotografiert werden sollte. Am Beispiel der beiden unteren Abbildungen ist ersichtlich, dass aufsteigende Linien nur möglich sind, wenn man sich rechts vom Tisch positioniert. Insofern sollte man versuchen, die Fotos so zu gestalten, dass die Linien perspektivisch aufsteigend konstruiert sind. Bei Außenaufnahmen ist dies manchmal schwierig, da die „richtige" Seite nicht zwangsweise gut ausgeleuchtet sein muss. Dennoch kann auch hier durch etwas Bewegung die Position deutlich optimiert werden.

Bei Aufnahmen aus der Froschperspektive sollte die Kamera daher immer gegen den Uhrzeigersinn geneigt werden, um aufsteigende Linien im Bild zu erzeugen. Gleichzeitig wirken solche Bilder oft natürlicher als Fotos, die einfach senkrecht nach oben gekippt fotografiert worden sind. Dies hängt damit zusammen, dass wir im Alltag sehr selten frontal vor einem

Gebäude stehen und es so betrachten, dass unser Genick maximal beansprucht wird. Viel öfter kommt es hingegen vor, dass so eine Perspektive beim Vorbeigehen betrachtet wird und unser Kopf daher zur Seite geneigt werden muss, um schräg nach oben zu blicken.

Und genau deswegen, weil solche Perspektiven zumeist beim Vorbeigehen mit seitlich schräg geneigtem Kopf betrachtet werden, wirken solche Bilder natürlicher, da sie eher der Alltagserfahrung entsprechen, als dies bei nach oben geneigten Frontalaufnahmen der Fall ist.

Ausgleich von Kontrasten

Bei kontrastreichen Motiven, wenn sich beispielsweise eine dunkle Fassade vor einem hellen Himmel befindet, sollte darauf geachtet werden, dass dunkle und helle Bereiche einigermaßen ausgeglichen sind. Helle und dunkle Flächen sollten also in etwa gleich oft im Bild vorkommen bzw. sich die Waage halten, damit ein Bild harmonisch wirkt.

Eckläufer

Ebenfalls empfehlenswert ist es, in Hinblick auf den Bildaufbau gerade Linien in den Bildecken enden zu lassen. Hierbei spricht man von Eckläufern.

Vordergrund und Rahmen

Durch einen Vordergrund im Bild kann diesem ein wenig mehr räumliche Tiefe verliehen werden, wodurch ein Foto insgesamt spannender wirken kann. Erreicht wird dies unter anderem durch besonders tiefe Positionen mit einem Weitwinkelobjektiv, durch Unschärfe im Bild oder durch einen geschickten Bildaufbau sowie eine geringe Entfernung. Ähnlich verhält es sich mit einem natürlichen Rahmen; wenn beispielsweise durch eine Tür, ein Fenster, einen Eingangsbereich oder eine Öffnung zwischen mehreren Pflanzen hindurch fotografiert wird.

Durch die geringe Entfernung zur vorderen Säule entsteht links im Bild ein Vordergrund, der dem Foto insgesamt mehr Tiefe verleiht.

Hochfrequente, das heißt feine und kleine, sich wiederholende Strukturen, sollten im Vordergrund vermieden werden – z. B. löchriger Rasen, feiner Kies, dreckige Oberflächen etc. Stattdessen wirken grobe Strukturen im Vordergrund oft spannender: Pflanzen, Treppenstufen, Stahlträger, Säulen, Klinker und Steinblöcke sollen als Beispiele genügen.

Die Bildmitte meiden

Sofern der symmetrische Aufbau eines Objekts unterstrichen werden soll, kann das Motiv zu diesem Zweck in der Bildmitte platziert werden. In allen anderen Fällen wirken solche Bilder aber oft langweilig. In den meisten Fällen empfiehlt es sich daher, das Hauptmotiv nicht direkt in der Bildmitte zu platzieren. Doch an welcher Stelle im Bild die beste Wirkung erzielt wird, hängt wiederum vom gewollten Effekt ab. Im Folgendem beschäftigen wir uns daher mit den wohl bekanntesten Regeln der Bildkomposition, die in keinem Grundlagenbuch fehlen dürfen.

Bildkomposition verfeinern

Nachdem wir uns im Klaren darüber sind, welche Bildaussage getroffen werden soll, und ein grober Standort und der Bildausschnitt in etwa feststehen, geht es darum, die Bildkomposition zu verfeinern. Neben dem Standort und der Brennweite gibt es aber noch weitere Faktoren, die darüber entscheiden, ob ein Bild gut wirkt oder nicht. Obwohl ein grober Standort in etwa ermittelt wurde, heißt das nicht, dass dies auch der endgültige und perfekte Standort sein muss. Um den richtigen Bildausschnitt, eine interessante Perspektive und einen gelungenen Bildaufbau zu erreichen, ist Bewegung notwendig.

Anordnung nach Proportionslinien

Wie bereits erwähnt, sieht es nur in ganz bestimmten Fällen gut aus, wenn das Motiv direkt in der Bildmitte angeordnet ist. In den meisten Fällen ist es jedoch zu empfehlen, die Bildmitte zu meiden. Doch wo genau außerhalb der Bildmitte das Motiv für eine bessere Bildwirkung angeordnet werden sollte, ist nicht trivial. Als zusätzliche Hilfe für die Anordnung bezüglich der Komposition lassen sich bei fast allen Kameramodellen Gitter im Sucher einblenden, die das Bild überlagern. Diese Gitteransicht erleichtert es, einen harmonischen Bildausschnitt zu wählen. Dabei kann das Motiv beliebig am Gitter angeordnet werden, hierzu orientiert man sich an den Linien und Schnittpunkten. Ob ein Motiv mittig auf einer der vier Linien, an den Schnittpunkten oder in einem Kästchen platziert wird, kann frei entschieden werden. Ein Richtig oder Falsch gibt es hier nicht.

Anwendung der Drittelregel

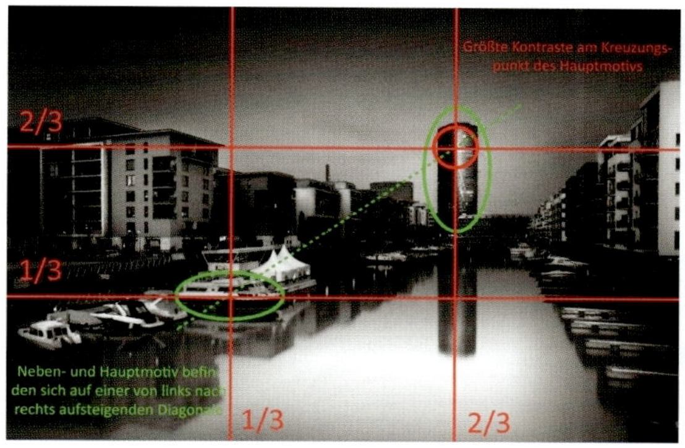

Bei Anwendung der Drittelregel wird das Bild durch horizontale und vertikale Linien in gleich große Drittel unterteilt.

Bei der Drittelregel kann der Horizont beispielsweise auf das obere Drittel gelegt werden. Aber auch das Hauptmotiv sollte an den Schnittpunkten oder entlang der Linien platziert sein. Bei zwei Motiven, wie z. B. einem kleinen Detail im Vordergrund und dem Hauptmotiv im Hintergrund o. Ä., können diagonal zueinander liegende Schnittpunkte verwendet werden. Wenn Neben- und Hauptmotiv durch eine gedachte, von links nach rechts aufsteigende Linie miteinander verbunden sind, wirkt dies besonders ansprechend. Die Drittelregel wirkt meistens sehr spannend und eindrucksvoll. Sie eignet sich für moderne und hohe Gebäude, Luftaufnahmen, eckige Fassaden mit Glas und Stahlelementen oder für Büros mit interessanten Designs.

Bildwirkung der Drittelregel: spannend, interessant, aufregend, eindrucksvoll.

Anwendung des Goldenen Schnitts

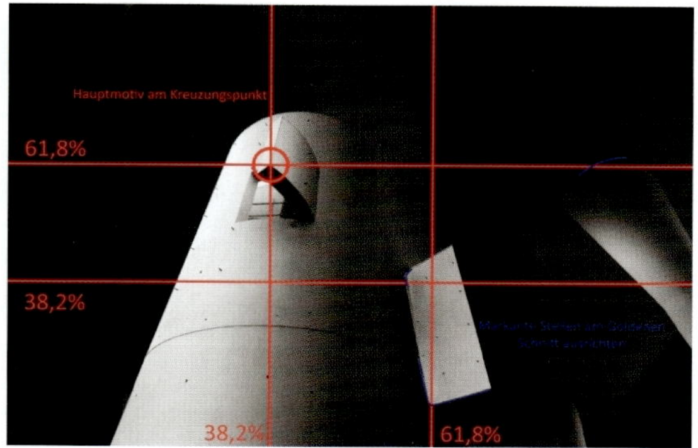

Bei Anwendung des Goldenen Schnitts verlaufen die Gitterlinien näher an der Bildmitte als bei der Drittelregel. Das mathematische Verhältnis liegt dabei der „goldenen Zahl" zugrunde, die hier namensgebend ist.

Die Anwendung erfolgt analog zur Drittelregel, allerdings ist die Bildwirkung eine andere. Insgesamt wird eine ruhigere Bildsprache erzielt. Der Goldene Schnitt eignet sich indes besser für Wohnimmobilien, Hotelzimmer oder grüne Außenanlagen sowie für Motive mit rundlich dominierenden Formen. Soll das Bild sauber und aufgeräumt wirken, kann der Goldene Schnitt aber auch für moderne Gebäude geeignet sein.

Bildwirkung des Goldenen Schnitts: ausgeglichen und geordnet, ruhig und harmonisch.

Proportionslinien in der Praxis

Neben der Drittelregel und dem Goldenen Schnitt existieren weitere Proportionslinien-Konzepte: Die Fibonacci-Spirale, die Dreiecks- sowie die Diagonalmethode stellen weitere Beispiele

Schwarz-Weiß-Foto: Fine-Art-Bearbeitung des Silver Towers in Frankfurt. Das Hauptmotiv ist im Bild nicht einfach auszumachen. Wo wird der Blick hingeleitet?

dar. Die Anordnung eines Hauptmotivs anhand von Proportionslinien ist einfach. Als Hauptmotiv wird derjenige Punkt im Bild definiert, der unsere Aufmerksamkeit sofort erhält. Auch ohne das eingezeichnete Gitter wäre am Bildbeispiel der Drittelregel jedem klar gewesen, dass der Turm am Ende des Hafens das Hauptmotiv darstellen soll. Doch wie sieht es im danach folgenden Beispiel aus, wo ist hier das Hauptmotiv? Beim nächsten Bildbeispiel ist die Antwort nach dem Hauptmotiv eigentlich ganz einfach: Es gibt kein Hauptmotiv. Wenn nahezu das ganze Foto das Motiv darstellt, ist ein Hauptmotiv im klassischen Sinne einfach nicht existent. Wenn es ein Hauptmotiv gäbe, so wüssten wir das und könnten direkt mit dem Finger auf dieses zeigen. Sofern aber zunächst überlegt werden muss, wo das Hauptmotiv sein könnte, dann ist es keines.

In Hinsicht auf die Drittelregel bzw. auf den Goldenen Schnitt macht dies die Bildgestaltung aber nicht unbedingt einfacher. Ist das

Foto des Silver Towers überhaupt danach ausgerichtet?

Sofern kein klassisches Hauptmotiv zu finden ist, sollte die perspektivische Flucht bzw. der Fluchtpunkt anhand der Drittelregel ausrichtet werden. Hierzu müssen alle in die Ferne laufenden Linien gedanklich verlängert werden. Dabei ist festzustellen, dass diese an einem Punkt zusammenlaufen. Der Fluchtpunkt wird fortan wie ein Motiv behandelt und der Bildausschnitt wird entsprechend gewählt. Dass ein Bild besser aussieht, wenn der Fluchtpunkt innerhalb des Bildausschnitts liegt, wurde bereits erwähnt. Noch besser sieht es hingegen aus, wenn der Fluchtpunkt möglichst nah am Goldenen Schnitt oder an der Drittelregel orientiert ist.

Anstatt das Motiv irgendwo im Bildausschnitt zu platzieren, sollte der Bildaufbau bewusst hinterfragt werden:

- Was ist das Besondere an dem Objekt (Ausstattung, Details, Architektur, Symmetrie)?
- Gibt es Alleinstellungsmerkmale oder etwas Besonderes in der direkten Umgebung (ÖPNV, frequentierte Lage, Grünanlagen, Infrastruktur)?
- Gibt es etwas, was nicht gezeigt werden soll (Mülleimer, Baustelle, Stromkästen)?

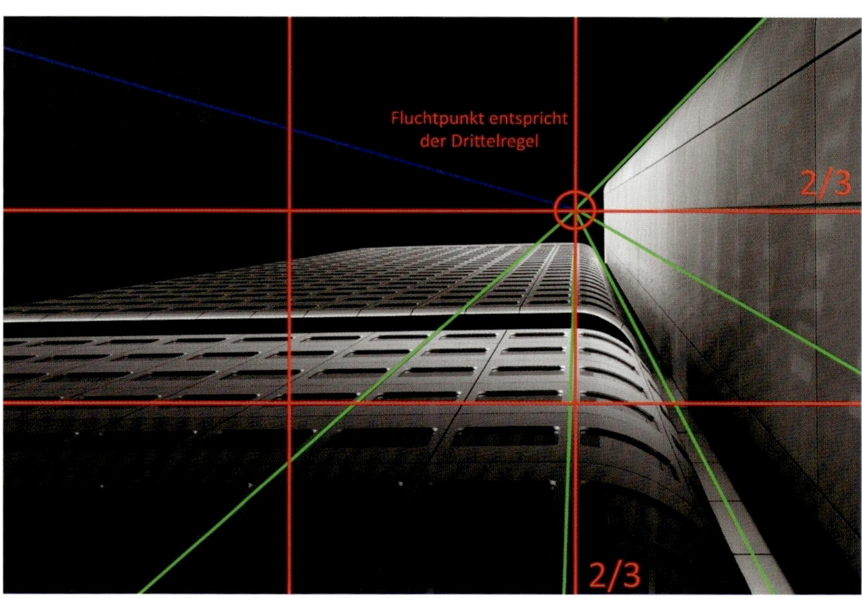

Ausrichtung der Drittelregel anhand der perspektivischen Flucht.

Nach der Entscheidung, was gezeigt werden soll und was nicht, muss die Position variiert werden, um den idealen Standpunkt zu finden, von dem aus am ehesten alle Anforderungen an das Foto erfüllt werden können. Falls nicht sofort eine ideale Lösung hinsichtlich des Bildausschnitts gefunden werden kann, führen die hier beschriebenen Regeln der Bildkomposition langsam in die richtige Richtung. Die Drittelregel oder der Goldene Schnitt sind nur Teilaspekte davon. Im Übrigen entsprechen sehr viele Bilder mit einer mittigen Zentralposition sehr oft der Drittelregel, sofern die Fluchtpunkte genauer betrachtet werden. Hier gilt es, durch viel Übung in der Praxis den Blick hinsichtlich der Linienführung zu schulen.

Praxisbeispiel 1: Schrittweise zur richtigen Komposition

Grundsätzlich sollten beim Fotografieren immer schrittweise kleine Änderungen vorgenommen werden, um durch langsames Herantasten das optimale Ergebnis zu erzielen. Somit ist es nicht sinnvoll, den Standpunkt zu ändern, an der Blende rumzuspielen, die Kamera zu drehen und gleichzeitig zu zoomen. Auf diese Art entstehen nur zufällige Schnappschüsse, unter denen gegebenenfalls ein gutes Bild dabei sein könnte. Stattdessen sollten lediglich nur einzelne Parameter verändert und systematisch analysiert werden, um festzustellen, ob sich der Bildaufbau zum Positiven hin ändert oder nicht. Ein langsames, systematisches Vorgehen ist essenziell.

Im Folgenden soll anhand eines Praxisbeispiels gezeigt werden, wie ein solches systematisches Vorgehen aussehen kann. Gleichzeitig möchten wir ein Endergebnis erreichen, das möglichst viele der im Vorfeld besprochenen Elemente der Bildkomposition miteinander vereint.

In der folgenden Abbildung sind alle Bildelemente, die gezeigt werden sollen, farblich unterlegt. Diese sind als besonders interessant zu bewerten, daher sollen diese in jedem Fall im Bildausschnitt erhalten bleiben, sofern die Position verlagert wird. Bereits jetzt ist erkennbar, dass die Position nicht perfekt ist, da die rot unterlegte Einkerbung an der Fassade kaum richtig erkennbar ist. Um systematisch effektiv und logisch den richtigen Standpunkt ermitteln zu können, ist es notwendig, die komplexe Umgebungssituation stark zu vereinfachen. Zu diesem Zweck folgt eine Übersichtskarte bzw. eine Skizze der örtlichen Situation.

Für das Verständnis dessen, was im Nachfolgenden besprochen wird, ist es von besonderer Relevanz, die Skizze verinnerlicht und verstanden zu haben. Perspektivisch lässt sich die komplexe Situation nun auf zwei Faktoren runterbrechen, wenn es darum geht, den idealen Standpunkt zu finden: den Abstand zur fensterlosen Wand (grüner X-Pfeil) und den Abstand zur Fassade (grüner Y-Pfeil). Optional

Die Ausgangssituation: In diesem nicht optimierten Ausgangsstandpunkt sehen wir bereits grob, was gezeigt werden soll. Wir möchten beim Blick nach oben beide Gebäude ins Bild bekommen, links den Skyper (orange) und rechts den Silver Tower (bunt). Beim Silver Tower sind folgende Komponenten interessant und müssen ins Bild: die abgerundete Kante mit Lampe (blau), die Fassade (gelb), die fensterlose Wand (grün) und die Einkerbung (rot).

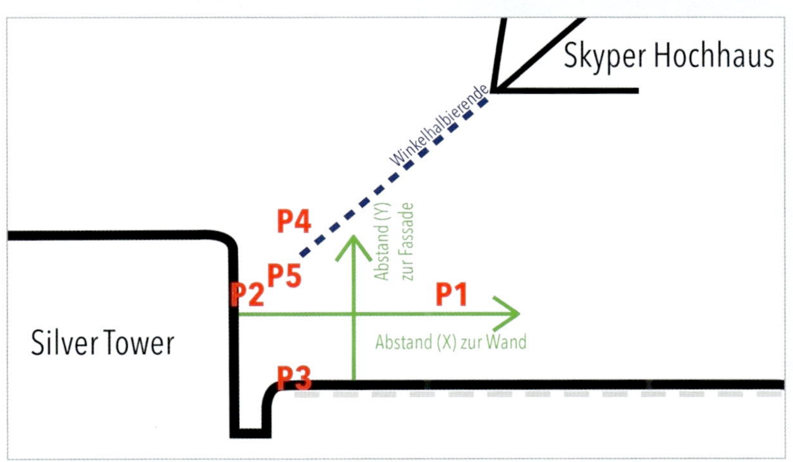

Draufsicht der örtlichen Situation: Das Skyper-Hochhaus oben in der Skizze stellt das zuvor orange unterlegte Gebäude dar. Der Silver Tower befindet sich unten im Bild. Links befindet sich die zuvor grün unterlegte fensterlose Wand, während unten die Fassade ist. Die Punkte P1 bis P5 stellen die Standpunkte der nachfolgenden Beispielfotos dar. Der senkrechte grüne Pfeil (Y) stellt den Abstand zur Fassade dar, der waagerechte grüne Pfeil (X) stellt den Abstand zur fensterlosen Wand dar. Die blau gestrichelte Linie repräsentiert die Winkelhalbierende der Kante des Skyper-Hochhauses.

sollte versucht werden, möglichst nah an der blau gestrichelten Linie zu bleiben, da diese die symmetrische Achse des Skyper-Hochhauses darstellt. Die Punkte P1 bis P5 stellen die in der Karte eingezeichneten Standpunkte der nachfolgenden Beispielbilder dar.

Zum Verständnis ist es wichtig, sich insbesondere zu merken, wie die beiden grünen Pfeile räumlich gelegen sind. Der Abstand zur fensterlosen Wand, links in der Skizze grün unterlegt, wird hier durch den waagerechten X-Pfeil dargestellt. Im Folgenden wird dieser Abstand mit „X-Abstand" bezeichnet.

Der vertikale Y-Pfeil stellt den Abstand zur Fassade dar, unten im Bild gelb unterlegt. Im Folgenden wird dieser Abstand als „Y-Abstand" bezeichnet.

Wenn wir das Ausgangsbild zurückrufen und uns daran erinnern, welche fünf Bildelemente wir zeigen möchten, so sehen wir, dass die Standpunkte in der Skizze und der nachfolgenden Abbildung zu unterschiedlichen Ergebnissen führen.

- Vom Standpunkt P1 sehen wir die Einkerbung nicht, da diese durch die abgerundete Kante verdeckt wird.
- Bei Standpunkt P2 wurde der X-Abstand verringert, sodass die Einkerbung zu sehen ist, allerdings ist diese Perspektive viel zu nah an der Wand und sieht nicht mehr gut aus.
- Beim Standpunkt P3 wurde der Y-Abstand verkleinert, nun sehen wir die Fassade aber nicht mehr.

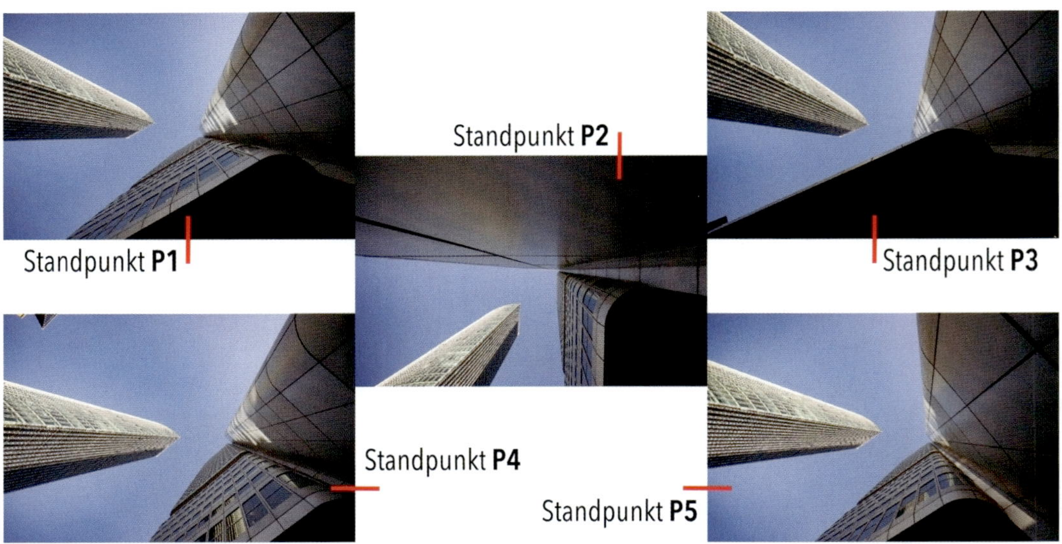

Unterschiedliche Standpunkte zeigen verschiedene Bildinhalte und unterscheiden sich nicht nur in der Perspektive.

- Beim Standpunkt P4 wurde der Y-Abstand hingegen vergrößert, sodass die Fassade zwar zu sehen ist, dafür aber die abgerundete Kante mit der Lampe kaum noch im Bild ist.
- Der Standpunkt P5 zeigt hingegen alle Bildelemente und wirkt nahezu ideal.

Allein durch die beiden Faktoren X-Abstand und Y-Abstand lässt sich der ideale Standpunkt langsam eingrenzen. Der Standpunkt P5 liegt zudem relativ nah an der Winkelhalbierenden des Skyper-Hochhauses (siehe blaue Linie in der Skizze), insofern sollten wir unseren Standpunkt P5 wenn nötig nur geringfügig anpassen und uns an diesem orientieren.
Das Beispielbild vom Standpunkt P5 sieht zwar relativ gut aus, ist aber noch nicht perfekt. Der Standort sollte aber zu 95 % passend sein. Im nächsten Schritt widmen wir uns dem Bildausschnitt. Dabei tasten wir uns langsam an das optimale Bild heran und ändern alle Parameter nur einzeln. Zunächst schauen wir, wie sich eine Drehbewegung auf das Bild auswirkt:
Sie sehen deutlich, wie sehr sich die Drehung des Bildausschnitts auf die Bildwirkung auswirkt. Beim Versuch alle gelernten Regeln der Bildkomposition Revue passieren zu lassen, denken wir über eine von links nach rechts verlaufende positive Bildstimmung nach.
Die Bilder C, E und F kommen dem am nächsten. Bei Bild C wirken die Kontraste im Vergleich zu Bild E aber besonders ausgeglichen. In Bild C dominiert die dunkle Gebäudefläche das Bild zu sehr, außerdem wirkt das Skyper-Hochhaus stark beschnitten. Ähnlich verhält es sich bei

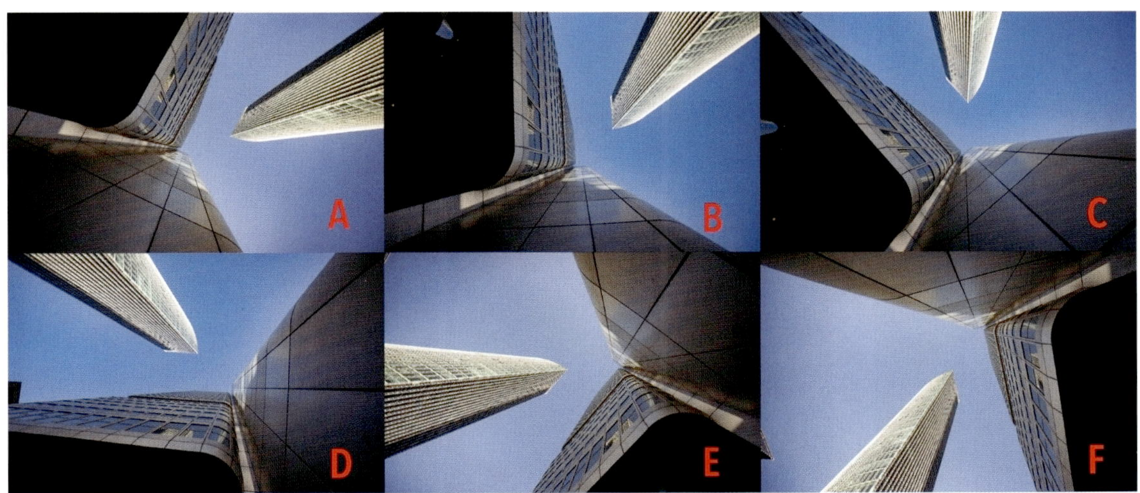

Ohne den Standpunkt zu ändern wird der Bildausschnitt gedreht. Dabei stellen wir fest, dass ein unterschiedlicher Bildausschnitt mit einer anderen Bildwirkung einhergeht.

Bild F. Hinsichtlich der Symmetrie wirkt das Bild E aber am besten, zudem ist etwas mehr Himmel im Bild, wodurch ein Ausgleich zwischen dunklen und hellen Flächen stattfindet.

Bezüglich der Symmetrie ist das Bild E aber noch nicht ideal, da das Skyper-Hochhaus leicht schief ins Bild läuft. Das kann durch eine Drehung um ca. +5° leicht behoben werden, ohne dass sich die Bildaussage großartig zu verändern droht. An der Mittelkante des Skyper-Hochhauses gemessen bekämen wir durch eine leichte Drehung um ca. 5° sogar eine, auf den Bildrand bezogene, parallele Linie.

Im folgenden Bildvergleich wurde die Bilddrehung aus Bild E korrigiert und um 5° gedreht. Der neue korrigierte Bildausschnitt wird nun als Bild G bezeichnet. Diese Korrektur wurde bei den Bildern H bis J beibehalten. Nun wurde geschaut, wie sich eine Links-Rechts-Bewegung bzw. eine Auf- und Abwärtsbewegung auf die Bildwirkung auswirkt, ohne den Bildausschnitt dabei erneut zu drehen.

Insgesamt wirkt das Bild G immer noch am besten, sodass dieser Bildausschnitt im groben beibehalten werden soll. Durch die an der Vertikalen gemessenen Position wirkt die mittige Ausrichtung besonders symmetrisch. Gleichzeitig entspricht das Bild der Drittelregel, da sich der Fluchtpunkt in Bild G im rechten Drittel befindet. Die Mittelkante des Skyper-Hochhauses ist parallel zum unteren und oberen Bildrand ausgerichtet. Zudem wirkt das Zusammenspiel der Formen wie ein Pfeil, der von links nach rechts auf den Fluchtpunkt am Silver Tower zeigt.

Wenn das Zusammenspiel der Formen als eine Art Pfeil-Form interpretiert werden kann, so lässt sich die Symmetrie noch weiter erhöhen. Ein waagerecht verlaufender Pfeil ist für gewöhnlich auf seine Horizontale bezogen spiegelsymmetrisch aufgebaut. Dies ist in Bild G

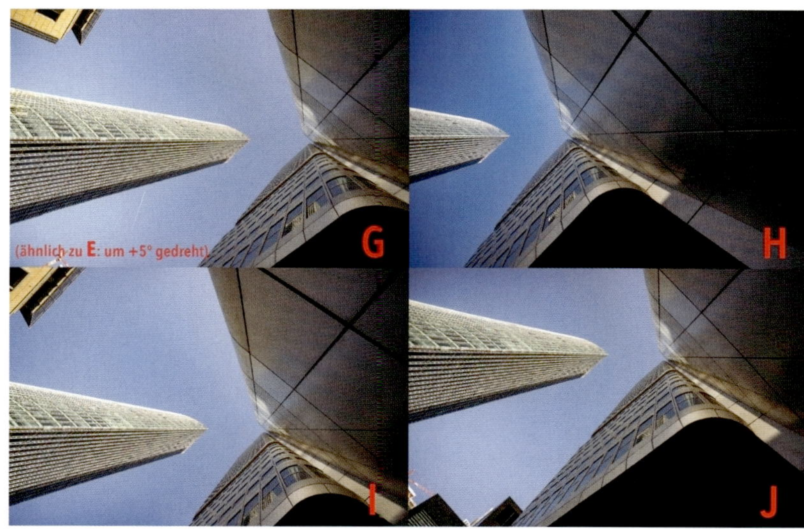

Änderung der Bildwirkung durch eine Links-Rechts und Auf- und Abwärtsbewegung

aber nicht ganz der Fall, obwohl dieses bereits fast symmetrisch ist.

Wie wir bereits gelernt hatten, lassen sich Öffnungswinkel durch den Abstand zum Gebäude steuern. Welche Auswirkungen nur wenige kleine Schritte haben können, sehen Sie in nächsten Bildbeispiel. Zwischen den Bildern G bis L wurde lediglich der X-Abstand, also der Abstand zur hinteren Wand, verändert. Das Bild K weist dabei den größten X-Abstand und das Bild L den geringsten X-Abstand auf.

Wenn wir das Skyper-Hochhaus als symmetrische Achse für unsere virtuelle Pfeil-Form annehmen, so weist das Bild L die höchste Symmetrie auf. In Bild L ist die Grundform nahezu spiegelsymmetrisch. Gleichzeitig sind wir relativ nah an der hinteren Wand, wodurch wir einen Vordergrund im Bild geschaffen haben, der uns eine intensivere Bildtiefe verleiht. Zudem ist die Einkerbung besonders gut hervorgehoben, außerdem verläuft diese nahezu perfekt in die Bildecke.

An dieser Stelle tritt jedoch ein weiteres Problem hinsichtlich der Symmetrie auf. Mit zugekniffenen Augen betrachtet ist in Bild L die Grundform zwar spiegelsymmetrisch, dies gilt jedoch nicht für alle kompositorischen Elemente: Bei einer horizontalen Spiegelung der unteren Bildhälfte mit dem Eckläufer müsste oben eigentlich auch ein Eckläufer vorhanden sein, um eine perfekte Symmetrie zu erreichen. In der oberen Bildhälfte ist allerdings kein Eckläufer vorhanden.

An diesem Punkt stellt sich die Frage, ob es überhaupt möglich ist, in der oberen Bildhälfte einen Eckläufer zu kreieren. Da wir in der oberen Bildhälfte grundsätzlich eine Linie in Form des Spaltes sehen, kann diese Möglichkeit bejaht werden. Die Frage liegt jedoch darin, wie dies erreicht werden kann.

Durch den Abstand zur Wand können Öffnungswinkel optimiert werden.

Durch eine zur hinteren Wand parallele Seitwärtsbewegung kann die Linienführung optimiert werden. Der Y-Abstand wurde um nur wenige Zentimeter vergrößert.

Durch eine Änderung des Abstands zur Fassade (Y-Abstand), ohne dabei den X-Abstand zu ändern, können wir den Linienverlauf im Vordergrund korrigieren und erhalten eine nahezu perfekte Symmetrie. Mit Bild M haben wir unser Ausgangsbild hinsichtlich des Standortes und des Bildausschnitts perfektioniert.

Zum Schluss sollten wir unser Ergebnis mit unserer gedanklichen Checkliste abgleichen. Am Anfang wollten wir eine sehr ähnliche Perspektive zeigen, in der a) das Skyper-Hochhaus, b) die Fassade des Silvertowers, c) die abgerundete Kante, d) die Einkerbung an der Fassade und e) die hintere Wand zu sehen sind.

Hinsichtlich des Bildinhaltes ist die Version M unseres Bildes gelungen. Gleichzeitig haben wir uns mit diesem Beispielbild aber vorgenommen, möglichst viele der gelernten Kompositionsregeln in einem Bild zu vereinen. Daher auch hier eine kurze Checkliste, um zu überprüfen ob dies gelungen ist:

- **Querformat** – Das Querformat ist meistens angenehmer zu betrachten als das Hochformat. In diesem Fall liegt es vor.

- **Von links nach rechts aufsteigende Bildsprache** – Das Bild wird von links nach rechts gelesen und führt das Auge des Betrachters in einer angenehmen Weise.

- **Vordergrund** – Durch die geringe Entfernung zur Wand liegt ein Vordergrund vor, der dem Bild mehr Tiefe verleiht.

- **Eckläufer** – Sowohl die Einkerbung an der Fassade als auch der Spalt an der Wand laufen beide direkt in die Ecken.

- **Ausgleich von Kontrasten** – Die Anteile an hellen- und dunklen Flächen erscheinen ausgewogen.

- **Drittelregel** – Der Fluchtpunkt befindet sich im rechten Bilddrittel. Die Drittelregel ist somit erfüllt.

- **Symmetrie** – Der Standort befindet sich auf der winkelhalbierenden Kante des Skyper-Hochhauses. Der Öffnungswinkel ist symmetrisch, sodass das gesamte Bild auf die Horizontale bezogen spiegelsymmetrisch wirkt. Die Mittelkante des Skyper-Hochhauses ist in Bezug zum oberen und unteren Bildrand parallel.

Nicht alle Regeln der Bildkomposition können in einem Bild vereint werden, allerdings lässt sich ein Großteil der Regeln umsetzen. Nachdem ausreichende Gedanken zum Bildaufbau und zum richtigen Standort getroffen wurden, kann das zuvor gemacht Bild „M“ perfektioniert werden. Erst jetzt darf zum Stativ gegriffen werden! Zuvor hätte uns das Stativ davon abgehalten, den Standort zu perfektionieren; einmal aufgestellt, wird es nämlich kaum noch bewegt. Jetzt befinden wir uns aber an der Grenze dessen, was wir freihändig machen können. Leichtes Zittern der Hände sorgt dafür, dass wir zwar nah an gerade verlaufende Linien herankommen, zu 100 % erreichen können wir diese aber nicht. Erst mit dem Stativ und einem Getriebeneiger haben wir die Möglichkeit, den Bildausschnitt auf den Bruchteil eines Millimeters genau festzulegen. Außerdem erschließt uns das Stativ die Möglichkeit, Filter zu verwenden. Falls uns zum Beispiel harte Kondensstreifen von Flugzeugen am Himmel stören, bekommen wir diese mit einer Langzeitbelichtung weg.

Durch systematisches Vorgehen kommt man relativ schnell zu einer schönen Komposition. Hier eine Langzeitbelichtung mit ND 64.000x bei 20 mm Brennweite.

Praxisbeispiel 2: Worauf achten bei einer Innenaufnahme?

Ähnlich wie in dem vorherigen Beispiel kann bei Innenaufnahmen analog vorgegangen werden, um die optimale Perspektive zu finden. Die Herangehensweise ist identisch, man muss sich lediglich gedanklich darauf einlassen, das gesamte Bezugssystem um 90° zu drehen. Ob letztendlich nach oben oder geradeaus fotografiert wird, macht für das Vorgehen keinen Unterschied.

Zum Vergleich das Ausgangsbild als Negativbeispiel

Zuerst das Negativbeispiel: Der Standort wirkt unüberlegt und nicht optimal. Die Tischkante sowie die Raumecke wirken gegeneinander versetzt (rote Linien) und die Tischkante befindet sich nicht auf der gleichen Höhe wie die Unterseite des Bildschirms (grüne Linien). Außerdem wirken die Linien durch die nach oben geneigte Kamera schief.

Auf der Winkelhalbierenden der Zimmerecke liegen die perspektivischen Linien von Tischkante und Zimmerecke deckungsgleich übereinander und vermitteln eine saubere geometrische Anordnung.

Nikon D810 | ISO 64 | Brennweite 24mm (Nikkor 24mm 3.5 PC-E) | Blende 6.7 | Belichtungszeit 1/3 Sek. (mit Stativ)

Anhand des Negativbeispiels sehen Sie, dass das Bild keinen geordneten Eindruck vermittelt. Die eingezeichneten Linien sind sehr nah aneinander und sind trotzdem nicht deckungsgleich. Perspektivisch wäre es von Vorteil, diese Linien so auszurichten, dass Tischkante und Raumecke auf einer Linie liegen und auch die Tischplatte sollte mit dem Bildschirm auf einer Höhe sein. Gerade dann, wenn solche Linien ohnehin sehr dicht beisammen sind, muss dies dem Fotografen auffallen.

Die wenigen Zentimeter, die nötig sind, um die Perspektive zu korrigieren, werden die Bildaussage aus inhaltlicher Sicht im Wesentlichen nicht verändern. Allerdings vermögen sie es, die Symmetrie maßgeblich zu verbessern. Wenn es schon so offensichtlich ist, dass die Perspektive fast gerade ist, sollte man die Mühe nicht scheuen, sie auch perfekt hinzubekommen.

Die hintere Oberkante der dunklen Tischplatte in der Bildmitte liegt perspektivisch exakt auf der Grenze zwischen der weißen Wand und der Holzfläche. Durch eine geringfügig tiefere Kameraposition als im ersten Bild sind auch die Tischplatte sowie die Bildschirm-Unterkante auf einer Höhe. Allerdings befindet sich die vertikale Kameraposition in diesem Fall oberhalb der „halben Raumhöhe", da es sonst nicht möglich wäre, die Tischplatte von oben zu betrachten. Bei einer tieferen Kameraposition würden die Wände zwar symmetrischer erscheinen, allerdings würde man den Tisch dann leicht von unten betrachten. In Hinsicht auf eine schöne Komposition müssen also nahezu immer Kompromisse eingegangen werden.

Das Bild wirkt viel sauberer und geometrisch aufgeräumter. Dabei wurde lediglich darauf geachtet, mit einer geringfügig anderen Kameraposition die Linienführung von Vorder- und Hintergrund miteinander in Deckung zu bringen. Die blaue Färbung der Fenster kommt im Übrigen durch die zeitliche Abstimmung des Fotoshootings zustande. Der Fototermin fand um 6:30 Uhr morgens, während der sogenannten „blauen Stunde", statt. Dies bezeichnet den Zeitraum unmittelbar vor dem Sonnenaufgang oder nach dem Sonnenuntergang.

Standardperspektiven

Letztendlich sollte bei jeder Innenaufnahme das Ziel darin bestehen, eine perfekte und symmetrische Perspektive zu erhalten, die alle relevanten Dinge in einem Raum zeigt. Jeder Raum ist anders und erfordert daher eine individuelle Herangehensweise. Leider kommt es vor, dass bei einem Fotoauftrag Zeitdruck besteht. Das kann unterschiedliche Gründe haben. Beispielsweise ist freies Bewegen in einigen Gewerbeimmobilien nicht immer möglich, da jeder Raum elektrisch gesichert ist. In diesem Fall besteht eine Abhängigkeit zu Mitarbeitern der Hausverwaltung und es kann vorkommen, dass die Firma die Mitarbeiter nur für ein bis zwei Stunden zur Verfügung stellen kann.

Andererseits gibt es für die Räume auch Belegungspläne, sodass diese nicht ganztägig leer stehen. Bei einem großen Bürokomplex, wo der Auftraggeber mehr als 50 Bilder erwartet, kann Zeitdruck entstehen. Eine Vielzahl von Räumen ist oft sehr ähnlich aufgebaut. Insofern kann sich an gewissen Standardperspektiven bedient werden, die bei ca. 80 % der Räume einigermaßen gut funktionieren.

Bevor mit dem Fotografieren angefangen wird, sollte sichergestellt werden, dass alle Tische und Stühle gerade ausgerichtet sind, keine Mülleimer sichtbar rumstehen und keine Tassen, Kabel, Stifte etc. irgendwo rumliegen. Stühle zurechtschieben ist dabei nahezu immer Pflicht. Wie die nächste Abbildung skizziert, ist es empfehlenswert, mit einem Blick durch die Tür zu beginnen. Ob die Türklinke im Vordergrund zu sehen ist oder nicht, ist Geschmackssache. Im Anschluss sollten die Perspektiven aus allen Zimmerecken ausprobiert werden.

In nahezu jedem Raum findet sich irgendein großes Möbelstück. Egal ob Schreibtisch, Bett, Kommode o. Ä. Hier gilt es, Winkelhalbierende zu beachten und aus Richtung dieser zu fotografieren. Dabei sollte versucht werden, so nah wie möglich an das Möbelstück heranzutreten, sodass immer noch alle wichtigen Ausstattungsmerkmale des Raumes gerade so ins Bild zu bekommen sind. Selbiges kann zu guter Letzt von einer zentralen Perspektive mittig des Möbelstücks probiert werden. Mit diesen sieben Standardperspektiven können 80 % der Räume schnell und effektiv abgearbeitet werden, sodass bei den restlichen 20 % der etwas anspruchsvolleren und komplexeren Räumlichkeiten mehr Zeit zur Verfügung steht.

Bei Außenaufnahmen kann diesbezüglich sehr ähnlich verfahren werden. Zuerst wird von der Grundstückseinfahrt fotografiert, anschließend gilt es, die Innenseite des Grundstücks an den Grundstücksgrenzen abzuarbeiten.

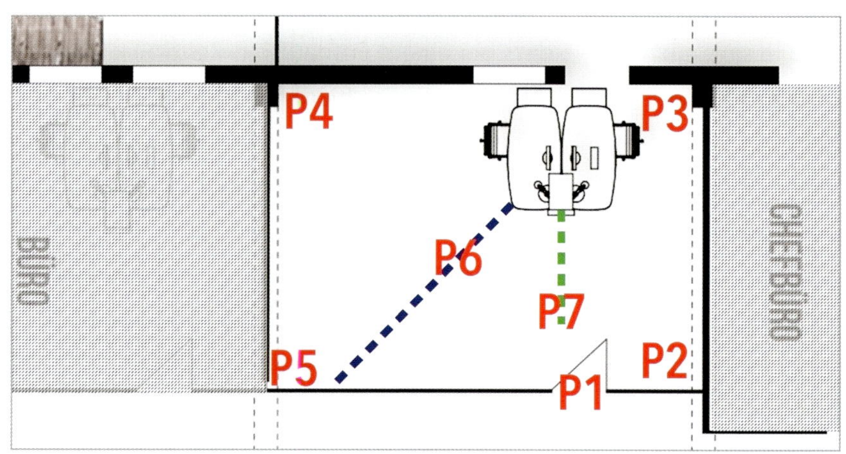

Standardperspektiven für schnelles und effektives Arbeiten: P1) Blick durch die Tür, P2-5) die Raumecken, P6) Winkelhalbierende von Tisch/Bett, P7) Frontalperspektive zum Tisch/Bett mit möglichst geringem Abstand, sodass alles Relevante noch im Bild ist.

Danach kann man sich den Gebäuden nähern, um die Winkelhalbierenden sowie die Frontalperspektiven zu fotografieren. Hinzukommen gegebenenfalls Rückansichten mit Grünflächen, sofern diese vorhanden sind.

Geometrische Bildkorrekturen

In Hinblick auf eine angenehme Bildkomposition, parallele und gerade verlaufende Linien sowie eine aufgeräumte und saubere Bildwirkung kommen wir um das Thema der geometrischen Abbildungsfehler und deren Korrektur bzw. Vermeidung nicht herum. Schließlich zeichnen sich insbesondere Motive moderner Architektur durch klare und gerade Linien aus und sie sollten auch genauso abgebildet werden.

Weitwinkelverzerrung

Die Weitwinkelverzerrung kommt bei extremen Weitwinkelobjektiven unterhalb von 20 mm, auf Vollformat bezogen, in besonderem Maße vor. Dabei erscheinen in den äußersten Bildecken Gegenstände etwas langgezogen; eigentlich runde Formen werden beispielsweise oval abgebildet. Bei Fisheye-Objektiven ist dies zwar weniger der Fall, allerdings ist bei diesen die Randverzeichnung sehr stark, sodass eigentlich gerade Linien gekrümmt abgebildet werden.

Korrigieren lässt sich der Effekt der Weitwinkelverzerrung leider nicht. Hier muss bereits beim Fotografieren auf eine geschickte Bildkomposition geachtet werden, sodass dieser Effekt nicht zu negativ auffällt. Insofern ist es empfehlenswert, nicht allzu weitwinklig zu fotografieren, sofern dies möglich ist. Brennweiten unterhalb von 16 mm sind diesbezüglich mit Vorsicht zu genießen. Für die meisten Innenräume sollten 18 bis 21 mm absolut ausreichend sein. Dieser Brennweitenbereich hat sich in der Architektur- und Immobilienfotografie besonders etabliert.

Verzeichnungskorrektur

Eine weitere physikalisch bedingte Art der geometrischen Fehldarstellung zeigt sich in Form der Verzeichnung eines Objektivs. Wie stark diese ist, hängt allerdings vom Objektiv ab. Bei Weitwinkelobjektiven wird das Bild überwiegend tonnenförmig gewölbt, das Fisheye-Objektiv kann hier als extremes Beispiel dienen. Gerade Linien werden hierbei zum Bildrand hin gekrümmt. Teleobjektive neigen hingegen eher zu einer kissenförmigen Verzeichnung.
Im Bereich der Architektur prägen insbesondere nahezu perfekt gerade Linien das Bild. Hier sollten hochwertige Objektive mit einer geringen Verzeichnung eigesetzt werden, da Unstimmigkeiten diesbezüglich wahrscheinlich eher auffallen als bei anderen Motiven.

Mithilfe moderner Bildbearbeitungssoftware ist es allerdings sehr einfach geworden, die Verzeichnung innerhalb weniger Sekunden nahezu perfekt zu korrigieren. Hierbei müssen wir lediglich ein objektivspezifisches Korrekturprofil mit nur einem Klick aktivieren. In den meisten Fällen wird das verwendete Objektiv sogar vollautomatisch von der Software erkannt.

Perspektivkorrektur

Hinsichtlich einer angenehmen Bildkomposition stellen parallele Linien zum Bildrand ein besonders relevantes Gestaltungselement dar. Sofern nicht aus der Froschperspektive fotografiert wird, kommt es eigentlich nicht infrage, das Bild zu drehen. Schließlich soll das Objekt gerade fotografiert werden. Nun wurde im Vorfeld besprochen, dass der Abstand zum Objekt ein relevanter Faktor ist, um stürzende Linien zu vermeiden.

In der Praxis ist es jedoch nicht immer möglich, einen ausreichend großen Abstand einzuhalten, um nahezu perfekte Ergebnisse zu erzielen. Insofern sind geometrische Bildkorrekturen nötig, um dennoch ein gerade ausgerichtetes Bild erreichen zu können. Diese können optisch mithilfe von Tilt-Shift-Objektiven oder auch digital mittels Bildbearbeitung erreicht werden.

Ist der Kamerastandort tiefer gelegen als die mittlere Höhe des Gebäudes, so muss die Kamera leicht nach oben geneigt werden, um das Gebäude vollständig abzubilden. Durch die Neigung der Kamera verzerrt sich die Abbildung, da der Sensor nicht mehr parallel zum Objekt ausgerichtet ist. Das Gebäude erscheint leicht nach hinten geneigt und die vertikalen Linien sind im Bild nicht mehr parallel zueinander; wir sprechen von stürzenden Linien. Durch weit entfernte und höher gelegene Standorte können stürzenden Linien vermieden werden. Diese Standorte sind in der Praxis nicht immer vorhanden, geschweige denn erreichbar.

Bei der digitalen Perspektivenkorrektur muss ein Beschnitt des Bildes mit einkalkuliert werden, während bei der Variante der optischen Korrektur das Endergebnis bereits durch den Sucher der Kamera erkennbar ist. Bei der digitalen Perspektivenkorrektur wird das Bild trapezförmig entzerrt, sodass stürzende Linien wieder parallel dargestellt werden. Mit der digitalen Korrektur lassen sich sehr gute Ergebnisse erzielen. Zudem hinterlassen entzerrte Architekturaufnahmen in den meisten Fällen einen wesentlich besseren Eindruck, als das bei nicht korrigierten Bildern der Fall ist.

Einige Bildbearbeitungsprogramme übernehmen diese Korrektur mit nur einem Mausklick automatisch, da die Erkennungssoftware vertikale und horizontal verlaufende Linien selbstständig auswertet und digital ausgleicht. Kompliziert ist eine Perspektivenkorrektur also nicht. Wer möchte, kann dies aber auch manuell nachregeln.

Für eine vertikale Shift-Simulation bzw. digitale Perspektivenkorrektur durch Transformieren muss das Bild stark beschnitten werden. Links ist das unkorrigierte Originalbild und rechts das automatisch korrigierte Bild zu sehen. Im korrigierten Bild rechts sind alle vertikalen Linien gerade ausgerichtet, allerdings wird das Bild stark beschnitten und verliert somit an Qualität.

Wie das Bildbeispiel zeigt, wird eine digitale Perspektivenkorrektur durch eine trapezförmige Entzerrung des Bildes erreicht. Da schlussendlich ein rechteckiges Ergebnis erwartet wird, geht das zwangsläufig mit einem Beschnitt des Bildes einher. Durch die Entzerrung gehen insbesondere in den Bildecken Details verloren, da hier die Pixel besonders stark verzerrt werden. Gleichzeitig reduziert der Beschnitt schnell die Hälfte unserer Auflösung, wodurch sich auch der Bildwinkel ändert und weniger ins Bild zu bekommen ist.

Der Bildwinkel eines vertikal korrigierten 14-mm-Bildes kann je Ausrichtung dem eines 25-mm-Bildes entsprechen. Eine digitale Perspektivenkorrektur funktioniert zwar sehr schnell und sie ist mit jedem Objektiv durchführbar, daher ist dies insbesondere für Anfänger eine sehr günstige und alltagstaugliche Möglichkeit, perfekt gerade ausgerichtete Architekturaufnahmen zu erzielen. Mit dem Anspruch, eine optimale Bildqualität zu erreichen, führt jedoch kein Weg an optischen Lösungsansätzen durch die Verwendung von Tilt-Shift-Objektiven vorbei.

Tilt-Shift-Objektive im Einsatz

Bei Tilt-Shift-Objektiven handelt es sich um Spezialobjektive, mit denen eine optische Perspektivenkorrektur (Shift) sowie eine Verlagerung der Schärfenebene (Tilt) durchgeführt werden kann. Die Perspektivenkorrektur lässt sich zwar digital simulieren, geht aber mit sichtbaren Qualitätseinbußen einher, weshalb Tilt-Shift-Objektive zu bevorzugen sind. Die Verlagerung der Schärfe- bzw. Fokusebene lässt sich digital hingegen nicht aus einem einzelnen Bild nachstellen.

Mit einem Tilt-Shift-Objektiv können, selbst bei einer leicht nach oben gerichteten Blickrichtung, alle vertikalen Linien gerade dargestellt werden, ohne dass eine Bildbearbeitung notwendig ist.

Nikon D800E | ISO 100 | Brennweite 24mm (Nikkor PC-E 24mm 3.5) | Blende 6.7 | Belichtungszeit 1/6 Sek. (mit Stativ)

Shift: Optische Perspektivkorrektur

Bei der Shift-Funktion kann die Optik parallel zur Sensorebene verschoben werden. Hierbei können die Perspektive und somit stürzende Linien korrigiert werden. Die Kamera sollte sich dabei waagerecht auf dem Stativ befinden. Sofern die Kamera parallel zum Motiv ausgerichtet wird, sollten stürzende Linien nicht mehr vorkommen. Viele Kameras verfügen über eine integrierte digitale Wasserwaage, die zum Ausrichten der Kamera herangezogen werden sollte. Anstatt jedoch wie bei einem normalen Objektiv den Bildausschnitt durch das Neigen und Schwenken der Kamera zu variieren, sollte bei Tilt-Shift-Objektiven der Bildausschnitt mithilfe der Shift-Funktion des Objektivs eingestellt werden.

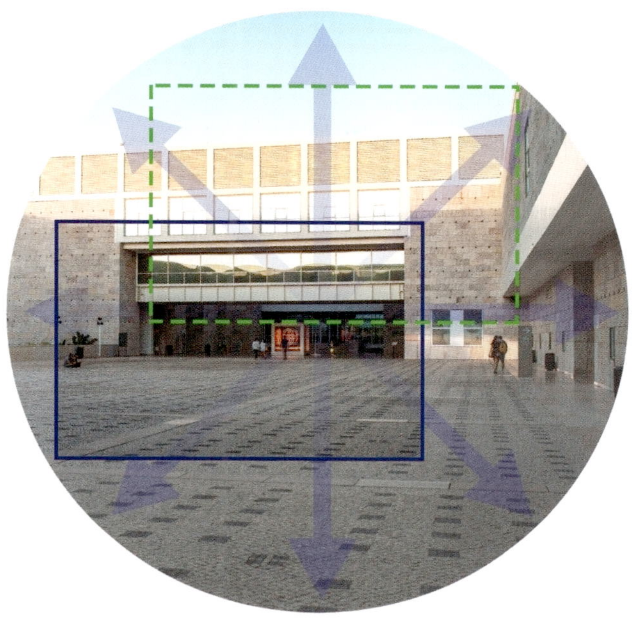

Grundlegendes Prinzip der Shift-Funktion. Links: Bei einem herkömmlichen Objektiv ist der projizierte Bildkreis nur so groß, wie es für den Sensor gerade nötig ist, Freiheitsgerade bestehen hier nicht. Rechts: Bei einem Tilt-Shift-Objektiv ist der projizierte Bildkreis bei gleicher Brennweite viel größer. Somit bestehen hier horizontale und vertikale Freiheitsgerade. Der Sensor lässt sich also innerhalb des größeren Bildkreises beliebig hin und her schieben. Dadurch kann der Bildausschnitt verändert werden, ohne die Kamera zu neigen oder anderweitig zu bewegen. Um das Verschieben des Bildsensors gegen die optische Achse zu ermöglichen, verfügen Tilt-Shift-Objektive über Dreh- und Schiebegelenke.

Mithilfe der Shift-Funktion wird ein ähnliches Ergebnis wie mit der digitalen Perspektivkorrektur durch eine trapezförmige Entzerrung erreicht, allerdings erzielt man mit Spezialoptiken eine wesentlich bessere Bildqualität. Die Funktionsweise des Shifts ist in der obigen Abbildung skizziert.

Durch den viel größeren Bildkreis eines Tilt-Shift-Objektivs kann der Sensor frei in diesem bewegt werden, um den Bildausschnitt zu ändern, ohne die Kamera neigen zu müssen. Dadurch, dass die Kamera gerade ausgerichtet bleiben kann und für die Änderung des Bildausschnitts das Bild einfach nach oben geshiftet (verschoben) wird, werden stürzende Linien vermieden.

Bei einem herkömmlichen Objektiv wäre es hingegen nötig, die Kamera nach oben zu neigen, um das Gebäude komplett aufs Bild zu bekommen, wodurch einfallende Linien entstünden. Mit einem Tilt-Shift-Objektiv kann dieses Problem aber umgangen werden. Bei der Verwendung von Tilt-Shift-Objektiven sollte die Kamera immer gerade ausgerichtet sein.

Die Shift-Funktion: Am Objektiv befinden sich Einstellschrauben, mit denen das Objektiv nach unten (links) oder nach oben (rechts) geshiftet werden kann. Dadurch verändert sich die Position des Bildsensors innerhalb des projizierten Bildkreises und der Bildausschnitt wird verschoben, ohne dass die Kamera bewegt werden muss. Neben den Einstellschrauben verfügen manche TS-Optiken über Feststellschrauben, um ein Verrutschen der Einstellung zu verhindern. Andere Modelle sind selbsthemmend aufgebaut.

Fotografieren wir von einer unteren Position, muss das Objektiv nach oben geshiftet werden, um das Objekt vollständig und gerade ausgerichtet abzubilden. Wird hingegen von oben nach unten, in Richtung eines tiefergelegenen Motivs, fotografiert, so muss das Objektiv nach unten geshiftet werden.

Die Abbildung zeigt, wie ein vertikaler Shift in der Praxis umgesetzt werden kann. Auf die vorherige Abbildung bezogen würde in diesem Fall der Bildausschnitt, der durch das blaue Rechteck skizziert ist, nach oben bzw. nach unten verschoben werden. Allerdings lassen sich mit Tilt-Shift-Objektiven nicht nur vertikale Bewegungen ausführen, schließlich ist es möglich, den Bildsensor innerhalb des gesamten Bildkreises frei zu bewegen. Neben dem Verschieben des Linsensystems ist nämlich auch eine Drehbewegung möglich. Im Folgendem soll anhand einiger Beispielbilder erläutert werden, wie diese Dreh- und Shift-Bewegungen in der Praxis sinnvoll kombiniert werden können.

Angenommen, Sie haben vor, das Treppenhaus eines Bürogebäudes zu fotografieren. Auf der Brüstung zwischen dem ersten und dem zweiten Obergeschoss befindet sich das Logo des Hauptmieters, das gezeigt werden soll (aus Datenschutzgründen wurde dieses Logo in den folgenden Beispielbildern wegretuschiert und durch ein anderes Logo ersetzt).

Wird die Kamera perfekt gerade ausgerichtet, vermeiden wir stürzende Linien. Allerdings ist dann das Logo nicht im Bild zu sehen.

In der Abbildung befindet sich das auf der Brüstung platzierte Logo nicht im Bildausschnitt. Die zentrale Perspektive direkt vor der Treppe wirkt zwar schön, allerdings geht mit diesem Bildausschnitt ein inhaltlicher Nachteil einher. Das Gebäude verfügt über einige Leerflächen, die vermietet werden sollen. Solche Leerflächen befinden sich beispielsweise ganz rechts im Bild hinter den Scheiben. Mit diesem Bild soll in erster Linie die Ästhetik des Treppenhauses gezeigt werden, gleichzeitig soll suggestiv vermittelt werden, wo sich diese Räume innerhalb des Komplexes in etwa befinden. Dies muss hier nicht besonders deutlich werden, da es noch weitere Bilder gibt, die dies besser zeigen. Allerdings sollte dieser Zusammenhang zumindest grob erahnt werden können.

Hier geht es also primär darum, eine suggestive Botschaft konstant durch das ganze Portfolio in Form eines roten Fadens zu ziehen, um einen unterbewussten Eindruck besser zu vermitteln. So wie sich bei Texten gewisse Wörter oder Ausdrücke dazu nutzen lassen, bestimmten Meinungen etwas mehr Nachdruck zu verleihen (Stichwort Framing bzw. Wording), so verhält es sich bei Fotos mit einer minimalen Änderung des Bildausschnitts oder der Position.

Es wäre daher von Vorteil, wenn der Bildausschnitt so verschoben wird, dass in der rechten Bildhälfte mehr zu erkennen ist. Dabei kann die Position der Kamera aber nicht verändert werden, da wir sonst nicht zentral vor der Treppe stünden und somit kein symmetrischer Verlauf der nach hinten flüchtenden Linien mehr

Bei einem gerade ausgerichteten Bild ohne eingestellten Shift verlaufen alle Linien zwar gerade, allerdings ist das Logo des Hauptmieters auf der Brüstung nicht mehr zu sehen. Idealerweise müsste das Bild nach oben geshiftet werden.

Veränderung des Bildausschnitts ohne Shift: Durch das Neigen und Schwenken der Kamera verändert sich der Bildausschnitt. Nun ist mehr im rechten Bildteil zu erkennen und auch das Logo auf der Brüstung befindet sich innerhalb des Bildausschnitts. Allerdings verlaufen weder die vertikalen noch die horizontalen Linien gerade. Diese Bild wirkt schief, da die Linien scheinbar nach hinten Stürzen.

Durch eine kombinierte Dreh- und Shift-Bewegung wird ein diagonaler Shift ermöglicht. Der Bildausschnitt wurde nach oben rechts verschoben, dabei bleiben alle Winkel erhalten und es gibt keine stürzenden Linien. Das Bild bleibt deshalb gerade, da die Kamera ebenfalls gerade ausgerichtet ist und nicht geneigt oder geschwenkt werden muss.

vorhanden wäre. In der Immobilienfotografie müssen nahezu immer Kompromisse zwischen der inhaltlichen Aussagekraft eines Bildes und seiner Ästhetik getroffen werden, während man sich in der Architekturfotografie der Komposition allein widmen kann.

In der Abbildung oben wurde der Bildausschnitt im Vergleich zur Abbildung davor leicht nach oben geneigt und nach rechts gedreht. Dabei wurde von der Shift-Funktion kein Gebrauch gemacht, sodass das Ergebnis genauso aussieht, wie es auch mit einem herkömmlichen Weitwinkel-Objektiv zu erreichen wäre. Zwar ist nun das Logo auf der Brüstung nicht mehr abgeschnitten und auch die Lage der Leerstandflächen rechts im Bild lässt sich erahnen, allerdings wirkt das Bild schief. Horizontale Linien werden nicht mehr waagerecht

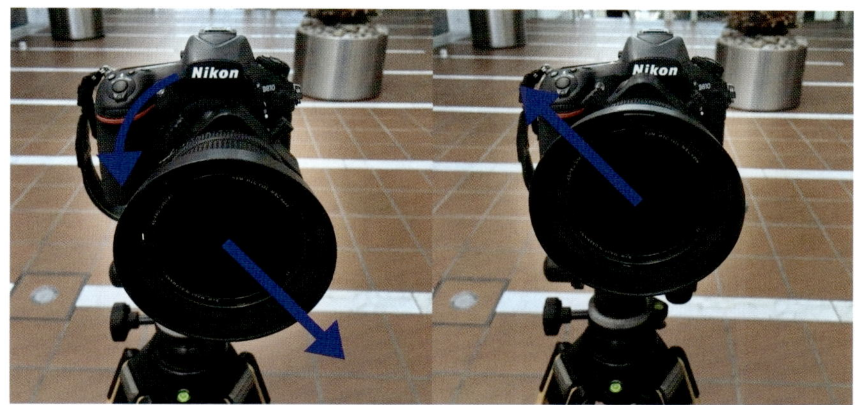

Diagonaler Shift durch eine Kombination aus Drehen und Shiften. Bei Tilt-Shift-Objektiven lässt sich das komplette Linsensystem an der Basis stufenlos drehen, wobei es je nach Modell circa alle 30° Einrastpunkte gibt. Im gedrehten Zustand kann das Bild dann auch diagonal geshiftet werden. Um 90° gedreht ist auch ein seitlicher Shift möglich.

abgebildet und auch die vertikalen Linien erscheinen gekippt. Durch das gekonnte Einsetzen eines Tilt-Shift-Objektivs ist es möglich, genau diesen Bildausschnitt zu reproduzieren, ohne dass schiefe oder stürzende Linien im Bild resultieren.

Durch die Kombination der Dreh- und Shift-Bewegung lassen sich alle erdenklichen Positionen innerhalb des größeren Bildkreises von Tilt-Shift-Objektiven erreichen. Beispielsweise ist es auch möglich, nur durch das Shiften des Objektivs mehrere Einzelbilder zu fotografieren, die letztendlich zu einem Panorama zusammengefügt werden können. Für ein Querformat-Shift-Panorama müsste die Kamera vorher ins Hochformat gebracht werden. Dieses Thema wird jedoch an späterer Stelle genauer behandelt. Tilt-Shift-Objektive bieten aber zahlreiche Möglichkeiten und bringen insbesondere im Rahmen der Architekturfotografie viele Vorteile mit sich.

Tilt: Beeinflussung der Schärfeebene

Die Tilt-Funktion eines Tilt-Shift-Objektivs ermöglicht das Neigen des Linsensystems und macht sich somit die Scheimpflugsche Regel zunutze. Normalerweise verläuft die Schärfe- bzw. die Fokusebene parallel zum Bildsensor. Wird auf eine Ebene fokussiert, die sich exakt gerade ausgerichtet vor der Kamera befindet, so ist diese komplett scharf. Alle Objekte, die sich vor oder hinter dieser Ebene befinden, werden unscharf abgebildet.

Wird hingegen eine Linie, die schräg durchs Bild läuft, fotografiert, so ist es mit einem normalen Objektiv nicht möglich, diese komplett scharf abzubilden, weil die Punkte auf dieser Linie alle einen unterschiedlichen Abstand zu unserer Kamera aufweisen. Um eine solche Linie halbwegs scharf abzubilden, müsste die Blende stark geschlossen werden; offenblendig wäre eine durchgehend scharfe Abbildung aber nicht realisierbar.

Die Tilt-Funktion: Beim Tilten wird das Linsensystem in Bezug auf den Bildsensor geneigt. Der Bildausschnitt ändert sich dabei nicht nennenswert, allerdings verlagert sich die Schärfeebene. Durch das Tilten ist es möglich, die Fokusebene schräg verlaufen zu lassen und auf zwei unterschiedlich weit entfernte Objekte gleichzeitig scharf zu stellen.

Mit einem Tilt-Shift-Objektiv sieht dieser Sachverhalt aber ganz anders aus: Durch das Tilten (Neigen) des Linsensystems kann die Schärfeebene schräg verlaufen. Mit einem Tilt-Shift-Objektiv kann also auf zwei unterschiedlich weit entfernte Punkte gleichzeitig fokussiert werden, da die Schärfeebene geneigt werden kann. Somit ist in vielen Situationen eine durchgehende Schärfe selbst bei Offenblende möglich, wo herkömmliche Objektive sogar bei geschlossener Blende noch Schwierigkeiten mit der Schärfe aufweisen.

Einflussnahme von Tilt auf die Fokusebene

In den folgenden beiden Abbildungen wird gezeigt, welchen Einfluss ein leichter Tilt auf die Fokusebene hat, ohne dass dabei die Blendenwerte verändert werden. Da dies in der Abbildungsgröße bei dem Motiv aber kaum erkennbar wäre, bedienen wir uns hier einer starken Ausschnittvergrößerung.

Möchten wir hingegen die Glastür (rechts) und die Regale (links) gleichzeitig im Fokus haben, so ist es notwendig, das Tilt-Shift-Objektiv leicht nach rechts zu neigen, sodass es in Richtung der gedachten Fokusebene ausgerichtet wird.

Durch das Neigen des Tilt-Shift-Objektivs verläuft die Schärfeebene schräg durch das Bild. Dabei gilt es zu beachten, dass das Objektiv in Richtung der gewollten Schärfeebene geneigt werden muss, um eine durchgängige Schärfe zu erhalten.

Am Beispiel der folgenden Abbildung sehen Sie, dass das Objektiv nach unten geneigt wurde. Diese Position wäre beispielsweise ideal, um eine Wiese oder Rasenfläche komplett scharf

Fünffach vergrößerter Bildausschnitt einer Büroaufnahme: Fokussiert wurde hier auf die Glastür im Vordergrund (rechts im Bild), alle anderen Bildbereiche, wie z. B. die Regale (links im Bild), wirken unscharf. Fotografiert wurde mit einem Blendenwert von f/3.5.

Bei einem geringen Tilt von ca. 0,7° nach rechts (ca. 8° sind möglich) befinden sich die Glastür (rechts) und das Regal (links) auf einer Schärfeebene. Die Stühle, die in etwa genauso weit weg sind wie das letzte Regal ganz links, sind immer noch unscharf, da sie sich hinter der schräg verlaufenden Fokusebene befinden. Fotografiert wurde mit einem Blendenwert von f/3.5, wobei durch das Schließen der Blende auf z. B. f/7.1 nahezu alles scharf abgebildet werden könnte.

Tilt-Shift-Objektive können nicht nur nach links oder rechts geneigt werden. Durch die Kombination von Dreh- und Tilt-Bewegung sind auch schräge Neigungen sowie nach oben oder nach unten gerichtete Tilt-Positionen möglich. Die hier gezeigte abwärts gerichtete Tilt-Position eignet sich beispielsweise zur durchgängig scharfen Abbildung einer Rasenfläche. Das Objektiv sollte immer in Richtung der gewünschten Fokusebene geneigt werden.

abzubilden. Für Außenaufnahmen mit einem gepflegten Rasen innerhalb des Gartens, wo sich das Haus hinten im Bild befindet, würde sich eine ähnliche Einstellung gut eignen.

Manuelles Fokussieren mit Tilt

Da Tilt-Shift-Objektive grundsätzlich über keinen Autofokus verfügen, ist es notwendig, mit dem manuellen Fokussieren gut vertraut zu sein. Dennoch gibt es hier einige Unterschiede zu herkömmlichen Objektiven, da in der Regel nicht auf einen Punkt, sondern auf zwei Punkte einer Ebene fokussiert werden soll. Zunächst müssen Sie das grobe Prinzip des Objektiv-Tilts und der Scheimpflugschen Regel (nach Theodor Scheimpflug) verstanden haben, damit klar ist, in welche Richtung das Objektiv überhaupt geneigt werden sollte. Befindet sich unsere Ebene unten (z. B. eine Rasenfläche) so muss auch das Objektiv nach unten geneigt werden. Befindet sich die Ebene rechts von uns (z. B. Verbindung Regal zu Tür), so muss auch das Objektiv nach rechts getiltet werden. Das Objektiv wird in Richtung der gewünschten Schärfeebene geneigt.

Sofern klar ist, in welche Richtung getiltet werden muss, um eine durchgängige Schärfe zu erhalten, gilt es, ein wenig mit Tilt und Fokus gleichzeitig rumzuspielen, bis das Bild einigermaßen gut aussieht. Hierzu ist es empfehlenswert, den Live-View der Kamera zu aktivieren, um während des Arbeitens das Bild auf dem Display direkt kontrollieren zu können. Man kann sich anfangs grob an der Fokusskala des Objektivs orientieren. Starkes Tilten ist in den meisten Fällen nicht nötig. Sobald durch bloßes Ausprobieren ein halbwegs akzeptables Ergebnis erreicht wurde, geht es an die Feinjustierung.

Das Beispielsbild der Tischdekoration zeigt einen rot (1) und einen blau (2) gekennzeichnetem Bildbereich, die scharf fokussiert werden sollen. Diese müssen wir uns merken. Nun müssen wir abwechselnd den Tilt und den Fokus nachjustieren. Dabei gilt es an dieser Stelle, den beiden Kästchen die unterschiedlichen Einstellungen zuzuordnen. Beim roten Kästchen mit der Nummer 1 können wir beispielsweise nur den Tilt nachregeln, während wir beim blauen Kästchen mit der Nummer 2 immer am Fokusring nachstellen. Die Reihenfolge ist dabei egal, es besteht auch die Möglichkeit, dies andersherum zu tun. Wichtig ist jedoch, dass die Zuordnung von Tilt und Fokus zu den jeweiligen Kästchen einheitlich bleibt.

Bildbeurteilung auf dem Kameradiaplay

Nun arbeiten wir immer noch im Live-View der Kamera und können das Bild auf dem Display beurteilen. Zoomen Sie mit der Bildschirmlupe auf das Kästchen mit der Nummer 1 so nah ran, wie es nur möglich ist, und regulieren Sie minimal am Objektiv-Tilt nach, bis die Pflanze scharf erscheint.

Für die Feinjustierung müssen wir uns zwei Bildpunkte merken, auf die das Bild fokussiert werden soll. Im Vordergrund entscheiden wir uns für die Tischdekoration (1, rotes Kästchen), hierfür fokussieren wir auf die Pflanze. Im Hintergrund möchten wir das Logo auf der Säule (1, blaues Kästchen) scharf stellen.

Enorme kreative Möglichkeiten

Tilt-Shift-Objektive lassen sich drehen, neigen und schieben. Dabei können alle Bewegungen unabhängig voneinander und miteinander kombiniert werden. So ist es möglich, das Objektiv nach oben zu shiften, um ein Gebäude vollständig ins Bild zu bekommen, ohne dass die Linien anfangen zu kippen und gleichzeitig kann das Objektiv immer noch getiltet werden, um eine Pflanze im Vordergrund und das Gebäude im Hintergrund gleichzeitig scharf zu stellen.

Durch einen größeren projizierten Bildkreis, in dem der Sensor beliebig platziert werden kann, und durch die Möglichkeit, die Schärfeebene zu neigen, bieten Tilt-Shift-Objektive enorme kreative Möglichkeiten. Normalerweise wird das Objektiv in Richtung der Motivebene geneigt, um die Tiefenschärfe zu erhöhen. Bei gegenteiliger, von der Ebene abgewendeter, Tilt-Bewegung wird die Tiefenschärfe sogar extrem minimiert und resultiert in dem bekannten Miniatur-Effekt, bei dem große Objekte wie kleine Modelle wirken. Tilt-Shift-Objektive sind also vielseitig einsetzbar, erfordern aber ein wenig Übung.

Dann betrachten Sie das Kästchen mit der Nummer 2 in der Vergrößerung und regulieren den Fokus nach, bis das Bild scharf erscheint. An dieser Stelle geht es zurück zum Kästchen mit der Nummer 1, wo Sie den Tilt erneut nachjustieren, und dann geht es zum Kästchen mit der Nummer 2, um den Fokus ein weiteres Mal abzustimmen.

Und jetzt geht es in der Vergrößerung wieder zu Kästchen Nummer 1. Diese Prozedur wird so oft wiederholt, bis keine nennenswerten Veränderungen mehr sichtbar sind. Nach vier bis fünf Durchläufen sollten sich die Einstellungen in der Regel eingependelt haben, und das Bild ist richtig fokussiert.

Perspektivische Bildkorrekturen

Tilt-Shift-Objektive sind eine tolle Sache, allerdings verfügen sie über einige Nachteile. Insbesondere die Korrektur von stürzenden Linien ist in der Immobilienfotografie von besonders hoher Relevanz. Sie lassen sich aber auch ohne Tilt-Shift-Objektive oder eine Bildbearbeitung sehr gut von vornherein vermeiden.

Bei der Fotografie von Innenräumen sollte die Kameraposition in etwa auf „halber Raumhöhe" liegen. Falls sich ein Möbelstück wie z. B. ein besonders hoher Tisch in einem Raum mit niedriger Deckenhöhe befinden sollte, kann es vorkommen, dass der Tisch, von halber Raumhöhe aus betrachtet, von unten angeschaut würde. In solchen Fällen können Sie von dieser Regel abweichen. Meistens ist die halbe Raumhöhe jedoch ein sehr guter Orientierungspunkt.

Ist die Kamera auf halber Raumhöhe ausgerichtet, kann es wiederum vorkommen, dass ein Gegenstand abgeschnitten wird: Entweder ist die Deckenlampe nicht vollständig drauf oder eine Tischkante ist angeschnitten. Um den Bildausschnitt richtig zu setzen, würde die Kamera im Stehen wahrscheinlich nach oben oder nach unten geneigt werden. Und genau hier liegt der Fehler! Durch das Neigen der Kamera erhalten wir schiefe und einfallende Linien, die uns zu einer Bildbearbeitung mit Qualitätsverlust und viel Beschnitt zwingen würden.

Korrektur durch Höhenänderung

Falls ein Tilt-Shift-Objektiv nicht vorhanden ist, müssen Kompromisse eingegangen werden. Um den Bildausschnitt einer Innenaufnahme zu ändern, sollte auf die Regel der „halben Raumhöhe" verzichtet werden. Stattdessen muss eine etwas schlechtere Symmetrie in Kauf genommen werden, sofern eine Bildbearbeitung mit Perspektivenkorrektur eingespart werden soll.

Um stürzende Linien zu vermeiden, muss die Kamera zwangsläufig exakt gerade ausgerichtet sein, sodass sie parallel zu den Wänden

Von einer etwas höheren Position aus dem Stand heraus erscheint der Vordergrund im Kinderzimmer angeschnitten, so ist das Kuscheltier nicht vollständig im Bild. Die Linien verlaufen aber alle gerade und kippen nicht weg.

Durch eine tiefere Position wurde der Bildausschnitt so verändert, dass das Kuscheltier im Kinderzimmer nicht mehr angeschnitten ist. Außerdem bewirkt die tiefe Position einen intensiveren Vordergrund und eine angenehmere Bildwirkung. Stürzende Linien gibt es nicht, da die Kamera gerade gehalten wurde.

eines Raumes ausgerichtet ist. Um den Bildausschnitt nach oben oder unten zu verschieben, darf die Kamera unter keinen Umständen geneigt werden. Stattdessen wird der Bildausschnitt über die Höhe der Kamera reguliert, während diese die ganze Zeit gerade ausgerichtet bleibt.

Da Sie es bei Innenaufnahmen in den meisten Fällen mit eher niedrigen Deckenhöhen von zwei bis maximal vier Metern zu tun haben, werden Sie mit Weitwinkelobjektiven so gut wie nie in die Problematik geraten, dass beispielsweise die Decke komplett abgeschnitten ist. In den allermeisten Fällen sollte mit z. B. einem 15- bis 30-mm-Objektiv alles gut ins Bild zu bekommen sein, ohne dass die Kamera geneigt werden muss. Dabei wird der Bildausschnitt über die Höhe der Kamera und nicht über die Neigung geregelt. Die Kamera sollte immer gerade ausgerichtet sein.

Anhand der beiden vorherigen Abbildungen wird deutlich, dass tiefere Positionen oft zu schöneren Bildergebissen führen können. Zwar wird die Regel der „halben Deckenhöhe" hier verletzt, allerdings gehen mit dieser Position gleichzeitig ein intensiverer Vordergrund einher, das Bett entspricht in seiner Höhe nun eher der Drittelregel, wir haben nach oben hin weniger Leerraum in Form der strukturlosen Decke und oben rechts ist durch die tiefere Kameraposition ein Eckläufer entstanden.

Diese Vorteile, die wir durch das bloße Shiften mit einem Tilt-Shift-Objektiv so nicht hätten erreichen können, überwiegen im Bild nun. Bei Innenaufnahmen ist ein Tilt-Shift-Objektiv also nicht immer zwingend notwendig; sofern die Kamera gerade gehalten wird, lässt sich der Bildausschnitt sehr gut über die Höhe der Kamera einstellen.

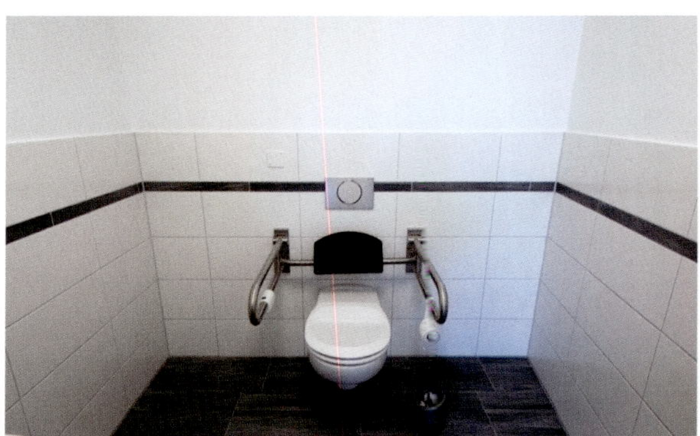

Links: Der Bildausschnitt wurde über die Neigung erreicht. Rechts: Der Bildausschnitt wurde über die Höhe der Kamera erzielt, ohne diese zu neigen. Diese Technik ist insbesondere in sehr kleinen und engen Räumen von besonderer Relevanz.

Bei Außenaufnahmen oder bei sehr hohen Deckenhöhen, wie dies in Lagerhallen der Fall sein kann, funktioniert diese Technik oft nicht. Bei einem etwas höheren Gebäude bekommen wir nämlich nicht mehr alles ins Bild, ohne die Kamera zu neigen und das Dach zu beschneiden. Außerdem besteht bei hohen Objekten keine Flexibilität bezüglich der Optimierung der Kamerahöhe.

Zwar besteht die Möglichkeit, sich auf den Boden zu legen oder, je nach Körpergröße, maximal auf ca. zwei Meter nach oben zu strecken; doch bei einem 15 m hohen Gebäude fällt dies kaum ins Gewicht. Für Außenaufnahmen sind Tilt-Shift-Objektive daher notwendig.

Perspektivische Korrektur der Größenverhältnisse

Durch die Veränderung der Brennweite bei gleichzeitiger Verlagerung des Standortes können Größenverhältnisse aneinander angeglichen bzw. gesteuert werden. Aufgrund des großen Bedarfs an Bewegungsfreiheit ist dieses Verfahren fast ausschließlich für Außenaufnahmen geeignet.

5 TECHNIK UND UMSETZUNG

5

Technik und Umsetzung

Das Wissen darüber, wie eine perspektivisch schöne Bildkomposition umzusetzen ist, bringt relativ wenig, wenn das Wetter schlecht ist und das Licht keine schöne Stimmung erzeugt. Auch wenn mit einem Weitwinkelobjektiv nicht alles aufs Bild zu bekommen ist und das Gebäude zu dunkel erscheint oder der Himmel zu hell wirkt, ist es an dieser Stelle nötig, die unterschiedlichen Fotografie-Techniken zu beherrschen.

Planung mit natürlichem Licht

Das richtige Licht ist für ein gelungenes Foto viel relevanter als die Ausrüstung. Mit einem Smartphone oder einer sehr alten Kamera können unter idealen Lichtbedingungen und einem ansprechenden Motiv viel schönere Fotos produziert werden als mit einer 50.000-Euro-Kamera und einem ähnlich wertigen Objektiv, wenn das Licht nicht interessant ist. Was aber auch ärgerlich sein kann, ist, wenn vor Ort festgestellt wird, dass irgendein Zubehör vergessen wurde. Daher sollte in jeder Kameratasche eine kleine Packliste mit den wichtigsten Accessoires, wie Speicherkarten, Akkus, Blasebalg und Reinigungstücher, nicht fehlen.

Sonnenstand und Lichtrichtung

Insbesondere bei weiter entfernten Objekten, bei denen ein Fototermin mit einer längeren Anfahrt verbunden ist, sollten im Vorfeld einige Vorbereitungen getroffen werden, um die Wahrscheinlichkeit von guten Lichtverhältnissen zu erhöhen. Schließlich können sich die Lichtverhältnisse sehr schnell ändern; innerhalb von einigen Minuten kann eine Szenerie bereits vollkommen anders in Erscheinung treten. In diesem Zusammenhang ist es erforderlich, sich bereits im Vorfeld Gedanken zu einer möglichen Perspektive zu machen.

Letztendlich ist im Bereich der Architekturfotografie das natürliche vorhandene Licht besonders wichtig und dieses kommt zu unterschiedlichen Tageszeiten aus unterschiedlichen Richtungen. Deswegen sollte die gewünschte Perspektive in die Planung miteinbezogen werden. Nur wenn die Perspektive bekannt ist, kann abgeschätzt werden, welche die optimale Lichtrichtung wäre, woraus sich dann wiederum der perfekte Zeitpunkt für das Fotoshooting ergibt.

- **In der Mittagssonne** entstandene Architekturfotos sind beispielsweise oft nicht besonders ansehnlich. Das Licht kommt direkt von oben und es sorgt für harte Schatten und starke Reflektionen. Es kommt zu partiell unter- und überbelichteten Bereichen. Lange vertikal verlaufende dunkle Schatten verdecken nicht selten interessante Details.

- **Von der Seite einfallendes Licht** führt hingegen zu schöneren Ergebnissen und einer besseren Ausleuchtung der zur Sonne zugewandten Seite. In den meisten Fällen sind morgendliche oder abendliche Aufnahmen ansprechender. Es besteht die Möglichkeit, das Licht passiv durch unterschiedliche Perspektiven, Blickrichtungen und vor allem durch die zeitliche Planung anzupassen. Geduld und Planung spielen dabei eine wesentliche Rolle.

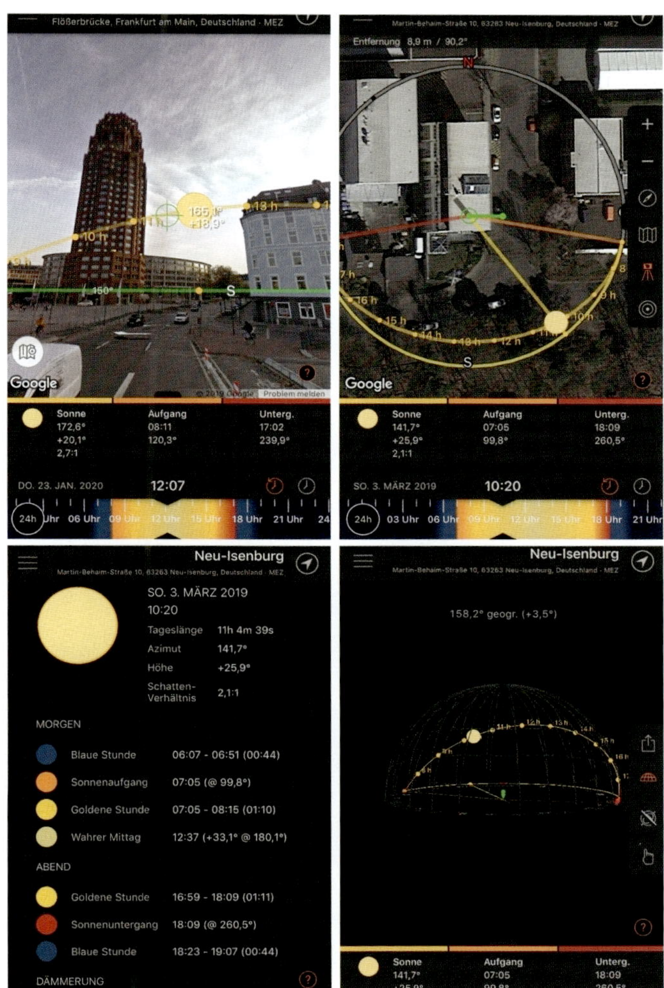

Ermittlung des optimalen Zeitpunkts anhand des Sonnenstandes mit der App Sun Surveyor.

Sonnenstand ermitteln

Für die Ermittlung des Sonnenstandes gibt es diverse Webseiten wie z. B. den Dämmerungsrechner von *Jekophoto.de*. Ein weiteres Tool, mit dem besser abgeschätzt werden kann, wann es sich lohnt, eine bestimmte Location aufzusuchen, ist die Smartphone-App Sun Surveyor.

Apps dieser Art gibt es von unterschiedlichen Anbietern. Hier besteht die Möglichkeit, eine beliebige Adresse und ein beliebiges Datum in der Zukunft zu wählen und anhand von Kartenmaterial, Live-Ansichten oder Tabellen einen Eindruck davon zu erhalten, zu welchem Zeitpunkt die Sonne wie am Himmel stehen wird. Bei Betrachtung der Kartendarstellung

Negativbeispiel: Ohne eine Vorausplanung mit Hinsicht auf den Sonnenstand kann es passieren, dass die Hälfte des Gebäudes noch im Schatten liegt. Mit einer entsprechenden App kann man herausfinden, wie hoch die Sonne stehen muss und wann dieser Zeitpunkt eintritt. In diesem Fall hätte man zwei Monate warten müssen, da die Sonne im Winter nie den erforderlichen Winkel erreicht. Sofern die Zeit vorhanden ist, kann man den Termin entsprechend planen.

Nikon D810 | ISO 64 | Brennweite 19mm (Nikkor PC-E 19mm f/4 ED) | Blende 6.3 | Belichtungszeit 1/320 Sek.

(oben rechts) ist ersichtlich, dass der Haupteingang des Gebäudes in östlicher Richtung gelegen ist und auch freie Sicht auf das Gebäude von der Winkelhalbierenden aus besteht. Für das eingestellte Datum (3. März 2019) ist es erkennbar, dass der Haupteingang nur morgens von der Sonne angeleuchtet wird. Zwischen 8 und 10:30 Uhr bestünden für Außenaufnahmen wahrscheinlich die besten Bedingungen; nach 12 Uhr wäre der Eingangsbereich allerdings im Schatten gelegen.

Wetterprognose beachten

Neben dem Sonnenstand gilt es auch die Wetterprognose zu beachten. Schlechtes oder gutes Wetter gibt es in dem Sinne aber nicht, es kommt letztendlich darauf an, welche Lichtstimmung zu unserem Vorhaben passt. Ein stark bewölkter Himmel kann unter bestimmten Aspekten für große Glasfassaden von Vorteil sein. Durch das sehr weiche Licht, ohne harten Schattenwurf, werden unschöne Reflexionen vermieden und schmutzige Bereiche sind auf glänzenden Oberflächen schlechter erkennbar. Das Gebäude wirkt also sauberer.

Das durch die Wolkendecke indirekt reflektierte Licht kann auch die Nordseiten von Gebäuden aufhellen, die bei wolkenlosem Himmel zu dunkel wirken könnten. Falls der graue Himmel im finalen Bild stört, lässt sich dieser in der Bildbearbeitung ganz einfach und schnell durch einen blauen Himmel ersetzen. Eine Wolkendecke kann also bewusst als Reflektor genutzt werden. Insbesondere kurz nach Sonnenaufgang oder kurz vor Sonnenuntergang ist dieser Effekt durch den tiefen Sonnenstand am besten nutzbar.

Hartes Licht und weiches Licht

Schlussendlich wird zwischen hartem Licht und weichem Licht unterschieden. Das direkte Sonnenlicht stellt beispielsweise ein sehr hartes Licht dar, weil die Lichtquelle intensiv und punktförmig ist. Das Ergebnis sind starke Kontraste und harte Schatten. Weiches Licht dominiert hingegen bei starker Bewölkung. Wird die Sonne durch die Wolken verdeckt, so bilden letztere eine gleichmäßig große Lichtquelle. Das Licht kommt nahezu aus allen Richtungen, wodurch Schatten sehr schwach, weich und kaum sichtbar erscheinen. Das Resultat sind zumeist kontrastärmere Bilder mit einer gleichmäßigen Ausleuchtung.

Ob das Wetter gut oder schlecht ist, hängt also vom Motiv ab. In den allermeisten Fällen wirken graue und stark bewölkte Tage nicht schön. Aber auch sehr heiße, sonnige und komplett wolkenfeie Tage sind eher nachteilig. Für gut 80 % der Immobilienfotos sind Schönwettertage mit ca. 2/3 blauem Himmel und 1/3 Wolken am besten geeignet, wobei auch hier die Mittagssonne zwischen ca. 11 bis 15 Uhr besser vermieden werden sollte.

Im Allgemeinem funktionieren Wetterprognosen mit einer Vorlaufzeit von zwei bis maximal drei Tagen einigermaßen zuverlässig. Wettervorhersagen mit einem Vorlauf von vier Tagen haben hingegen nur noch eine Trefferquote von ca. 50 %. Insofern ist es relativ sinnlos, Fototermine eine Woche im Vorfeld fest zuzusagen. Stattdessen ist es sinnvoller, sich in der Wetterprognose einen groben Trend anzuschauen und anhand dessen einen Zeitraum im Kalender zu blockieren, sodass kurz vorher noch die Möglichkeit besteht, den Termin einige Tage nach vorne oder nach hinten zu verschieben.

Lokale Wetter-Apps nutzen

Außerdem bieten nicht alle Apps gleich gute Vorhersagen. Dies liegt daran, dass sie auf unterschiedliche Datensätze zurückgreifen. Für genaue Vorhersagen sollten daher lokale Wetter-Apps genutzt werden. Beispielsweise sind die vorinstallierten Wetter-Apps von Android, Google, oder Apple im europäischen Raum eher ungenau. Die amerikanischen Wetterdienste verfügen in unseren Gebieten lediglich über international zugängliche Satellitendaten, während lokale Anbieter wie Wetter.com oder DWD zusätzlich über Radardaten, lokale Niederschlagsmessungen und zusätzliche Satelliten verfügen und somit aufgrund der größeren Datenmengen genauere Prognosen erstellen können.

Außenaufnahmen von Gebäuden

Bei Außenaufnahmen kommt es im Wesentlichen auf die zeitliche Planung und die richtigen Lichtverhältnisse an. Beispielsweise ist es zwingend notwendig, sich im Vorfeld über den voraussichtlichen Sonnenstand zu informieren. Während in der Studio- und Porträtfotografie sehr viel mit multiplen Blitzlichtern, Reflektoren und anderen künstlichen Lichtquellen sowie Lichtformern die Möglichkeit besteht, eine optimale Lichtführung manuell zu setzen, bleiben uns bei Außenaufnahmen von Gebäuden diese Optionen verwehrt.

Richtige Planung ist essenziell

Bisher existieren noch keine bezahlbaren und halbwegs mobilen Lichtquellen, die eine ausreichende Leistung erzielen würden. Daher ist die richtige Planung essenziell, um den perfekten Augenblick zu erwischen. Außerdem machen die Objektive einen Großteil des späteren Bildeindrucks aus. Insbesondere kleine kompakte Festbrennweiten zeichnen sich durch tolle Farben und einzigartige Mikrokontraste aus; sehr lichtstarke und schwere Objektive sind diesbezüglich meist von Nachteil.

Bei herkömmlichen Fotos am Tag ist ein Stativ nahezu nie nötig. Sofern nicht mit Tilt-Shift-Objektiven oder ND-Filtern gearbeitet wird, können Sie auf ein Stativ verzichten. Viel relevanter ist es hingegen, sich der Bildkomposition zu widmen und unterschiedliche Perspektiven auszuprobieren. Wie bereits im Kapitel über die Bildgestaltung besprochen, ist in diesem Zusammenhang darauf zu achten, dass es zwingend notwendig ist, sich im Vorfeld Gedanken zum Motiv zu machen und zu entscheiden, was besonders relevant ist und gezeigt werden soll und was besser nicht gezeigt wird.

Außenaufnahme der Inselhäuser „Hafengold" am Offenbacher Hafen.

Nikon D800E | ISO 100 | Brennweite 35mm (Zeiss Milvus 35mm 2.0) | Blende 5.6 | Belichtungszeit 1/320 Sek.

Aufgrund der vorherigen Gedanken lassen sich bereits vor dem ersten Testbild die Optionen betreffs des Standpunktes systematisch auf ein Minimum reduzieren. Bei den verbleibenden Optionen sollten nur einige Perspektiven ausprobiert werden. Ist eine halbwegs gute Perspektive gefunden, gilt es kleine Änderungen schrittweise nach und nach durchzuführen, um das Bild nachvollziehbar zu optimieren.

Belichtung nach dem ETTR-Prinzip

Für die richtige Belichtung sollte insbesondere bei Außenaufnahmen nach dem ETTR-Prinzip belichtet werden. Ob das Bild etwas zu hell oder zu dunkel geworden ist, lässt sich auf dem Kameradisplay aber oft nicht richtig beurteilen. Insbesondere dann, wenn die Sonne auf das Display scheint, kann dies schnell zu einer Fehleinschätzung führen. In diesem Zusammenhang sollte die richtige Belichtung des Bildes mithilfe der Spitzlichterwarnung kontrolliert werden.

Bildkontrolle mit der Spitzlichterwarnung

Bei der Lichterwarnung werden die viel zu hellen und überbelichteten Bildbereiche durch das Aufblinken einer schwarzen Fläche dargestellt. Dabei sollten großflächig überbelichtete Bereiche vermieden werden. Stattdessen sollte das Bild so hell belichtet werden, dass die ersten schwarzen Pixel gerade so anfangen sichtbar zu blinken, aber noch keine zusammenhängenden schwarzen Flächen bilden. Lediglich sehr helle Lichter, wie z. B. Reflexionen, Lichtquellen oder die Sonne, können ignoriert werden, da diese aufgrund ihrer hohen Helligkeit ohnehin nahezu immer aufblinken werden.

Damit die Blinkanzeige bzw. die Lichterwarnung der Kamera richtig dargestellt werden kann, muss als Bild- bzw. Farbprofil die Einstellung „Neutral“, „Ausgewogen“, „Flach“ oder „Natürlich“ gewählt werden. Kontrastreiche Bildprofile wie „Landschaft“, „Monochrom“ oder auch „Standard“ eignen sich nicht, da die Darstellung verfälscht wird und die Lichterwarnung anfängt viel früher zu blinken.

Nicht in die Sonne fotografieren

In den meisten Fällen empfiehlt es sich auch nicht, gegen, geschweige denn in die Sonne zu fotografieren. Es sei denn, dies soll bewusst als Stilmittel eingesetzt werden. In diesem Fall kann die Blende beispielsweise auf einen Wert um ca. f/16 gestellt werden, so entstehen bei richtiger Belichtung schön ausgeprägte Blendensterne. In den meisten Fällen führen Blendenwerten um ca. f/6.7 zu sehr scharfen Bildern.

Auch schlechtes Wetter hat seinen Reiz

Entgegen der weitläufigen Meinung, dass schöne Bilder nur bei gutem Wetter entstehen können, lohnt es sich manchmal auch, bei eher als schlecht empfundenem Wetter zu fotografieren. Die folgende Abbildung stellt unter Umständen ein extremes Beispiel dar. Aber selbst bei eher gewöhnlichen Wetterverhältnissen mit starker Bewölkung lassen sich sehr gute Bilder erstellen. Insbesondere hochglänzende Oberflächen, wie beispielsweise Glasfassaden, wirken unter bewölktem Himmel durch die sehr weichen Lichtverhältnisse sauberer und trotzdem strukturiert. Letztendlich hängt das passende Wetter immer vom Motiv ab und davon, welche Stimmung bzw. Botschaft mit dem Bild vermittelt werden soll.

Nur in den seltensten Fällen sollte direkt in die Sonne fotografiert werden. Unschöne Lensflares und extrem dunkle Bereiche sind die Folge.

Nikon D800E | ISO 100 | Brennweite 30mm (Tamron 15-30 2.8 VC) | Blende 14 | Belichtungszeit 1/320 Sek.

Außenaufnahme kurz vor einem starken Gewitter. Dieses Bild wurde nachbearbeitet, um den Himmel etwas angenehmer zu gestalten. In der Originalaufnahme war der Himmel farblos und extrem dunkel. Während die Drohne noch in der Luft war, kamen bereits die ersten Regentropfen. Wenige Minuten später begann ein starkes Gewitter. Auch wenn das Wetter sehr schlecht war, wird innerhalb des kurzen Augenblicks eine sehr interessante und intensive Lichtstimmung vermittelt.

DJI Phantom 4 Pro | ISO 100 | Brennweite 24mm (äquivalent) | Blende 5.0 | Belichtungszeit 1/320 Sek.

Rechts: Auch bei bewölktem Wetter lassen sich schöne Architekturaufnahmen erzielen. Bei glänzenden Oberflächen ist dies von besonderem Vorteil, da es keine störenden Reflexionen gibt und das Bild somit insgesamt minimalistischer und nicht so überladen wirkt.

Nikon D800E | ISO 100 | Brennweite 15mm (Tamron 15-30 2.8 VC) | Blende 5.6 | Belichtungszeit 1/400 Sek.

Unten: Luftaufnahme nach einem Starkregen bei deutlicher Bewölkung. Rechts im Bild sind Nebelschwaden noch deutlich zu erkennen.

DJI Phantom 4 Pro | ISO 100 | Brennweite 24mm (äquivalent) | Blende 5.6 | Belichtungszeit 1/200 Sek.

Außenaufnahmen bieten den großen Vorteil, dass es eine unbegrenzte Motivauswahl gibt. Rechtlich sind Außenaufnahmen in Deutschland von öffentlichen Plätzen und Wegen aus übrigens erlaubt (siehe § 50 UrhG). Anstatt Außenaufnahmen nur bei gutem Wetter durchzuführen, sollte vielmehr bei jedem Wetter geübt werden. Nur so ist es möglich, Erfahrungen zu sammeln. Dabei sollte so viel wie möglich aus der Hand und ohne Stativ fotografiert werden. Auf diese Art und Weise ist es möglich, die eigenen Kenntnisse der Bildgestaltung zu vertiefen, indem eine Vielzahl von Perspektiven ausprobiert werden können.

Fotografieren in der Dämmerung

Mit dem Einsetzen der Dämmerung erschweren sich die Bedingungen, aber sobald es dunkler wird, ergeben sich oft besonders spannende Lichtstimmungen. Allerdings kommt je nach Kameramodell der Autofokus bei schlechtem Licht gegebenenfalls an seine Grenzen. Auch kann es vorkommen, dass die Kamera die nötige Belichtung falsch einschätzt bzw. die Automatikprogramme inkonsistent arbeiten und Bilder erzeugen, die nicht zwangsläufig mit den Vorstellungen des Fotografierenden übereinstimmen müssen.

Blaue Stunde und Nachtaufnahmen

Der Zeitraum, in dem die Dämmerung beginnt, wird als blaue Stunde bezeichnet. Die blaue Stunde ist eigentlich gar keine; selten dauert sie länger als 40 Minuten. Kurz bevor die Sonne aufgeht oder nachdem sie untergeht haben wir wahrscheinlich die beste Zeit für einzigartige Fotos einer Skyline oder abendlicher Architektur. Aber auch Innenräume mit großen Fenstern zeigen zu dieser Zeit ihren besonderen Charme.

Zur blauen Stunde erstrahlt die Umgebung in gleichmäßigem blauen Licht, nahezu ohne Schatten und in einer einzigartigen Atmosphäre. Ihr Reiz liegt in der unvergleichbaren Lichtsituation. Die Sonne steht nicht am Horizont, sondern sie lässt sich nur erahnen. Im Kontrast zum kalt-blauen Morgen- oder Abendlicht stehen warme Farben, die durch die eingeschaltete Beleuchtung in Gebäuden und Städten verursacht werden. Das Zusammenspiel der Komplementärfarben macht den besonderen Reiz der blauen Stunde aus. Gleichzeitigt sorgt das spärlich vorhandene weiche Umgebungslicht für detailreiche und plastische Bilder.

Zeitpunkt für die Blaue Stunde

Der physikalische Ursprung für die Lichtstimmung während der blauen Stunde liegt einerseits an dem flachen Einstrahlwinkel des Lichts. Andererseits erscheint der Himmel aufgrund der Rayleight-Streuung blau. Während der blauen Stunden intensivieren sich diese beiden Effekte gegenseitig, sodass eine Farbtemperatur um die 11.000 Kelvin resultiert. Zur Mittagszeit haben wir hingegen eine typische Lichttemperatur um die 5.500 Kelvin. Die spektrale Zusammensetzung des Lichts ist in den frühen Morgen- bzw. in den späten Abendstunden eine andere. Der perfekte Zeitpunkt für die blaue Stunde kann beispielsweise aus der App Sun Surveyor ausgelesen werden.

Empfehlenswerte Kameraeinstellungen

Aus technischer Sicht ist das Fotografieren in der Dämmerung komplizierter als gegen Mittag. Zunächst einmal ist es dunkler, was einerseits manuelles Fokussieren erfordert. Da es insgesamt dunkler ist, werden wesentlich längere Belichtungszeiten benötigt, um das Bild korrekt belichten zu können. Da wir die Kamera aber nicht so lange stillhalten können, ist es notwendig, vom Stativ aus zu fotografieren, um das Bild nicht zu verwackeln. Nur mit einem Stativ besteht in der Dunkelheit die Chance, rauscharme und dennoch scharfe Bilder zu produzieren.

Innerhalb der blauen Stunde ändern sich die Lichtverhältnisse mitunter sehr schnell, sodass die Belichtungszeit nahezu im Minutentakt angepasst werden muss. Da vom Stativ aus fotografiert wird, nutzen wir die niedrigste native ISO-Einstellung unserer Kamera; in den meisten Fällen wird dies ein ISO-Wert von 100 sein. Bei der Blende könnte zunächst vermutet werden, dass sie geöffnet werden sollte, um in der Dunkelheit mehr Licht reinzulassen. Allerdings würde dies mit einem Verlust der Tiefenschärfe einhergehen. Daher sollten zumindest dieselben Blendenwerte genutzt werden wie am Tag. In vielen Fällen sieht es sogar besser aus, wenn die Blende in der Dunkelheit noch weiter geschlossen wird. Aufgrund der vielen eingeschalteten Lichter und der Straßenbeleuchtung ergeben sich wunderbare Möglichkeiten, möglichst viele Blendensterne durch geschlossene Blendenwerte zu erzeugen. Da Spitzlichter bei kleinen Blendenöffnungen sternförmig erscheinen, ist es legitim, während der Dämmerung mit Blendenwerten zwischen f/11 bis f/18 zu arbeiten.

Die Helligkeit des Bildes sollte über die Belichtungszeit reguliert werden, wobei in der Dämmerung Belichtungszeiten von einigen Sekunden üblich sein können. Falls die Bilder orange oder farblich seltsam wirken, liegt dies wahrscheinlich am Weißabgleich der Kamera. Bei RAW-Dateien kann dieser im Nachhinein problemlos anpasst werden. Für eine korrekt dargestellte Schnellansicht auf dem Kameradisplay kann der Weißabgleich auch auf „Kunstlicht", „Leuchtstofflampe" oder „Natriumdampflampe" gestellt werden. Auf die RAW-Datei hat das jedoch keinen Einfluss.

Damit scharfe Bilder erzielt werden können, sollte der Bildstabilisator ausgeschaltet werden. Auch der Autofokus muss ausgeschaltet sein, damit uns der manuell gesetzte Fokus nicht wieder verstellt wird. Zudem sollte die Spiegelvorauslösung auf ca. zwei bis drei Sekunden eingestellt werden. Eine zeitliche Verzögerung wird benötigt, damit durch das Bedienen der Kamera keine Verwackler verursacht werden. Bei spiegellosen Systemkameras lässt sich keine Spiegelvorauslösung einstellen. Hier kann alternativ der Selbstauslöser dazu genutzt werden, um eine geringe Auslöseverzögerung zu erzielen.

Bereits zu Beginn der blauen Stunde kann die Lichtstimmung besonders eindrucksvoll wirken. Die ersten Lichter in den Gebäuden leuchten bereits, während der Himmel noch gar nicht richtig dunkel ist.

Bei schnell bewegten Objekten wie Fahrzeugen im fließenden Verkehr sind hingegen nicht ganz so lange Belichtungszeiten nötig, um sie unscharf abzubilden. In der Dämmerung kommt es aufgrund der eingeschalteten Lichtscheinwerfer zur Ausbildung von Lichtstreifen durch den Effekt der Bewegungsunschärfe. Bei Belichtungszeiten von etwas über einer Sekunde wird dieser Effekt bereits sichtbar. Noch längere Belichtungszeiten intensivieren die Ausprägung der Lichtstreifen, allerdings sind gerade anfahrende Fahrzeuge dann nicht mehr als solche erkennbar. Die richtige Belichtungszeit hängt einerseits vom gewünschten Effekt und andererseits von der Geschwindigkeit der Fahrzeuge ab.

Auch zu später Stunde können noch brauchbare Architekturaufnahmen entstehen. Insbesondere Detailaufnahmen können nachts schön wirken.

Das Bild des Palau de les Arts Reina Sofía in Valencia wurde etwas heller aufgenommen, als es der empfundenen Umgebungshelligkeit vor Ort entsprach. Dadurch erscheint dieses Bild ein wenig surreal, da es scheinbar aussieht wie tagsüber fotografiert, wobei die Lichter eingeschaltet sind. Um die Wasserfläche im Vordergrund zu glätten, wurde eine etwas längere Belichtungszeit gewählt.

Nikon D810 | ISO 64 | Brennweite 20mm (Voigtländer 20mm 3.5) | Blende 9 | Belichtungszeit 8 Sek. (mit Stativ)

Auf diesem Bild ist der Platz der Republik in Frankfurt am Main zu sehen. Auch dieses Foto entstand ganz zu Beginn der blauen Stunde. Durch eine Belichtungszeit von etwas über einer Sekunde erscheint der Verkehr verwischt und bildet Lichtstreifen. Gleichzeitig sind einige Fahrzeuge, wie die Straßenbahn rechts im Bild, noch als solche zu erkennen.

Nikon D800E | ISO 80 | Brennweite 24mm (Nikkor PC-E 24mm 3.5) | Blende 8 | Belichtungszeit 1,6 Sek. (mit Stativ)

Langzeitbelichtung bei Dämmerung

Bei Fotoaufnahmen während der Dämmerung oder in der Nacht handelt es sich streng genommen auch um Langzeitbelichtungen, da diese Fotos zum Teil über mehrere Sekunden hinweg belichtet werden müssen. Sobald ein Bild so lange belichtet wird, dass es ohne Stativ nicht aufgenommen werden könnte oder es länger belichtet wird, als es eigentlich notwendig wäre, wird von einer Langzeitbelichtung gesprochen. Dieser Begriff ist aber nicht eindeutig definiert. Manche Fotografen würden Belichtungszeiten von 1/5 Sek. bereits als Langzeitbelichtung definieren. Andere meinen, dass die Belichtung mindestens drei ganze Sekunden andauern müsste, bevor sie als Langzeitbelichtung bezeichnet werden kann.

Nächtliche Detailaufnahme eines Bürokomplexes mit einem Teleobjektiv

Nikon D810 | ISO 64 | Brennweite 197mm (Tamron 70-200 f2.8 G2) | Blende 7.1 | Belichtungszeit 3 Sekunden (mit Stativ)

Nachtaufnahme mit Clear-Night-Filter und schöner Farbwiedergabe

Nikon D810 | ISO 64 | Brennweite 35mm (Zeiss Distagon 35mm 2.0) | Blende 5.6 | Belichtungszeit 6 Sekunden (mit Stativ)

Egal wie dieser Begriff definiert wird, bei Nachtaufnahmen werden fast immer Langzeitbelichtungen durchgeführt. Der Unterschied zum vorherigen Abschnitt besteht darin, dass es darum geht, wie sich Langzeitbelichtungen auch tagsüber unter sehr hellen Lichtbedingungen durchführen lassen. An dieser Stelle kommen Neutraldichtefilter (ND-Filter) ins Spiel.

Langzeitbelichtungen am Tag

In diesem Abschnitt geht es insbesondere um die Durchführung von Langzeitbelichtungen am Tag. Dieses fotografische Genre wird oft mit der Fine-Art-Architekturfotografie assoziiert. Aufgrund der surrealen und eigenartig auftretenden Effekte lassen sich Momente festhalten, die wenig mit der wahrgenommenen Realität gemein haben. Die Ergebnisse erscheinen mystischer und entfernen sich allmählich von dem, was vor Ort wahrgenommen wurde. Es entstehen völlig neue Eindrücke, die sich den künstlerischen Vorstellungen des Fotografen annähern und somit ein solides Fundament für die spätere Bildbearbeitung darstellen können.

Der Unterschied zwischen der Langzeitbelichtung am Tag und jener während der Nacht besteht darin, dass am Tag ND-Filter benötigt werden, um eine Überbelichtung des Bildes zu vermeiden. In der Nacht sind ND-Filter nicht zwangsläufig nötig. Insofern besteht der Hauptunterschied darin, dass durch zusätzliches technisches Equipment tiefergehende technische Aspekte zu beachten sind. So wird die optimale Belichtungszeit von der Kamera nicht mehr vorgeschlagen, stattdessen müssen wir diese berechnen.

Effekte der Langzeitbelichtung

Die Langzeitbelichtung beruht darauf, dass eine längere Belichtungszeit gewählt wird, als es nötig wäre, um ein korrekt belichtetes Bild zu erhalten. In der Nacht erfolgt das durch die Auswahl eines, den Lichtverhältnissen entsprechend, außergewöhnlich niedrigen ISO-Wertes. Am Tag wird dies durch die Verwendung von ND-Filtern, mit einem abdunkelnden Effekt, erreicht.

Der ND-Filter funktioniert ähnlich wie eine Sonnenbrille, das Bild wird dunkler und dadurch ergibt sich die Möglichkeit, das Bild länger zu belichten, ohne dass es zu hell wird. Der resultierende Effekt wirkt sich auf alle Objekte aus, die sich während der Belichtung in Bewegung befanden. Starre Strukturen wie z. B. Gebäude werden hingegen „normal" und scharf abgebildet. Vorbeiziehende Wolken wirken weichgezeichnet, eigentlich welliges Wasser erscheint glatt, bewegte Personen verschwimmen und werden durchscheinend, Scheinwerfer von fahrenden Fahrzeugen werden als blasse Lichtschweife abgebildet.

Sich häufig ändernde Lichtverhältnisse (abwechselnd hartes und weiches Licht) aufgrund vorbeiziehender Wolken verschwimmen in einer Aufnahme und ergeben einen surrealen Effekt. Licht- und Schattenverhältnisse zwischen bewölkten Momenten und solchen Augenblicken mit direkter Sonneneinstrahlung vermischen sich in einer Aufnahme zu einem völlig neuen Eindruck. Durch die Langzeitbelichtung kann das „Unsichtbare" sichtbar gemacht werden und neue Betrachtungsweisen werden ermöglicht.

Langzeitbelichtung in der Architekturfotografie

In der Architekturfotografie eignet sich die Technik der Langzeitbelichtung dazu, um den Himmel verschwimmen zu lassen und das scharf abgebildete Gebäude im Vordergrund besser hervorzuheben. Menschen auf der Straße verschwinden scheinbar vom Bild, Wasserflächen wirken minimalistisch und das Bild wirkt aufgeräumter, wodurch der metaphorische Fokus anders gesetzt werden kann.

Kurze und lange Belichtungszeiten

Je schneller sich ein Objekt bewegt, desto deutlicher wird ein Effekt in der Langzeitbelichtung auftreten. Daher ist bei einem sich vergleichsweise schnell bewegenden Objekt (z. B. Fußgänger) keine extrem lange Belichtungszeit nötig. Je langsamer sich ein Objekt bewegt, desto länger muss die Belichtungszeit werden, um den Effekt sichtbar zu machen. Als Beispiel sollen langsam vorbeiziehende Wolken herhalten, hier wird ein entsprechend stärkerer ND-Filter benötigt.

Umso länger die Belichtungszeit ist, desto weniger Details und Texturen werden in bewegten Elementen vorhanden sein.

Bei extrem langen Belichtungszeiten, die mit ND-5.0-Filtern (100.000x) erreicht werden können, wirken die Bilder wie minimalistische Zeichnungen, bei denen im Himmel und Wasser keinerlei Strukturen mehr vorhanden sind. Je länger die Belichtungszeit ist, desto eher verschwinden bewegte Objekte nahezu vollständig. Auf diese Art und Weise ist es möglich, eine belebte Einkaufsstraße wie verlassen aussehen zu lassen.

Bei kürzeren Belichtungszeiten wirken bewegte Objekte anfangs leicht verschwommen und transparent oder geisterartig. Mit zunehmender Belichtungszeit werden sie immer unschärfer abgebildet, bis sie schließlich überhaupt nicht mehr zu erahnen sind.

Die folgende Tabelle beschreibt die unterschiedlichen Belichtungszeiten und die dadurch auftretenden Effekte.

Bereits bei Langzeitbelichtungen von nur acht Sekunden verschwinden sehr feine Texturen. Die Mikrowellen auf der Wasseroberfläche sind nicht mehr erkennbar, sodass diese wesentlich ruhiger wirkt. Gleichzeitig sind die etwas größeren Wellen und groben Texturen noch ersichtlich, sodass sich erahnen lässt, in welche Richtung sich die Wasseroberfläche bewegt hat. Ganz glatt wirkt das Wasser also noch nicht. Fotografiert wurde mit einem Polarisationsfilter, der das Bild um ca. eine Blendenstufe (Faktor 2) abdunkelt, sowie einem ND 3.0-Filter mit einem Faktor von 1000. Daraus ergibt sich ein Verlängerungsfaktor von ca. 2000x. Die von der Kamera vorgeschlagene Belichtungszeit mit Polfilter, aber ohne ND-Filter, lag bei 1/125 Sek.

Nikon D800 | ISO 80 | Brennweite 35mm (Zeiss Distagon 35mm 2.0) | Blende 8 | Belichtungszeit 8 Sekunden (ND 2000x)

ZUSAMMENHANG VON BELICHTUNGSZEITEN UND ERZIELTEN EFFEKTEN			
Belichtungszeit	**Wasser**	**Wolken**	**Passanten und Verkehr**
0,4-1 s	Wellen am Meer noch erkennbar, allerdings ohne Struktur. Bei Seen und Flüssen kein sichtbarer Effekt.	Werden absolut scharf abgebildet.	Gehende Personen und Verkehr erscheinen leicht verwischt, stehende Personen werden scharf abgebildet.
2-5 s	Wellen nur noch undeutlich erkennbar. Stille Gewässer zeigen aber noch Struktur.	Werden fast ganz scharf abgebildet.	Gehende Personen und Verkehr sind komplett unscharf. Stehende Personen wirken etwas unscharf oder leicht verwischt.
15-25 s	Grobe Texturen noch sichtbar, Fließrichtung gerade so noch erkennbar.	Schnell bewegte Wolken sind etwas weichgezeichnet, aber noch erkennbar.	Transparente Halbschatten von Personen sind noch leicht erkennbar. Bewegungsunschärfe ist deutlich (z. B. Lichtschweife von Fahrzeugen in der Dämmerung).
1-2 min	Wasser erscheint fast perfekt glatt, Fließrichtung nicht mehr erkennbar.	Wolken sind erkennbar, wirken durch Bewegungsunschärfe aber sehr weich, sanft und verwischt. Strukturen fehlen größtenteils.	Personen und Verkehr sind nur noch schwach erkennbar. Schatten von stehenden Personen sind noch erkennbar, Strukturen sind nicht mehr vorhanden. Fließrichtung des Verkehrs kann teils erkennbar sein, muss aber nicht.
5-10 min	Wasser ist absolut glatt, ganz ohne Struktur.	Sehr weiche langgezogene Wolken und keine Details (minimalistischer Look).	Passanten und Verkehr verschwinden fast vollständig. Öffentliche Plätze wirken wie leer. An sehr dichten Verkehrsknotenpunkten können noch dunkle geisterartige Schatten sichtbar sein.

Zubehör für Langzeitbelichtungen

Um die gewünschten Effekte von Langzeitbelichtungen zu erzielen, sind Belichtungszeiten von mehr als 30 Sekunden nicht selten. Gerade Kameras im Einsteiger-Segment verfügen oft über eine Begrenzung, die bei maximal 30 Sekunden liegt.

Kamera mit Bulb- oder Time-Modus

Insofern benötigen Sie eine Kamera mit einer Time- oder mit einer Bulb-Funktion.. Beide Modi sind eigens für die Langzeitbelichtung konzipiert und bewirken im Grunde genommen genau das Gleiche, unterscheiden sich aber in der Handhabung: Im Bulb-Modus wird das Bild so lange aufgenommen, wie der Auslöser gedrückt wird, während im Time-Modus die Langzeitbelichtung mit dem Betätigen des Auslösers beginnt und mit dem zweiten Drücken des Auslösers beendet wird. Auf diese Art und Weise sind Langzeitbelichtungen theoretisch ohne zeitliche Begrenzung möglich.

Fernauslöser gegen Verwacklungen

Bereits aus der Beschreibung dieser Funktion lässt sich ein Problem erahnen. Wenn es nötig ist, in der Bulb-Funktion den Auslöser die ganze Zeit gedrückt zu halten, wird das Bild zwangsläufig verwackeln. Um das zu vermeiden ist ein Fernauslöser als weiteres Zubehör nötig. Mit diesem kann die Kamera ausgelöst werden, ohne sie dabei berühren zu müssen. Fernauslöser gibt es in den unterschiedlichsten Ausführungen. Einfache Kabel-Fernauslöser sind bereits für ca. 10 € erhältlich, erfordern aber eine manuelle Kontrolle. Mit einem programmierbaren Fernauslöser (z. B. vom Hersteller Pixel ab ca. 30 €), lassen sich die Belichtungszeiten von vornherein richtig einstellen. Somit entfällt der ständige Blick auf die Stoppuhr. Die besonders hochwertigen Fernauslöser sind nicht mit einem Kabel, sondern über eine Funkstrecke verbunden.

Fernauslösen mit dem Smartphone

In einigen Fällen ist ein Fernauslöser aber gar nicht notwendig. Manche Smartphones sowie einige Kameramodelle verfügen über eine Infrarotschnittstelle. Aber auch Kameras mit integriertem WLAN lassen sich mit dem Smartphone verbinden und über eine App steuern: qDslrDashboard (für Android) oder ControlMyCamera (für iOS) sind Beispiele für solche Applikationen. Allerdings ist es ratsam, sich vorher über die Kompatibilität zu dem jeweiligen Kameramodell zu informieren. Einige Kamerahersteller bieten auch eigene kostenlose Apps zu diesem Zweck an. Welche Variante die bessere ist, lässt sich nicht pauschal beantworten und hängt von der individuellen Art der Fotografie ab.

Ein solides und stabiles Stativ

Damit die Kamera während der Aufnahme absolut ruhig steht, ist ein schweres, solides und stabiles Stativ essenziell. Leichte Reisestative können bereits bei mäßigem Wind in Schwingung versetzt werden. Das macht sich letztendlich in einem unscharfen Bild bemerkbar. Durch einen starken Windstoß kann die Kamera samt Stativ sogar umkippen. Je schwerer das Stativ ist, desto stabiler steht die Kamera in der Regel und umso schärfer kann das Bild potenziell werden.

Zudem kann auch das Material des Stativs eine Rolle spielen. So leitet Aluminium alle Vibrationen nahezu ungefiltert an die Kamera weiter. An einer Hauptverkehrskreuzung mit vorbeifahrender Straßenbahn kann das gegebenenfalls zum Problem werden. Holz hat wiederum ausgeprägte dämpfende Eigenschaften und schwächt die Vibrationen merklich ab. Daher werden in der geodätischen Laser-Vermessungstechnik oder auch in der Astronomie nahezu ausschließlich Holzstative verwendet. Ein bekannter Hersteller hochwertiger Holzstative ist die Firma Berlebach aus Mulda.

Sofern das oberste Ziel nicht darin besteht, Langzeitbelichtungen mit Teleobjektiven an Hauptverkehrsstraßen bei Wind und Wetter durchzuführen, wird es selbst mit einem 100-€-Stativ möglich sein, gute und scharfe Ergebnisse zu erzielen. Lediglich bei ultraleichten Reisestativen ist Vorsicht geboten.

Benötigte ND-Filter-Stärken

Bei Langzeitbelichtungen am Tag stellen Neutraldichte- bzw. ND-Filter das Herzstück der Ausrüstung dar, die extrem lange Belichtungszeiten überhaupt erst ermöglicht. Letztendlich sind ND-Filter nur dazu da, um das Bild abzudunkeln und die einfallende Lichtmenge zu reduzieren. Dieser Effekt ist mit dem einer Sonnenbrille vergleichbar.

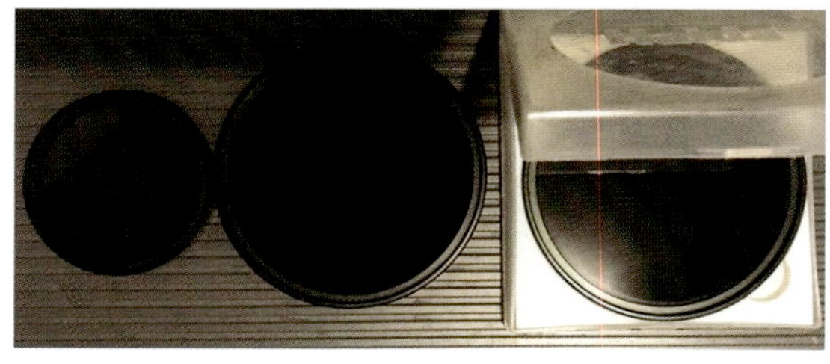

ND-Filter gibt es in unterschiedlichen Größen und Stärken. Die Funktion von ND-Filtern besteht lediglich darin, die einfallende Lichtmenge gleichmäßig zu reduzieren, daher sehen sie auch dunkel aus.

ND-Filter gibt es in unterschiedlichen Größen. Welche Größe benötigt wird, hängt allerdings vom Gewindedurchmesser des Objektivs ab. Sie ist irgendwo auf dem Objektiv mit dem Ø-Symbol vermerkt (z. B. Ø77 mm). Inder Regel lassen sich mithilfe von Step-Up-Ringen oder ähnlichen Adaptern größere Filter problemlos auf Objektiven mit kleinerem Durchmesser verwenden.

Die Stärke der ND-Filter wird in unterschiedlichen Einheiten dargestellt und sie ist nicht immer einheitlich. Üblich sind die Angaben als logarithmische ND-Skala, in Blendenstufen der Abdunkelung (F-Stop) oder mit einem Verlängerungsfaktor X.

Um tagsüber Belichtungszeiten von circa 1/8 bis 1/2 Sek. oder in Innenräumen auch einige ganze Sekunden zu erreichen, ist ein ND-1.8-Filter (6-stops / Faktor 64x) notwendig. Um tagsüber, je nach Blendenwert, Belichtungszeiten zwischen 5 bis 30 Sekunden zu erreichen, ist hingegen ein ND-3.0-Filter (10-stops / 1000x) zu empfehlen. Dieser wird fälschlicherweise oft als ND1000-Filter bezeichnet.

Im Übrigen lassen sich zwei ND-Filter auch problemlos übereinander schrauben und kombinieren. Die Kombination eines ND-Filters mit dem Faktor 64x und einem weiteren Filter mit dem Faktor 1000x ergibt insgesamt einen Verlängerungsfaktor von 64.000x. Hiermit sind Belichtungszeiten von ca. 5 bis 15 Minuten auch tagsüber möglich. Ein kleines Set bestehend aus diesen beiden Filterstärken sollte für die meisten Fälle genügen.

Kamerainterne Rauschreduzierung

Die kamerainterne Funktion der Rauschreduzierung ändert nichts an dem physikalischen Problem, dass hochauflösende Sensoren Langzeitbelichtungen nicht gut handhaben können.

Hot-Pixel

Wie bereits erwähnt, neigen insbesondere hochauflösende Kameras oder solche mit IBIS-Sensorstabilisierung aufgrund der Wärmeentwicklung zu verstärktem Bildrauschen und zur Ausbildung von Hot-Pixeln. Hot-Pixel sind Bildpunkte, die mit steigender Temperatur nicht proportional auf die eintreffende Lichtmenge reagieren und somit viel heller erscheinen als die umliegenden Bildpixel. Meistens sind sie auf Fertigungstoleranzen zurückzuführen, wobei der Effekt mit zunehmender Sensortemperatur sichtbar wird.

Des Weiteren sorgt diese Funktion dafür, dass das Abspeichern der Bilder wesentlich länger dauert. Die kamerainterne Rauschreduzierung kostet viel Zeit und große Akkuressourcen. Zudem führt die manuelle Rauschreduzierung in der nachträglichen Bildbearbeitung oft zu besseren Ergebnissen. Insbesondere dann, wenn im RAW-Format fotografiert wird, ist diese Funktion überflüssig und sollte deaktiviert werden.

Langzeitbelichtungen in der Praxis

Das Verständnis für die Kameratechnik ist nur ein Aspekt. Bei Langzeitbelichtungen fotografieren wir einen Moment, der mitunter viel länger dauert, als das, was normalerweise bewusst wahrgenommen werden kann. Die richtigen Motive zu erkennen erfordert Übung und Erfahrung.

Die Kamera ist auf dem Stativ positioniert und der gewünschte Bildausschnitt mit einer interessanten Perspektive wurde bereits eingestellt.

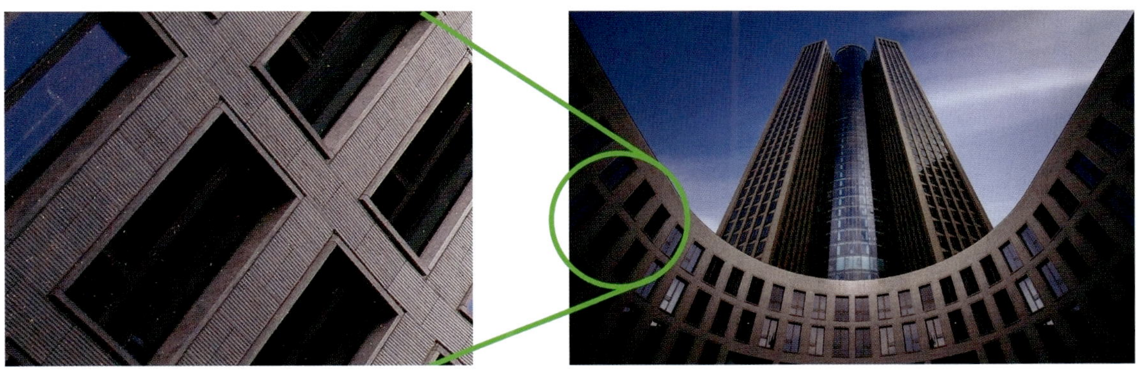

Bereits bei Langzeitbelichtungen von acht Minuten können in der Vergrößerung Hot-Pixel auffallen, die als kleine bunte Punkte in Erscheinung treten.

Bevor es um den ND-Filter geht, sollten Sie den Bildstabilisator und den Autofokus deaktivieren. Die Spiegelvorauslösung bleibt eingeschaltet. An dieser Stelle wird der Live-View der Kamera aktiviert. Bei Offenblende muss das Motiv im Live-View stark vergrößert dargestellt sein. Das wird über Zoomen mit der Bildschirmlupe erreicht. In der Vergrößerung kann der Fokus nun manuell und punktgenau gesetzt werden.

Jetzt werden die optimalen Kameraeinstellungen ohne ND-Filter ermittelt. Hierzu wird der ISO-Wert auf die niedrigste native Stufe gestellt. Die Belichtungszeit muss so eingestellt werden, dass die Helligkeit des Bildes passt. Als Beispiel können die Kameraeinstellungen von ISO 100, f/8 und 1/200 Sek. angenommen werden, welche die Kamera ohne ND-Filter vorschlägt.

Erst an dieser Stelle wird der ND-Filter vorsichtig auf das Objektiv geschraubt. Auch muss der Sucher der Spiegelreflexkamera geschlossen werden – bei spiegellosen Systemkameras entfällt dieser Schritt.

Bei Verwendung eines ND-3.0-Filters gelangt wesentlich weniger Licht durch das Objektiv in die Kamera, der absolute Einfluss des Streulichts durch den Sucher bleibt indes unverändert. Im Verhältnis nimmt dieser Einfluss jedoch um das Tausendfache zu und der Effekt des Streulichts wird bildwirksam, wie die folgende Abbildung zeigt. In diesem Zusammenhang sollte insbesondere bei Tilt-Shift-Objektiven darauf geachtet werden, dass diese ebenfalls abgedeckt werden, da die Mechanik potenzielle Schwachstellen für Licht-Leckagen bildet.

Einfluss von Streulicht: Dieses Bild wurde bei ISO 100, f/22 und 8 Sekunden aufgenommen, dabei befand sich der Objektivdeckel noch auf der Kamera. Mit Objektivdeckel wäre eigentlich ein schwarzes Bild zu erwarten. Bei geöffneter Streulichtabdeckung gelangt allerdings Licht auf den Sensor. Dieses Streulicht kann zu verfälschten Farben und sehr blassen Kontrasten führen, daher sollte der Sucher immer abgedeckt werden. Auch die Objektivanschlüsse oder die Mechanik von Tilt-Shift-Objektiven können potenzielle Licht-Leckagen darstellen und sollten abgedeckt werden. Bei gleichen Kameraeinstellungen und abgedecktem Sucher wurde im Übrigen tatsächlich ein schwarzes Bild erzielt.

Bis hierhin wurden alle Kameraeinstellungen ermittelt, das Bild ist fokussiert, die Spiegelvorauslösung aktiviert, Bildstabilisator und Autofokus sind ausgeschaltet, der ND-Filter befindet sich auf der Kamera und der Sucher ist ebenfalls verschlossen.

Nun wird der Fernauslöser an die Kamera angeschlossen, doch bevor er ausgelöst werden kann, muss die vorher ermittelte Belichtungszeit angepasst werden.

Umrechnung der Filterangaben in den Verlängerungsfaktor

Für die richtige Berechnung der Belichtungszeit müssen die Angaben auf dem Filter beachtet werden. Für die Berechnung der Belichtungszeit ist der Verlängerungsfaktor X notwendig. Dieser ist auf den meisten ND-Filtern bereits angegeben. Sollte er nicht angegeben sein, muss er zunächst ermittelt werden.

Umrechnung der logarithmischen ND-Angabe zum Verlängerungsfaktor:

Angaben wie ND1.8 oder ND3.0 beziehen sich auf den dekadischen Logarithmus mit einer 10er-Basis. Die genannte ND-Angabe muss zur Berechnung des Verlängerungsfaktors als Exponent eingesetzt werden:

$$ND3.0 = 10^{3.0} \triangleq 1000x$$

Aus dieser Formel ergibt sich, dass ein ND3.0-Filter die Belichtungszeit um den Faktor 1000 verlängert. Dieser Wert sollte beispielsweise mit einem Permanentmarker auf der Verpackung des ND-Filters vermerkt werden.

Umrechnung der F-Stop-Angabe in den Verlängerungsfaktor: Ähnlich wie bei der Umrechnung der ND-Angabe, handelt es sich bei der F-Stop- bzw. bei der Blendenstufen-Angabe ebenfalls um eine logarithmische Funktion, allerdings mit der Zwei als Basis. Ein 6-stop-ND-Filter hat also einen Verlängerungsfaktor von:

$$6 \text{ stops} \triangleq 2^6 \triangleq 64x$$

Die Belichtungszeit wird also um den Faktor 64 verlängert. All diejenigen, die über ND-Filter mit aufgedruckten Verlängerungsfaktoren verfügen, müssen die beiden vorherigen Anmerkungen nicht weiter beachten.

Berechnung der Belichtungszeit

Die Berechnung der Belichtungszeit ist nicht wirklich kompliziert. Dabei handelt es sich um eine einfache Multiplikation. Dennoch existieren hierzu auch zahlreiche Apps, die den Umgang ein wenig erleichtern können.

Die Formel für die Berechnung lautet:

$$Zeit_{Ohne\ Filter} \cdot Filterfaktor_x = Zeit_{Mit\ Filter}$$

Falls ohne ND-Filter im Vorfeld eine optimale Belichtungszeit von 1/200 Sek. ermittelt worden ist und nun eine Langzeitbelichtung mit einem 1000x–ND-Filter durchgeführt werden soll, so wird folgende Belichtungszeit benötigt:

$$\frac{1}{200}\ Sek_{Ohne} \cdot 1000 = 5\ Sek_{Mit}$$

Bei Verwendung eines ND-3.0-Filters (1000x) muss die Belichtungszeit auf 5 Sekunden eingestellt werden, sofern die vorher ermittelte Belichtungszeit bei 1/200 Sek. lag, um ein richtig belichtetes Bild zu erhalten. Hierzu bedarf es nicht unbedingt einer separaten App, da dies auch in der normalen Taschenrechner-Funktion schnell auszurechnen ist.

Bei Kombination mehrerer ND-Filter werden die Verlängerungsfaktoren entsprechend multipliziert. Ein ND 64x und ein ND 1000x ergeben zusammen einen Verlängerungsfaktor von 64.000x.

Bei Verwendung der beiden ND-Filter wäre die optimal einzustellende Belichtungszeit wie folgt:

$$\frac{1}{200}\,Sek \cdot 64 \cdot 1000 = 320\,Sek$$

$$\frac{320\,Sek}{60\,Sek/min} \cong 5{,}33\text{ min} \triangleq 5{:}20\,min$$

Um die Belichtungszeit zu ermitteln, sind nur die vorher ermittelte Belichtungszeit sowie der Filterfaktor notwendig.

Bisher war die Herangehensweise bei der Berechnung so, dass die Kamera ohne Filter eine bestimmte Belichtungszeit ermittelt hatte und ausgerechnet werden soll, wie sehr sich die Belichtungszeit verlängert, sofern ein bestimmter Filter verwendet wird. Das Endresultat der Belichtungsdauer war bis hierhin eher dem Zufall überlassen.

Diese Herangehensweise lässt sich aber auch umkehren, indem vorher festgelegt wird, wie lang die endgültige Belichtungszeit sein soll. Unter Beachtung dessen, welche Filterstärke zur Verfügung steht, kann ausgerechnet werden, wie lang die Belichtungszeit ohne Filter sein muss, bei der das Bild optimal belichtet wird. Hierzu muss lediglich die anfangs genannte Formel umgestellt werden:

$$\frac{Zeit_{mit\ Filter}}{Filterfaktor_x} = Zeit_{Ohne\ Filter}$$

Sofern wir beispielsweise eine Belichtungszeit von 10 Minuten (600 Sekunden) zum Ziel haben und uns zwei ND-Filter mit einem kombiniertem Filterfaktor von 64.000 zur Verfügung stehen, berechnet sich die vorher in der Kamera einzustellende Belichtungszeit wie folgt:

$$\frac{600\,Sek}{64.000} = 0{,}0094\,Sek$$

$$\frac{1}{0{,}0094} = 106 \triangleq \frac{1}{106}\,Sek \sim \frac{1}{100}\,Sek$$

Die zuvor einzustellende Belichtungszeit ohne ND-Filter müsste bei 0,0094 Sekunden liegen, was in etwa einer Belichtungszeit von 1/100 Sek. entspricht.

Da die meisten ND-Filter aufgrund von Fertigungstoleranzen selten den aufgedruckten Wert exakt erreichen, kann es vorkommen, dass trotz korrekter Berechnung das Bild etwas zu hell oder zu dunkel erscheint. In diesem Fall müsste die Belichtungszeit durch Schätzung ein wenig nachreguliert werden. Außerdem können sich auch während der Belichtung die Lichtverhältnisse ändern. Bei plötzlich vorbeiziehenden Wolken ist es empfehlenswert, ein wenig Zeit auf den berechneten Wert draufzuschlagen.

Bei sehr langen Belichtungszeiten größer 5 min erscheinen Wolken strukturlos und Wasserflächen komplett glatt. Für dieses Foto wurden ein ND1.8 und ein ND3.0-Filter kombiniert.

Nikon D800E | ISO 80 | Brennweite 50mm (Zeiss Planar 50mm 1.4) | Blende 7.1 | Belichtungszeit 7 Minuten (ND 64.000x)

Kameraeinstellungen anpassen

Bevor der ND-Filter auf das Objektiv geschraubt wird, müssen die Kameraeinstellungen so angepasst werden, dass bei dem niedrigsten ISO-Wert (z. B. ISO 100) und bei einer Belichtungszeit von 1/100 Sek. das Bild optimal belichtet ist. Dies kann nur über die Anpassung der Blendenöffnung erfolgen. Hierzu muss der Blendenwert so eingestellt werden, dass das Bild weder zu hell noch zu dunkel erscheint. Wenn zuvor bei einer Blende von f/8 eine Belichtungszeit von 1/200 Sek. vorgeschlagen wurde, so müsste die Blende auf f/11 abgeblendet werden (eine Blendenstufe), um auf eine Belichtungszeit von 1/100 Sek. zu kommen. Unter Beibehaltung des so ermittelten Blendenwertes, kann die Belichtungszeit bei Verwendung der beiden ND-Filter auf 10 Minuten verlängert werden.

Durch den starken Wind ist selbst bei vergleichsweise kurzen Belichtungszeiten von nur 30 Sekunden ein ausgeprägter Effekt der Bewegungsunschärfe in den Bäumen zu erkennen.

Nikon D7200 (APS-C) | ISO 100 | Brennweite 11mm (Tokina 11-16) | Blende 13 | Belichtungszeit 30 Sekunden (ND 1000x)

Kombination mit Polarisationsfilter

Der Polarisationsfilter kann Spiegelungen und Reflexionen verstärken oder diese abschwächen, bis sie nahezu ganz verschwinden. Gleichzeitig intensiviert der Polarisationsfilter die Farben. So wirken Pflanzen grüner und intensiver, aber auch der Himmel kann zu einem kräftigen Blau abgedunkelt werden. Die Stärke und Auswirkung des Effekts hängt allerdings vom Drehwinkel bzw. von der Ausrichtung des Polfilters ab. Die Einstellung des richtigen Winkels wird dadurch ermöglicht, das Polfilter drehend gelagert sind.

Beim Versuch, eine Langzeitbelichtung mit ND- und Polarisationsfilter durchzuführen, wird es allerdings nahezu unmöglich sein, den Effekt des Polfilters richtig zu beurteilen und dessen Ausrichtung optimal einzustellen. Dadurch dass der ND-Filter das Bild so stark abdunkelt, ist ein Unterschied in den Farben oder den Reflexionen mit bloßem Auge kaum festzustellen.

Bei der Kombination von Polarisations- und ND-Filtern muss darauf geachtet werden, zuerst den Polfilter aufzuschrauben und dessen Ausrichtung für den gewünschten Effekt einzustellen. Wichtig ist an dieser Stelle, dass die Ausrichtung des Filters gemerkt werden muss. Ferner muss die Belichtungszeit in Kombination mit dem Polfilter, aber ohne ND-Filter, ermittelt werden. Polfilter dunkeln das Bild nämlich ebenfalls geringfügig ab (ca. -1 EV), allerdings variiert die Stärke des abdunkelnden Effekts je nach Hersteller und sie ist nicht auf dem Filter vermerkt. Die mit dem Polfilter ermittelte Belichtungszeit wird für die spätere Berechnung der Langzeitbelichtung mit ND-Filter benötigt.

Polfilter sind drehend gelagert. Der gewünschte Effekt lässt sich über den Drehwinkel einstellen. Dies kann jedoch nur ohne ND-Filter begutachtet werden, da das Bild ansonsten zu dunkel und somit für das Auge nicht erkennbar wäre. Der eingestellte Drehwinkel kann gemerkt werden, indem die Filterbeschriftung zur Orientierung verwendet wird. In diesem Fall ist der gewünschte Effekt dann gegeben, wenn der Buchstabe X von der Filterbezeichnung im 90°-Winkel rechts ausgerichtet ist (rote Markierung). Der Polfilter muss später in der gleichen Ausrichtung auf den ND-Filter geschraubt werden, damit auch bei der Langzeitbelichtung der gewünschte Effekt eintritt.

Panorama und Architektur

Seitdem nahezu alle Smartphones über eine entsprechende Funktion verfügen, sollten Panoramen wahrscheinlich jedem bekannt sein. Dabei stellen klassische Schwenkpanoramen, bei denen während der Aufnahme die Kamera von links nach rechts geschwenkt wird, die bekannteste Variante dar. Mithilfe solcher Panoramen können sehr weitwinklige Szenen in einem breiten Bildformat gezeigt werden. Allerdings ist das Thema der Panoramafotografie wesentlich komplexer.

Die Panoramafotografie ist sehr vielfältig und neben den klassischen Schwenkpanoramen gibt es eine Vielzahl von anderen Arten der Panoramafotografie. Sie unterscheiden sich einerseits in der Aufnahmetechnik, andererseits in der Bildbearbeitung und der dazugehörigen Projektionsberechnung. Die Projektionsart hat einen maßgeblichen Einfluss auf die Darstellung eines Panoramas, so ähnlich wie dies auch bei der Darstellung von Weltkarten der Fall ist.

Bei der Mercator-Projektion werden die Pole und die nördlichen Länder, wie z. B. Grönland, viel zu groß und überzeichnet dargestellt. Die Hammer-Projektion ist hingegen flächen-, aber nicht winkeltreu. Bei Panoramen verhält es sich mit der Projektionsart sehr ähnlich. Die stereografische 300-Grad-Projektion ermöglicht beispielsweise die Darstellung der bekannten „Little-Planet-Panoramen", die sich deutlich von den normalen Schwenk-Panoramen unterscheiden. Im Folgenden sollen allerdings nur die für die Architekturfotografie relevantesten Arten der Panoramafotografie in aller Kürze vorgestellt werden.

Ausrüstung für Panoramafotografie

Ob es für die Panoramafotografie einer speziellen Ausrüstung bedarf, hängt stark vom Motiv und von der Art des Panoramas ab. Der Effekt, um den es hier geht, hängt mit der perspektivischen Verschiebung zusammen. Wenn beispielsweise ein Auge zugekniffen wird, um mit ausgestrecktem Arm den eigenen Daumen mit einem Gegenstand in einigen Metern Entfernung in Deckung zu bringen, so wird der Gegenstand gezielt angepeilt werden. Sobald man jedoch den Versuch unternimmt, die Situation durch das andere Auge zu betrachten und das zuvor zugekniffene Auge öffnet, werden Daumen und Gegenstand nicht mehr perspektivisch übereinanderliegen.

Effekt der perspektivischen Verschiebung

Der Effekt der perspektivischen Verschiebung (Parallax-Effekt) führt dazu, dass es keine überlappenden und komplett deckungsgleichen Bereiche in einem Bild gibt, was die Berechnung eines Panoramas erschwert und zu Stitching-Fehlern führt. Die Nahtstellen zwischen den Einzelbildern werden in einem Panorama dann nicht mehr sauber ausgeführt.

Wenn mit ausgetrecktem Arm abwechselnd durch das rechte oder das linke Auge geschaut wird, wird der Effekt der perspektivischen Verschiebung deutlich. Beim Schwenken einer Kamera tritt der gleiche Effekt auf, was das korrekte Zusammenfügen der Einzelbilder erschwert. Auf einem normalen Stativ lässt sich der Stativkopf drehen, wodurch das Schwenken der Kamera ermöglich wird. Dabei befindet sich der Drehpunkt normalerweise unter der Kamera. Dies führt dazu, dass beim Schwenken die Eintrittspupille bzw. die Frontlinse des Objektivs ihre Position verändert und es zur perspektivischen Verschiebung kommt.

Um das zu verhindern, ist ein sogenannter Nodalpunktadapter nötig. Dieser versetzt die Kamera auf dem Stativ nach hinten, sodass sich der Drehpunkt jetzt exakt unter der Eintrittspupille befindet. Beim Schwenken des Kamerasystems wird die Position der Eintrittspupille nun nicht mehr verändert und die perspektivische Verschiebung wird von vornherein verhindert.

Ein Nodalpunktadapter verschiebt die Kamera nach hinten, sodass der Drehpunkt exakt unter der Eintrittspupille des Objektivs liegt und es beim Drehen der Kamera zu keiner perspektivischen Verschiebung kommt. Das hier gezeigte Setup besteht aus einem KISS-Nodalpunktadapter von PT4Pano, einer Nikon Vollformat DSLR und einem APS-C-Fisheye-Objektiv für die Erstellung von 360° Panoramaaufnahmen und VR-Rundgängen. Neben solchen fixen Nodalpunktadaptern gibt es auch verstellbare, dreh- und neigbare Multi-Row-Systeme für die Verwendung anderer Objektive und Erstellung mehrzeiliger Panoramen.

In der Theorie sollte ein Nodalpunktadapter daher immer verwendet werden, um die optimale Bildqualität zu erzielen. Ob ein Nodalpunktadapter in der Praxis jedoch wirklich erforderlich ist, hängt vom Motiv ab.

Die perspektivische Verschiebung bzw. Bewegungsparallaxe tritt zwischen Vorder- und Hintergrund auf. Ist hingegen kein richtiger Vordergrund im Bild vorhanden, weil sich die komplette Szenerie in großer Entfernung befindet (z. B. Städtepanorama der Skyline), ist es selbst ohne Stativ, frei aus der Hand, möglich, vernünftige Ergebnisse zu erzielen. Zwar tritt der perspektivische Effekt auch bei weit entfernten Motiven auf, allerdings ist dieser verhältnismäßig gering, sodass er nicht bildwirksam wird.

Ist unser Motiv hingegen sehr nah an der Kamera dran, wird ein Nodalpunktadapter zur Pflicht. Panoramen in engen Innenräumen werden ohne diesen nicht gelingen. Bei Motiven mit einer mittleren Entfernung, wie diese bei Außenaufnahmen einzelner Gebäude auftreten können, wäre eine Panoramaaufnahme ohne Nodalpunktadapter eher grenzwertig, sie könnte gegebenenfalls aber noch funktionieren. Je mehr räumliche Tiefe durch einen Vordergrund im Bild und durch eine geringere Entfernung zum Hauptmotiv vorhanden sind, desto eher ist ein Nodalpunktadapter notwendig. Anderenfalls kann es beim Zusammensetzen der Einzelbilder zu einem Panorama zu Stitching-Fehlern mit Versätzen an den Nahtstellen kommen.

Einzeilige Schwenk-Panoramen

Bei einzeiligen Schwenk-Panoramen werden mehrere Hochformatfotos erstellt, während die Kamera langsam horizontal geschwenkt bzw. gedreht wird. Auf diese Art und Weise wird ein sehr weitwinkliges Bild erzeugt. Die zusammengefügten Hochformatbilder ergeben am Ende ein breites Querformatpanorama. Die einzeiligen Schwenk-Panoramen sind mitunter die bekanntesten Vertreter der Panoramafotografie, da sie nahezu jedes Smartphone und jede Kompaktkamera von Haus aus unterstützt. Auf diese Art der Panoramaaufnahme lassen sich verschiedene Projektionsarten anwenden.

Bei einzeiligen Schwenk-Panoramen wird typischerweise die zylindrische Projektion besonders häufig angewendet. Diese zeichnet sich durch eine Verkrümmung von horizontalen Linien aus. Einzeilige Schwenk-Panoramen sind besonders einfach durchzuführen. Sofern das Motiv ausreichend weit entfernt ist und es keinen sichtbaren Vordergrund im Bild gibt, gelingen einfache Schwenk-Panoramen sogar aus der Hand ohne Stativ oder Nodalpunktadapter. Für die Architekturfotografie eignen sich einzeilige Schwenk-Panoramen allerdings nur be-

Bei diesem Bild handelt es sich um ein beschnittenes Schwenk-Panorama, das aus vier Hochformat-Einzelaufnahmen mit je 30 % Überlappung zusammengesetzt wurde. Durch die Projektionsart erscheinen die horizontalen Linien gewölbt, was insbesondere anhand der schwarzen Linien unten im Wasserbecken deutlich erkennbar ist. Die Proportionen des Gebäudes werden dadurch verfälscht, dafür verleiht dies dem Bild aber mehr Tiefe. Der Einsatzzweck ist also eher künstlerischer Natur. Aufgrund der mittelgroßen Entfernung war ein Nodalpunktadapter nicht notwendig.

Nikon D810 | ISO 64 | Brennweite 20mm (Voigtländer 20mm 3.5) | Blende 5.6 | Belichtungszeit 1/50 Sek. (4x).

dingt, da die Proportionen von Gebäuden verfälscht werden.

Mehrzeilige Schwenk-Panoramen

Neben einzeiligen Panoramen ist es selbstverständlich auch möglich mehrzeilige Panoramen zu erstellen. Die sechs Einzelaufnahmen werden später zu einem zweizeiligen Panorama mit je drei Bildern pro Zeile zusammengefügt. Bei der Aufnahme ist darauf zu achten, dass die Überlappung zwischen den Aufnahmen ausreichend groß ist. Bei so geringen Entfernungen zum Gebäude sollte ein Nodalpunktadapter verwendet werden, da es ansonsten zu sichtbaren Bildfehlern kommen kann. Es gilt, die Aufnahmen in der Bildbearbeitung zu einem Panorama zusammenzufügen und die richtige Projektionsmethode zu wählen:

Kugelprojektion

Ähnlich wie es bei der zylindrischen Projektion von einzeiligen Panoramen zur Krümmung horizontaler Linien kommt, wirkt sich die kugelförmige Projektion auf mehrzeilige Panoramen aus. Die passende Projektionsmethode hängt nicht nur von der Aufnahmetechnik, sondern auch vom Motiv ab.

Oben: Die Kugelprojektion führt zur Krümmung von horizontalen Linien.

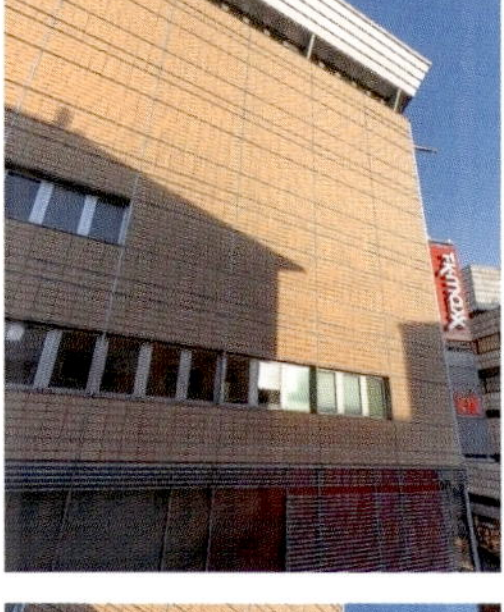

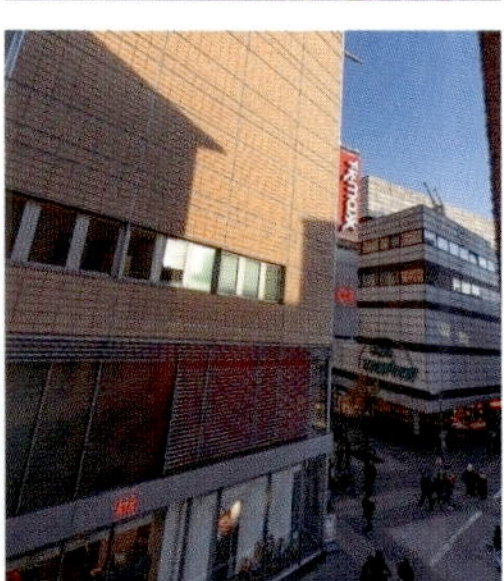

Sechs Aufnahmen für die Erstellung eines zweizeiligen Panoramas mit je drei Bildern pro Zeile. Bei so geringer Entfernung zum Motiv sollte ein Nodalpunktadapter verwendet werden.

Nikon D810 | ISO 64 | Brennweite 14mm (Nikkor 14-24) | Blende 6.3 | Belichtungszeit 1/80 Sek. (6x)

Der Vorteil dieser Projektionsmethode ist, dass sich sowohl kugelförmige als auch zylindrisch-projizierte Panoramen in nahezu allen Bildbearbeitungsprogrammen erstellen lassen und keine spezielle Panorama-Software notwendig ist.

Flächenprojektion

Die Flächenprojektion eignet sich besonders für sehr weitwinklige Architekturszenen, da alle Linien im Bild auch gerade abgebildet werden. Insbesondere in Situationen, in denen es mit einem normalen Weitwinkel nicht möglich ist, alles ins Bild zu bekommen, kann diese Panoramatechnik Abhilfe schaffen. Mit herkömmlichen Bildbearbeitungsprogrammen wie Adobe Lightroom oder Photoshop ist eine Erstellung solcher Projektionsarten jedoch nicht möglich. Für anspruchsvollere Panoramen brauchen Sie eine spezielle Panorama-Software wie beispielsweise PTGui.

Die rektilineare Flächenprojektion entspricht der Aufnahme mit einem extremen Weitwinkelobjektiv von ca. 120° x 120°. Bei noch größeren Bildwinkeln nimmt die Weitwinkelverzerrung am Rand sichtbar zu. Zu Vermarktungszwecken eignen sich solche Bilder nur selten, da sie optisch kaum ansprechend wirken. Allerdings sind solche Ansichten für das Erstellen von Renderings und 3D-Modellen oft notwendig.

360°-Kugelpanoramen

Falls mit herkömmlichen Panoramen immer noch nicht alles gezeigt werden kann, was gezeigt werden soll, so bedarf es der Zuhilfenahme von sphärischen Kugelpanoramen. Mit 360°-Kugelpanoramen kann alles abgebildet werden, was sich im Umkreis der Kamera befindet. Sphärische Kugelpanoramen weisen immer ein Seitenverhältnis von 2:1 (360 x 180°) auf. Eine verzerrungsfreie Ansicht ist nur digital mit einem speziellen Viewer für virtuelle Rundgänge möglich.

Theoretisch können Kugelpanoramen mit jedem Weitwinkelobjektiv erstellt werden. In der Praxis haben sich jedoch Fisheye-Objektive durchgesetzt, da mit ihnen weniger Einzelaufnahmen notwendig sind, um ein vergleichbares Ergebnis zu erzielen. Ein solches 360°-Panorama lässt sich bereits mit drei bis vier Einzelaufnahmen erstellen, sofern ein Fisheye-Objektiv genutzt wird.

Im nächsten Beispielbild ist das Stativ noch unten im Bild zu sehen. Das liegt daran, dass DX/APS-C-Fisheye-Objektive auf Vollformatkameras einen Bildwinkel von 220° besitzen

Stark verzerrtes und einfach retuschiertes 360°-Kugelpanorama

Nikon D810 | ISO 64 | Brennweite 10.5mm (Nikon DX 10.5mm 2.8 Fisheye) | f/ 7.1 | Belichtungszeit 1/5 Sek. (4x)

und dementsprechend leicht nach unten bzw. nach hinten schielen. Durch diesen extremen Bildwinkel eignet sich diese Kombination für das Erstellen von 360°-Panoramen, wobei drei Bilder für ein Panorama theoretisch ausreichend sind.

Bei der Wahl der Kamera muss jedoch beachtet werden, dass Canon-EF-S-Objektive nicht an Vollformatkameras montiert werden können und bei manchen Einsteigerkameras von Nikon (z. B. Nikon Z6) lässt sich der DX-Crop Mode nicht deaktivieren, sobald ein DX/APS-C-Objektiv erkannt wurde. Bei den aktuellen Nikon DSLRs stellt dies jedoch kein Problem dar.

Zwar sind für 360°-Panoramen Nodalpunktadapter zwingend erforderlich, das fotografische Vorgehen ist allerdings relativ einfach in der Handhabung. Bei den extrem weitwinkligen Fisheye-Objektiven sollte jedoch darauf geachtet werden, nicht versehentlich selbst im Bild zu stehen. Des Weiteren ist auch bei 360°-Aufnahmen auf einen symmetrischen und zentralen Standpunkt zu achten; die Bildkomposition muss auch hier beachtet werden.

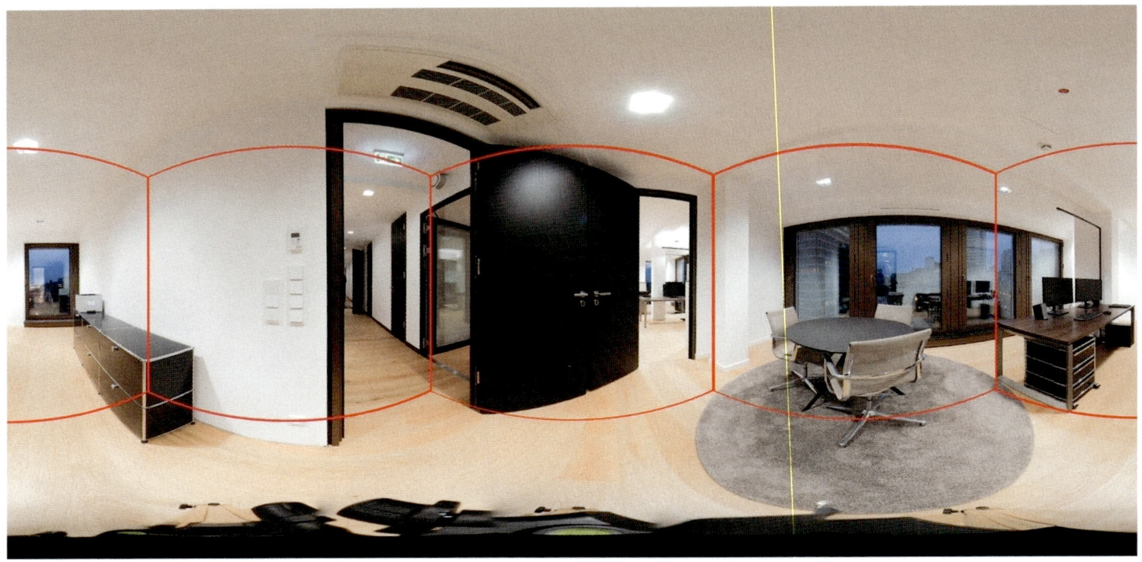

In PTGui zusammengefügtes, aber noch unretuschiertes Kugelpanorama: Das Stativ ist noch unten im Bild erkennbar. Um das Stativ aus dem Bild zu retuschieren, muss das Panorama vorher in KRPano in sechs Würfelflächen (Grenzen rot gekennzeichnet) umgerechnet werden.

Bildbearbeitung eines 360°-Panoramas

Die digitale Bildbearbeitung eines 360°-Panoramas ist jedoch wesentlich komplizierter als die Erstellung der Fotos. Zunächst einmal müssen die RAW-Dateien in Adobe Lightroom entwickelt und als TIFF-Datei exportiert werden. Diese TIFF-Dateien werden dann in PTGUI zu einem Kugelpanorama gestitcht. Dabei ergibt sich das Problem, dass das Stativ unten im Bild zu sehen sein wird.

Nun muss das Panorama mit KRPano in sechs Würfelflächen (siehe rote Markierungen in obiger Abbildung) umgerechnet werden, da sich das Stativ ansonsten aufgrund der starken Verzerrung nicht herausretuschieren lässt.

Anschließend werden die sechs generierten quadratischen TIFFs, insbesondere die Bodenperspektive, in Photoshop bearbeitet und das Stativ wird aus dem Bild retuschiert.

Die sechs retuschierten Würfelflächen können letztendlich in KRPano zurück in ein 2:1-Panorama umgewandelt werden. Das nun fertige 360°-Kugelpanorama ist allerdings stark verzerrt. Eine entzerrte Ansicht ist nur auf einem Bildschirm mit entsprechendem Viewer möglich. Dabei können mehrere Panoramen bzw. Standpunkte in Panotour Pro zu einer virtuellen Tour miteinander verknüpft werden.

Virtuelle PanoramaTouren

Beispiele für solche Touren finden Sie hier:

www.architekturfotografie-frankfurt.com/vr-touren

Perspektivische Shift-Panoramen

Für die Erstellung von Shift-Panoramen sind Tilt-Shift-Objektive notwendig; ein Nodalpunktadapter wird nicht benötigt. Für ein Querformatpanorama muss die Kamera ins Hochformat gebracht werden. Anschließend wird das Tilt-Shift-Objektiv von links nach rechts geshiftet, wobei Einzelaufnahmen mit ca. 30 % Überlappung gemacht werden sollten. Die Kamera wird während der Aufnahme nicht bewegt.

Normalerweise können Polarisationsfilter in der Panoramafotografie nicht verwendet werden, da sich mit dem Neigen der Kamera die Winkel und somit auch das Verhalten der Reflexionen ändern. Bei Shift-Panoramen können Polarisationsfilter hingegen problemlos eingesetzt werden, da die Kamera hierbei nicht geneigt werden muss, um den Bildausschnitt zu verschieben. Ein weiterer Vorteil ist, dass im Vergleich zu den Schwenk-Panoramen alle horizontalen Linien gerade dargestellt werden.

Außerdem brauchen Sie für die Berechnung von Shift-Panoramen keine spezielle Software.

Drei Tilt-Shift-Einzelaufnahmen: Mit einem Tilt-Shift-Objektiv lässt sich ganz einfach ein Panorama erzeugen. Hierzu wird die Kamera ins Hochformat gebracht und das TS-Objektiv wird dabei nach links und rechts geshiftet; die Kamera wird dabei nicht bewegt. Das Ergebnis ist ein Querformat-Panorama mit doppelt so hoher Auflösung wie ein normales Einzelbild.

Nikon D810 | ISO 64 | Brennweite 24mm (Nikkor 24mm 3.5 PC-E) | f/ 6.7 | Belichtungszeit 1/30 Sek. (3x)

Durch einfaches Verschieben der Einzelbilder können die Panoramen zusammengerechnet werden. Mit der Projektionsmethode „Perspektivisch" ist das selbst in Adobe Lightroom möglich. Bei Shift-Panoramen wird die Auflösung des Bildes in etwa verdoppelt und der Bildausschnitt ändert sich je nach Objektiv, wie das bei einem Cropfaktor von ca. 0,70 bis 0,75 der Fall wäre. Mit Shift-Panoramen kann somit ein hochwertiger Mittelformat-Look nachgeahmt werden.

Perspektivische Parallel-Panoramen

Stichwort Multi-Viewpoint: Ähnlich zu den Shift-Panoramen werden Parallel-Panoramen durch Verschieben des Bildes und nicht durch das Drehen bzw. Neigen der Kamera erzeugt. Bei Shift-Panoramen wird dies allerdings durch das Shiften des Tilt-Shift-Objektivs erreicht, während die Kamera nicht bewegt wird. Bei Parallel-Panoramen ist es andersherum: Hier wird die Kamera parallel zum Motiv bewegt, ein Tilt-Shift-Objektiv oder ein Nodalpunktadapter ist hierfür nicht notwendig.

Final bearbeitetes Shift Panorama mit perspektivischer Projektion aus drei Einzelbildern. Der Bildausschnitt entspricht einem 17,4-mm-Objektiv.

Parallel-Panorama in Form einer Luftbildkarte, bestehend aus ca. 40 Einzelaufnahmen. Die Drohne hat aus 100 m Höhe das Grundstück mit nach unten gerichteter Kamera zeilenweise überflogen und dabei fotografiert (erstellt in Photoshop CC).

In diesem Zusammenhang lässt sich ein Problem erahnen; bei Verlagerung des Standortes kommt es zu erheblichen perspektivischen Verschiebungen. Aus diesem Grund funktionieren Parallel-Panoramen nicht bei Motiven mit hoher räumlicher Tiefe. Sehr flache Motive lassen sich mit dieser Technik aber aufnehmen. Beispielsweise ist es mittels Parallel-Panorama möglich, eine flache Fassade oder Wand zu „scannen". Hierzu wird die Kamera immer wieder parallel zur Wand verschoben. Solange es keinen Vorder- oder Hintergrund gibt, der perspektivisch gegen unser Motiv versetzt wird, funktioniert diese Technik einigermaßen gut.

Innenraumaufnahmen

Insbesondere bei Innenaufnahmen kommt es in besonderem Maße auf die richtige Perspektive und eine durchdachte Bildkomposition an. Bei den meisten Innenraumaufnahmen ist das Wetter eher zweitrangig. Hier kommt es darauf an, was gezeigt werden soll. Bei Bürogebäuden mitten in der Stadt, wo sich vor dem Fenster möglicherweise nur ein unschöner Parkplatz oder eine Baustelle befinden, muss der Blick aus dem Fenster eigentlich nicht gezeigt werden. Im Gegenteil, für ein ansprechendes Bild wäre es sogar von Vorteil, wenn der unschöne Ausblick nicht deutlich wird. Hierzu bedarf es keiner besonderen Fototechnik.

Wird das Bild so belichtet, dass der etwas dunklere Innenraum hell wirkt, erscheinen die Fenster automatisch zu hell bzw. nahezu weiß, sodass die Szenerie im Außenbereich indirekt kaschiert wird. Soll auf dem Foto der Blick aus dem Fenster also nicht deutlich erkennbar sein, ist das Wetter, bei dem fotografiert wird, zweitrangig, da ohnehin nicht erkennbar ist, ob es draußen bewölkt ist oder nicht, wenn die Fenster sowieso weiß erscheinen. Dennoch gibt es hier einige Ausnahmen.

Der richtige Zeitpunkt

Insbesondere bei Räumen mit großen Fenstern ist das richtige Timing nicht unwesentlich. Bei sehr sonnigem Wetter sollte darauf geachtet werden, den Zeitpunkt so zu legen, dass eine direkte Sonneneinstrahlung vermieden wird. Im nächsten Beispielbild erkennen Sie, dass die direkte Sonneneinstrahlung einerseits überbelichtete und unschöne Bereiche erzeugt und dadurch auch ein flach wirkendes strukturloses Bild entsteht. In diesem Beispiel ist die Lichtsituation aber gerade noch akzeptabel. Unbrauchbar wäre das Bild spätestens dann, wenn die Sonne starke Reflexionen auf unserem Hauptmotiv, wie dem Tisch, erzeugen würde.

In solchen Situationen kann das Bild auf zwei Arten bzw. mit einer Kombination dieser beiden Techniken „gerettet" werden.

- **Variante 1**: Die erste besteht darin, das Bild durch eine kürzere Belichtungszeit insgesamt dunkler zu fotografieren. Damit der Innenraum dann aber nicht zu dunkel erscheint, muss dieser aufgehellt werden. Hierzu könnte ein sehr starker Studioblitz verwendet werden, um mit diesem die Decke anzublitzen, sodass das indirekt reflektierte Licht den Raum gleichmäßig aufhellt. Das Bild wird dadurch zunächst insgesamt noch heller, allerdings wird der Helligkeitsunterschied zwischen drinnen und draußen geringer.

Bei direkter Sonneneinstrahlung sind halbwegs schöne Ergebnisse nur schwer zu erzielen. Um Überbelichtungen zu vermeiden, ist ein Aufhellen mit Blitz oder ein HDR notwendig.

Nikon D600 | ISO 100 | Brennweite 18mm (Zeiss Milvus 18mm 2.8) | f/ 7.1 | Belichtungszeit 1/250 Sek. (HDR ± 2EV, 5x)

Somit kann die Belichtungszeit nun verkürzt werden, um wieder ein korrekt belichtetes Bild zu erhalten. Allerdings darf die Blitzsynchronzeit von ca. 1/250 Sek. nicht unterschritten werden. Ist das Bild bei einer Belichtungszeit von ca. 1/200 bis 1/250 Sek. immer noch zu hell, muss ein schwacher ND-Filter (z. B. ND 0.9) verwendet werden.

Leider führt diese aufwendige Technik mit indirektem Blitzen nur selten zu schönen Ergebnissen. Bei Verwendung eines sehr starken Studioblitzes mit z. B. 800 WS Leistung werden zwar starke Überbelichtungen durch die Sonne deutlich abgeschwächt, allerdings werden die Schatten im Bild auch alle aufgehellt, wodurch die Lichtstimmung sehr unnatürlich, flau und flach wirkt. Aus technischer Sicht ist dieser Lösungsansatz sinnvoll, aus ästhetischer Sicht aber nicht unbedingt geeignet. Daher wird diese Technik im Folgendem nicht näher erläutert.

Innenaufnahme zur blauen Stunde: Die blauen Fenster bilden einen schönen Kontrast zu den warmen Farben des Holztisches

Nikon D800E | ISO 100 | Brennweite 24mm (Nikkor 24 3.5 PC-E) | f/ 6.7 | Belichtungszeit ¼ Sek.

Frühmorgens wirkt die Lichtstimmung besonders interessant.

Nikon D810 | ISO 64 | Brennweite 24mm (Nikkor 24 3.5 PC-E) | f/ 6.7 | Belichtungszeit 0,4 Sek.

- **Variante 2**: Eine andere Variante, Überbelichtungen ohne künstliche Lichtquelle zu vermeiden, ist das Erstellen von Belichtungsreihen und HDRs. Diese erfordern allerdings eine aufwendigere Nachbearbeitung am Rechner, wirken dafür aber oft natürlicher, sofern die Bildbearbeitung richtig durchgeführt wird.

Diese kurze Einführung macht deutlich, wie aufwendig es sein kann, eine Szenerie zu retten, wenn der falsche Zeitpunkt für die Aufnahme gewählt wurde. Insbesondere bei Räumen mit großen Fenstern sollte vermieden werden, bei direkter Sonneneinstrahlung zu fotografieren. Hierzu ist es möglich, sich mithilfe einer App wie Sun Surveyor über den Sonnenstand zu informieren.

Die Ausrichtung des Gebäudes und die Lage der Räume lässt sich entweder beim Auftraggeber erfragen oder mithilfe von Google Maps zumindest abschätzen. So sollten nach Süden ausgerichtete Räume nicht mittags, sondern besser frühmorgens oder am späten Nachmittag/Abend fotografiert werden. Bei etwas schlechterem Wetter oder bei mäßiger Bewölkung können Innenräume aber nahezu zu jedem Zeitpunkt gut fotografiert werden.

Selbst wenn es nicht darauf ankommt zu visualisieren, was sich draußen vor dem Fenster befindet, kann der richtige Zeitpunkt für die Bildwirkung auch bei Innenaufnahmen von hoher

Relevanz sein. So wirken Innenaufnahmen während der blauen Stunde besonders interessant. Die Bildbeispiele zeigen, dass das blaue Außenlicht kurz vor Sonnenaufgang einen schönen Farbkontrast zu warmen oder intensiven Grün-, Rot- oder Orangetönen bilden kann. Zwar lässt sich im Allgemeinen feststellen, dass die äußeren Lichtverhältnisse eher zweitrangig sind, da gute Innenaufnahmen nahezu immer gelingen können, sofern die Sonne nicht direkt durch die Fenster scheint. Dennoch ist der richtige Zeitpunkt nicht vollkommen zu vernachlässigen, da sich die äußeren Lichtbedingungen auch auf Innenaufnahmen auswirken. Bei besonders großen Fenstern wird dies umso deutlicher.

HDR- und DRI-Bilder

Oft sind Ausblicke durch die Fenster nicht besonders schön und sie sollten besser nicht gezeigt werden. Hier bedarf es keiner besonderen Technik; bei herkömmlichen Fotoaufnahmen in Innenräumen erscheinen die Fenster zumeist sowieso überbelichtet und kaschieren somit die unter Umständen nicht so schöne Aussicht. Manchmal ist jedoch das Gegenteil der Fall und der Ausblick von drinnen nach draußen soll unbedingt gezeigt werden. Das kann ästhetische oder inhaltliche Gründe haben. Eventuell befindet sich vor dem Fenster ein schöner Garten, der gezeigt werden soll, oder der Bahnhof ist aus dem Fenster erkennbar und soll eine gute infrastrukturelle Anbindung des Objekts verdeutlichen. Warum etwas gezeigt oder nicht gezeigt werden soll, kann also unterschiedliche Gründe haben, die bereits bei der Aufnahme bedacht werden müssen, da eine entsprechende Nachbearbeitung nicht immer möglich ist.

HDR – High Dynamic Range

Die Abkürzung HDR steht für High Dynamic Range, also ein Bild mit hohem Dynamikumfang. Der Dynamikumfang umschreibt den Helligkeitsbereich von dunkel zu hell, der abgebildet werden kann, ohne dass Details verloren gehen. Je größer der Dynamikumfang, desto größer die Helligkeits-Spannweite, die dargestellt werden kann.

DRI – Dynamic Range Increase

Die Abkürzung DRI steht für Dynamic Range Increase, was sich mit Dynamikumfang-Erhöhung übersetzen lässt. Fotografisch unterscheiden sich diese Techniken nicht, allerdings bestehen in der digitalen Nachbearbeitung am Rechner kleine Unterschiede in der Herangehensweise.

HDRs und DRIs braucht man in der Immobilienfotografie, um den Ausblick aus einem Innenraum nach draußen zu ermöglichen. Normalerweise ist der Helligkeitsunterschied zwischen drinnen und draußen sehr hoch, daher werden bei herkömmlichen Fotos entweder die Innenräume zu dunkel oder die Fenster zu hell. Damit diese Helligkeitsunterschiede ausgeglichen werden können, um sowohl den Innen- als auch den Außenbereich innerhalb eines Fotos gut erkennbar zu gestalten, sind HDR- bzw. DRI-Aufnahmen notwendig.

Belichtungsreihen erstellen

Hierfür müssen Belichtungsreihen erstellt werden. Die Kamera muss also mehrere deckungsgleiche Fotos mit unterschiedlicher Belichtung aufnehmen. Die Kameraeinstellungen werden zunächst so vorgenommen, wie dies bei einer herkömmlichen Einzelaufnahme der Fall ist. Wenn das Bild beispielsweise bei 1/100 Sek. einigermaßen richtig erscheint, die Fenster aber noch etwas zu hell sind, wird diese Belichtungszeit als Ausgangspunkt gewählt.

Damit alle Bilder der Belichtungsreihe deckungsgleich sind, ist ein Stativ erforderlich. Der Autofokus muss ausgeschaltet werden, damit er sich zwischen den Aufnahmen nicht verstellt und auch die Bildstabilisierung ist zu deaktivieren. Um eine Belichtungsreihe mit unterschiedlich hellen Bildern zu erhalten, muss zwischen den Aufnahmen die Belichtungszeit verändert werden. Der ISO-Wert sowie die Blende dürfen aber nicht verändert werden.

Die zuvor ermittelte Belichtungszeit von z. B. 1/100 Sek. wird als Mittelwert genommen. Danach folgen mindesten zwei dunklere und zwei hellere Aufnahmen. Wir fotografieren also mit 1/100 Sek., 1/200 Sek., 1/400 Sek. sowie mit 1/50 Sek. und 1/25 Sek.

Vollautomatische Belichtungsreihen

Damit diese Einstellungen nicht manuell durchgeführt werden müssen, bieten nahezu alle Kameras, mit Ausnahme der Einstiegsmodelle, die Bracketing-Funktion an. Mithilfe der Bracketing-Funktion können Belichtungsreihen vollautomatisiert aufgenommen werden. Um die gleich Belichtungsreihe zu erhalten würden wir die Belichtungszeit auf 1/100 Sek. einstellen und über die Bracketing-Funktion fünf Bilder mit einem Abstand von je 1 EV (Blendenstufe) einstellen. Belichtungsreihen mit fünf, sieben oder neun Einzelbildern und einem Abstand von 0,7 oder 1,0 EV sind bei Immobilien-HDR-Aufnahmen üblich.

Je nach Kameramodell kann sich die Handhabung der Bracketing-Funktion unterscheiden. Bei den meisten professionellen Kameras ist die Bracketing-Funktion über eine Taste erreichbar. Damit die Kamera nicht nur ein Bild aufnimmt, kann die Bracketing-Funktion mit einem Selbstauslöser kombiniert werden. Hier lässt sich beispielsweise einstellen, dass die Kamera nach zwei Sekunden sieben Bilder hintereinander in einem Abstand von einer halben Sekunde aufnehmen soll.

In Kombination mit der Bracketing-Funktion nimmt die Kamera nun selbstständig Belichtungsreihen auf, ohne dass ein manuelles Nachregeln der Belichtungszeit notwendig ist. Die genaue Konfiguration dieser Funktion ist dem jeweiligen Kamerahandbuch zu entnehmen, da sich die genauen Einstellungen je nach Hersteller unterscheiden. Zur Not lässt sich eine Belichtungsreihe aber auch durch manuelles Verändern der Belichtungszeit selbst erstellen. Wichtig ist, dass am Ende ein mittelbelichtetes Bild sowie zwei bis drei zu dunkle und zwei bis drei zu helle Bilder vorliegen.

Der Begriffe HDR bzw. DRI sind nicht eindeutig definiert. Im Endeffekt bedeuten beide Begriffe nur, dass der Dynamikumfang des Bildes erhöht wird. Wie genau dies passiert, kann je nach Programm aber sehr unterschiedlich sein. Bei HDRs wird im Allgemeinen davon ausgegangen, dass das jeweilige Programm die Einzelbilder automatisch verrechnet. Bei DRIs ist in der Regel manuelles Arbeiten mit Ebenen und Masken notwendig, sodass der Nutzer die Helligkeitskorrekturen eigenständig ins Bild malt.

HDR mit Lightroom

Aber auch HDRs führen mitunter zu sehr unterschiedlichen Ergebnissen. In Adobe Lightroom erstellte HDRs lassen sich ohne weitere Bildbearbeitung nicht von herkömmlichen Fotos unterscheiden. Die HDR-Funktion in Lightroom erstellt neue RAW-Dateien im DNG-Format, die mehr Helligkeitsinformationen beinhalten, diese ohne weitere Zuarbeit aber nicht darstellen. Dass es sich um ein HDR handelt, wird erst dadurch bemerkbar, dass sich die Regler für die Belichtungsanpassung wesentlich weiter verstellen lassen.

Selbst aus der RAW-Datei lassen sich die stark überbelichteten Bereiche im Außenbereich nicht retten. Die Rasenfläche im Garten ist viel zu hell und kaum noch erkennbar.

Erst wenn man die Regler stark bewegt und mit lokalen Anpassungen arbeitet, werden die Vorteile eines HDRs in Lightroom sichtbar. Unbearbeitete oder nur dezent bearbeitete HDRs sehen in Lightroom hingegen genauso aus wie alle anderen Fotos. Erst die Bildbearbeitung macht daraus ein „richtiges" HDR. Der Vorteil von Lightroom ist also, dass die Bilder sehr natürlich wirken und nicht wie klassische HDRs aussehen. Der Nachteil besteht darin, dass entsprechende Effekte erst durch eine zeitintensive Bildbearbeitung sichtbar werden.

HDR mit Photoshop

In Adobe Photoshop ist hingegen weniger manuelles Nachbearbeiten nötig, um den HDR-Effekt sichtbar zu machen. Allerdings wirken die HDR-Effekte in Photoshop sehr rau und kontrastreich. Die Bildwirkung ist also nicht unbedingt sauber, dezent und natürlich. Für saubere Aufnahmen eines hellen Hotelzimmers ist die HDR-Funktion von Photoshop daher eher ungeeignet. Für kontrastreiche Motive, wie beispielsweise eine rustikale Bar mit alter Holzeinrichtung, kann der HDR-Effekt aus Photoshop aber sehr gut wirken. Der Vorteil von Photoshop ist, dass die Bilder vollautomatisch zu einem HDR überblendet werden und weniger manuelle Einstellungen erforderlich sind, um einen sichtbaren Effekt zu erzielen. Allerdings wirken die Bilder oft sehr rau und kontrastreich, was nicht zu jedem Motiv passt.

HDR mit Aurora HDR

Aurora HDR von Skylum stellt diesbezüglich einen Mittelweg dar. Die Bilder werden vollautomatisch überblendet und das Programm

Das HDR aus sieben Einzelaufnahmen mit je 1 EV Abstand lässt den Innenraum hell erscheinen, gleichzeitig ist der Außenbereich gut erkennbar (erstellt in Aurora HDR).

Nikon D800E | ISO 100 | Brennweite 19mm (Tamron 15-30 SP) | f/ 7.1 | Belichtungszeit 1/500 Sek. (HDR ± 3EV, 7x)

erspart somit viel Zeit in der Nachbearbeitung. Gleichzeitig wirken die Ergebnisse einigermaßen natürlich und eignen sich daher auch für Räumlichkeiten, bei denen ein sauberer Bildstil bevorzugt wird.

Video-Tutorials

Manuell erstellte DRI-Bilder, in denen die Fenster beispielsweise von Hand ausgeschnitten werden und durch dunklere Fenster ersetzt werden, wirken mit Abstand am besten. Allerdings ist viel Erfahrung in der Bildbearbeitung notwendig, damit die Ergebnisse am Ende auch realistisch aussehen. Zudem sind DRIs sehr zeitintensiv. Auf YouTube befinden sich auf meinem Kanal „Patrick Zasada" (*www.youtube.com/zasadapictures*) zahlreiche Video-Tutorials rund um das Thema Bildbearbeitung und Photoshop. Auch zu den Themen HDR und DRI sind Inhalte vorhanden.

Blitzen in Innenräumen

Das Benutzen des Blitzes in der Immobilienfotografie ist meistens keine gute Idee. Grundsätzlich ist das Einsetzen des Blitzlichts sinnvoll, allerdings erfordert es eine Menge Übung und viel Erfahrung, den Blitz so einzusetzen, dass das Bild am Ende auch gut aussieht. Bei Porträts ist das beispielsweise viel einfacher: Mit entfesseltem Blitzen, dezentem Streiflicht von der Seite oder einer Softbox als Fülllicht lassen sich mit etwas Übung schnell spannende Lichtstimmungen erzeugen. Das funktioniert bei Immobilienaufnahmen aber nicht.

Für den Außenbereich gibt es keinen Blitz, der hell genug wäre, um ein Gebäude auszuleuchten. Bei Innenaufnahmen wird hingegen oft sehr weitwinklig fotografiert, was zur Folge hat, dass beim entfesselten Blitzen mit Lichtformern von der Seite die Lichtquelle automatisch immer mit im Bildausschnitt zu sehen wäre. Um das zu vermeiden, kann es dazu führen, dass der Blitz hinter die Kamera positioniert oder die Decke angeblitzt wird, um durch das indirekt reflektierte Licht den Raum aufzuhellen, ohne dass der Blitz selbst im Bild zu sehen ist.

Das funktioniert zwar, sieht aber nicht gut aus. Entweder werden durch die Blitzrichtung nach hinten gerichtete Schatten und unschöne Reflexionen erzeugt, oder das Bild wird durch den indirekten Blitz so gleichmäßig ausgelichtet, dass nahezu alle Schatten verschwinden und das Bild dadurch sehr flach, flau und langweilig wirkt. In beiden Fällen ist die Bildwirkung unnatürlich. Deswegen ist es insbesondere für Anfänger empfehlenswert, auf den Blitz vorerst zu verzichten und mit natürlichem Licht zu üben.

Durchführung von Mehrfachbelichtungen

Aus fotografischer Sicht ist das Blitzen in der Immobilienfotografie relativ einfach. Allerdings ist nahezu immer eine intensive digitale Bildbearbeitung notwendig, was dieses Thema relativ kompliziert erscheinen lässt. Hierzu kann ein normaler externer Kompaktblitz benutzt werden, der über eine Funkstrecke von der Kamera ausgelöst wird. Die Kamera kann ihrerseits mithilfe eines Funk-Fernauslösers bedient werden. Somit ist entfesseltes Blitzen möglich, woraus sich die Möglichkeit ergibt, bestimmte Objekte in einem Raum aus unterschiedlichen Richtungen anzublitzen.

Solange der Blitz das Motiv nicht aus Richtung der Kamera ausleuchtet, sondern eher von der Seite geblitzt wird, können Akzente durch Licht und Schatten bewusst gesetzt werden. Dabei können auch bestimmte Lichtformer zum Einsatz kommen. Das direkte Blitzen ohne Lichtformer sorgt für Reflexionen und sehr harte Schatten, ähnlich wie dies bei Außenaufnahmen bei direkter Sonneneinstrahlung der Fall ist. Eine Softbox formt hingegen ein eher weiches Licht, wie dies draußen auch bei starker Bewölkung der Fall ist; die Schatten werden dadurch etwas aufgehellt, starke Reflexionen werden vermieden und das Licht ist etwas sanfter. Je größer die Softbox, desto weicher das Licht.

In diesem Kapitel soll es aber nicht um die unterschiedlichen Lichtformer gehen, da allein dieses Thema den Umfang des Buches bei Weitem überschreiten würde. Es sei an dieser Stelle lediglich erwähnt, dass der Umgang mit diversen Lichtformern sinnvoll ist und bei Innenaufnahmen entfesselt geblitzt werden muss, um dem Bild durch das Erzeugen von Schatten eine größere räumliche Tiefe zu verleihen.

Beim entfesselten Blitzen von bestimmten Bildpartien kann zwar eine sehr spannende und schöne Lichtstimmung erzeugt werden,

Durch das Anblitzen von hinten/oben wird auf den Metallstreben am Schutzgeländer eine schön wirkende Reflexion verursacht. Allerdings ist der auf der Treppe stehende Fotograf selbst im Bild zu sehen.

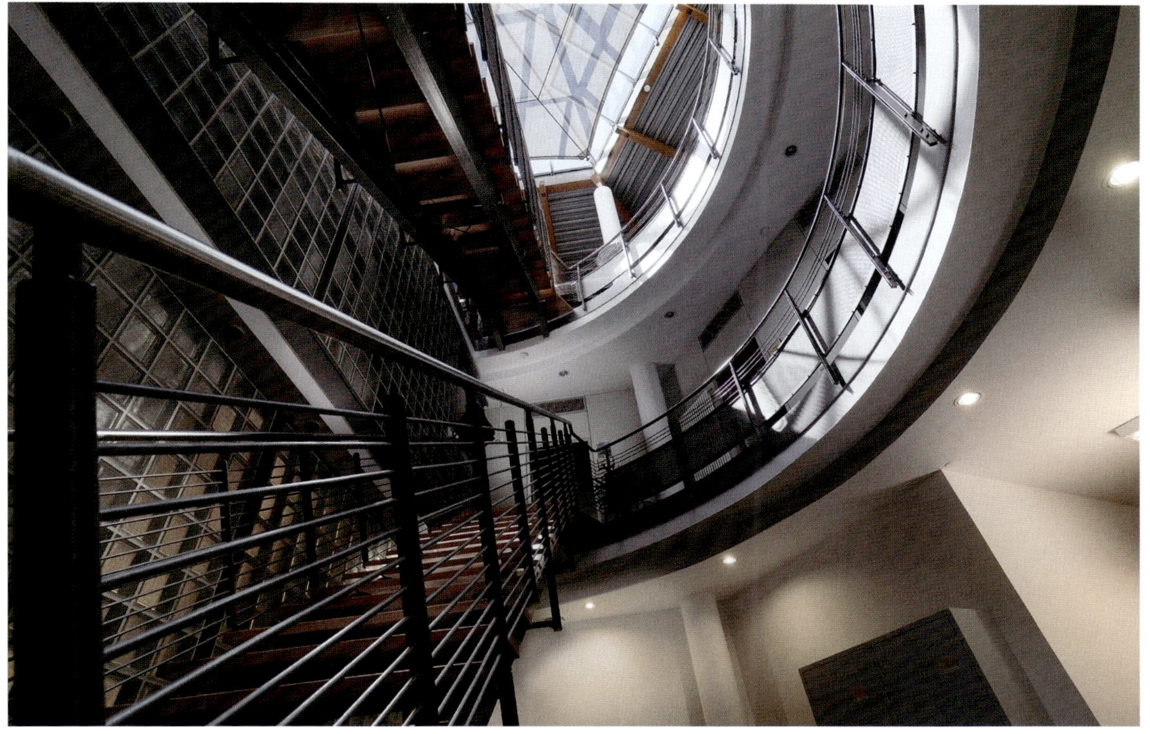

Das fertige Bild besteht aus mehreren Einzelaufnahmen, aus denen jeweils nur der angeblitzte Teilbereich des Bildes entnommen wurde. Durch das Spiel mit Licht und Schatten wird eine interessante Lichtstimmung erzeugt. Das Geländer sowie die obere Treppe weisen Reflexionen auf und auch die mittlere Etage ist deutlich heller als im Ursprungsbild. Der untere linke Bereich ist ebenfalls heller und durch den Schattenwurf kommen die architektonischen Formen besser zum Vorschein.

allerdings ist der Fotograf mit dem Blitz selbst im Bild zu sehen.

Die Abbildung macht deutlich, wie das Arbeiten mit einem Blitz in Innenräumen funktioniert: Der Fotograf läuft mit dem Blitz durchs Bild und blitzt dabei unterschiedliche Details an. Dabei werden mehrere Einzelaufnahmen erzeugt, bei denen der Fotograf immer selbst mit im Bild zu sehen ist.

Das fertige Bild kann schnell aus 20 oder mehr Einzelaufnahmen zusammengesetzt sein. Um den Fotografen aus jedem einzelnen Bild wieder zu entfernen, ist eine Bildbearbeitung daher unumgänglich. Hierzu werden die deckungsgleichen Aufnahmen übereinandergelegt und der Fotograf wird aus jeder einzelnen Ebene manuell herausmaskiert.

Anpassung der Farbtemperatur

Im oben dargestellten Bildbeispiel wird aber unter Umständen ein leichtes Problem erkennbar: Die angeblitzte Holztreppe erscheint farblich etwas verfälscht. Unterschiedliche Lichtquellen haben unterschiedliche Farbtemperaturen. Dieser Effekt ist insbesondere von abendlichen Fotos in Innenräumen bekannt, wenn das Bild plötzlich leicht gelblich bis orange wirkt. Innenbeleuchtung, wie z. B. Glühbirnen, weist in der Regel eine relativ warm wirkende Farbtemperatur auf.

Dieser Effekt kann durch das Einstellen einer geringen Farbtemperatur von 2.500 bis 3.000 K kompensiert werden. Die Farbtemperatur wird also ins Bläuliche gezogen, damit das orangene Bild wieder normal wirkt. Hierzu muss der Weißabgleich verändert werden.

Ein Blitzlicht weist normalerweise eine Farbtemperatur von 5.500 K auf, was dem Tageslicht entspricht. Problematisch wird dies, wenn die sonstige Innenraumbeleuchtung eine andere Farbtemperatur aufweist. Wir bekommen eine komplizierte Mischlichtsituation, in der ein korrekter Weißabgleich nicht mehr möglich ist. Um dieses Problem zu umgehen, muss die Farbtemperatur des Blitzlichts an den Weißabgleich der Innenbeleuchtung bzw. den des Umgebungslichts angepasst werden. Erst wenn alle im Bild befindlichen Lichtquellen eine ähnliche Farbtemperatur aufweisen, kann ein Weißabgleich eingestellt werden, der in allen Bildbereichen einigermaßen passend wirkt.

Ist das Blitzlicht im Verhältnis zum Umgebungslicht zu kalt, sodass die angeleuchteten Motive bläulich wirken, so muss die Farbtemperatur des Blitzlichts erhöht werden. Dies kann mit durchsichtigen Farbfolien erreicht werden, welche vor dem Blitz anzubringen sind. Eine orangene Farbfolie erhöht die Farbtemperatur des Blitzlichts, während eine blaue Farbfolie den Blitz kälter wirken lässt.

Die Firma Lee ist ein bekannter Hersteller von Kunststoff-Farbfolien im Fotobereich. Für normale Kompaktblitze sind die Folien im „Lee Farbfolie Musterheft" ausreichend groß. Dieses Musterheft ist kostengünstig und beinhaltet alle Farbfolien-Filter. Alle Lee-Filter haben eine entsprechende Nummer. In der folgenden Tabelle sind die geeigneten Lee-Filter mit der entsprechenden Nummer ganz rechts notiert. Die erste Spalte enthält die Lichtquellen, bei denen die Verwendung der Filter angezeigt ist.

Neben der Verwendung von Farbfiltern besteht eine andere Möglichkeit der Farbanpassung in der digitalen Bildbearbeitung. Die einfachste Variante besteht darin, das Hauptbild (ohne Blitz) als Hintergrundebene zu verwenden und alle anderen Ebenen im Mischmodus „Luminanz" ins Bild zu maskieren. Dabei werden nur die Helligkeiten, nicht aber die Farben, verändert. Diese Variante führt aber nicht zu genauso natürlichen Ergebnissen wie das Blitzen mit entsprechenden Farbfolien.

TYPISCHE LICHTQUELLEN UND GEEIGNETE FILTER FÜR DIE FARBANPASSUNG DES BLITZES			
Lichtquelle	**Farbtemperatur**	**Notwendiger Farbshift**	**Lee Filter**
Glühbirne	2.500 K	+159	204
Halogenlampe	3.000 K	+124	285
Sonnenuntergang	3.400 K	+109	205
Weißes Licht	3.700 K	+81	442
Kaltweiße Leuchtstoffröhre	4.000 K	+64	206
Diesiges Licht / Nebel	4.200 K	+42	443
Direktes Sonnenlicht	5.000 K	+26	223
Grelles Tageslicht	5.200 K	+20	444
Tageslicht / Mittag	5.500 K	(entspricht Blitzlicht)	-
Morgen / Abendsonne	5.600 K	-18	218
Quecksilberlampe	5.700 K	-35	203
Bewölkt	6.500 K	-78	202
Schatten	7.000 K	-113	281
Blaue Stunde	10.000 K	-137	201

Während der Weißabgleich in der Küche bzw. auf dem Koch richtig gesetzt zu sein scheint, wirkt die Umgebung viel zu warm und weist einen Orangestich auf. Zudem Ist der Fotograf im Bild zu sehen.

Im final bearbeiten Bild wurden jeweils nur die angeblitzten Teilbereiche zusammengefügt, sodass der Fotograf nicht mehr im Bild zu sehen ist

Nikon D810 | ISO 64 | Brennweite 24mm (Nikkor 24 3.5 PC-E) | f/ 7.1 | Belichtungszeit 1/20 Sek. (8 Einzelaufnahmen)

Blitzsynchronzeit der Kamera

Beim Arbeiten mit Blitzlicht gilt es immer, die Blitzsynchronzeit der Kamera zu beachten. Diese liegt typischerweise bei einer Belichtungszeit von 1/200 Sek., bei einigen Kameramodellen auch bei 1/250 Sek. Wird mit einem Blitz fotografiert, sind längere Belichtungszeiten, wie z. B. 1/15 Sek., zwar möglich, kürzere Belichtungszeiten, wie z. B. 1/400 Sek, lassen sich jedoch nicht mehr durchführen.

Wird dennoch eine kürzere Belichtungszeit gewählt, wirkt sich der Effekt des Blitzlichts nur auf den oberen Teil des Bildes aus und die untere Bildhälfte erscheint im Zweifel schwarz. Vor dem Sensor der Kamera befindet sich ein mechanischer Verschluss mit Vorhang. Bei Belichtungszeiten unterhalb von ca. 1/200 Sek. wird der Sensor kurzzeitig komplett freigelegt und der Blitz wird auf diesen Moment abgestimmt. Der Blitz selbst verfügt über eine sehr kurze Abbrenndauer von z. B. 1/20.000 Sek. Der Verschlussvorhang der Kamera hat aber nur eine begrenzte Arbeitsgeschwindigkeit, Belichtungszeiten von weniger als 1/200 Sek. sind daher eigentlich nicht möglich. Diese können aber nachgeahmt werden, indem bei noch kürzeren Belichtungszeiten der Sensor zu keinem Zeitpunkt komplett freigelegt wird.

Stattdessen bildet der Vorhang einen engen Schlitz, der langsam über den Sensor läuft.

Die eingestellte Belichtungszeit ist daher nicht unbedingt identisch mit der Zeit, die nötig ist, um das Foto zu belichten. Da die Abbrenndauer des Blitzes sehr kurz ist, kann es passieren, dass dieser aufhört zu leuchten, bevor die Öffnung des Vorhangs das Bild komplett durchlaufen hat. Das Ergebnis ist ein nur teilweise belichtetes Bild. Sobald mit Blitz gearbeitet wird, darf eine Belichtungszeit von 1/200 Sek. nicht unterschritten werden.

Lediglich mit sogenannten HSS-Blitzen ist es möglich, noch kürzere Verschlusszeiten in der Kamera einzustellen. Dies funktioniert, weil diese Geräte während der kompletten Belichtungszeit eigentlich ganz viele kurze Blitze hintereinander abgeben. Für das menschliche Auge ist dies aber nicht wahrnehmbar, sodass es wirkt, als handle es sich um ein einziges Aufleuchten des Blitzes.

Inspirierende Kreativtipps

Spiegelungen richtig handhaben

Besonders reizvoll ist das Spiel mit Spiegelungen an glatten Oberflächen oder auf dem Wasser. Spiegelungen können einem Bild den besonderen Touch verleihen. Für das Hervorheben oder Abschwächen von Spiegelungen ist ein Polarisationsfilter sinnvoll. Mit diesem ist es möglich, Spiegelungen gezielt zu steuern. Beispielsweise können mithilfe eines Polarisationsfilters gewollte Spiegelungen verstärkt werden. Ungewollte Reflexionen können aber gleichermaßen nahezu komplett beseitigt werden.

Die Abbildung verdeutlicht den Effekt eines Polarisationsfilters. Spiegelungen oder Reflexionen lassen sich mit diesem kontrollieren. Der Polarisationsfilter ist drehend gelagert, durch das stufenlose Verstellen des Drehwinkels lässt sich der gewollte Effekt einstellen. Der Einsatz eines Polfilters ist bei glatten Oberflächen mit

Mithilfe eines Polarisationsfilters können Spiegelungen und Reflexionen gesteuert werden. Im linken Bild erscheinen die Hocker dunkel, der Holzboden ist dafür etwas heller. Im rechten Bild wurde die Reflexion auf den Hockern verstärkt, dafür ist der Boden dunkler als im linken Bild. Die Kameraeinstellungen sind bei beiden Bildern identisch, lediglich der angebrachte Polfilter wurde zwischen den Bildern verstellt.

Symmetrieerhöhung durch Spiegelungen an einer glatten Wasseroberfläche

Nikon D810 | ISO 64 | Brennweite 20mm (Voigtländer 20mm 3.5) | f/ 7.1 | Belichtungszeit 1/400 Sek.

sichtbaren Reflexionen, bei Wasserflächen oder bei diesigem oder nebeligem Wetter sinnvoll. Bei Außenaufnahmen kann der Polfilter das Blau des Himmels abdunkeln und das Grün der Pflanzen verstärken. Aber auch ohne einen Polfilter lassen sich Spiegelungen in gewissem Maße durch Änderung der Blickwinkel kontrollieren und als Gestaltungsmittel einsetzen. Das zeigt die folgende Abbildung eindrucksvoll.

Ungewöhnliche Perspektiven

Um ungewöhnliche Perspektiven umzusetzen, ist es nötig, ebenso ungewöhnliche Positionen einzunehmen. Hierfür ist es unumgänglich, sich auf den Boden zu legen oder auf einen Container zu klettern. Kreative Perspektiven erfordern kreative Standorte. Besonders tiefe oder auch besonders nahe Ansichten können ein Bild spannend erscheinen lassen. Allerdings sollten solche Ansichten sparsam und nur vereinzelt eingesetzt werden, da sich aus dem Portfolio ansonsten nur schwer ein neutraler und realistischer Eindruck vermitteln lässt.

Sparsam eingesetzt können ungewöhnliche Perspektiven ein Portfolio aufwerten. Für dieses Bild wurde eine sehr tiefe Position gewählt, sodass sich der Fotograf hierfür auf den Boden legen musste. Gleichzeitig wurde die Kamera gegen den Uhrzeigersinn gekippt, bis die Wand ganz rechts im Bild parallel zum Bildrand ausgerichtet war und die rötliche Trennwand links in die Bildecke lief.

Nikon D810 | ISO 64 | Brennweite 19mm (Tamron 15-30 2.8 SP) | f/ 7.1 | Belichtungszeit 1/200 Sek.

Auch der Blick nach oben kann eine interessante Bildwirkung erzielen.

Nikon D7200 (APS-C) | ISO 100 | Brennweite 11mm (Tokina 11-16 2.8) | f/5.6 | Belichtungszeit 1/30 Sek.

Eine geringe Entfernung kann ungewohnte Perspektiven erzeugen. Der Vordergrund verleiht dem Bild eine gewisse Tiefe, gleichzeitig sind in diesem Bild zwei Fluchtpunkte vorhanden.

Nikon D800E | ISO 100 | Brennweite 15mm (Tamron 15-30 2.8 SP) | f/ 6.3 | Belichtungszeit 1/20 Sek.

Durch das Kippen der Kamera gegen den Uhrzeigersinn ist es möglich, mehr ins Bild zu bekommen, ohne dass die Objekte kleiner erscheinen. Geneigte Perspektiven können, sparsam eingesetzt, Spannung erzeugen und das Portfolio abrunden. Der Effekt der Langzeitbelichtung wurde nachträglich in der Bildbearbeitung simuliert.

Nikon D800E | ISO 100 | Brennweite 20mm (Voigtländer 20mm 3.5) | f/ 8 | Belichtungszeit 1/250 Sek. (Fake LZB)

Detailaufnahmen und Close-Ups

Neben ungewöhnlichen Perspektiven gehören in jedes Portfolio zumindest eine Handvoll Detail- und Nahaufnahmen. Bei Detailaufnahmen kann einerseits zwischen architektonischen Close-Ups und Ausschnitten von Einrichtung sowie zwischen Makroaufnahmen von Dekoration oder anderen Gegenständen unterschieden werden.

Für letztere sind Makroobjektive besonders zu empfehlen. Diese ermöglichen einen geringen Abstand und eine gute Vergrößerung des Motivs, gleichzeitig sind Makroobjektive oft besonders scharf. Auf der anderen Seite sind lichtstarke Festbrennweiten mit besonders schönem Bokeh, also einem ansprechenden Unschärfebereich, zu empfehlen.

Gerade im Bereich der Nahaufnahmen ist das Spiel mit der Unschärfe besonders reizvoll. An dieser Stelle sind ältere M42-Objektive oder Ai-S-Objektive zu nennen. Ältere Optiken sind zwar oft nicht so scharf, haben in der Regel aber ein viel schöneres und ansprechenderes Bokeh als die meisten neuen Modelle.

Diese Nahaufnahme wurde mit einem alten M42-Objektiv von 1970 erstellt. Das verwendete Pentacon 30 mm f3.5 ist baugleich zum Meyer-Optik 30 mm f3.5 Lydith. Es zeichnet sich durch eine sehr sanfte und pastellartige Unschärfe aus.

Nikon D800 | ISO 100 | Brennweite 30mm (M42 Pentacon 30mm F/3.5) | f/ 3.5 | Belichtungszeit 1/80 Sek.

Bei Industrieobjekten sind Aufnahmen der Arbeitsprozesse eine schöne Ergänzung.

Nikon D800 | ISO 320 | Brennweite 50mm (Zeiss Planar 50 1.4) | f/ 1.8 | Belichtungszeit 1/125 Sek.

Detailaufnahme eines Daches mit frisch verlegten Dachziegeln der Fa. ABC-Klinker

DJI Phantom 4 Pro | ISO 100 | Brennweite 24mm (äquivalent) | Blende 5.6 | Belichtungszeit 1/120 Sek.

Detailaufnahme vor einer Reitsportimmobilie. Das verwendete Objektiv zeichnet sich durch ein leicht verwirbeltes Seifenblasen-Bokeh mit leicht strukturierter Unschärfe aus.

Nikon D800E | ISO 100 | Brennweite 55mm (M42 Auto-Rikenon 55 1.4) | f/2.0 | Belichtungszeit 1/3200 Sek.

Detailaufnahme aus dem Wartebereich eines Großraumbüros

Nikon D800E | ISO 80 | Brennweite 35mm (Zeiss Distagon 35 2.0) | f/ 4 | Belichtungszeit 0,4 Sek. (mit Stativ)

Nahaufnahme von dekorativen Elementen

Nikon D800E | ISO 100 | Brennweite 35mm (Zeiss Distagon 35 2.0) | f/ 4.5 | Belichtungszeit 1/40 Sek.

Verwendung längerer Brennweiten

Die Abbildung des Laufbands zeigt, dass selbst Teleobjektive mit einer Brennweite über 135 mm für Innenaufnahmen geeignet sein können. Das kann insofern überraschend sein, da die Architektur- und Immobilienfotografie, insbesondere im Innenbereich, normalerweise mit extremen Weitwinkelobjektiven assoziiert wird. Doch insbesondere bei langen Gängen und Fluren können Teleobjektive sinnvoll eingesetzt werden. Im Außenbereich wundert es hingegen nicht, dass längere Brennweiten mit größerem Abstand notwendig werden oder für Detailaufnahmen architektonischer Baukörper Verwendung finden. Auch für Detailaufnahmen der Einrichtung erscheinen Teleobjektive sinnvoll.

Fotomontagen und Composings

Dieses Thema ist komplizierter und für absolute Anfänger der Fotografie nicht unbedingt geeignet. Das Erstellen von Composings erfordert tiefgründige Erfahrungen im Bereich der digitalen Bildbearbeitung. Auf der Internetplattform YouTube befinden sich auf meinem Kanal „Patrick Zasada" (*www.youtube.com/zasadapictures*)

Außenaufnahmen aus größerer Entfernung erfordern etwas längere Brennweiten.

Nikon D800 | ISO 100 | Brennweite 60mm (AF Micro-Nikkor 60mm 2.8D) | f/ 7.1 | Belichtungszeit 1/200 Sek.

Bei großen Objekten sind selbst Teleobjektive für Innenaufnahmen geeignet.

Nikon D810 | ISO 64 | Brennweite 135mm (Nikkor 135mm 2.8 Ai-S) | f/ 11 | Belichtungszeit 1,3 Sek. (mit Stativ)

zahlreiche Video-Tutorials rund um das Thema der digitalen Bildbearbeitung mit Adobe Lightroom und Photoshop.

In Form von Playlists sind diese Videokurse auch in thematisch sortierter und aufeinander aufbauender Reihenfolge zu finden. In diesem Kapitel wird nicht erklärt, wie Composings praktisch umgesetzt werden. Um dies zu vermitteln, stellen Video-Tutorials ohnehin das bessere Medium dar. Im Folgenden soll lediglich beispielhaft verdeutlicht werden, wie solche Composings für den Bereich der Architekturfotografie eingesetzt werden können.

Bei Fotomontagen bzw. Composings handelt es sich um Bilder, die aus einzelnen Bestandteilen mehrerer Fotos zu einem neuen Bild kombiniert worden sind. So handelt es sich bei den Blitzlichtaufnahmen durch Mehrfachbelichtungen streng genommen ebenfalls um eine einfache Variante von Fotomontagen. Üblicherweise wird bei Fotomontagen etwas ins Bild eingefügt, was in der ursprünglichen Aufnahme nicht vorhanden gewesen ist. Composings können kreativ und künstlerisch, aber auch inhaltlich und technisch sinnvoll eingesetzt werden.

Immobilienfotos verfolgen zumeist einen ganz bestimmten Zweck, für den es erforderlich ist, bestimmte Inhalte zu vermitteln. Leider kommt es immer wieder vor, dass die Umstände nicht die ideale Situation bieten, um eine bestimmte Botschaft zu vermitteln. Zum Beispiel wurde ein bestehendes Gewerbeobjekt kürzlich modernisiert und mit einer neuen Blechfassade versehen. Der Mietvertrag des aktuellen Mieters läuft allerdings bald aus und es ist noch nicht abzusehen, ob er den Mietvertrag verlängern will oder nicht. Insofern muss das Foto auch potenzielle Nachmieter ansprechen.

Bei den eventuellen Nachmietern könnte es sich um andere Supermarktketten oder Drogerien handeln. Für Geschäfte ist eine gut besuchte und frequentierte Lage von allergrößer Bedeutung. Je mehr los ist, desto höhere Umsätze sind potenziell zu erwarten. In erster Linie soll das Foto aber die neue und saubere Fassade zeigen und ein modernes Bild der kürzlich renovierten Immobilie vermitteln. Absolut realistisch muss das Bild jedoch nicht wirken, da es sich in erster Linie um ein Konzept- bzw. Imagebild und nicht um ein Foto für ein Inserat handeln soll.

An das Bild werden also folgende Anforderungen gestellt:

- Die neue Fassade muss gut erkennbar sein und sie soll sauber wirken.
- Das Bild soll ästhetisch und modern wirken. Eine schöne Lichtstimmung ist gewollt.
- Personen müssen im Bild erkennbar sein, das Objekt soll einen gut besuchten und frequentierten Eindruck vermitteln.

In der Praxis kann es mitunter unmöglich sein, ein einzelnes Foto zu erzielen, dass allen Anforderungen gerecht wird. Eine wirklich schöne Lichtstimmung herrscht erst am Abend, allerdings ist es da zu dunkel, um die Fassade gut erkennbar zu fotografieren. Gegen Nachmittag ist zwar viel los, aber die Reflexionen durch die Nachmittagssonne wirken auf der Blechfassade sehr hart und verhindern einen sauberen Bildlook. Morgens lässt sich die Fassade optimal fotografieren, allerdings wirkt das Geschäft eher verlassen, da es zu dieser Uhrzeit nicht besonders gut frequentiert ist.

Anhand der gezeigten Beispielbilder wird deutlich, dass sich Fotomontagen und Composings seriös im Bereich der Immobilienfotografie einsetzen lassen und durchaus auch praktische Zwecke verfolgen.

Neben den allgemeinen und praktischen Aufgaben aus dem Bereich der klassischen Immobilienvermarktung deckt die Architekturfotografie im Allgemeinem ein viel breiteres Spektrum ab. Die Architekturfotografie muss nicht zwangsläufig mit der Immobilienwirtschaft verknüpft sein. Beispielsweise eignen sich Architektur, Landschaft und Street-Aufnahmen auch für eine Standortvermarktung

Fotomontage aus sechs Einzelaufnahmen zu verschiedenen Tageszeiten. Die Kamera befand sich den ganzen Tag auf dem Stativ und wurde nicht bewegt, um deckungsgleiche Teilbilder zu erzielen. Die Personen wurden durch eine Langzeitbelichtung unkenntlich gemacht.

Nikon D800 | ISO 100 | Brennweite 35mm (Zeiss Distagon 35 2.0) | f/ 6.3 | Belichtungszeit 1/250 bis 1/2 Sek. (6x)

Links: Im Originalbild erscheint die Aussicht aus dem Fenster nicht besonders schön. Rechts: Die Aussicht aus dem Fenster wurde komplett verändert und unterstreicht die tatsächliche Lage des Objekts besser. Dieses Bild eignet sich, um die Lage eines Fensterglas-Vertriebs auf der Firmenhomepage mit Bildmaterial zu unterlegen.

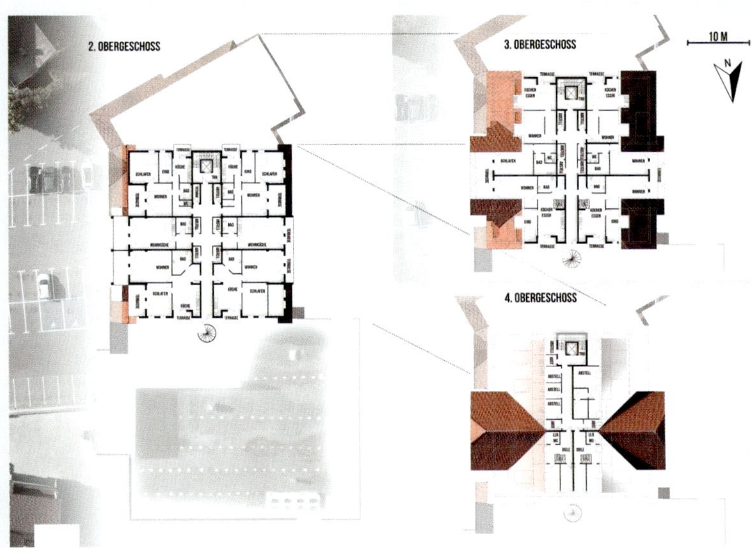

Durch eine Fotomontage optisch aufgewerteter Grundriss: Die vorhandenen Grundrisse wurden in Photoshop nachgezeichnet. Zusätzlich wurden vor Ort Luftaufnahmen mit einer Drohne erstellt, das Bildmaterial wurde anschließend in den nachgezeichneten Grundriss eingearbeitet. Inhaltlich gewinnt der Grundriss somit an Aussagekraft, da sich die räumliche Lage besser vorstellen lässt und auch Teile der vorhandenen Infrastruktur (z. B. Parkplätze) erkennbar werden. Für die Vermarktung ist diese Darstellung optimal.

Nicht alle Composings müssen praktische Zwecke verfolgen. Bei diesem Architektur-Composing stehen die Phantasie sowie die künstlerische Interpretation im Vordergrund. Das Gebäude, die Boje und die Berggipfel wurden an unterschiedlichen Orten fotografiert. Die Wolken wurden hingegen ins Bild gemalt und auch die Wasseroberfläche existiert nicht und wurde komplett in Photoshop erzeugt.

Coverbild der Standortmarketing-Broschüre zum Thema Brexit des Landes Hessen. Auch dieses sehr künstlerische Architektur-Composing kann für Vermarktungszwecke praktische Aufgaben erfüllen. Da die Brücke nicht in Richtung der Europäischen Zentralbank ausgerichtet ist, hätte dieses Bild so nie fotografiert werden können.

oder für eine Image-Broschüre. Letztendlich sind die Einsatzgebiete überaus vielfältig.

Fotomontagen und Composing können unterschiedlich stark ausgeprägt sein und unterschiedliche Ziele verfolgen. Selbst DRI-Aufnahmen oder Mehrfachbelichtungen mit Blitz könnten bereits als Composings bezeichnet werden. Die Übergänge sind hier fließend und eine allgemeingültige Definition gibt es hier nicht. Doch insbesondere in der künstlerischen Ausprägung der Architekturfotografie verfügen Composings über eine große Bedeutung. In der Fine-Art-Architekturfotografie wird dies besonders deutlich.

Fine-Art-Fotografie der Architektur

Die Fine-Art-Fotografie ist eine sehr anspruchsvolle und kreative Form der Architekturfotografie. Sie verfolgt in erster Linie künstlerische Absichten. Diese ziehen sich wie ein roter Faden von den ersten Überlegungen der Bildkomposition bis hin zur zumeist sehr aufwendigen Bildbearbeitung. Die Fine-Art-Fotografie ist eine zumeist monochrome oder entsättigte Abstrahierung der Realität.

Die Prävisualisierung der Umgebung ist ein essenzieller Bestandteil der Fine-Art-Fotografie und bedeutet nichts anderes, als dass der Fotograf sich bereits vor Ort das fertige Bild vorstellt und entsprechend vorgeht, um seine Vorstellung später realisieren zu können. Es geht nicht darum, die Realität abzubilden oder

Fine-Art-Interpretation vom Messeturm

Nikon D3100 (APS-C) | ISO 100 | Brennweite 135mm (Nikkor 135mm 2.8 Ai-S) | f5.6 | Belichtungszeit 1/200 Sek.

diese zu dokumentieren, sondern darum, seine künstlerische Vision umzusetzen. Die Fine-Art-Fotografie ist irgendwo zwischen Fotografie, Kunst und Malerei einzuordnen.

- Wodurch zeichnet sich das Motiv aus?
- Was sind die Besonderheiten der verschiedenen Formen im Bild?
- Wie verhält sich das Motiv unter sich ändernden Lichtverhältnissen?
- Wie erzeugen verschieden Formen Kontraste zwischen Licht und Schatten?
- Wie verhält es sich mit Reflektionen, Spiegelungen und Absorptionen und welche Wirkung wird durch diese erzielt?

Nach Beantwortung dieser Fragen stellt sich die Frage nach der Selektion des Bildes in die wesentlichen Bestandteile. Prävisualisierung und Minimalismus sind die wesentlichen Aspekte der Fine Art.

Minimalismus wird vor allem durch sanfte Verläufe erreicht. Eine lange Belichtungszeit sorgt beispielsweise für wesentlich weichere Übergänge zwischen Licht und Schatten. Gleichzeitig verschwinden kleine harte hochfrequente Strukturen im Himmel zugunsten eines harmonischen minimalistischen Bildes. Mithilfe fotografischer Techniken ist es also möglich, das Bild in Richtung der ursprünglichen Vorstellung des

Fine-Art-Visualisierung eines Treppenhauses (sieses Bild wurde leicht beschnitten).

Nikon D7200 (APS-C) | ISO 100 | Brennweite 8mm (Samyang 8mm 3.5 Fisheye) | f/ 6.3 | Belichtungszeit 1/40 Sek.

Fotografen zu bewegen. Die Infrarotfotografie stellt eine weitere Möglichkeit dar, die künstlerische Vorstellung umzusetzen. Im infraroten Bereich erscheint der blaue Nachmittagshimmel dunkler, sodass der Fokus auf das Motiv gelenkt wird. Gleichzeitig fangen Pflanzen im Sonnenlicht an, besonders hell zu strahlen, was für eine besonders surreale Bildwirkung sorgt.

Infrarotaufnahme: Im infraroten Bereich erscheint der Mittagshimmel nahezu schwarz. Dieses Bild wurde nicht bearbeitet, der Bildlook ist ausschließlich auf den Kameraumbau zurückzuführen. Im IR-Bereich erscheinen Kontraste besonders stark.

Nikon D5200 (IR-Umbau) | ISO 100 | Brennweite 28mm (Nikkor 28mm 2.8 Ai-S) | f/ 5.6 | Belichtungszeit 1/200 Sek.

Infrarotaufnahme mit umgebauter Kamera (dieses Bild ist unbearbeitet).

Nikon D5200 (IR-Umbau) | ISO 100 | Brennweite 28mm (Nikkor 28mm 2.8 Ai-S) | f/ 6.3 | Belichtungszeit 1/250 Sek.

Bearbeitete Farb-Infrarotaufnahme: Durch einen Kanaltausch in der Bildbearbeitung kann eine IR-Aufnahme wieder farblich dargestellt werden. Dabei treten besondere Effekte auf. Auf der linken Hafenseite ist zu erkennen, dass die Bäume sehr hell erscheinen. Das Chlorophyll in den Blättern reflektiert das infrarote Licht, wodurch Pflanzen in IR-Fotos sehr hell wirken.

Architektonische Fine-Art-Abstrahierung: Dieses Bild zeigt die Unterseite der Flößerbrücke in Frankfurt.

Nikon D800E | ISO 100 | Brennweite 135mm (Nikkor 135mm 2.8-Ai-S) | f/ 9 | Belichtungszeit 1/50 Sek. (mit Stativ)

Detailaufnahme in Fine-Art-Bearbeitung

Nikon D7200 (APS-C) | ISO 100 | Brennweite 35mm (Nikkor 35mm f1.8G) | f/ 7.1 | Belichtungszeit 1/160 Sek.

Im Schaffungsprozess wird nach der Vorstellung des Fotografen das Foto „nachgezeichnet". Dies erfordert einen geübten Umgang mit Bildbearbeitungsprogrammen wie Photoshop, viel Zeit und Kreativität.

> *„Architektur ist das kunstvolle, korrekte und großartige Spiel der unter dem Licht versammelten Baukörper"*
> – Le Corbusier (1922)

Fine Art kann alles sein, jedoch ist es nie eine Abbildung der Realität. Der Anspruch ist es, die Ideen eines Fotografen und seine Vorstellung auf ästhetische Art in einem Bild umzusetzen. Fine Art ist also kein Schnappschuss, sondern es ist von Anfang an geplant: von der Fotografie bis zur Bearbeitung. Es kommt darauf an, bereits vorher zu wissen, wie das Bild am Ende aussehen soll. Insofern benötigt Fine Art auch ein gewisses Maß an Professionalität, um seine Vorstellungen entsprechend in die Tat umsetzen zu können. Ein gutes Bild benötigt eine Vision, sodass sich die Emotionen des Künstlers im Bild widerspiegeln und der Betrachter die persönliche Sicht des Künstlers erfährt. Der Begriff der Fine Art lässt sich allerdings nicht klar definieren.

Umbau einer DSLR zu einer IR-Kamera

Auf meinem YouTube-Kanal zeige ich den Umbau einer DSLR zu einer IR-geeigneten Kamera. Die URL des Videos lautet *https://www.youtube.com/watch?v=W4la2mZVKhc*.

In der Bildbearbeitung wurde das Bild stark abgedunkelt, während die runde Form im oberen linken Teil der Decke mit einem Verlauf aufgehellt wurde. Auch der düstere Farblook wurde digital erreicht. Die vorbeigehenden Personen sind durch die Langzeitbelichtung nicht sichtbar. Fine Art kann sehr vielfältig in Erscheinung treten und ist nicht klar definierbar.

Nikon D800E | ISO 100 |
Brennweite 20mm (Voigtländer 20mm f3.5) |
f/ 7.1 | Belichtungszeit 30 Sekunden

Entsättigte Farbvariante eines Fine-Art-Fotos

Nikon D7200 (APS-C) | ISO 100 |
Brennweite 35mm (Nikkor 35mm f1.8G) |
f/ 7.1 | Belichtungszeit 1/320 Sek.

Luftbildaufnahmen mit Drohnen

Alle in diesem Buch gezeigten Luftbildaufnahmen erfolgten, zum Zeitpunkt der Aufnahme, gemäß der gesetzlichen Regelungen (letzte Änderung: April 2017, Stand: 03/2019) oder wurden durch eine Sondernutzungserlaubnis genehmigt.

Luftbildaufnahmen mit Drohnen ermöglichen einzigartige und ungewohnte Perspektiven. Oft werten sie ein Portfolio massiv auf und beeindrucken potenzielle Interessenten. Des Weiteren erlauben Luftbildaufnahmen eine Geländeübersicht und verbildlichen die räumliche Lage einer Immobilie.

Allerdings gilt es bei Luftbildaufnahmen einige rechtliche Aspekte zu beachten. Dadurch, dass Drohnen in nahezu jedem Elektronikfachmarkt verkauft werden, wird der Eindruck vermittelt, es handle sich um ungefährliches Spielzeug. Das führt zu der Falschannahme, dass die Regeln diesbezüglich nicht so streng seien. Tatsächlich ist es aber unbedingt notwendig, sich vor jedem Flug über eine bestehende Flugerlaubnis zu informieren. Flugverbotszonen gibt es nämlich sehr viele und ein Verstoß kann im Zweifel nach § 315 StGB mit einer Gefängnisstrafe bis zu fünf Jahren geahndet werden!

Aber selbst, wenn es nicht soweit kommt, sind Bußgelder im Bereich um die 2.000 € keine Seltenheit. Bei Drohnen handelt es sich keinesfalls um Spielzeuge, sondern um Luftfahrzeuge, die in der Lage sind, Menschen tödlich zu verletzen. Vor der Inbetriebnahme ist es notwendig, sich über technische Aspekte, die Kalibrierung, Einstellungen und die Handhabung der Drohne sowie über rechtliche Aspekte zu informieren. Auch das Handbuch sollte gelesen werden und für die ersten Flüge ist es zu empfehlen, auf einem einsamen Acker zu üben.

Drohnenaufnahmen eignen sich hervorragend zur Visualisierung der räumlichen Lage und Größe eines Grundstücks. Um das Grundstück komplett ins Bild zu bekommen und auch die Lage in der Umgebung zu zeigen, wurden ein großer Abstand und eine große Flughöhe gewählt.

DJI Phantom 4 Pro | ISO 100 | Brennweite 24mm (äquivalent) | Blende 5.6 | Belichtungszeit 1/320 Sek.

Die rechtliche Situation in Deutschland

(Stand 03/2019)

Im Folgenden soll ein Überblick über die rechtliche Situation gegeben werden. Dabei wird aber keine Gewährleistung für Richtigkeit oder Vollständigkeit übernommen, zudem sich gesetzliche Regelungen auch ändern können. Jeder Drohnenpilot ist selbst dafür verantwortlich, aktuelle Informationen bezüglich der gesetzlichen Regelungen aus den offiziellen Quellen zu beziehen.

Betrieb von unbemannten Luftfahrtsystemen

Die Regelungen zu Flügen mit Drohnen sind in der LuftVO Abs. 5a, § 21a-f geregelt. Dabei bezieht sich das Gesetz lediglich auf den Flug. Aspekte des Datenschutzes und des Urheberrechts sind an anderer Stelle geregelt. Zusammengefasst darf unter den folgenden Voraussetzungen geflogen werden:

- Am Tag (bis Ende der Dämmerung) bis maximal 100 m Flughöhe im Luftraum G (unkontrollierter Luftraum) oder bis 50 m im Luftraum D (Flugkontrollzonen).
- Über 100 m auf Modellflugplätzen (Flugplatzregeln beachten und Kenntnisnachweis) oder mit Ausnahmegenehmigung auch außerhalb von Flugplätzen.
- Bis 2 kg Fluggewicht ist kein Kenntnisnachweis erforderlich und der Flug ist erlaubnisfrei (z. B. DJI Phantom). Eine feuerfeste Kennzeichnung der Drohne (Impressum) ist vorgeschrieben. (Ab 5 kg sind die Flüge erlaubnispflichtig).
- Es darf nur in Sichtweite geflogen werden.
- Für den Gebrauch muss eine Haftpflichtversicherung nach § 49b LuftVG vorliegen. Fliegen ohne entsprechende Versicherung kann als unerlaubter Eingriff in den Luftverkehr gewertet werden.
- Die Datenschutzbestimmungen nach DSGVO bei Kameradrohnen sind zu beachten.

Hier ist das Fliegen strengstens verboten:

- In der Nähe von Kontrollzonen von Flughäfen oder Flugplätzen und Hubschrauber-Landeplätzen von Kliniken (mindestens 1,5 km Abstand).
- In der Nähe von Krankenhäusern.
- Über Wohngrundstücke (nur mit Erlaubnis des Eigentümers).
- Über Naturschutzgebieten und Nationalparks.
- Der Transport von Gegenständen mit der Drohne ist verboten.
- Bei sichtbarem Flugbetrieb (Paraglider, Segelflieger etc.) darf nicht geflogen werden.
- Es darf nicht unter Einfluss von Alkohol oder Drogen geflogen werden.
- Es darf keine Gefahr für die öffentliche Sicherheit und Ordnung bestehen.
- Außerdem muss ein seitlicher Abstand von mindestens 100 m eingehalten werden zu

- Menschenansammlungen (ab ca. 10-20 Personen),
- Industrieanlagen (nur mit Genehmigung der ansässigen Firmen),
- Bundesfernstraßen, Autobahnen, Bundeswasserstraßen, Bahnanlagen (nur mit Genehmigung der zuständigen Stelle z. B. WSV für Bundeswasserstraßen),
- Verfassungsorganen des Bundes oder Landesbehörden, Botschaften, Konsulaten und anderen völkerrechtlichen Organisationen,
- Einrichtungen des Maßregelvollzugs und Justizvollzugsanstalten,
- Einrichtungen der Schutzstufe 4 gemäß Biostoffverordnung (z. B. Virologie-Institut, Marburg),
- Unfall- und Einsatzorten der Polizei und Rettungskräfte,
- mobilen Truppen und Einrichtungen der Bundeswehr oder anderen militärischen Anlagen,
- Anlagen der Energieerzeugung und -Verteilung, z. B. Windräder und Hochspannungsleitungen (nur mit Genehmigung des Energieerzeugers).

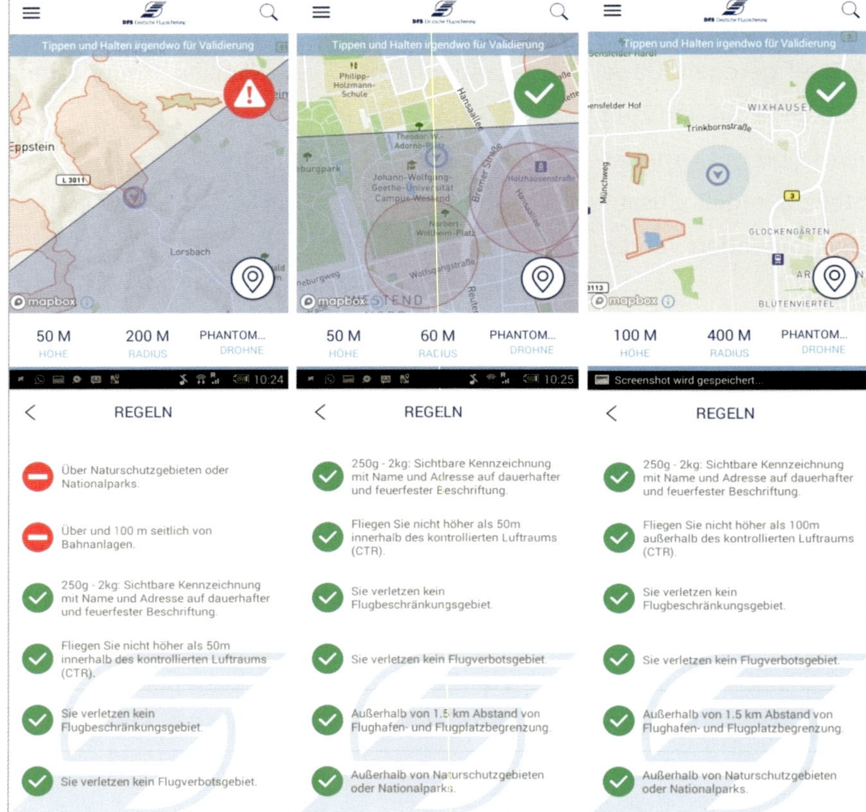

Für eine Übersicht der rechtlichen Situation vor Ort ist die DFS-Drohnen-App der Deutschen Flugsicherung zu empfehlen. Eventuelle Flugverbotszonen und Hinweise zur zulässigen Flughöhe sind hier übersichtlich dargestellt.

UAV Forecast-App

Neben der DFS-Drohen-App ist auch die App UAV Forecast vor dem Flug zu befragen. Diese App stellt eine Wetter-App speziell für Drohnen dar. Die Besonderheit liegt darin, dass diese App Auskunft über die magnetische Aktivität der Sonne liefert. Die Sonnenaktivität kann die Elektronik der Drohne stören, den Kompass irritieren und das GPS-Signal verfälschen, was im schlimmsten Fall zum Absturz der Drohne führen kann. Der Kp-Index gibt Auskunft über die Sonnenaktivität. Werte von 1 bis 4 sind absolut sicher, ab einem Kp-Wert von 6 sollte jedoch auf keinen Fall mehr geflogen werden. Sollte ab einer Kp von größer als 6 dennoch geflogen werden, kann dies im Fall eines Unfalls als grobe Fahrlässigkeit gewertet werden. Möglicherweise verfällt dann der Versicherungsschutz.

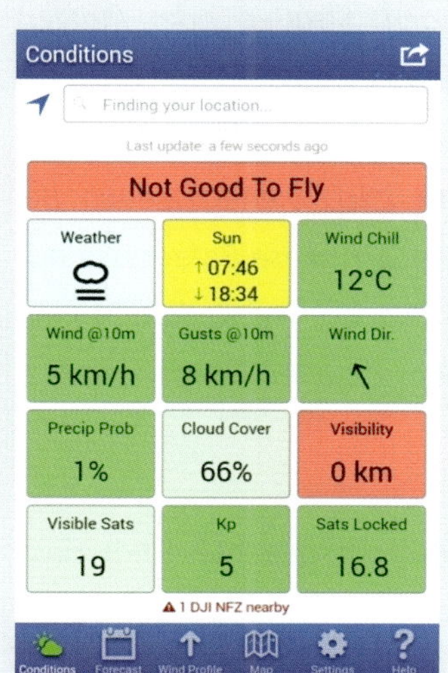

Die App UAV Forecast gibt Auskunft über geeignete Witterungs- und Umweltverhältnisse für einen Drohnenflug.

DFS-Drohnen-App

Für eine schnelle Übersicht hinsichtlich der rechtlichen Lage vor Ort ist die DFS-Drohnen-App von der Deutschen Flugsicherung zu empfehlen. Sollte es an einer Lokation nicht gestattet sein zu fliegen, ist eine Genehmigung zwingend erforderlich. Besteht im Stadtbereich möglicherweise die Gefahr einer Behinderung des Verkehrs, ist eine Drehgenehmigung bzw. Sondernutzungserlaubnis beim Ordnungsamt einzuholen. Gleichzeitig muss eine Freigabe der Deutschen Flugsicherung eingeholt werden und auch eine Genehmigung des zuständigen Regierungspräsidiums ist notwendig. Vor dem Flug sollte auch das örtliche Polizeirevier informiert werden.

Panoramafreiheit – herkömmliche Fotos vs. Drohnenaufnahmen

Beim Einsatz von Kameradrohnen sind grundsätzlich unterschiedliche rechtliche Aspekte zu betrachten. Die rechtliche Lage des reinen Fluges stellt dabei nur einen Teilaspekt dar. Insofern muss im Vorfeld auf andere rechtliche Besonderheiten hingewiesen werden. Dies umfasst beispielsweise die fotografische Aufnahme von Gebäuden in Hinblick auf das Urheberrecht:

§ 59 UrhG: „Zulässig ist, Werke, die sich bleibend an öffentlichen Wegen, Straßen oder Plätzen befinden, mit Mitteln der Malerei oder Graphik, durch Lichtbild oder durch Film zu vervielfältigen, zu verbreiten und öffentlich wiederzugeben. Bei Bauwerken erstrecken sich diese Befugnisse nur auf die äußere Ansicht. Die Vervielfältigungen dürfen nicht an einem Bauwerk vorgenommen werden."

Aus § 59 des Urheberrechtsgesetzes folgt, dass die Panoramafreiheit grundsätzlich nur von öffentlichen Plätzen (nicht in Innenräumen) aus ohne technische Zuhilfenahme gegeben ist. Das ist bei einem Drohnenflug aber nicht mehr der Fall. Sollte also ein Gebäude mithilfe einer Drohne aus ca. 3 m Flughöhe fotografiert werden, ist dies streng genommen nicht gestattet. Hierbei kann bereits eine Urheberrechtsverletzung des Architekten vorliegen. Ähnliches gilt auch für sehr hohe Leitern, da damit Perspektiven erreicht werden, die nicht mehr zum öffentlichen Raum zählen. Lediglich Hilfsmittel der Malerei, der Grafik, der Lichtbildaufnahme oder durch Film sind zulässig. Hohe Leitern oder Drohnen fallen nicht in diese Kategorien. Aus der Hand fotografiert ist nahezu jede Aufnahme vom öffentlichen Raum aus zulässig. Die Panoramafreiheit greift jedoch nicht beim Einsatz von technischen Hilfsmitteln, die über die normale Körpergröße hinausgehen.
Wie sieht es mit Skyline-Aufnahmen aus?

§ 57 UrhG: „Zulässig ist die Vervielfältigung, Verbreitung und öffentliche Wiedergabe von Werken, wenn sie als unwesentliches Beiwerk neben dem eigentlichen Gegenstand der Vervielfältigung, Verbreitung oder öffentlichen Wiedergabe anzusehen sind."

Eine Urheberrechtsverletzung kann nur gegen ein bestimmtes Werk vorliegen. Ist also kein Hauptmotiv erkennbar, wie das bei Skyline-Fotos der Fall ist, sind solche Aufnahmen erlaubt. Da bei Skyline-Fotos die Gesamtheit aller Gebäude zum Werk beiträgt und kein einzelnes Gebäude besonders hervorsticht, kann hier auch keine Urheberrechtsverletzung gegen ein einzelnes Werk erfolgen. Skyline-Fotos, Stadtpanoramen, Landschaftsbilder etc. sind zulässig. Aber auch sehr alte Gebäude dürfen fotografiert werden, da das Urheberrecht des Architekten gem. § 64 UrhG 70 Jahre nach dem Tod erlischt. Auch Firmenlogos, Personen und einzelne Gebäude dürfen grundsätzlich erkennbar sein, solange sie nicht zur Bildaussage maßgeblich beitragen und daher als „Beiwerk" zu werten sind. Diese Definition ist aber etwas schwammig; hier sind ein gewisses Maß an gesundem Menschenverstand und Feingefühl gefragt.
Beim Überflug von Gebäuden sollte immer die Privatsphäre geachtet werden. Das heißt, es sollten nur Ansichten aufgenommen werden, die auch vom öffentlichen Raum aus sichtbar

sind. Dies ist beispielsweise nicht gegeben, wenn plötzlich der Innenhof ersichtlich wird, der von außen nicht zu erahnen gewesen ist. In diesem Fall sollte höher oder weiter weg geflogen werden, bis keine Details mehr erkennbar sind. Wann dieser Punkt erreicht ist, hängt wieder vom Feingefühl ab. Auch freizügige Personen auf dem Balkon dürfen zum Beispiel nicht erkannt werden.

Fotoaufnahmen mit Kameradrohnen

Das Fotografieren mit Drohnen unterscheidet sich nicht besonders stark vom Fotografieren mit einer normalen Kamera. Lediglich die Steuerung der Drohne kommt hinzu, diese kann aber je nach Hersteller ohnehin variieren. Und wie im Vorfeld besprochen, sind auch andere rechtliche Aspekte unbedingt zu beachten. Das reine Fotografieren funktioniert aber sehr ähnlich.

Fotografiert werden sollte im RAW-Format und auch ISO, Blende und Zeit können in der Regel manuell eingestellt werden. Auf dem Display der Steuerung lässt sich die Lichterwarnung sowie ein Histogramm einblenden. Die Steuereinheit verfügt in der Regel über ein Touch-Display, durch bloßes Tippen auf das Motiv wird das Bild an jener Stelle fokussiert. Von der Handhabung ist dies dem Fotografieren im Live-View sehr ähnlich.

Lediglich zum Verändern des Bildausschnitts muss dies über eine separate Steuerung am Controller erfolgen, damit die Kamera an der Drohne gedreht und geneigt werden kann. Moderne Drohnen verfügen über verschiedene Flugmodi, mit denen eine kinderleichte Steuerung möglich ist. Dennoch ist es zwingend erforderlich, das Handbuch tatsächlich zu lesen und sich über die Drohne zu informieren, damit klar ist, wie reagiert werden muss, falls der abgesicherte Flugmodus während des Fluges aus Versehen abgeschaltet wird.

Drohnenaufnahmen bieten nicht nur spannende Perspektiven, sondern sie können in der Immobilienvermarktung auch einen echten Mehrwert liefern. So kann eine Lageübersicht besonders gut vermittelt werden und auch die tatsächliche Größe des Objekts lässt sich mit einem Luftbild besser darstellen. In einigen Fällen bieten Luftaufnahmen Möglichkeiten der Ansicht, die mit herkömmlichen Fotos nicht gezeigt werden können. Visualisierungen von Zufahrts- und Anlieferungssituationen bei großen Objekten sind Beispiele hierfür. Allerdings ist es vor jedem Flug dringend erforderlich, sich die rechtlichen und lokalen Informationen einzuholen und notfalls Genehmigungen zu beantragen.

Luftaufnahme der Frankfurter Skyline aus ca. 75 m Höhe. Bei der Aufnahme wurde auf eine zentrale und exakt mittige Position vor dem I.G.-Farben-Haus geachtet. Zur genauen Ausrichtung der mittleren Position wurden Hilfslinien und Orientierungspunkte verwendet, die sich unterhalb der Drohne befanden. Dies war möglich, da das komplette Gelände sehr symmetrisch aufgebaut ist.

DJI Phantom 4 Pro | ISO 100 | Brennweite 24mm (äquivalent) | Blende 5.6 | Belichtungszeit 1/640 Sek.

Diese Luftaufnahme soll die Größe der Gewerbeimmobilie vermitteln. Dabei wurde eine symmetrische Position auf den Zugangsbereich bezogen gewählt. Aufgrund der Objektgröße war eine relativ große Flughöhe von 90 m notwendig.

DJI Phantom 4 Pro | ISO 100 | Brennweite 24mm (äquivalent) | Blende 5.6 | Belichtungszeit 1/640 Sek.

Die zentrale Lage der Gewerbeimmobilie wird hier besonders deutlich.

DJI Phantom 4 Pro | ISO 100 | Brennweite 24mm (äquivalent) | Blende 9 | Belichtungszeit 1/250 Sek.

Dieses Luftbild soll die ästhetische Erscheinungsform des Neubaus in seiner vollen Größe verdeutlichen. Die Lage dieser Immobilie muss hingegen nicht gezeigt werden, da die Anbindung und örtliche Infrastruktur ohnehin nicht besonders gut sind. Daher wurden ein relativ geringer Abstand und eine mittlere Höhe gewählt. Auf eine digitale Perspektivenkorrektur der stürzenden Linien wurde bewusst verzichtet, da dies bei Luftaufnahmen meist sehr unnatürlich wirkt.

DJI Phantom 4 Pro | ISO 100 | Brennweite 24mm (äquivalent) | Blende 5 | Belichtungszeit 1/800 Sek.

6 PROJEKTE AUS DER PRAXIS

6

Projekte aus der Praxis

Anhand von Beispielbildern sollen an dieser Stelle einige Projekte vorgestellt werden, um ein Gefühl für die praktische Herangehensweise und die Präferenzen bei der Wahl von Ansichten zu vermitteln. Dabei werden der Sinn und Zweck der Bilder sowie die Auftragslage im Vorfeld vorgestellt, da die Auswahl der Perspektiven nur im thematischen und inhaltlichen Kontext des Vorhabens nachzuvollziehen ist.

Liste der Ansichten

Im Abschnitt über „Standardperspektiven" wurde bereits eine kurze Empfehlung für Raumperspektiven ausgesprochen, die bei einem Großteil der rechteckig geschnittenen Räume gut funktioniert und schnelles, effektives sowie zeitsparendes Arbeiten ermöglicht. Diese empfohlenen Standardperspektiven ermöglichen es, bei einfach geschnittenen Räumen Zeit zu sparen, die dann an anderer Stelle in komplexeren Situationen benötigt wird.

Hier soll es aber nicht um die Empfehlung konkreter Perspektiven gehen, vielmehr wird eine typische Aufstellung von Ansichten aufgezählt, die bei einer Vielzahl von Aufträgen vor Ort als grobe Orientierungshilfe und Gedächtnisstütze dienen kann, um keine relevanten Ansichten zu vergessen. Selbstverständlich sind jedes Objekt und jede Auftragslage anders, sodass die aufgezählten Punkte nicht immer genauso zutreffen müssen.

Relevante Außenansichten

- Ansichten von den Ecken (Winkelhalbierende)
- Vorderseite (weitwinklig oder Fernaufnahme)
- Hinterseite (z. B. Grünflächen oder Infrastruktur)
- Detailaufnahmen (z. B. Fenster, Eingangsbereich, Pflanzen im Garten)
- Ein repräsentatives Hochformatfoto für eventuelle Titelseite einer Broschüre (in der Regel Vorder- oder Eckansicht)
- Eventuell ein paar Luftaufnahmen mit Lage und Infrastruktur und eine repräsentative Ansicht bei Sonnenuntergang/Dämmerung
- Sonderausstattung (z. B. Pool und Garten, Parkplätze, Parkhaus mit Zufahrt, LKW-Laderampen)

- Bei sehr großen Grundstücken: Schwenk-Panoramaaufnahme für eine detaillierte Übersicht, insbesondere bei mehreren Objekten auf einem Areal. Zur Perspektivenfindung zuerst die Grundstücksgrenzen von Innen ablaufen und besonders in Höhe der Grundstückszufahrt und den Ecken auf interessante Ansichten achten.

Relevante Innenansichten

- Eingangsbereich und Empfang
- Flur, Treppenhaus und Fahrstühle
- Haupträumlichkeiten (z. B. Büros, Konferenzräume, Hauptlager, Wohn- und Schlafbereich, Küche und Essbereich)
- Badezimmer, Toiletten, Umkleiden und sonstige Räume (Keller, Technik, Waschraum, Dachboden)
- Gegebenenfalls Balkon und Terrasse
- Detailaufnahmen (besondere Ausstattung und Deko)
- Eventuell zwei bis drei Ansichten der Haupträumlichkeiten zur Dämmerung und blaue Stunde

Das Bürogebäude

Ein altes Bürogebäude in Köln wurde erst kürzlich modernisiert. Dabei wurde die Inneneinrichtung komplett neugestaltet und auch ein Energiesparkonzept wurde entwickelt. Die Fassade des Gebäudes befindet sich noch in der Sanierung, daher sind Außenaufnahmen vorerst nicht gewünscht. Die Bilder müssen im Januar fertiggestellt werden, da sie für eine Baumesse auf Plakaten als Referenz dienen sollen. Aufgrund des engen Zeitrahmens kann nicht auf gutes Wetter gewartet werden. Sofern Fenster gezeigt werden, sollten diese sehr hell und überbelichtet wirken, um die grauen und unattraktiven Wetterverhältnisse zu kaschieren. Die Innenräume sollten sauber, hell und freundlich wirken und die Hochwertigkeit des Objekts unterstreichen. Auftraggeber ist nicht der Eigentümer, sondern die Firma, die für den Umbau der Inneneinrichtung zuständig war. Daher ist es nicht nötig, alle Räumlichkeiten zu fotografieren. Es kommt lediglich auf einige besonders schöne und repräsentative Ansichten hinsichtlich der Neugestaltung an, die sich für die Präsentation auf der Baumesse eignen. Allerdings besteht die Option, eine weitere Nutzungslizenz an den Eigentümer zu verkaufen, falls dieser die Bilder benötigen sollte, um das Objekt möglicherweise zu bewerben. Dies hat jedoch keine Priorität. Eine Schwierigkeit der Objektfotografie bestand darin, das Objekt im laufenden Betrieb zu fotografieren, ohne dass Mitarbeiter zu erkennen sind oder Gegenstände wie Dokumente und Kaffeetassen im Bild rumstehen.

Der Empfangsbereich: Eine besondere Herausforderung bestand darin, einen Zeitpunkt abzuwarten, in dem keine Personen durch den hochfrequentierten Durchgangsbereich laufen. Perspektivisch befindet sich die Kamera auf der Winkelhalbierenden von der Tischkante.

Nikon D800E | ISO 100 | Brennweite 20mm (Voigtländer 20mm f3.5) | f/ 6.3 | Belichtungszeit 1/15 Sek. (mit Stativ)

Auch hier ist ein Teil des Flures zu sehen. Hinter den Glaswänden befinden sich Konferenzräume. Perspektivisch wurde von der Winkelhalbierenden fotografiert und der Blick wird nach rechts in den Bereich des Farbkontrastes zwischen Blau und Orange geleitet. Diese Wirkung wurde nachträglich verstärkt.

Nikon D800E | ISO 100 | Brennweite 17mm (Tamron 15-30 SP) | f/ 7.1 | Belichtungszeit 1/3 Sek. (mit Stativ)

Der Fluchtpunkt in dieser Abbildung des Flures läuft ins rechte Bilddrittel.

Nikon D800E | ISO 100 | Brennweite 24mm (Nikkor 24 3.5 PC-E) | f/ 7.1 | Belichtungszeit 1/3 Sek. (mit Stativ)

Konferenzraum mit Schalldämpfern an der Decke. Hier wurde eine aufsteigende Perspektive gewählt. Bei der Aufnahme wurde darauf geachtet, dass alle Stühle gerade stehen.

Nikon D800E | ISO 100 | Brennweite 18mm (Tamron 15-30 SP) | f/ 7.1 | Belichtungszeit 1/3 Sek. (mit Stativ)

Auch in der Kaffeeecke wurde eine aufsteigende Perspektive gewählt.

Nikon D800E | ISO 125 | Brennweite 18mm (Tamron 15-30 SP) | f/ 5 | Belichtungszeit 1/10 Sek. (mit Bildstabilisator)

Durch die Cafeteria gelangt man in die Mensa. Die Reflexionen auf den Hockern wurden durch einen Polfilter gezielt gesetzt. Die Treppe befindet sich im Goldenen Schnitt.

Nikon D800E | ISO 100 | Brennweite 24mm (PC-E Nikkor 24mm 3.5) | f/ 6.7 | Belichtungszeit 1/5 Sek. (mit Polfilter)

Durch das gemeinschaftlich genutzte Treppenhaus sind die Räumlichkeiten anderer Mieter zu erreichen. Hier wurde aus der hintersten Raumecke fotografiert, um diesen Bereich etwas größer erscheinen zu lassen.

Nikon D800E | ISO 100 | Brennweite 19mm (PC-E Nikkor 19mm f4D ED) | f/ 7.1 | Belichtungszeit 1/20 Sek.

In der Mensa wurde ein geringer Abstand zum Tisch gewählt, um die räumliche Tiefe zu unterstreichen. Zudem verläuft die Blickrichtung aufsteigend.

Nikon D800E | ISO 100 | Brennweite 23mm (Tamron 15-30 SP) | f/ 6.3 | Belichtungszeit 1/30 Sek.

Bei einem weiteren Mieter wurde noch zusätzlich ein Besprechungsraum fotografiert, da dieser ein völlig anderes Design bietet. Auch hier sind ein Vordergrund und eine aufsteigende Blickrichtung deutlich erkennbar.

Nikon D800E | ISO 100 | Brennweite 20mm (Voigtländer 20mm 3.5) | f/ 8 | Belichtungszeit 1/25 Sek.

Das Einkaufszentrum

Ein riesiges Areal wurde von einem Investor vor einigen Jahren erworben. Dabei wurden einige Teilbereiche des Grundstücks renoviert und aufgewertet. Zudem wurden ehemalige Leerstandflächen erfolgreich langfristig vermietet, wobei einige ältere Mietverträge demnächst auslaufen. In diesem Zusammenhang stehen für das Objekt folgende Optionen offen, um eine gewinnbringende Rendite zu erzielen.

Die erste Möglichkeit liegt in einer Mietpreiserhöhung, wobei nicht klar ist, ob die Mieter der bald auslaufenden Verträge diesen Standort auch unter neuen Konditionen beibehalten möchten. Insofern sind Standortfotos notwendig, um künftige Mieter zu akquirieren. Die Standortfotos sollten einen wertigen und gut besuchten Eindruck des Standortes vermitteln. Eine hohe Kundenfrequenz ist zumeist mit viel Umsatz verbunden, daher sollten volle Parkplätze zu sehen sein.

Der Ort muss einen dynamischen und belebten Eindruck vermitteln, gleichzeitig sollen die Fotos einigermaßen aufgeräumt und sauber wirken. Zudem muss das Objekt im Kontext des Einzelhandels dargestellt werden, die Umgebung und Infrastruktur sind nicht weniger relevant. Vereinzelte Bilder der Ladenbereiche und eine Visualisierung der Lage, Park- und Anlieferungssituation können das Portfolio sinnvoll abrunden. Innenaufnahmen sind nur von denjenigen Flächen notwendig, deren Mietverträge bald auslaufen. Eine Fokussierung auf die architektonischen Besonderheiten bietet allerdings keinen nennenswerten Mehrwert.

Die zweite Möglichkeit einer Gewinnerzielung liegt im Verkauf des kompletten Grundstücks mit den darauf befindlichen Objekten einschließlich der Mietverträge. Die Zielgruppe ist in dem Fall eine andere. Sofern Mietverträge bereits vorhanden sind, ist die Frequentierung des Standortes zwar wichtig, sie steht aber nicht an erster Stelle.

Der Fokus darf darauf gesetzt werden, einen wertigen Eindruck zu vermitteln, sodass klar ist, dass keine aufwendigen und teuren Sanierungsarbeiten notwendig sind. Des Weiteren sollten die Namen der dort ansässigen Stammmieter ersichtlich sein. Manche Einzelhandelsketten schließen typischerweise Mietverträge von mindestens 10 Jahren oder länger ab, daher können bestimmte Marken im Bild insgesamt den Eindruck eines besseren Investments vermitteln.

Die zu erwartende Rendite hängt einerseits von den zu erwartenden Vertragslaufzeiten, andererseits vom Mietpreis pro Fläche ab. Die Höhe des zu erwartenden Gewinns ist also maßgeblich von der zu vermietenden Gesamtfläche abhängig. Bei einem besonders großen Objekt stellt dies sein Alleinstellungsmerkmal dar und es muss auf jeden Fall visualisiert werden. Luftbildaufnahmen sind also verpflichtend! Insgesamt sollen die Objektaufnahmen beide potenzielle Zielgruppen ansprechen. Die inhaltliche Aussage der Bilder hat dabei eine höhere Priorität als deren Ästhetik; hier muss ein Mittelweg gewählt werden.

Östlich des Flusses befindet sich der kleinere Teil des Areals mit Anbindung zur Stadt.

DJI Phantom 4 Pro | ISO 100 | Brennweite 24 mm (äquivalent) | Blende 5.6 | Belichtungszeit 1/800 Sek.

Auf der Nordwestseite des Flusses ist der andere Teil des Grundstücks direkt an die Bundesstraße angebunden. Die Größe des Objekts ist beeindruckend und auch ein gut besuchter Parkplatz ist deutlich erkennbar. Allerdings leidet die Bildästhetik unter der großen Entfernung.

DJI Phantom 4 Pro | ISO 100 | Brennweite 24 mm (äquivalent) | Blende 5.6 | Belichtungszeit 1/120 Sek.

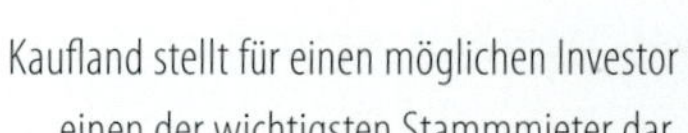

Kaufland stellt für einen möglichen Investor einen der wichtigsten Stammmieter dar.

Nikon D800E | ISO 100 | Brennweite 22 mm (Tamron 15-30 SP) | f/ 7.1 | Belichtungszeit 1/400 Sek.

Auf dem kleineren Areal befindet sich zusätzlich zu dem offenen Parkplatz noch eine Tiefgarage, die überwiegend an Kaufland mitvermietet worden ist. Diese ist gut besucht.

Nikon D800E | ISO 1.250 | Brennweite 26 mm (Tamron 15-30 SP) | f/ 4.5 | Belichtungszeit 1/40 Sek.

Bei Außenansichten dürfen ruhig mehrere Marken erkennbar sein. Durch einen größeren Abstand zum Motiv ist es möglich, mehr von der Umgebung ins Bild zu bekommen. So ist ein voller und gut besuchter Parkplatz besser zu erkennen.

Nikon D800E | ISO 100 | Brennweite 50 mm (Zeiss Planar 50 1.5) | f/ 5.6 | Belichtungszeit 1/640 Sek.

Wenn Fahrzeuge direkt vor dem Objekt parken, kann auch ein geringer Abstand gewählt werden, ohne dass die Lokation verlassen wirkt.

Nikon D800E | ISO 100 | Brennweite 26 mm (Tamron 15-30 SP) | f/ 7.1 | Belichtungszeit 1/400 Sek.

Der Flur mit den Zugängen zu den Ladenbereichen. Die Personen wurden durch eine Langzeitbelichtung unkenntlich gemacht. Hier wurde eine zentrale Position gewählt.

Nikon D800E | ISO 80 | Brennweite 20mm (Voigtländer 20 3.5) | f/ 7.1 | Belichtungszeit 1/5 Sek. (ND 64x)

Impressionen des Garten-Centers, wo möglicherweise bald ein neuer Mieter einziehen soll. Durch einen geringen Abstand zum Vordergrund wirkt das Bild dynamischer.

Nikon D800E | ISO 100 | Brennweite 18mm (Tamron 15-30 SP) | f/ 7.1 | Belichtungszeit 1/60 Sek.

Gerade bei Gewerbeobjekten verfügen die Bilder über ein ganz bestimmtes Ziel und sie müssen mit inhaltlicher Aussagekraft überzeugen. Darunter darf die Ästhetik der Bilder etwas leiden, da ein Kompromiss oft nicht anders zu erzielen ist. Für ein Objekt dieser Größe sind 50 final bearbeitete Bilder durchaus üblich. Hier können auch einige sehr weitwinklige Aufnahmen aus der Besucher-Perspektive aufgenommen werden.

Diese sehr weiten Aufnahmen wirken zwar optisch meist nicht besonders schön, sie bieten aber einen inhaltlichen Mehrwert und ermöglichen eine bessere räumliche Vorstellung der örtlichen Situation. Wenn Luftaufnahmen nicht durchgeführt werden können, kann mit sehr weitwinkligen Aufnahmen auch die Objektgröße besser vermittelt werden. Auch wenn Autos und volle Parkplätze aus Fotografensicht nicht besonders attraktiv wirken, übermitteln diese die Botschaft einer gut frequentierten Lage. Daher ist es wichtig, sich nicht zu sehr auf die schönen baulichen Details zu konzentrieren, sondern auch andere Aspekte bewusst abzubilden.

Einkaufszentren und Gewerbeimmobilien, bei denen die Vermittlung einer gut frequentierten Lage besonders relevant erscheint, sollten am besten ab ca. 15/16 Uhr fotografiert werden. Zwischen Donnerstag und Samstag sind die Stoßzeiten erfahrungsgemäß am größten.

Das Hotel

Die Ansprüche an die Hotelfotografie sind völlig andere als bei klassischen Gewerbeobjekten. Üblicherweise stellen potenzielle Hotelgäste die Zielgruppe dieser Werbefotos dar. Im Normalfall bevorzugt ein potenzieller Hotelgast ein zentrales, aber zugleich sehr ruhiges Hotel. Diesen Eindruck gilt es auch in den Fotos zu vermitteln. Wenn von ganz besonderen Ausstattungsmerkmalen abgesehen wird, haben Hotels innerhalb derselben Klasse eigentlich sehr ähnliche Ausstattungsmerkmale.

Der Fokus sollte daher eher auf eine ästhetische und saubere Bildsprache gelegt werden. Die Beschreibung des Hotels sollte durch eine Bilderserie komplett unterlegt werden können. Der potenzielle Gast sollte sich anhand der Fotos einen nahezu vollständigen Eindruck des Hotels verschaffen können. Je nach spezieller Zielgruppe können die Bilder wärmer gestaltet werden, um eine Wohlfühlatmosphäre zu unterstreichen, oder sie können kühler und moderner bearbeitet werden, was eher einen Business-Charakter vermittelt.

Wenn zusätzliche Ausstattungsmerkale, wie beispielsweise Parkplätze, fotografiert werden, sollten diese nicht zu voll sein. Dies könnte den Eindruck vermitteln, dass in dem Hotel sehr viel los wäre und eine laute Atmosphäre herrscht. Zudem könnte dadurch vermittelt werden, dass Parkplätze unter Umständen sehr knapp seien.

Außenaufnahme des Hotels: Bei freistehenden Objekten bietet die Winkelhalbierende oft die beste Perspektive. Die Lage des Hotels ist eher mittelmäßig, deswegen muss von der Umgebung nicht zu viel gezeigt werden.

Nikon D800E | ISO 80 | Brennweite 24mm (PC-E Nikkor 24mm 3.5) | f/ 6.7 | Belichtungszeit 1/100 Sek.

Sitzecke direkt hinter dem Eingangsbereich, mit aufsteigender Linienführung

Nikon D800E | ISO 80 | Brennweite 20mm (Voigtländer 20 3.5) | f/ 9 | Belichtungszeit 3 Sekunden

Gerade bei Hotelzimmern müssen alle Betten faltenfrei gebügelt sein. Eine tiefe Perspektive auf die Bettkante gerichtet wirkt zumeist besonders attraktiv.

Nikon D800E | ISO 100 | Brennweite 15mm (Tamron 15-30 SP) | f/ 7.1 | Belichtungszeit 0,6 Sek.

Insbesondere in ganz engen Räumen kann oft nicht alles gezeigt werden. Hier muss ein kleiner, möglichst repräsentativer Bildausschnitt gewählt werden. Der Bildausschnitt wird dabei nicht über die Neigung, sondern über die Höhe der Kamera bestimmt.

Nikon D800E | ISO 640 | Brennweite 16mm (Tamron 15-30 SP) | f/ 4 | Belichtungszeit 1/15 Sek. (mit Bildstabilisator)

Von jeder verfügbaren Zimmerkategorie muss zumindest ein Bild erstellt werden.

Nikon D800E | ISO 100 | Brennweite 17mm (Tamron 15-30 SP) | f/ 7.1 | Belichtungszeit 1,3 Sekunden

Bei großen behindertengerechten Bädern ist eine Zentralperspektive vorteilhaft.

Nikon D800E | ISO 100 | Brennweite 16mm (Tamron 15-30 SP) | f/ 7.1 | Belichtungszeit 1/60 Sek.

Der Frühstücks- und Essbereich aus der seitlichen Frontalperspektive

Nikon D800E | ISO 250 | Brennweite 17mm (Tamron 15-30) | f/ 5.6 | Belichtungszeit 1/20 Sek.

Detailaufnahmen von der Bar gehören in jedes Hotel-Portfolio.

Nikon D800E | ISO 100 | Brennweite 50mm (Zeiss Planar 50 1.4) | f/ 4 | Belichtungszeit 1/20 Sek. (mit Stativ)

Das Industrieobjekt

Ein amerikanischer Automobilzulieferer verfügt über drei Standorte in Europa. Es sollen die beiden Werke in Deutschland sowie das Hauptwerk in Rumänien fotografiert werden. In den beiden deutschen Standorten werden einzelne Motorteile wie Pleuel oder ABS-Düsen hergestellt, während im rumänischen Werk die kompletten Verbrennungsmotoren für nahezu alle deutschen und europäischen Autohersteller gefertigt werden.
Die Bilder werden für die Webseite sowie für allgemeine PR-Zwecke benötigt. Sie sollen einen Eindruck von den Räumlichkeiten des Werkes vermitteln. Ein besonderes Augenmerk

Diese Detailaufnahme aus der Luft lässt die Größe des Objekts erahnen, ohne die Lokation zu verraten. In der Linienführung ist auch hier ein aufsteigender Charakter zu erkennen.

DJI Phantom 4 Pro | ISO 100 | Brennweite 24mm (äquivalent) | Blende 5.6 | Belichtungszeit 1/400 Sek.

liegt dabei auf der beeindruckenden Größe der Liegenschaften. An zwei Standorten sollen allerdings keine Luftaufnahmen erfolgen, da das Dach derzeit in keinem guten Zustand ist und daher nicht gezeigt werden soll.

Zudem soll der genaue Standort nicht ersichtlich sein, da mit einer Veröffentlichung der Lokation eine erhöhte Gefahr von Industriespionage befürchtet wird. Dies stellt eine besondere Herausforderung dar, wenn es um die Verbildlichung der riesigen Ausmaße geht. Letztendlich sollen ein guter Eindruck der Arbeitsprozesse und die Größe des Objekts mit schönen Bildern vermittelt werden, ohne zu viele Details preiszugeben.

Am zweiten Standort soll keine Luftaufnahme gemacht werden. Die sehr in die Länge gezogene Perspektive lässt die Größe dennoch erahnen.

Nikon D810 | ISO 64 | Brennweite 30mm (Tamron 15-30 SP) | f/ 6.3 | Belichtungszeit 1/640 Sek.

Das Hauptbild des dritten Standortes kann in diesem Buch leider nicht gezeigt werden, da das Firmenlogo am Eingang zu präsent ist. Aber auch die Rückseite lässt die Größe gut erahnen. Dabei ist nahezu immer ein von links nach rechts aufsteigender Charakter zu beobachten.

Nikon D810 | ISO 64 | Brennweite 20mm (Tamron 15-30 SP) | f/ 6.3 | Belichtungszeit 1/800 Sek.

Von einer erhöhten Position aus lässt sich ein guter Überblick von der Pleuel-Fertigungsstraße einfangen. Das Bild wurde anhand der Drittelregel ausgerichtet.

Nikon D810 | ISO 400 | Brennweite 27mm (Tamron 15-30 SP) | f/ 5 | Belichtungszeit 1/20 Sek. (mit Bildstabilisator)

Detailaufnahmen runden jedes Portfolio etwas ab. Auch bei Close-Ups sind die Bilder gerade ausgerichtet, der Bildausschnitt wurde über die Höhe reguliert.

Nikon D810 | ISO 500 | Brennweite 35mm (Zeiss Distagon 35 2.0) | f/ 4 | Belichtungszeit 1/40 Sek.

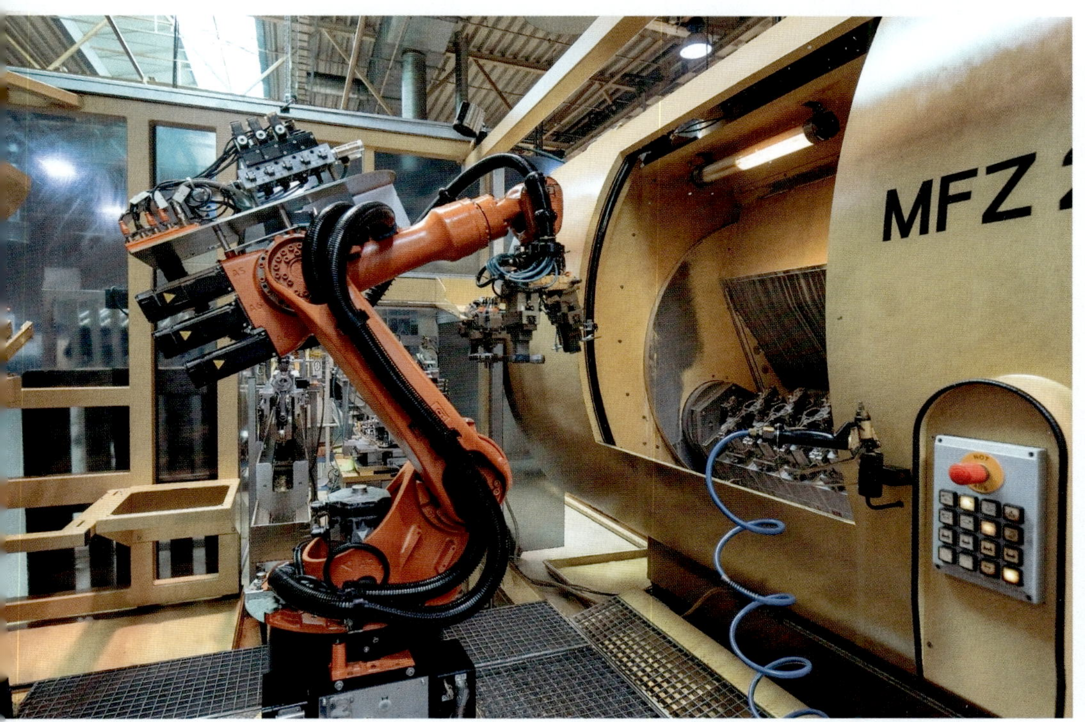

Die Aufnahme des Industrieroboters erforderte eine intensive Bildretusche, um die Späne zu entfernen und das Bild sauber wirken zu lassen. Die Drittelregel wurde beachtet.

Nikon D810 | ISO 500 | Brennweite 29mm (Tamron 15-30 SP) | f/ 5 | Belichtungszeit 1/30 Sek.

Auch in großen Innenräumen gilt es, die Kamera gerade zu halten, um stürzende Linien zu vermeiden. Die Blickrichtung ist auch hier von links nach rechts aufsteigend.

Nikon D810 | ISO 320 | Brennweite 23mm (Tamron 15-30 SP) | f/ 5.6 | Belichtungszeit 1/20 Sek.

Werkstatt: Es wurde aus der hinteren Ecke fotografiert, der Raum erscheint so größer.

Nikon D810 | ISO 320 | Brennweite 15mm (Tamron 15-30 SP) | f/ 5 | Belichtungszeit 1/30 Sek.

Wareneingangslager: Gerade wenn Räume nicht symmetrisch aufgebaut sind (siehe Decke), ist die Zentralperspektive eher von Nachteil. Durch den links gelegenen Standort vor den Kisten wird ein Vordergrund geschaffen und das Bild wirkt dynamischer.

Nikon D810 | ISO 80 | Brennweite 24mm (Nikkor 24 3.5 PC-E) | f/ 6.7 | Belichtungszeit 1/10 Sek.

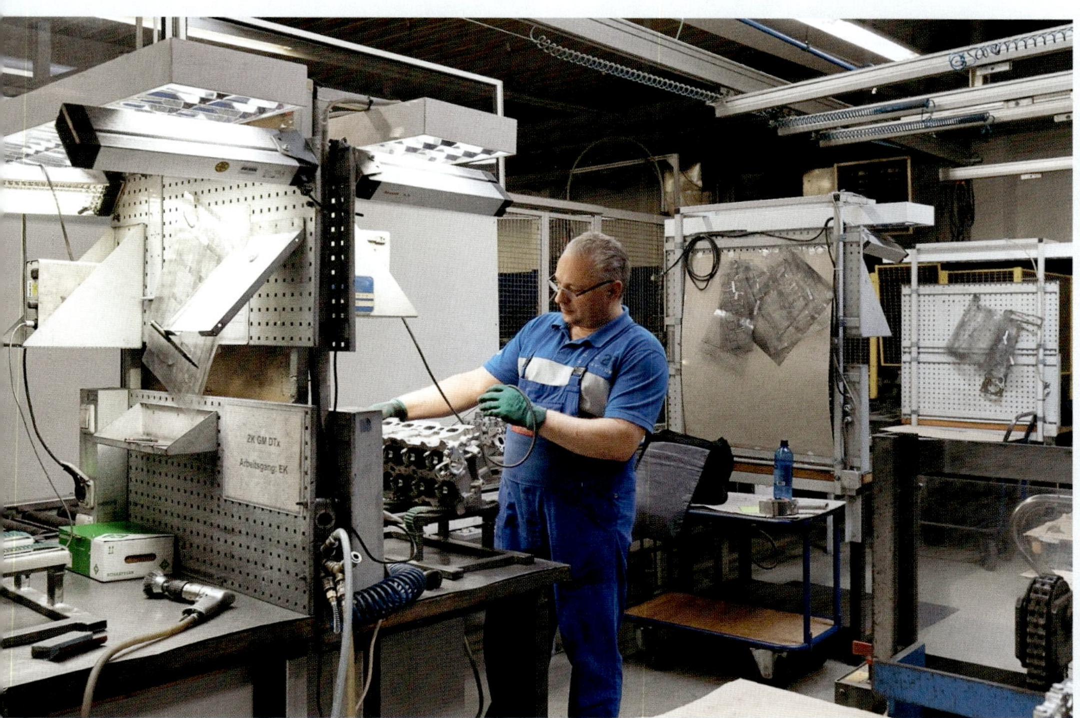

Zwischenkontrolle eines Motorblocks: Ebenso wie Detailaufnahmen runden Fotos der Arbeitsprozesse das Portfolio ab.

Nikon D810 | ISO 400 | Brennweite 30mm (Tamron 15-30 SP) | f/ 4 | Belichtungszeit 1/50 Sek.

Aufnahmen mit Personen wirken besser, wenn diese in Richtung der Bildmitte schauen, anstatt dass der Blick in Richtung des Bildrandes gerichtet ist. Die Offenblende sorgt für eine angenehme Unschärfe und Tiefenwirkung. Das Bild ist in Vorder-, Mittel- und Hintergrund aufgeteilt.

Nikon D810 | ISO 200 | Brennweite 50mm (Zeiss Planar 50 1.4) | f/ 1.8 | Belichtungszeit 1/160 Sek.

Luftbildaufnahme des noch nicht ganz fertiggestellten Neubaugebiets

DJI Phantom 4 Pro | ISO 100 | Brennweite 24mm (äquivalent) | Blende 5.6 | Belichtungszeit 1/800 Sek.

Das Wohnhaus im Neubaugebiet

Ein namhafter Bauträger hat ein komplettes Wohngebiet neu entwickelt. Dieses soll vermarktet werden. Ein Exposé ist nicht vorgesehen, die Bilder sollen prinzipiell für eine Imagekampagne im Internet eingesetzt werden und Attraktivität vermitteln. Daher sind nicht besonders viele Bilder notwendig, in erster Linie geht es darum, potenzielle Interessenten für die Kontaktaufnahme anzuregen. Dadurch ist es letztendlich möglich, weiterführende Informationen im persönlichen Gespräch zu vermitteln.

Insofern müssen die Bilder nicht alles dokumentarisch festhalten. Die Lage des Wohngebiets kann zwar gezeigt werden, allerdings hat dies keine Priorität, da diese aus dem Internetauftritt ohnehin sehr deutlich wird. Schöne und ästhetische Werbefotos erscheinen für diesen Zweck wichtiger. Im Neubaugebiet befinden sich überwiegend Einfamilienhäuser in drei unterschiedlichen Ausführungen und Stilen.

Die komplett weißen kubischen Objekte im Stil des modernen Minimalismus sind leider noch nicht fertiggestellt und deren Fassade ist von Baugerüsten umhüllt. Von jedem der drei Häusertypen sind Innenaufnahmen möglich, da hierfür Musterhäuser zur Verfügung stehen. Die Musterhäuser selbst sollen vorerst allerdings nicht verkauft werden, sondern dienen nur der Besichtigung. Insofern dürfen keine objektspezifischen Details, wie die Lage innerhalb des Neubaugebiets, zu deutlich hervorgehoben werden.

Die größeren Objekte verfügen alle über PKW-Stellplätze. Dies ist unbedingt hervorzuheben. Eine Aufnahme von der Seite wirkt dabei dynamischer.

Nikon D800E | ISO 100 | Brennweite 27mm (Tamron 15-30 SP) | f/ 9 | Belichtungszeit 1/160 Sek.

Bei den kleinen Häusern ist nur eine Frontalansicht der Rückseite möglich, da ansonsten Bauarbeiten, seitlich des Objekts, sichtbar wären. Stürzende Linien sind korrigiert.

Nikon D800E | ISO 100 | Brennweite 21mm (Tamron 15-30 SP) | f/ 7.1 | Belichtungszeit 1/250 Sek.

Bei den ganz kleinen Objekten sind nur Detailaufnahmen möglich, da sich hier ein Baugerüst befindet. Hier gilt es, interessante Bildausschnitte zu finden.

Nikon D800E | ISO 100 | Brennweite 30mm (Tamron 15-30 SP) | f/ 8 | Belichtungszeit 1/250 Sek.

Zentralperspektive des Flures
auf halber Raumhöhe

Nikon D800E | ISO 100 |
Brennweite 15mm (Tamron 15-30 SP) |
f/ 5.6 | Belichtungszeit 1/25 Sek.

Flur und Treppe im zweiten Obergeschoss:
Der Bildaufbau entspricht in etwa
dem Goldenen Schnitt.

Nikon D800E | ISO 100 |
Brennweite 15mm (Tamron 15-30 SP) |
f/ 5 | Belichtungszeit 1/25 Sek.

Das Arbeitszimmer wurde von halber Raumhöhe (ca. 1,25 m) fotografiert. Dies ist an der Symmetrie der hinteren dunklen Wand erkennbar. Die Bildaufteilung ist gedrittelt.

Nikon D800E | ISO 100 | Brennweite 21mm (Tamron 15-30 SP) | f/ 5 | Belichtungszeit 1/15 Sek. (mit Bildstabilisator)

Das Kinderzimmer aus Richtung der Eingangstür, so wie man es beim Betreten wahrnehmen würde: Da draußen nichts Schönes zu sehen ist, dürfen die Fenster überbelichtet sein.

Nikon D800E | ISO 100 | Brennweite 15mm (Tamron 15-30 SP) | f/ 7.1 | Belichtungszeit 1/60 Sek.

Das Schlafzimmer von halber Deckenhöhe aus fotografiert. Von der perfekten Winkelhalbierenden wurde leicht abgewichen. Ansonsten würde die linke Bildhälfte mangels Vordergrund zu leer wirken. Auch dieses Bild folgt in etwa der Drittelregel.

Nikon D800E | ISO 100 | Brennweite 15mm (Tamron 15-30 SP) | f/ 5.6 | Belichtungszeit 1/25 Sek.

Essbereich aus geringer Höhe und seitlich auf den Tisch gerichtet: Die Bildwirkung vermittelt eine gemütliche Atmosphäre.

Nikon D800E | ISO 100 | Brennweite 19mm (Tamron 15-30 SP) | f/ 6.3 | Belichtungszeit 1/13 Sek. (mit Bildstabilisator)

Essbereich mit Tisch im Vordergrund, diesmal jedoch aus der Frontalperspektive: Die Bildwirkung ist eine ganz andere und vermittelt eher eine sehr saubere und geordnete Atmosphäre.

Nikon D800E | ISO 100 | Brennweite 16mm (Tamron 15-30 SP) | f/ 7.1 | Belichtungszeit 1/13 Sek. (mit Bildstabilisator)

Bei der Küche wurde darauf geachtet, eine Kameraposition zu finden, die eine schräge Draufsicht von der Ecke auf den Tisch ermöglicht. Dabei sollte von den Stühlen nicht zu viel abgeschnitten werden. Oben links ist ein Eckläufer vorhanden und die Blickrichtung verläuft aufsteigend vom Vordergrund zur Arbeitsfläche. Das Bild entspricht der Drittelregel.

Nikon D800E | ISO 100 | Brennweite 15mm (Tamron 15-30 SP) | f/ 7.1 | Belichtungszeit 1/40 Sek.

Auch das Badezimmer folgt perspektivisch einem aufsteigenden Charakter.

Nikon D800E | ISO 100 | Brennweite 15mm (Tamron 15-30 SP) | f/ 7.1 | Belichtungszeit 1/30 Sek.

Der Messestand

Eine spanische Messebaufirma hat auf der Messe in Nürnberg zwei Stände für ihre Kunden gebaut. Insgesamt werden jedoch nur fünf Bilder benötigt: je ein repräsentatives Foto ohne Menschen, wo der komplette Stand zu sehen ist, und je eine Detailaufnahme, die das Innenleben gut repräsentiert. Für den ersten Kunden der Messebaufirma wird zudem noch ein Foto mit Personen benötigt, das einen gut besuchten Stand zeigt, ohne überfüllt zu wirken. Benötigt werden die Bilder als Referenz für die Baufirma, um potenzielle Neukunden für künftige Messestand-Projekte zu überzeugen. Das eine zusätzliche Bild für den Betreiber des Messestandes, mit den Personen im Bild, ist für deren Social-Media-Seite gedacht und wird gesondert lizensiert. Insgesamt wurden über 200 Perspektiven eingefangen, woraus dem Kunden eine engere Auswahl der 20 besten Aufnahmen in unbearbeitetem Zustand zugeschickt worden ist. Aus diesen Bildern wurden letztendlich die folgenden fünf Bilder für die nachfolgende Bildbearbeitung ausgewählt.

Wie auch bei Außenansichten von Immobilien ist es empfehlenswert die Winkelhalbierendeals Anfangsperspektive zu wählen, da so der komplette Stand meistens gut abgebildet werden kann.

Nikon D800E | ISO 100 | Brennweite 15mm (Tamron 15-30 SP) | f/ 8 | Belichtungszeit 1/25 Sek.

Für die Detailaufnahmedes Innenraumes wurde mit der Palme rechts im Bild ein Vordergrund gesucht, durch den fotografiert wurde. Die Blende war dabei relativ geöffnet, um den Vordergrund etwas unschärfer abzubilden und dem Bild so mehr Tiefe zu verleihen.

Nikon D800E | ISO 250 | Brennweite 35mm (Zeiss Distagon 35 2.0) | f/4 | Belichtungszeit 1/60 Sek.

Eine belebte Atmosphäre und eine interessante Architektur werden vermittelt.

Nikon D800E | ISO 250 | Brennweite 35mm (Zeiss Distagon 35 2.0) | f/4.5 | Belichtungszeit 1/60 Sek.

Der zweite kleinere Messestand wurde ebenfalls von der Winkelhalbierenden fotografiert. Bei Messen ist das Zeitfenster relativ eng, da die Stände kurz nach offizieller Eröffnung sehr schnell überlaufen sind. Daher sollte das Stativ aus Zeitgründen eher selten benutzt werden.

Nikon D800E | ISO 80 | Brennweite 24mm (PC-E Nikkor 24 3.5) | f/6.7 | Belichtungszeit 1/6 Sek. (mit Stativ)

Innenansicht des zweiten Messestandes aus einer tiefen bodennahen Perspektive

Nikon D800E | ISO 80 | Brennweite 24mm (PC-E Nikkor 24 3.5) | f/6.7 | Belichtungszeit 1/13 Sek.

7 TECHNISCHE ASPEKTE

7

Technische Aspekte

Zum Schluss sollten noch einige technische Aspekte besprochen werden, welche zwar nicht unmittelbar mit der Fotografie zu tun haben, aber eng mit dieser zusammenhängen. Dabei könnte zu jedem der nachfolgenden Unterpunkte jeweils ein eigenes Buch verfasst werden. Es geht in diesem Kapitel primär darum, einen ganz groben Überblick zu verschaffen, damit der Leser in etwa weiß, worauf er achten muss, um bei Bedarf entsprechend nach weiterführenden Quellen suchen zu können.

Exkurs in die digitale Bildbearbeitung

Die Bildbearbeitung ist mindestens genauso wichtig wie die Fotografie an sich und zudem ist dieses Thema wahrscheinlich um einiges umfangreicher als das der Architekturfotografie. Daher sollen an dieser Stelle keine speziellen Techniken der Bildbearbeitung im Detail erklärt werden. Dieser Abschnitt soll vielmehr aufzeigen, was die Bildbearbeitung imstande ist zu leisten und weshalb es wichtig ist, sich mit der Bildbearbeitung zu beschäftigen. Ein Buch ist wahrscheinlich ohnehin nicht besonders gut geeignet, um Techniken der Bildbearbeitung verständlich zu vermitteln. Videotrainings stellen hier das passendere Medium dar.

Video-Tutorials

Auf meinem YouTube-Kanal „Patrick Zasada" finden Sie zahlreiche Video-Tutorials rund um das Thema der digitalen Bildbearbeitung – *www.youtube.com/zasadapictures*.

Wer die Wahl hat, hat die Qual

Bildbearbeitungsprogramme gibt es sehr viele. Da ist es nicht einfach, die Übersicht zu behalten. Im professionellen Bereich werden nahezu ausschließlich die Programme aus dem Hause Adobe verwendet. Allerdings gibt es auch deutlich günstigere und zum Teil sogar kostenlose Programme, die für Anfänger oft ausreichend viele Funktionen bieten. Für die bloße Entwicklung von RAW-Dateien bieten Freeware-Programme wie Darktable oder RawTherapee ausreichend viele Funktionen. Aber auch mit Luminar gibt es eine kostengünstige Alternative.

Und im höherpreisigen Segment bietet Capture One aus dem Hause Phase One ebenfalls einen sehr guten RAW-Konverter. Egal welches Programm letztendlich bevorzugt wird, ein RAW-Konverter ist verpflichtend. Ohne ein spezielles Programm lassen sich RAW-Daten nicht öffnen, geschweige denn drucken oder fürs Web verwenden. Die zahlreichen Vorteile von RAW-Dateien wurden im Vorfeld bereits genannt.

Wenn größere Retuschen nicht nötig sind, sollte ein guter RAW-Konverter für über 95 % der Bilder mehr als ausreichend sein. Für Retuschen oder spezielle Effekte wird aber ein Ebenen-basiertes Bildbearbeitungsprogramm notwendig. GIMP ist hierfür die wohl bekannteste kostenlose Alternative, wobei Affinity Photo auch relativ kostengünstig und anfängerfreundlich ist.

Letztendlich führen alle Programme irgendwie zum Ziel. Auf welches Programm die Wahl fällt, hängt von den persönlichen Bedürfnissen ab.

Sofern nur und ausschließlich eine einfache RAW-Entwicklung ausreicht, kann eine günstigere Alternative problemlos verwendet werden. Im professionellen Bereich werden aber nicht ohne Grund fast ausschließlich Adobe Lightroom Classic CC (als RAW-Konverter) sowie Adobe Photoshop CC (Ebenen-basiertes Bildbearbeitungsprogramm) verwendet. Diese beiden Programme greifen einfach perfekt ineinander und beschleunigen das Arbeiten massiv. So können mehrere Bilder aus Lightroom direkt in Photoshop geöffnet werden und umgekehrt lassen sich Photoshop Dateien wieder im Lightroom-Katalog speichern und aus diesem exportieren. Lästiges Zwischenspeichern in diverse Unterordner entfällt vollständig.

Zudem bietet Adobe noch zahlreiche andere Programme an. Mit Adobe InDesign können beispielsweise hochwertige Immobilien-Exposés gestaltet werden. So ist es möglich, Photoshop-Dateien aus dem Lightroom-Katalog einfach per Drag-and-drop in die InDesign-Arbeitsumgebung zu ziehen. Sollte eine Photoshop-Datei anschließend noch verändert werden, aktualisieren sich die Bilder im InDesign-Exposé automatisch.

Dadurch wird das Arbeiten insgesamt nicht nur schneller und angenehmer, gleichzeitig wird auch die Gefahr von Fehlern reduziert. Insbesondere Makler sollten daher nicht am falschen Ende sparen. An Hobbyfotografen und Anfänger ist eine allgemeingültige Empfehlung schwieriger auszusprechen; das richtige Programm hängt hier stark von den persönlichen Anforderungen ab.

Was kann die Bildbearbeitung leisten?

Ein weiteres Beispiel zeigt eine Innenansicht einer Reitsportimmobilie. Hier standen im Stall Gerätschaften herum, die vor der Aufnahme eigentlich hätten weggeräumt werden sollen. Allerdings ist dies auf dem Kommunikationsweg untergegangen, sodass eine aufwendige Bildretusche notwendig wurde:

Vorher: Die Ampeln sowie die Rohre stören den Blick auf das Gebäude.

Nikon D800E | ISO 100 | Brennweite 55mm (Micro Nikkor 55 2.8 Ai-S) | f/5.6 | Belichtungszeit 1/640 Sek.

Nachher: Alle störenden Gegenstände wurden entfernt und der Bildlook sieht insgesamt sauberer aus.

Vorher: Links im Bild befindet sich eine Holzwand, an der störende Geräte stehen.

Nikon D800E | ISO 100 | Brennweite 22mm (Tamron 15-30 SP) | f/6.3 | Belichtungszeit 1/20 Sek.

Nachher: Die Holzwand sowie die störenden Gerätschaften wurden links im Bild komplett beseitigt.

Unbearbeitetes Bild, wie es von der Kamera abgespeichert wird

Nikon D850 | ISO 64 | Brennweite 20mm (Voigtländer 20mm 3.5) | Blende 6.3 | Belichtungszeit 1/160 Sek.

Bearbeitetes Bild: Die architektonischen Bauformen wurden durch Akzente und künstlich gesetzte Helligkeitsverläufe hervorgehoben. Alle Flecken wurden entfernt, es wurden Farb- und Kontrastanpassungen vorgenommen und durch eine Bewegungsunschärfe in den Wolken wurde eine leichte Langzeitbelichtung simuliert.

Diese drei Beispiele zeigen nur eine einfache Variante der Bildretusche. Es kommt immer wieder vor, dass Autos vor einem Objekt parken und diese entfernt werden müssen, oder dass eine Wand fleckig erscheint, der Himmel gegen einen schöneren ausgetauscht werden muss, oder Löcher in der Rasenfläche beseitigt werden sollen.

Die Bildbearbeitung ermöglicht nahezu Unbegrenztes, sie ist jedoch mit einem zum Teil sehr großen Zeitaufwand verbunden. Des Weiteren ist die Bildbearbeitung auch notwendig, um grafische Overlays wie Textbeschreibungen oder eingezeichnete Grundstücksgrenzen optisch ansprechend zu visualisieren. Hierzu reicht ein einfacher RAW-Konverter jedoch nicht mehr aus.

Für spezielle Anforderungen wie Panoramen, 360°-VR-Touren, HDRs oder Focus-Stackings sind noch mal spezielle Programme nötig.

Für eine einfache RAW-Entwicklung werden je nach Motiv und Aufwand circa 10 bis 30 Minuten benötigt. Bei einer Photoshop-Retusche kommt pro Bild im Durchschnitt noch mal eine Stunde hinzu, wobei es auch Bilder gibt, an denen mehrere Tage gearbeitet werden muss. Ob ein Bild in unter 5 Minuten oder innerhalb einiger Stunden fertiggestellt wird, hängt von den persönlichen Qualitätsansprüchen ab, beides ist jedoch möglich.

Bilder für die Webpräsentation

Für die Webpräsentation sollten Fotos so abgespeichert werden, dass die längere Bildkante 2.048 Bildpunkte in der Länge aufweist.

Auflösung und Dateiformat

Für die Webpräsentation sollten Bilder mit einer Auflösung von 2.048 Pixeln auf der langen Kante abgespeichert werden. Für hochqualitative und sehr große Darstellungen, die insbesondere auf modernen 4k-Bildschirmen betrachtet werden sollen, sind 4.096 px auf der langen Kante ein guter Wert. Üblicherweise reichen 2.048 px aber aus. Zu große Bilddateien sorgen im Web für unnötig große Ladezeiten. Der krumme Wert von 2.048 px kommt dadurch zustande, da er ein Vielfaches eines Bits ist und exakt 256 Bytes entspricht. Da alle Rechner üblicherweise mit den Einheiten Bit und Byte hantieren, sind bei der Darstellung

auf einem Bildschirm bei dieser Auflösung keine Bildfehler zu erwarten, da nur mit ganzen Vielfachen skaliert werden muss.
Das zu exportierende Bildformat sollte als JPEG eingestellt sein. Nahezu alle Onlinedienste unterstützten dieses Dateiformat problemlos. Bei der Exportqualität sollten fast immer 100 % gewählt werden. Manche Plattformanbieter erlauben jedoch nur eine maximal zulässige Dateigröße von unter 1 MB, hier bietet eine Qualitätseinstellung von 80 % auch noch gute Ergebnisse. Im Export-Dialogfenster ist sRGB als Farbraum standardmäßig festgelegt; dies sollte so bleiben. Für die beste im Web darstellbare Bildqualität sollte statt des JPEG-Formats besser das PNG-Dateiformat gewählt werden. Allerdings unterstützen nicht alle Plattformen diese Dateiformat, zudem werden die Bilddateien auch deutlich größer, was nicht immer optimal ist.

Nachschärfen der einzelnen Bilder

Beim Verkleinern der Bilder sollten diese auch etwas nachgeschärft werden. In Lightroom gibt es direkt im Export-Dialog die Möglichkeit, die gewünschte Bildgröße und die Art der Nachschärfung auszuwählen. In Photoshop ist dies ein wenig komplizierter, dafür wirken die Ergebnisse besser: Hier müssen im Dialog über *Bild* und *Bildgröße* die gewünschten Abmessungen eingegeben werden. Die Berechnungsmethode ist auf „Bikubisch (glatte Verläufe)" zu stellen. Nach dem Verkleinern gelangt man über *Filter/Scharfzeichnungsfilter* und *Unscharf maskieren* in das entsprechende Werkzeug. Dabei sollte eine Stärke von 150 %, ein Radius von 0,2 px und ein Schwellenwert von 0 gewählt werden. Ohne eine nachträgliche Scharfzeichnung wirken verkleinerte Bilder oft unschärfer, als sie eigentlich sind.

Immobilienportale und Anforderungen

Manche Immobilienportale haben ganz spezielle Anforderungen an die Bilder. So kann es vorkommen, dass für die mobile Ansicht auf dem Smartphone das Foto automatisch in ein Seitenverhältnis von 3:2 geschnitten wird, auf dem Desktop-Computer dasselbe Bild aber in einem Seitenverhältnis von 4:3 gezeigt werden muss. Dies muss bereits beim Fotografieren beachtet werden, damit später keine relevanten Bildpartien wegfallen und das Bild trotz Beschnitt gut aussieht. Bei den meisten Immobilienportalen (z. B. Immowelt) werden JPEG-Dateien mit einer Auflösung von 2048 x 1536 px unterstützt.
Bei Immobilienscout24 müssen die Titelbilder beispielsweise im 4:3-Querformat hochgeladen werden, wobei die Auflösung hier 731 x 550 px entsprechen muss. Ein 4:3-Bild kann seinerseits aber beschnitten werden. In der sogenannten Exposé-Vorschau fallen ca. 20 %

des unteren Bildteils weg, wobei oben ca. 5 % beschnitten werden. Aus dem 4:3-Bild wird ein 16:9-Format. Der so zusätzlich generierte Platz wird für Hinweise auf Multimediaerweiterungen, die Telefonnummer oder das Logo des Maklers verwendet. Die Galeriebilder werden hingegen im originalen Seitenverhältnis dargestellt.
Hier gilt es, sich selbst auf der Seite des jeweiligen Portals über den aktuellen Stand der Anforderungen zu den Bildformaten zu informieren, da diese Regeln sich jederzeit ändern können.

Anforderungen an ein Immobilien-Exposé

Der Bilderdruck stellt hohe Anforderungen an die eigene Hardware sowie an die korrekte Handhabung mit den Druckdaten. Jeder, der irgendwann schon mal Bilder in einer günstigen Drogerie hat drucken lassen, kennt das Problem, dass die gedruckten Fotos nie so aussehen wie auf dem Bildschirm. Oft sind die Bilder viel zu dunkel oder die Farben zu kräftig. Manchmal ist sogar ein Farbstich zu erkennen, der auf dem Bildschirm nicht zu erahnen gewesen ist. Idealerweise sollten die Bilder in gedruckter Form aber genauso aussehen wie auf dem Bildschirm.

Regelmäßige Bildschirmkalibrierung

Zunächst einmal ist für die Bildbearbeitung ein guter Bildschirm mit einem großen darstellbaren Farbumfang nötig. Günstige Einstiegsmodelle reichen hier oft nicht. Aber selbst ein hochwertiger Bildschirm lässt sich nicht einfach so ohne Weiteres verwenden. Zum Zwecke der Bildbearbeitung muss jeder Bildschirm regelmäßig kalibriert werden. Hierfür ist ein Kalibrierungsgerät wie beispielsweise der Spyder von Datacolor oder das X-Rite Colorimeter notwendig.
Hierbei handelt es sich vereinfacht gesagt um eine geeichte Kamera, die auf dem Bildschirm angebracht wird. Die Software lässt parallel exakt definierte Farbfelder auf dem Bildschirm erscheinen, die von dem Kalibrierungsgerät gemessen werden. Bei ermittelten Farbabweichungen wird im Rechner ein entsprechendes Korrekturprofil hinterlegt, das eine korrekte Farbdarstellung gewährleistet.
Bei nicht kalibrierten Monitoren kann es vorkommen, dass diese einen Farbstich aufweisen oder die Farbtöne zu kalt bzw. zu warm darstellen. Das menschliche Auge gewöhnt sich schnell daran, daher fällt dies in der Praxis kaum auf. Auf einem zu kühlen Monitor werden die Bilder unterbewusst automatisch zu warm bearbeitet, da dies auf dem Bildschirm so halbwegs neutral aussieht.

Spätestens beim Druck wirken die Bilder dann orange. Der Fehler liegt allerdings nicht bei der Druckerei, sondern ist auf einen nicht kalibrierten Monitor zurückzuführen. Daher ist es wichtig, den Bildschirm regelmäßig zu kalibrieren und eine hochwertige Druckerei zu beauftragen, die ihrerseits mit kalibrierten Druckern arbeitet.

Farbraum für Broschüren und Exposés

Bei Fotos fürs Internet kann der standardmäßig voreingestellte sRGB Farbraum benutzt werden. Beim Druck ist damit jedoch nicht die beste Qualität zu erreichen, zudem können hier ungewollte Farbveränderungen auftreten. Bezüglich des Farbraums sollte mit der zuständigen Druckerei Absprache gehalten werden. Beispielsweise werden bei Cewe-Print für Broschüren und Exposés die Druckdaten als PDF-Datei im CMYK-Farbraum benötigt. In Lightroom ist eine Bearbeitung in CMYK zwar nicht möglich, allerdings können die Bilder in Photoshop von RGB in CMYK umgewandelt werden. Dabei ist eine leichte Farbveränderung sichtbar. Die Bilddatei kann entweder direkt als PDF gespeichert werden, alternativ lässt sich auch ein TIFF exportieren oder die Photoshop-Datei kann zur Erstellung eines Exposés in Adobe InDesign importiert werden.

Werden die Fotos hingegen nicht in einer Broschüre, sondern als Auszug auf Fotopapier gebracht, ist es beim Anbieter Whitewall beispielsweise nicht notwendig, deren Farbraum umzuwandeln. Unter den Exporteinstellungen sollte jedoch eine bessere Qualität als sRGB gewählt werden. Diesbezüglich bietet ProPhotoRGB die beste Bildqualität. Abgespeichert werden sollte dies als 16-Bit-TIFF-Datei. Damit die Dateigröße auch unter einem Gigabyte bleibt, kann im Export die ZIP-Komprimierung aktiviert werden und auch die Ebenen sollten für das Abspeichern verworfen werden. Dateigrößen von 200 MB sind nicht unüblich.

ICC-Farbprofile für die Papiersimulation

Stichwort Softproof: Farbveränderungen können nicht nur auf einen schlecht kalibrierten Monitor zurückzuführen sein. Auch die Art und Beschaffenheit des Fotopapiers hat einen maßgeblichen Einfluss auf die Darstellung des Bildes. Ein hochglänzender Direktdruck hinter Acrylglas wirkt farblich intensiver als ein Fotoabzug auf mattem Papier. Zudem können sehr helle Farbtöne je nach Eigenfärbung des Papiers auch etwas anders wirken. Auf mattem Papier wirken die dunklen Farbtöne oft weniger detailliert als auf dem Bildschirm.

Letztendlich wird ein Bild in gedruckter Form nie exakt genauso aussehen wie auf dem Bildschirm. Das liegt schon alleine daran, dass der Bildschirm eine aktive weiße Hintergrundbeleuchtung hat und die Wirkung des Fotopapiers stark vom Umgebungslicht abhängig ist. Dennoch können mit entsprechenden ICC-Farbprofilen die Eigenschaften und Farbdarstellungen von gewissen Papiersorten zumindest gut simuliert werden.

Die hochwertigen Anbieter, wie beispielsweise Whitewall, bieten für jede Papiersorte entsprechende ICC-Profile zum Download an. Damit ist in Lightroom oder auch in Photoshop ein sogenannter Softproof möglich. Vor dem endgültigen Abspeichern der Bilder sollte der Softproof für die Simulation des Papiers aktiviert werden, um gegebenenfalls noch kleine Farb- und Helligkeitsanpassungen durchzuführen.

So wie es beim Fotografieren in der Kamera die Funktion der Lichterwarnung gibt, kann zusätzlich zum Softproof eine Farbumfangswarnung aktiviert werden. Die Ansicht sieht vergleichbar aus, hier werden Farbbereiche, die auf dem Fotopapier nicht mehr dargestellt werden können, durch ein Grau unterlegt. Für die Einrichtung solcher Softproofs finden sich auf den Webseiten der Anbieter entsprechende Anleitungen.

Pixeldichte, DPI und die Bildgröße

Üblicherweise werden die Bilder mit einer Pixeldichte von 300 dpi gedruckt. Bei Bildern für das Web ist die DPI-Einstellung irrelevant, da es hier auf die gesamte Auflösung ankommt. Die Einheit DPI kommt erst dann ins Spiel, wenn eine bestimmte Bildgröße fest vorgegeben wird, wie dies beim Druck der Fall ist. Die Abkürzung DPI steht für „dots per inch" (engl. „Punkte pro Zoll"). Dabei handelt es sich um die Angabe einer Pixeldichte, die zunächst nichts mit der Bildgröße zu tun hat.

Ein Bild mit einer sehr geringen Auflösung von 30 x 20 Pixeln kann durchaus über 300 dpi aufweisen, wenn es lediglich nur 2,5 Millimeter breit gedruckt wird. Die DPI-Zahl sagt aus, wie hoch die Auflösung des Bildes sein muss, um eine bestimmte Bildgröße zu erreichen. Hierfür muss zunächst von Zentimetern in Zoll umgerechnet werden. Ein Zoll entspricht 2,54 Zentimetern.

Die Titelseite einer Broschüre im A4-Format ist 21 x 29,7 cm groß, dies entspricht 8,27 x 11,69 Zoll. Um ein Foto im A4-Format ganzseitig mit einer Punktdichte von 300 dpi drucken zu können, wird eine Bildbreite von 8,27" x 300 dpi = 2.481 px und eine Bildhöhe von 11,69" x 300 dpi = 3.507 px benötigt. Für eine A4-Seite wird also eine Bildauflösung von 2.481 x 3.507 px benötigt, dies entspricht einer Auflösung von 8,7 MP. Das Bild sollte vor dem Abspeichern entsprechend verkleinert und nachgeschärft werden.

Wie groß das Bild am Ende tatsächlich sein soll, ist einerseits mit der Druckerei abzustimmen. Viele Broschüren können maximal mit 220 bis 250 dpi gedruckt werden, während bei Fotopapier 300 dpi üblich sind. Andererseits hängt die DPI auch mit dem Betrachtungsabstand zusammen. Plakate, die aus 10 Metern Entfernung betrachtet werden sollen, weisen nicht selten Punktdichten von weniger als 20 dpi auf.

Ohne eine zusätzliche Angabe, bezogen auf die finalen Abmessungen, sind DPI-Angaben alleine völlig sinnlos, da sich daraus keine Informationen über eine sinnvolle Bildauflösung herleiten lassen. Daher werden für Webanwendungen keine DPI-Angaben benötigt, da die letztendliche Bildgröße vom Monitor des Webseitenbesuchers abhängig ist. Die tatsächliche Bildauflösung in Pixeln ist hierfür relevanter.

Gestaltung eines Immobilien-Exposés

Was nützen schöne hochwertige und eindrucksvolle Fotos, die Investition in teure Kameraausrüstung und die Zeit, die in die Fortbildung investiert worden ist, wenn das gesamte Exposé am Ende keinen professionellen Eindruck vermittelt? Exposés, die bei potenziellen Kunden ein Interesse wecken, verkürzen in der Regel die Vermarktungsdauer. Insofern sollten sie nicht mit einem klassischen Schreibprogramm, sondern in speziellen Programmen wie Affinity Publisher oder Adobe InDesign CC erstellt werden. Inhaltlich gilt es selbstverständlich auch, die gesetzlichen Pflichtangaben zu beachten. Beispiele für schön gestaltete Immobilien-Exposés sind auch hier zu finden: *www.architekturfotografie-frankfurt.com/immobilien-expose-marketing*

Mit einer gelungenen Überschrift des Immobilien-Exposés ziehen Sie die Aufmerksamkeit auf sich. Heben Sie kurz und knapp hervor, was Ihre Immobile auszeichnet. Sie müssen in Sekundenbruchteilen ein Interesse bei potenziellen Kunden wecken. Achten Sie dabei auf zielgruppendefinierte Begrifflichkeiten. Versuchen Sie möglichst unter 30 Zeichen zu bleiben.

Vergessen Sie nicht die groben Objektdaten sowie die gesetzlichen Pflichtangaben nach EnEV. Dazu gehören das Baujahr, die Heizungsart (und Baujahr des Wärmeerzeugers), der Energieträger, die Art des Energieausweises, der Energiebedarf für Wärme und Strom sowie die Energieeffizienzklasse für Wohnimmobilien.

Ein Immobilien-Exposé sollte ansprechend und modern gestaltet werden. Einfache Office-Dokumente genügen zumeist nicht.

Geben Sie die vollständige Adresse Ihrer Immobilie an. Platzieren Sie wichtige Textbotschaften oben rechts. Psychologischen Erkenntnissen zufolge schauen wir dort zuerst hin, dort könnte beispielsweise eine Kurzbeschreibung zur Lage sinnvoll platziert werden. Laden Sie einen gut lesbaren und optisch aufgewerteten Grundriss hoch, aber präsentieren Sie auch aussagekräftige Bilder. Insbesondere das Titelbild ist zu einem Großteil für den künftigen Vermarktungserfolg verantwortlich. Das Titelbild ist das erste, was ein potenzieller Kunde von Ihrem Immobilien-Exposé sieht. Es entscheidet darüber, ob das Exposé näher betrachtet wird oder nicht.

Wählen Sie hier ein repräsentatives Immobilienfoto, das unter optimalen Lichtbedingungen aufgenommen wurde. Achten Sie hierbei auf Besonderheiten des Objekts und richten Sie alle Bilder gerade aus. Anhand der Bilder kann ein potenzieller Kunde schnell beurteilen, ob die Immobilie seinen Vorstellungen entspricht. Sie erhalten somit nur relevante Anfragen, da sich nur ernsthafte Interessenten bei Ihnen melden werden, sofern das Exposé alle ausreichenden Informationen auch in Form von Bildern beinhaltet.

Versetzen Sie sich als Erstes in Ihre Zielgruppe und überlegen Sie sich, welche Angaben für potenzielle Interessenten relevant wären. Beschreiben Sie Ihre Immobilie so genau wie möglich. Bedenken Sie aber, dass kaum jemand den kompletten Text lesen wird. Die Immobilie sollte mit Ausstattung, Lage und weiteren Besonderheiten so genau und umfangreich wie möglich beschrieben werden. Vergessen Sie nicht infrastrukturelle Anbindungen, wie z. B. die Entfernung zur nächsten Autobahn, zu beschreiben. Je genauer die Beschreibung, desto weniger Zeit brauchen Sie für die Beantwortung allgemeiner Fragen.

Außerdem reduzieren Sie damit vergebliche Ortstermine. Schreiben Sie aber nicht zu lang und vermeiden Sie Füllwörter und zu viele Nebensätze. Geben Sie Spezifikationen wie die Grundstücks- und Gebäudefläche, Art des Dachs, Art der Heizung, die Anzahl an Räumen und Etagen, den Preis, das Baujahr, Zustand und Sonderausstattungsmerkmale wie z. B. eine Einbauküche, Bodenbeläge, Kat 7-Verkabelung etc. immer an. Zählen Sie auch mögliche Verwendungszwecke auf. Es wird empfohlen, die Kerndaten des Objekts in Form einer übersichtlichen Tabelle ganz vorne im Exposé zu platzieren.

Ihre vollständigen Kontaktdaten sollten schnell zu finden sein. Platzieren Sie diese am besten ganz oben auf Ihrer Homepage, sodass der potenzielle Interessent nicht lange danach suchen muss. Dazu gehören die E-Mail-Adresse sowie eine Mobilfunknummer.

Unter *www.architekturfotografie-frankfurt.com/expose-vorlagen* gibt es die Möglichkeit, optisch ansprechende Vorlagen für Adobe InDesign käuflich zu erwerben.

Für die Erstellung eines schönen Online-Portfolios kann für Fotografen die kostenlose Plattform Adobe Behance empfohlen werden. Darüberhinaus gibt es mit WordPress auch günstige Alternativen zur Erstellung einer ansprechenden Online-Galerie, allerdings sind zahlreiche zusätzliche Plug-Ins für die Galerieansichten kostenpflichtig und die Handhabung von WordPress ist am Anfang etwas kompliziert. Ein hochwertiger Anbieter ist Squarespace; dieser Dienst ist etwas teurer, bietet dafür aber alles, was für eine schöne Webseite benötigt wird, und ist in der Handhabung leicht und intuitiv zu bedienen.

Bildnachweis

Alle Bilder in diesem Buch wurden
von **Patrick Zasada** erstellt.

Ausgenommen: **S. 46** Charles Lanteigne, CC BY-SA 3.0

Index

E

F

G

H

I

J